마음달 법계에 솟고

국역 『선가귀감(禪家龜鑑)』

서산 휴정 지음
오광익 역해 · 송

『노자도덕경(老子道德經)』은 말한다.

"하늘은 하나(한결같음)를 얻어 맑고, 땅은 하나(한결같음)를 얻어 편안하며, 신은 하나(한결같음)를 얻어 신령하고, 골짜기는 하나(한결같음)를 얻어 가득하며, 만물은 하나(한결같음)를 얻어 나고, 후왕은 하나(한결같음)를 얻어 천하를 바르게 하는데, 그 지극한데 이르러서는 하나이다(天得一以淸 地得一以寧 神得一以靈 谷得一以盈 萬物得一以生 侯王得一 以爲天下貞 其致之一也)."

세상을 움직여 가는 데는 두 가지 길이 있다. 하나는 물질을 추구하여 삶의 편리를 도모하는 과학의 길이라면, 다른 하나는 사람의 마음과 행동을 조절하여 삶의 가치를 고양하는 도덕의 길이다. 이 두 길은 마치 수레의 두 바퀴와 같아서 하나만 어긋나면 나머지는 자동으로 쓸 수 없게 된다.

그런데 세상은 하나를 가지고 둘로 쓰려다 보니 괴리(乖離)가 생기고 파탄(破綻)이 생겨 삶 자체가 어그러지고 만다. 즉 과학은 물질을 고도로 발달시켜 인간의 정신적인 영역까지 침식해감으로써 여기에 수반(隨伴)을 못하는 사람들은 실진자(失眞者)로 전락되어 오히려 부림을 당한다. 반면에, 도덕은 행보(行步)의 주체가 없이 구호의 주장만 난무하여 정신의 쇠약을 자초하고 있는 것이 작금의 실정이다.

왜 그런가? 한 가지로 진단하여 처방을 내리기는 어렵지만 강연히 말해서 깨달음의 지표(指標)를 세워 천하를 한입에 털어 넣을 수 있는 스승으로서의 선도자가 없기 때문이다.

진정한 '선지자(先知者)'와 '선각자(先覺者)'의 출현은 드물고 함량미달이나 사이비적(似而非的)인 나름 선지선각들이 출몰한다. 그들이 밝아지고 맑아가려는 물을 오히려 흐리고 어둡게 해놓고 말았으니 우리들의 공동 불행이라고 할 수밖에 없다.

그러므로 자기 정화(淨化)를 통해 거룩함이 나오고 또한 안광(眼光)이 형형(炯炯)한 선지선각이야말로 어둔 밤에 횃불과 같은 것이요, 흙탕물에 생수와 같은 것이다. 세상이 흐려지고 어두워지더라도 불빛이 비추면 밝아지고 샘물이 솟으면 맑아진다.

『노자도덕경』의 말씀처럼 하늘이 되었든 땅이 되었든, 또 신(神)이 되었든, 골짜기가 되었든, 또 만물이 되었든, 지도자가 되었든간에 이들에게 관통하고 있는 '하나'는 진리일 수도 있고 정성(精誠)일 수도 있으며, 깨달음일 수도 있고 신념(信念)일 수도 있는 등 어떤 이름을 붙여도 부족함이 없는 이 하나를 얻고 간직함으로써 삶이 풍요롭고 아름답고 행복하고 은혜롭고 사랑스러워질 수 있다.

그 하나를 얻은 선지자는 세상에도 자연 등불이 되고 지남(指南)이 될 것이요, 또한 태양처럼 찬란하게 비추고 달처럼 교교히 조림(照臨)하여 공거(公居)하는 세상의 인견(引牽)이 될 것이다. 그런 존재는 장래를 예점(豫占)하며 지금 사는 공인(公人)으로서도 모자람이 없어야 한다.

따라서 『선가귀감』이 재미있는 소설은 아닐지라도 선지선각의 지침(指針)이 되고도 남음이 있으니 읽고 실현해 감으로써 깨달음을 얻어 각자가 선지선각자가 되기를 희망한다. 그런 뜻에서 이 책이 우리 사회의 등불과 샘물이 되게 하자는 소박한 마음으로 이를 열어 보았다.

『선가귀감』을 현대어를 풀어감에 있어서는 원문에 대해서 의역(意譯)에 가까운 번역보다는 한 글자 한 글자를 중요하게 여겼다. 한번 읽고 서가에 꽂아두기보다는 주석(註釋)이나 해의(解義)를 읽으며 공부할 수 있는 자료를 제공하려고 노력한 것이다.

특히 한 단락이 끝날 때마다 송(頌)을 붙였다. 혹 사족(蛇足)이 될지도 모르지만 생각과 사상과 알음알이를 펼치고 축약한 것이니 개안(開眼)의 질책을 받으리라.

끝으로 이 책 출판을 맡아주신 명문당 출판사 김동구 사장님께 깊은 사의를 표해 마지않는다.

| **투필이음(投筆而吟)** | 붓을 던지고 읊는다.

擡酒天神注　술을 들어서 천신에게 따르고

擧茶佛祖傾　차를 들어서 부처님께 기울이네.

乾坤人傑出　하늘과 땅에 뛰어난 사람 나와

悟理世途淸　진리 깨우쳐 세상 길 맑히기를.

2013년 정월 길일

원불교 익산성지 이우실(涅藕室)에서

오광익(吳光益) 쓰다.

선가귀감 禪家龜鑑

해 제 解題

1. 저자 서산 휴정

대사(大師)의 법명(法名)은 휴정(休靜)이요, 자(字)는 현응(玄應)이며, 호(號)는 청허(淸虛)라 한다. 서쪽인 묘향산(妙香山)에 오래 있었음으로 서산(西山)이라고도 한다. 또 금강산 백화암(白華庵)에도 오랫동안 주석(住錫)하였음으로 백화도인(白華道人)이라 자호(自號)하였으며 선교양종 판사(禪敎兩宗判事)의 자리를 사임한 후에는 퇴은(退隱)이라 자호하였다.

대사의 속성(俗姓)은 완산 최씨(完山 崔氏)요, 속명(俗名)은 여신(汝信)이라 하였다. 또 아명(兒名)은 운학(雲鶴)이라 하였으니, 이는 대사의 세 살 때 사월 초파일 낮에 사(師)의 부친인 세창(世昌)이 누중(樓中)에서 잠들어 있노라니 몽중(夢中)에 한 노인이 와서 "소사문(小沙門)을 위탁하노라" 하며, 사의 이마를 만지며 "마땅히 운학이라 이름할진저!" 하고 갔다 하여 "소사문" 또는 "운학"이라 불렀다 한다.

조선 11대 중종대왕(中宗大王) 15년(1520) 경진(庚辰) 3월 26일에 평안도 안주(安州)에서 태어났다. 부친은 기성(箕城) 영전관(影殿官)을 지낸 세창(世昌)이요, 그 모친은 한남 김씨(漢南 金氏)인데 부모님은 동갑으로서 나이 50이 다 되어서 대사를 낳았다.

대사는 어려서부터 착한 성품에 영오(穎悟)한 재질을 지녔건마는 불행하게 9세에 어머니를 여의고, 10세에 아버지마저 세상을 떠나 백 년의 생계가 하루아침에 깨어지니 어린 대사는 의지할 데가 없었다.

사는 총명이 뛰어나고 글재주가 있으므로 그해 겨울 그 고을 사또 이사증(李思曾)이 대사를 불러 앞에 앉히고 먼 산의 송설(松雪)을 가리 키면서 "사(斜)"로 운자(韻字)를 부르니 대사는 곧,

향 응 고 각 일 초 사
香 凝 高 閣 日 初 斜

"향기는 고각에 엉기고 해는 바야흐로 기우네."

라 하고, 또 "화(花)"자를 부르자,

천 리 강 산 설 약 화
千 里 江 山 雪 若 花

"천리의 강산에 눈은 꽃과 같구나."

라고 바로 응구첩대(應口輒對)하였다.

사또는 대사의 등을 어루만지면서 "우리 아해(兒孩)야!" 하며 기뻐 하였다. 이것이 인연이 되어 사또가 전직(轉職)되어 가는 길에 대사를 서울로 데리고 가 성균관에 넣어 주었다.

이때의 나이는 12세로 어떤 노학사(老學士)의 주선으로 유교의 경 전을 대부분 독파(讀破)하고 1차 과거에 응시했으나 낙방하였다. 비로 소 그 내막에 부정이 있음을 알고 과거를 단념하였다.

그 후 15세에 동배(同輩) 몇 사람과 함께 지리산을 유람하며 화엄동 (華嚴洞), 칠불동(七佛洞), 청학동(靑鶴洞) 등 크고 작은 사찰을 순방하면

서 반년을 지냈다.

어느 날 우연히 쌍계사에서 숭인장로(崇仁長老)의 설법을 듣고 다른 여러 벗들은 서울로 돌아가는데 그는 거기에 남아 『전등록(傳燈錄)』, 『염송(拈頌)』, 『화엄경(華嚴經)』, 『원각경(圓覺經)』, 『능엄경(楞嚴經)』, 『법화경(法華經)』, 『유마경(維摩經)』, 『반야경(般若經)』 등 수십 본의 경전을 얻어 정독한 후에 다시 영관대사(靈觀大師)에게서 3년간 지도를 받았다. 그때 그의 나이 18살이었다.

그 뒤, 3년 뒤 어느 날 밤 홀연히 깨친 바 있어 읊기를,

홀 문 두 우 제 창 외
忽 聞 杜 宇 啼 窓 外

만 안 춘 산 시 고 향
滿 眼 春 山 是 故 鄕

"홀연히 소쩍새가 창밖에서 울음 들으니
눈에 가득한 봄 동산 이에 고향이로다."

또 어느 날에는,

급 수 귀 래 홀 회 수
汲 水 歸 來 忽 回 首

청 산 무 수 백 운 중
靑 山 無 數 白 雲 中

"물을 길어 돌아오다 문득 머리 돌이키니
푸른 산이 셀 수 없이 흰 구름 속이어라."

라고 읊은 다음에 손에 은도(銀刀)를 쥐고 머리를 스스로 자른 후 다시 다음과 같이 일구(一句)를 읊조렸다.

영 작 평 생 치 애 한
寧作平生癡獃漢

불 욕 작 연 참 아 사
不欲作鉛槧阿師

"차라리 한평생을 천치가 될지언정
　속 빈 문자승은 되고자 아니 하노라."

이에 드디어 일선대사(一禪大師)를 수계사(授戒師)로 석희법사(釋熙法師), 육공장로(六空長老), 각원상좌(覺圓上座)를 증계사(證戒師)로, 영관대사를 전법사(傳法師)로, 숭인장로를 양육사(養育師)로 삼으니 그때의 나이는 21세였다.

그 후 명산제찰(名山諸刹)을 찾아다니면서 수도하여 도솔산 학묵대사(兜率山 學嘿大師)에게서 인가를 받았다.

어느 날 벗을 찾아 봉성(鳳城: 南原)을 지나가다 우연히 낮에 닭 우는 소리를 듣고 크게 깨쳐 다음과 같이 게송을 지었다.

고 발 백 심 비　백 인 증 누 설
古髮白心非　白人曾漏洩

금 문 일 계 성　장 부 능 사 필
今聞一鷄聲　丈夫能事畢

"머리 세어도 마음 안 센다고
　옛사람이 일찍이 알렸어라.
　이제 한번 닭 울음소리 듣고
　장부가 능히 할 일 다 마쳤도다."

또 다음과 같이 지었다.

11

忽^홀得^득自^자家^가底^저　頭^두頭^두只^지此^차爾^이
千^천萬^만金^금寶^보藏^장　元^원是^시一^일空^공紙^지

"문득 자기 집을 얻고 나니
온갖 것이 다만 이뿐이로세.
천만금의 보배인 대장경도
본시는 한 장 빈 종이어라."

그 뒤로 관동의 명산을 두루 편답하니 그때 나이가 30이었다.

서울로 올라와 32세 때에는 봉은사(奉恩寺)에서 승과에 응시하여 중선(中選)에 오르고 대선(大選)으로부터 선교양종판사(禪敎兩宗判事)에까지 올라 불가에서는 그 명예가 극에 달하였다.

그러나 그 역시 그의 본의도 아니므로 얼마 후에 이 직책을 사임하고 주장자에 몸을 맡겨 북으로 묘향산(妙香山), 남으로 두류산(頭流山), 기타 제산을 편루하다가 금강산으로 들어가 그때 저 유명한 삼몽시(三夢詩)와 향로봉시(香爐峰詩)를 지었다.

三^삼夢^몽詩^시

主^주人^인夢^몽說^설客^객　客^객夢^몽說^설主^주人^인
今^금說^설二^이夢^몽客^객　亦^역是^시夢^몽中^중人^인

"주인은 꿈을 객에게 말하고
객은 꿈을 주인에게 말하네.
이제 두 꿈을 말하는 나그네

또한 꿈 가운데 사람이어라.”

香_향爐_로峰_봉詩_시

萬_만國_국都_도城_성如_여蟻_의垤_질　千_천家_가豪_호傑_걸若_약醯_혜鷄_계

一_일窓_창明_명月_월淸_청虛_허枕_침　無_무限_한松_송風_풍韻_운不_부齊_제

“만국의 서울은 개미의 집이요

　천가의 호걸은 하루살이들이어라.

　한 창의 밝은 달 맑게 비워 누웠으니

　끝없이 부는 솔바람 곡조 가지런 않누나.”

　그 후 선조(宣祖) 22년(1589) 기축 10월에 정여립(鄭汝立, 1546-1589)의 옥사에 요승 무업(無業)이 이 글로써 대사(그때의 나이 70)를 무고하였다. 즉 향로봉시는 임금을 모독한 글이요, 또한 역적인 정여립과 음모가 있다 하여 그것 때문에 어전(御前)에까지 잡혀갔었다. 그러나 말이 너무도 분명하고 그의 인격과 성품이 도리어 임금을 감동케 하여 선조는 묵죽(墨竹) 한 폭을 하사하고 부시(賦詩)를 명하므로 대사는 곧 다음과 같이 일절(一絶)을 지어 올렸다.

瀟_소湘_상一_일枝_지竹_죽　聖_성主_주筆_필端_단生_생

山_산僧_승香_향爇_설處_처　葉_엽葉_엽帶_대秋_추聲_성

“소상강의 한 가지 대

　우리 님 붓 끝에 났구나.

산승이 향을 피우는 곳에
잎사귀마다 가을 소리 둘렀어라.

선조께서도 이 시를 보고 친히 화답(和答)을 하였다.

엽 자 호 단 출   근 비 지 면 생
葉 自 毫 端 出   根 非 地 面 生
월 래 무 견 영   풍 동 불 문 성
月 來 無 見 影   風 動 不 聞 聲

"잎은 붓 끝에서 나온 것이나
뿌리는 땅에서 나온 게 아니네.
달이 와도 그림자 볼 수 없으니
바람 불어도 소리 들리지 않누나."

그래서 대사와 선조대왕과는 시로써 깊이 상통하는 바가 있었다. 그 뒤 선조 25년(1592) 4월에 임진난(壬辰亂)이 일어나니 대사의 나이 73세이었다. 국가는 도탄에 빠지고 임금께서는 의주(義州)로 파천하여 어찌할 바를 모를 때에 대사는 향산(香山)으로부터 칼을 집고 의주 행재소(行在所)에 이르러 임금 앞에서 "전국의 승려들 가운데 늙고 병들어 나서지 못할 자는 각각 그들이 있는 곳에서 분향하고 불공을 올려 신불(神佛)의 도움을 받게 하고, 그 나머지는 신(臣)이 통솔하고 전진 속에 뛰어들어 충성을 다하겠습니다."라 하였다.

그래서 선조는 대사에게 팔도십육종도총섭(八道十六宗都總攝: 선교양종이므로 팔도 십육 종이 됨)을 명하니, 그 즉시로 행동에 옮겨 전국에 의승병(義僧兵)을 불러일으켰다.

그 제자 사명 유정(四溟 惟政, 1544-1610) 대사는 관동에서 700명을,

뇌묵 처영(雷默 處英)대사는 호남에서 1,000명을, 그밖에 기허 영규(騎虛 靈圭)대사는 공주에서, 중관 해안(中觀 海眼)대사는 진주에서 일어나는 한편 휴정대사 자신은 문도들과 지원병 1,500여 명을 이끌고 모두 5,000여 명이 평안 순안 법흥사(順安 法興寺)에 모여 일대 승단을 조직하여 국내의 여러 장수들에게 호응하고 또는 명나라 군인들을 지원하면서 여러 곳에서 큰 공을 세웠다.

　　그리고 서울을 수복한 뒤에 대사는 용사 100여 명을 이끌고 환도하는 선조대왕을 중로에서 영접하였다. 그리하여 임진난 7년 전쟁이 끝났을 때에는 대사의 나이 79세였다. 명장 이여송(李如松)은 대사의 그 큰 공을 찬탄하고 한시 한 수(漢詩一首)를 지어 바쳤다.

無意圖功利　專心學道禪

今聞王事急　總攝下山嶺

　　"공리를 도모함에 뜻이 없어
　　오롯한 마음 도를 배우더니
　　이제 나랏일이 급함을 듣고
　　총섭이 산에서 내려왔어라."

　　대사는 임진난이 끝난 뒤에 다시 귀산(歸山)할 것을 왕에게 허락을 받아 모든 일은 제자인 사명 송운(四溟 松雲)과 뇌묵 처영(雷默 處英)에게 위임하고 묘향산으로 돌아가니 나라에서는 「국일도대선사 선교도 총섭 부종수교 보제등계존자(國一都大禪師 禪敎都總攝 扶綜樹敎 普濟 登階尊者)」의 호를 내렸다.

그 뒤로도 금강산, 지리산, 묘향산 등지를 왕래하였는데 항상 따르는 제자가 1,000여 명이나 되었고, 그의 법을 이어 출세한 제자가 70여 명이나 되었다. 그중에서도 고명한 제자를 든다면 사명 유정(四溟 惟政), 기허 영규(騎虛 靈圭), 뇌묵 처영(雷默 處英), 중관 해안(中觀 海眼), 자운 선의(慈雲 宣義), 완당 원준(阮堂 圓俊), 청매 인오(靑梅 印悟), 기암 법견(奇巖 法堅), 제월 경헌(霽月 敬軒) 그밖에 덕수(德守), 수인(守仁), 혜조(慧照), 신열(信悅), 의엄(義嚴) 등이 세상에 이름을 떨쳤다. 선조 37년(1604) 갑진(甲辰) 정월 23일에 묘향산 원적암(圓寂庵)에서 부좌(趺坐)하여 열반에 드시니 세수는 85세요, 선납은 65세였다.

그날 아침 대사는 목욕을 하고 옷을 갈아입은 뒤 눈이 쌓인 길을 헤치고 남여(藍輿: 주로 산길에 쓰이는 뚜껑이 없고 의자같이 된 가마)를 타고 여러 암자를 마지막으로 돌아보신 후 원적암으로 돌아와 손을 씻고 위의를 갖추고 불전에 분향한 다음 스스로 붓을 들고 조실에 들어가서 그의 자화상에 이렇게 적었다.

팔 십 년 전 거 시 아
八 十 年 前 渠 是 我

팔 십 년 후 아 시 거
八 十 年 後 我 是 渠

　　　"팔십 년 전에는 네가 이에 나이더니
　　　 팔십 년 뒤 내가 이에 너로구나."

다시 다음과 같은 임종게(臨終偈)를 남겼다.

천 계 만 사 량 　 홍 로 일 점 설
千 計 萬 思 量 　 紅 爐 一 點 雪

　니　우　수　상　행　　대　지　허　공　렬
泥 牛 水 上 行　大 地 虛 空 裂

"억 천만 가지 온갖 생각들
붉은 화로에 한 점 눈이어라.
진흙 황소가 물 위로 가고
땅과 허공은 찢겨져 버렸네."

이와 같이 써놓고 고요히 앉아 입적하였다. 그날 이향(異香)이 방에 차 삼칠일(三七日) 후에야 그치었다 하며, 화장하는 날에는 제자 원준(圓峻), 인영(印英) 등이 영골 일편(靈骨 一片)과 사리 삼과(舍利 三顆)를 얻어 향산 안심사(安心寺)에 또한 유정, 자휴(自休) 등이 정골 일편(頂骨 一片)과 신주 수매(神珠 數枚)를 얻어 금강산 유점사(楡岾寺) 북쪽 언덕에 봉안하고 그의 유물(遺物)은 대개 전라남도 해남 대흥사(海南 大興寺)에 모셨다.

대사가 남긴 저서는 『청허당집(淸虛堂集)』을 비롯하여 『선교석(禪敎釋)』·『선교결(禪敎訣)』·『심법요초(心法要抄)』·『삼가귀감(三家龜鑑)』·『설선의(說禪儀)』·『운수단(雲水壇)』 등이 있다.

2. 『선가귀감』의 명해(名解)

여기에서 『선가귀감』이라고 한 "선가(禪家)"는 참선하는 사람들, 또는 선하는 종파를 총칭한 것이며, "귀감(龜鑑)"은 앞길을 밝혀주는 지침이며 그 마음을 비추어주는 거울이라는 뜻이다.

그런데 여기에 그 주체가 되고 핵심이 되는 것은 "선(禪)"이라는 한 글자에 있다. "선"은 사실적으로 동양 정신문화의 진수로서, 그 한자가 내포하고 있는 심오하고 광범위한 뜻은 실로 만여 권이 불전요제(佛典要諦)가 이 한 자에 총 집약 되었다고 보아도 좋을 것이니 이 선을 통해서 우주와 인생, 정신이나 생명계의 모든 비밀을 체득하고 풀어낼 수가 있기 때문이다.

그러면 먼저 이 "선"이란 단어가 지니고 있는 뜻을 간단히 말하자면, "선"은 인도에서 성립된 불전(佛典)에 연원하고 있지만, 여기에서 말하는 선은 인도불교의 선과는 요원한 거리를 갖고 있는, 즉 중국적 선가에서 말하는 "조사선(祖師禪)"을 그 주지(主旨)로 한 것으로 보아야 한다.

불전에서 말하는 선의 원어, 곧 싼스크리스트(梵語: Sanskrit)로 "디야나(Dhyana)"를 중국에서 "선나(禪那)"로 음역한 것인데, 그 뒤에 약하여 "선(禪)"이 되었다. 그 뜻은 "사유수(思惟修)" 또는 "정려(靜慮)", "정(定)", "기악(棄惡)" 등으로 번역하는데, "사유수"는 바른 이치를 생각하고 닦는다는 의미로 고요히 생각하면서 모든 잡념과 망상을 버린다는 뜻이며, 또는 정신을 통일하여 안정된 상태를 총칭한다.

결론적으로, 모든 헛된 망상과 흩어진 생각을 깨끗이 버리고, 고요한 경지에 들어가 정신을 통일하는 방법으로서 "디야나"를 설정한 것이라 할 수 있다.

그것을 다시 "지(止)·관(觀)", "정(定)·혜(慧)"로 나누게 되는데 "지"는 모든 잡념·망상을 그치는 것이고, "관"은 바른 이치를 보는 것이며, "정"은 잡념·망상을 그치고 정화하므로 마음이 안정되고 통일

된 상태에 이르는 것이고, "혜"는 그 통일 상태에 이르러 밝은 지혜를 발휘하는 것이다.

인도에서 말하는 "선"은 구체적으로는 "지·관", "정·혜"로써 풀이되는데, 그 내용은 소승·대승에 있어서 광범하게 풀이되고 그 방법도 여러 가지로 발전되었다. 중국에서는 "천태지관(天台止觀)", "화엄법계관문(華嚴法界觀門)" 등으로 교가(敎家)의 실천문(實踐門)을 대표하게 되었다.

그와 동시에 중국에서 발달된 선종은 인도적인 "선나", "지·관", "정·혜"와는 범주를 달리하여, 자기 마음의 본원(本源)을 직관하여 불성을 개발함을 주지로 모든 경전이나 문자에 의지하지 않고 교 밖에 따로 전하여 왔다(不立文字 敎外別傳)는 깃발을 세우고, 또는 바로 사람의 마음을 가리켜 자성을 보아 성불한다(直指人心 見性成佛)고 주창함으로써 인도에서 주장하는 선과는 상당한 차이와 특수성을 발휘하게 되었다.

이 『선가귀감』에서 천명한 선지는 중국에서 발전되어 온 "교외별전(敎外別傳)"을 주지로 하였다.

그러나 한국선종의 전통을 찾아보면, 신라에서 고려 초에 중국으로부터 선을 받아온 이들이 개산(開山)하고 법을 전한 9산문 선파(九山門 禪派)가 있었고, 그 뒤에 고려(高麗) 보조 지눌(普照 知訥, 1158-1210)국사는 불전에 의한 "성적등지(惺寂等持)", "정혜쌍수(定慧雙修)"를 일반적인 선문의 지도 원리로 세웠다. 또 중국적 "공안선(公案禪)"의 결정으로 성립된 송(宋)나라의 대혜종고(大慧宗杲) 선사의 "간화선(看話禪)"을 최초로 도입하여 『간화결의론(看話決疑論)』을 지어 "경절문(徑截門)"이란 선문을 열었다.

그 뒤에 "정혜쌍수문(定慧雙修門)"은 계승되지 않았고 "간화경절문(看話徑截門)"이 홀로 계승되어 오늘에 이르게 되었다.

이 『선가귀감』에서는 주로 "간화선"을 지침으로 하여 깨달음에 도달하는 수행방법을 천명함으로써 그 귀감을 삼게 하였다.

"귀감(龜鑑)"이라 함은 지남이 되는 거울이란 뜻이다. 구(龜: 거북이)는 신령스러운 동물로서 옛적에 미래를 점치는 데 썼던 것이며, 거울은 모든 물체의 모습을 환하게 비추어 밝히는 물건이다.

따라서 "귀감"이라 함은, 선객이 마땅히 밟아 나가야 할 앞길을 밝게 비추어 주는 길잡이이며 거울이라는 뜻이다.

3. 『선가귀감』의 구성

『선가귀감』은 명종 19년(1564, 휴정 45세)에 금강산에서 글이 완성되었고, 그 뒤 묘향산 보현사(普賢寺)에서 간행되었다. 책 이름 그대로 선가(禪家), 즉 참선공부를 하는 수행자들이 귀감으로 삼을 수 있도록 50여 종의 경전과 어록(語錄) 등을 참고로 체계 정연하게 엮어 놓은 글이다. 전체를 한 권으로 묶어서 편(篇), 장(章)을 따로 분류하고 있지는 않으나, 그 내용의 성격상 다음의 다섯 갈래로 나누어 그 사상적 특징을 살펴볼 수가 있다.

첫째, 원리론(原理論): 일물론(一物論) 또는 직거본분론(直擧本分論)이라고도 할 수가 있다. 본래부터 밝고 신령스러워서 일찍이 생기지도 않았고 없어지지도 않으며, 이름도 없었고 모양도 없는 하나의 진리 본체를 들고 있다.

둘째, 불조론(佛祖論):부처님과 조사(祖師)에 대하여 그 출현의 의의(意義)와 그 불조(佛祖) 자체를 논급하고 있다.

셋째, 선교론(禪敎論):선과 교의 정의(定義)와 깊고 얕음과 선과 교의 차이 및 선의 특수성 등을 다루고 있다.

넷째, 실천론(實踐論):여러 가지의 공부하는 실제 방법을 자세하고도 친절하게 보여주고 있다.

다섯째, 결론:본분(本分:진리 본체) 확인론(確認論)이라고도 할 수가 있다. 본래 면목(本來 面目)의 진리세계를 확인시켜 주고 있기 때문이다.

위와 같은 대강(大綱)으로 이루어져 있는 『선가귀감』의 중요 골자를 한 마디로 요약한다면 다음과 같다. 곧 이 책은 경전의 가르침 위에 곧바로 깨닫는 바른 문(悟門)과 깨달음 뒤에 다시 발심해서 만행(萬行)을 닦아야 하는 법을 밝히고, 교문(敎門)은 오직 한 마음(一心法)을 전하며, 선문(禪門)은 오직 깨달음(見性法)을 전하는 것임을 분명히 하여 생사(生死)의 괴로움을 벗어나는 참된 길을 제시한 저술이라고 할 수 있다.

4. 『선가귀감』의 판본(板本)

『선가귀감』의 가장 오래된 판본(板本)은 융경(隆慶) 3년(1569)의 보현사(普賢寺) 판이며, 기타 선조(宣祖) 12년(1579) 간(刊)·선조 23년(1590) 유점사(楡岾寺) 간(刊)·광해군 10년(1618) 송광사(松廣寺) 간

(刊)·인조(仁祖) 11년(1633) 용복사(龍腹寺) 간(刊) 등 많은 판본이 전해지며 일찍이 국역본(國譯本)이 있었고 최근에도 몇 권의 번역본이 나와 있다.

활자본 1책. 선종(禪宗)과 교종(敎宗), 양종(兩宗) 사이의 이견이 심하고 일반 대중이 불교의 진의를 잘 모르므로, 그 이해를 넓히기 위하여 선(禪)·교(敎)의 정의, 선문 5종(禪門 五宗)에 관한 설명, 선 수행상의 주의사항 등을 기술한 책으로서 책명 그대로 현재까지 불도(佛道)수행의 귀감이 되고 있다.

1564년(명종 19)에 초간 되었고, 1579년(선조 12) 금화도인(金華道人)이 한글로 옮긴 것이 『선가귀감언해』이다. 『선가귀감언해』의 간본은 여러 종류가 있는데, 현존 판본(版本)으로는 고려대학교 도서관 소장의 1579년(선조 12) 간본, 1605년(선조 38)의 경상도 원적사(圓寂寺) 간본, 1607년(선조 40)의 전라도 송광사(松廣寺) 간본 등이 있다.

1958년에 청구대학 국어국문학회 연구자료집 제5집으로 영인·간행되었고, 1962년 대한불교조계종 선학원(禪學院)에서 알기 쉬운 현대문으로 풀이하여 활판본으로 간행한 바 있다.

선가귀감 禪家龜鑑

서 序

[선가(禪家)[1] 귀감(龜鑑)[2]]

조계(曹溪)[3] 퇴은(退隱)[4] 술(述)

● 서(序)

古之學佛者는 非佛之言이면 不言하고 非佛之行이면 不行也라.

故로 所寶者가 惟貝葉[5]靈文[6]而已러니 今之學佛者는 傳而誦則

士大夫[7]之句요, 乞而持則士大夫之詩라 至於紅綠으로 色其紙

하고 美錦으로 粧其軸하야 多多不足하야 以爲至寶하니 吁라. 何

古今學佛者之不同寶也여? 余雖不肖[8]나 有志於古之學하야 以

貝葉靈文으로 爲寶也나 然이나 其文이 尙繁하고 藏海[9]汪洋[10]하

야 後之同志者가 頗不免摘葉之勞故로 文中에 撮其要且切者數

百語하야 書于一紙하니 可謂文簡而義周也라, 如以此語로 以爲

嚴師하야 而研窮得妙則句句에 活釋迦[11]存焉이시니 勉乎哉인저

雖然이나 離文字一句와 格外[12]奇寶는 非不用也나 且將以待別

機也하노라.

嘉靖 甲子[13] 夏 淸虛堂[14] 白華道人[15] 序

| 해역(解譯) |

　예전에 불교를 배우는 사람들은 부처님의 말씀이 아니면 말을 하지 아니하였고, 부처님의 행실이 아니면 행하지 않았나니라.

　그러므로 보배로 여기는 바는 오직 패엽(불경)의 신령스러운 글 뿐이었는데 지금 불교를 배우는 사람들은 전하고 외우는 것은 사대부의 글귀요, 구해서 간직하는 것은 사대부의 시문이라 심지어는 붉고 푸름으로 그 종이를 색칠하고 아름다운 비단으로 그 두루마리를 꾸미면서, 많고 많아도 만족하지 아니하고 지극한 보배로 삼으니 아! 어찌 예와 지금에 불교를 배우는 사람들의 보배로 여김이 같지 아니한고?

　내가 비록 못나고 어리석지만 뜻을 옛것 배움에 두어서 패엽(불경)의 신령스러운 글로써 보배를 삼았지만 그 글이 오히려 번다하고 장경의 바다가 넓어서 뒤의 동지들이 자못 잎을 따는 수고로움을 면치 못할 것이므로 글 가운데 그 요긴하고 절실한 수백의 말씀을 취하여 한 종이에 썼으니 가히 글은 간략하지만 뜻은 주밀한 것이라, 만

31

일 이 말씀으로써 엄한 스승을 삼아서 연찬하고 궁구하여 오묘함을 얻으면 글귀마다 살아난 석가가 있을 것이니 힘쓸지어다.

비록 문자를 여읜 한 글귀와 격에 벗어난 기묘한 보배를 쓰지 않으려는 것도 아니지만 또한 장차 특별한 근기를 기다리노라.

가정 갑자년(1564) 여름, 청허당 백화도인은 서(序)한다.

| 주석(註釋) |

1) **선가**(禪家):①선종(禪宗)을 말함. ②선종의 사원. ③선종의 승려.

2) **귀감**(龜鑑):거북등과 거울이라는 뜻으로, 사물(事物)의 본보기를 말한다.

3) **조계**(曹溪):조계는 바로 조계종(曹溪宗)을 말하는 것으로, ①우리나라 선종의 총칭이다. 1200년(고려 신종3) 불일 보조국사가 전남 승주군 송광산 길상사에서 정혜사를 창설, 희종이 즉위하여 송광산을 조계산으로, 길상사를 수선사로 이름을 바꾼 뒤부터 조계종이라는 이름이 생기게 되었다. 1941년에 북한산 태고사를 서울 종로구 수송동으로 옮겨 짓고 당시 조선불교 총본산을 만들면서 선교 양종이라는 종명을 고쳐 조계종이라 하였다. 현재 한국 불교의 최대 종파이다. ②고려 때 신라의 구산선문을 합친 종파로 천태종에 대하여 부르던 말. 구산선문이 모두 중국 선종 육조(六祖) 조계 혜능대사(曹溪 慧能大師)의 종풍을 계승하였기 때문이다. 당시로서는 7종 12파의 하나였으나 이 종파만이 법맥을 지금까지 전해 오늘의 조계종이 되었다.

4) **퇴은**(退隱):이 말은 은퇴(隱退)와 같은 말로 직임(職任)에서 물러나거나 세속(世俗)의 일에서 손을 떼고 한가히 삶을 누린다는 의미로 자신을 지극히 낮추어서 이르는 말이다. 즉 서산대사가 선교양종판사 자리를

사임한 후에 썼던 호(號)이다.

5) 패엽(貝葉):패엽은 바로 패다라라엽(貝多羅葉)을 말하는 것으로, 고대 인도에서 불경을 베끼는데 썼던 다라수(多羅樹)의 잎을 이른다. 이는 종이가 없던 시대에 종려(棕櫚)의 열매를 엷게 썬 것이나 패다라 나무의 잎을 증기로 쪄서 장방형으로 만들어 긴 편으로 가로로 글을 썼다. 대개 중국에 온 불경의 원서도 그러하였으니, 이를 패엽 또는 패서(貝書), 패엽경(貝葉經)이라고 한다.

6) 영문(靈文):신령스러운 글이라는 뜻으로, 성인이나 현자들의 글을 말한다.

7) 사대부(士大夫):중국에서는 고대 사회에 그 신분층이 천자(天子) · 제후(諸侯) · 대부(大夫) · 사(士) · 서민 등 5계급으로 구분되어 있었다. 이 중 천자와 제후는 황제 및 왕을 뜻하여 이들 군주를 제외하면 대부와 사가 지배계급이었으며, 피지배자인 서민과 구분되는 계층이었다. 꼭 그렇다는 것은 아니지만 사는 학식(學識)은 있으나 벼슬하지 않은 사람이요, 대부는 벼슬자리에 있는 사람을 말한다.

8) 불초(不肖):①못나고 어리석음, 또는 그런 사람. 어버이의 덕행(德行)이나 사업을 이을 만한 능력이 없음, 또는 그런 사람. ②자기를 겸손하여 이르는 말.

9) 장해(藏海):장해는 바로 장경(藏經)을 말한다. 장경은 석가여래께서 49년 동안 많은 사람이 모인 큰 법회에서 연설하신 것이 300여 회였고, 개인이나 몇 사람을 상대로 말씀하신 것은 한정 없었다. 부처님이 세상을 떠나신 뒤에 제자들이 부처님의 말씀을 경(經) · 율(律) · 논(論)의 삼장(三藏)으로 결집(結集)하니, 모든 이치와 온갖 도리가 그 속에 다 갖추어 있으므로 큰 창고(庫藏)와 같다 하여 대장경(大藏經)이라고 하며, 또한 그 글의 분량이 하도 많고 그 뜻이 너무도 깊고 넓기에 장경의 바다(藏海) 또는 교의 바다(敎海)라고 한다.

10) 왕양(汪洋): ① 바다가 한이 없이 넓음. ② 사람의 앞길에 발전할 여지
가 매우 많고 큼을 말한다.

11) 석가(釋迦): [범] Śākyamuni 한문으로는 음대로 써서 석가모니(釋迦牟
尼) 또는 석가문(釋迦文)이라 하고, 줄여서 석가(釋迦)라 한다. 뜻으로 번
역하여 능인적묵(能仁寂默) 또는 능적(能寂), 능유(能儒)라 한다. Śākya는
종족의 이름이고, muni는 존칭이니, 곧 "석가 종족에서 나신 거룩한
어른"이란 뜻이다. 서력기원전 565년〈중성점기(衆聖點記), 표준 한 연대〉
에 중인도 가비라(迦毘羅, Kapia-vastu) 성주 정반왕(淨飯王)의 태자로
나시었다. 난 지 7일 만에 어머니 마야부인(摩耶夫人)을 잃고 이모인
파사파제(波闍波提)에게 자랐다. 어릴 때 이름은 교답마(喬答摩,
Gautama ; Gotama) 혹은 실달다(悉達多, Siddhārtha)라 하였다. 어려서
온갖 학문과 무예를 고루 배워서 정통하고, 열일곱 살에 선각왕(善覺
王)의 딸 야수타라(耶輪陀羅)와 결혼하여 한 아들을 두었다. 그 나라의
제도에 종교와 학문을 차지한 바라문족과, 정치와 군사를 차지한 왕
족과, 그 다음으로 평민과 노예족의 네 가지 계급이 있었으므로 이것
을 개혁할 뜻을 늘 품고 있었다. 하루는 농부들이 밭 가는 것을 보고
똑같은 사람으로, 어떤 이는 불볕에 죽도록 일하고, 어떤 이는 놀기
만 하는 것이 옳지 못한 것과 사람이 동물을 학대하는 참혹한 일을
아프게 생각하여 모든 것이 평등하고 싸움과 슬픔이 없는 세상을 만
들려고 국가와 사회 문제에 대하여 번민하였다. 다시 인간에는 살아
가고, 늙고, 병들고, 죽는 큰 고통이 있음을 느껴 누구나 다 같이 참
다운 행복을 누리게 할 도리를 찾고 있었다. 그리고 우주의 온갖 것
에 대하여 생각하여 갈수록 의문 아님이 없었다. 그리하여 이 모든
문제들을 해결하려고 드디어 열아홉에 왕궁을 뛰쳐나와 산중으로 갔
다. 처음 6년 동안은 바라문 교도들이 하는 대로 심한 고행(苦行)을
하다가 육체를 괴롭히는 것만이 바른길이 아님을 깨닫고, 몸을 보살

펴 가면서 마음을 닦아 30세에 비로소 우주의 진리를 크게 깨쳐서 마침내 부처님이 되었다. 그 뒤 49년 동안 쉴 새 없이 돌아다니면서 묘한 법을 가르쳐 한량없는 중생을 건지시고, 80살(혹 79세, 기원전 486년)에 그의 육신은 세상을 떠났다.

12) **격외**(格外): 격(格)은 규격·법칙·규정이란 뜻. 세속적인 척도를 훨씬 초월한 세계를 이르는 말. 격외법문·격외선·격외설·격외역량· 격외현지·격외현기 등의 숙어로 많이 사용한다.

13) **가정갑자**(嘉靖甲子): 가정은 명(明)나라 연호(年號)로써, 가정갑자는 명나라 제12대 세종(世宗) 43년이며, 조선(朝鮮) 제13대 명종(明宗) 19년으로 서기 1564년을 말한다.

14) **청허당**(淸虛堂): 청허는 곧 휴정대사(休靜大師)의 당호(堂號)를 가리키는 것으로, 곧 서산대사(西山大師)를 말한다. 대사는 조선(朝鮮)시대 14대 선조(宣祖) 때의 이름난 스님. 자는 현응(玄應), 호는 청허(淸虛)·서산(西山), 아명은 여신(汝信), 속성은 최(崔), 본은 완산(完山). 성균관(成均館)에서 공부하다가 11대 중종(中宗) 29(1534)년 진사과(進士科)에 낙방하자 지리산(智異山)에 들어가 중이 되고 『전등록(傳燈錄)』·『화엄경(華嚴經)』·『법화경(法華經)』 등을 배웠음. 임진왜란(壬辰倭亂)이 일어나자 여러 제자들과 함께 팔도 승병(八道 僧兵)을 일으켜 국가에 공적이 많았음. 저서 『선가귀감(禪家龜鑑)』·『청허당집(淸虛堂集)』 등 서산대사인 청허대사(淸虛大師, 1520~1604)를 말한다.

15) **백화도인**(白華道人): 서산대사가 금강산에 있는 백화암(白華庵)에 오래 머물렀던 관계로 스스로 부르던 호이다.

01

| 원문(原文) |

有一物[1]於此하니 從本以來로 昭昭靈靈[2]하야 不曾生하고
不曾滅하며 名不得하고 狀不得이로다.

한 물건이 여기에 있으니 본래로부터 밝고 밝으며, 신령하고 신
령하여 일찍이 나지도 아니 하였고 일찍이 소멸하지도 않았으며, 이
름으로도 적합하지 않고 모양으로도 적합하지 아니 함이로다.

| 자해원문(自解原文) |

一物者는 何物고 ○[3] 古人頌云「古佛[4]未生前에 凝然[5]一相
圓[6]이라, 釋迦猶未會어니 迦葉[7]豈能傳가?[8]」 此一物之所以不

曾生 不曾滅 名不得 狀不得也라. 六祖[9]告衆云「吾有一物하니
無名無字라. 諸人還識否아?」神會禪師[10]卽出曰「諸佛之本源
이요, 神會之佛性[11]이니다.」此所以爲六祖之孼子[12]也라. 懷讓
禪師[13]가 自崇山[14]來하니 六祖問曰「什麼物이 伊麼來[15]오?」
師罔措[16]라가 至八年하야 方自肯曰「說似一物이라도 卽不中이
니다.」此所以爲六祖之嫡子[17]也라.

三敎聖人[18]이 從此句出이니 誰是擧者오, 惜取眉毛[19]로다.

한 물건(一物)이란 대체 무엇일까?

옛사람이 말하였다.

"옛 부처님 세상에 나시기 전에 고요히 한 모양 둥글었어라, 석
가모니도 오히려 몰랐다 하는데 가섭이 어찌 전하였겠는가?"

이 한 물건이라는 것은 일찍이 생겨나지도 아니 하였고 일찍이
소멸하지도 않았으며, 이름으로 적합하지 아니 하였고 모양으로도
적합하지 아니 하였도다.

육조대사가 대중에게 고하였다.

"나에게 한 물건이 있는데 이름도 없고 글자도 없음이라. 여러
사람은 알겠는가?"

신회선사가 곧 나와서 말하였다.

"모든 부처님의 본원이며 신회의 불성입니다."

이것이 육조대사의 서자(庶子)가 된 까닭이다.

회양선사가 숭산으로부터 오니 육조스님이 물었다.

"무슨 물건이 이렇게 왔는가?"

회양선사가 어쩔 줄을 모르다가 8년에 이르러서 바야흐로 스스로 긍정하고 말하였다.

"설사 한 물건(一物)이라 할지라도 맞지 않나이다."

이것이 육조대사의 적자가 된 연유이다.

> 삼교의 성인이 모두 이 구로 쫓아 나왔으니 누가 들것인가, 함부로 말하였다가는 눈썹이 빠지리라.

| 주석(註釋) |

1) **일물**(一物):한 물건. 불교에서 진여(眞如)의 본체(本體)를 말할 때에 표현하는 단어이니, 이체(理體)를 드러내는 상투어(常套語)라고 할 수 있다.

2) **소소영령**(昭昭靈靈):소소(昭昭)는 매우 밝고 분명한 모양, 영령(靈靈)은 마음의 작용이 영묘불가사의하다는 뜻. 우리의 본래 성품의 작용을 형용하는 말로서, 사리(事理)가 훤히 밝게 드러나서 매우 신령스러운 조화를 나타낸다는 말. 우리의 본래 성품은 원래 소소영령한 것이기 때문에 성품을 깨치면 소소영령한 지혜가 나타나 우주의 모든 이치가

소소역력(歷歷)하게 밝아진다.

3) ○: 우주에는 근원이 되는 "그 무엇"이 있다. "그 무엇"을 강연히 그림
으로 그릴 때 "○"로 표현을 한다. 이를 때로 "마음" "불성(佛性)" "도
(道)" "법(法)" "하느님" "상제(上帝)" "진리(眞理)" 등등으로 이름을 붙
였지만 들어맞는다고 단정을 할 수 없다. 그러나 이렇게라도 보이지
않으면 알 수가 없음으로 강연히 그려서 일원상(一圓相)이라 하는 것
으로 우주나 하늘땅, 만유만상의 근본이 되고 일체 부처와 조사, 성인
과 현자의 심인(心印)이 되는 것이며, 모든 생령이나 중생의 성품자리
가 된다. 이에 선가(禪家)에서 깨달음의 경지를 일원상으로 표현하기
도 하였다.

이 "○"을 맨 처음 사용한 사람은 중국 당나라 때의 남양혜충국사(南
陽慧忠國師, ?-775)라고 전해온다. 국사가 탐원선사(耽源禪師, 782-865)
에게 전하고, 탐원선사가 앙산선사(仰山禪師, 803-887)에게 전하였다.
탐원선사가 하루는 앙산선사에게 이르기를,

"국사께서 육대조사의 원상 97개를 전하여 노승(老僧)에게 주시고 입
적하실 때에 나에게 이르시길, '내가 멸한 후 30년 뒤에 한 사미가 남
쪽으로부터 와서 선풍(禪風)을 크게 떨치리니 차례로 전수해서 단절하
지 않게 하라' 하시니, 내가 이 예언을 자세히 살펴보니, 이 일이 너에
게 있음이라, 내가 지금 너에게 부치니 너는 마땅히 받들어 가지라."
하였다.

앙산선사는 이미 얻었으므로(깨달아 증득) 그것을 태워 버렸다. 탐원선
사가 하루는 앙산선사에게 말하길, "지난 번 전해준 원상을 깊이 간
수하라" 하니,

앙산선사가 "태워버렸습니다" 하였다.

탐원선사가 말하길, "이것은 여러 조사 스님이 서로 전한 것인데 어찌
태워버렸는고?" 하니,

앙산선사가 말하길, "제가 한 번 보고 이미 그 뜻을 다 알았으니, 쓸 때가 되면 능히 쓸 수 있어서 가히 그 본(本 ○)의 현상에 집착할 것은 아니라 생각 하나이다" 하니,

탐원선사가 이르길, "너는 곧 증득하였으나 앞으로 오는 자는 어떻게 하겠는가?"라고 하니, 이에 한 본을 그려서 들어 바치니 하나도 잘못됨이 없었다고 한다.

4) 불(佛): [범]Buddha 음을 따라 한자로 불타(佛陀)·부도(浮圖·浮屠)·부타(浮陀)·발타(勃陀)·몰타(沒陀) 등으로 쓰고, 줄여서 불(佛)이라고만 하는데 "깨친다"는 말이다. 즉 미망(迷妄)을 여의고 스스로 모든 법의 진리를 깨닫고, 또 다른 중생을 교도하여 깨닫게 하는 자각(自覺)·각타(覺他)의 2행(行)을 원만히 성취한 이를 말한다.

또한 "부처님"이라 함은 "깨친 어른(覺者)"이란 뜻이다. 가장 크고 높고 참된 이치를 자기가 깨치고 남들까지 깨치게 하여 그 지혜와 복이 끝없이 원만하고 이치와 일에 두루 걸림 없는 이를 말함이니, 그 참이치를 가르쳐서 누구나 부처가 되고, 어디나 밝고 깨끗하고 평등하고 원만하며 전쟁과 무지와 차별이 없는 세상을 이루는 것이 부처님의 가르치심, 곧 불교(佛敎)이다.

5) 응연(凝然): 말없이 고요히 있는 모양.

6) 일상원(一相圓): 곧 일원상(一圓相)을 말한다. 일원상이란 우주와 만유의 근원이 되는 것이요, 모든 부처와 조사의 심인(心印)이 되는 것이며, 모든 중생의 성품이 되는 것으로 우주의 근원이 되는 진리를 말한다.

7) 가섭(迦葉): [범]Mahākāśyapa 음을 따라 마하가섭(摩訶迦葉)이라고도 하며, 대음광(大飮光)·대구씨(大龜氏)라 번역한다. 가사파(kāśyapa)는 성(性)이고, 마하(mahā)는 크다는 말이니, 다섯 가섭 가운데 맏이를 뜻한다. 부처님의 십대제자(十大弟子) 가운데 한 분. 본래는 바라문으로 석존이 성도 한지 3년쯤 뒤에 부처님께 귀의하였다.

그는 제자 가운데서도 의·식·주를 극도로 검박하게 하고, 용맹정진(勇猛精進)하는 두타행(頭陀行)이 제일이었으며, 부처님의 의발(衣鉢)을 받은 상수 제자(上首 弟子)로서 부처님이 입멸한 뒤, 오백 아라한(阿羅漢)을 데리고 제일결집(第一結集)을 하면서 그 우두머리가 되었다. 부처님 이후의 법통(法統)을 말할 때에는 그가 초조(初祖)가 된다.

8) 고불미생전 응연일상원 석가유미회 가섭기능전(古佛未生前 凝然一相圓 釋迦猶未會 迦葉豈能傳): 옛 부처님이 이 세상에 출현하기 이전에도 일원상의 진리는 두렷이 존재해 있었다는 뜻이다.

이 말은 북송 자각종색(慈覺宗賾, 1009-1092)선사가 「고불미생전 응연일상원 석가유미회 가섭기능전(古佛未生前 凝然一相圓 釋迦猶未會 迦葉豈能傳)」이란 말을 처음 사용했다.

과거칠불(過去七佛)이 이 세상에 출현하기 이전에도 일원상의 진리가 두렷이 존재해 있었는데, 석가모니불도 그 뜻을 모른다 하였거늘, 하물며 가섭존자가 후세에 어찌 전할 수 있었겠느냐 하는 뜻이다. 사실 일상원이라는 진리는 무시무종(無始無終)이라 우주의 시작과 더불어 있었고, 지금도 있으며, 미래에도 있어서 부증불감(不增不減)하고 무궁무진(無窮無盡)하다.

9) 육조(六祖, 638-713): 중국의 선종(禪宗)은 달마(達摩)대사를 초조로 삼고, 그로부터 6대 되는 혜능(慧能)을 육조라고 한다. 그는 속성이 노(盧)씨이고, 지금의 광동성(廣東省) 조경부(肇慶府) 신흥(新興)에서 났다. 세 살에 아버지가 죽고 집이 가난하여 공부하지 못하고, 날마다 나무를 팔아서 어머니를 봉양하였다. 24살 때에 장터에서 어떤 사람이 『금강경』 읽는 것을 듣고 깨친 바 있어 그 사람의 지시로 양자강을 건너 황주부(黃州府) 황매산(黃梅山)에 가서 오조 홍인대사(弘忍大師)를 뵙고, 그가 시키는 대로 여덟 달 동안이나 방아를 찧고 있었다.

오조가 법을 전하려고 제자들의 공부를 시험하는데, 교수사(敎授師)로

있는 신수(神秀)는 글짓기를 "몸은 보리의 나무요, 마음은 밝은 거울
같음이라 때때로 부지런히 닦아서 티끌이 끼지 않도록 할지니라(身是
菩提樹 心如明鏡臺 時時勤拂拭 勿使惹塵埃)."고 하였다.

이때 노행자(盧行者)는 "보리는 본래 나무 없는 것이요 밝은 거울도 또
한 대가 아니네, 본래 한 물건도 없는데 어느 곳에 티끌이 묻으리요
(菩提本無樹 明鏡亦非臺 本來無一物 何處惹塵埃)."라고 지었다.

이를 본 오조는 그를 인가(印可)하고 석가여래의 법통을 표시하는 의
발(衣鉢)을 전해 주었다. 그는 남방으로 돌아가서 18년 동안이나 숨어
지내다가 비로소 세상으로 나오게 되어 소양(韶陽)의 조계산(曹溪山)에
서 선법(禪法)을 크게 일으키니 견성(見性)하여 그 법을 이은 제자만 40
여 명이 있었다. 당나라 현종(玄宗) 개원(開元) 1년에 76세로써 입적하
였다. 저술로는 『육조단경(六祖壇經)』이 있다.

10) 신회선사(神會禪師, 686~760): 하택선사(荷澤禪師)라고도 한다. 호북성
(湖北省) 양양부(襄陽府) 고(高)씨의 집에서 났다. 어려서 유교(儒敎)와
도교(道敎)의 글에 정통하였는데 『후한서(後漢書)』를 보다가 불교의
묘한 이치를 알고 출가하여 경을 많이 숭상하였다. 처음엔 형주(荊州)
의 옥천사(玉泉寺)에 가서 3년 동안이나 신수(神秀)대사를 모시고 있
다가, 그가 측천황후(則天皇后)의 청을 받고 서울로 가게 되자 그의
지시로 육조의 법회로 갔다. 그때의 나이가 13살이라 하기도 하고
43살이었다고도 한다. 육조의 법을 받은 뒤에 남양(南陽)의 용흥사(龍
興寺)와 낙양(洛陽)의 하택사에 있으면서 육조의 종지를 크게 드날려
서 신수의 종지가 쓰러지게 되었다. 어사(御史) 노혁(盧奕)의 무고(誣
告)로 여러 해 동안 귀양살이를 하였고, 안록산(安祿山)의 난에는 군
비와 군수품을 많이 모집하여 나라에 바쳤다. 저술로는 『현종기(顯宗
記)』1권, 『신회어록(神會語錄)』3권, 『하택미결(荷澤微決)』1권이 있다.
그의 문하에 유능한 이가 많아서 한동안(150년 가량) 하택종이 큰 세

력을 떨쳤다.

11) 불성(佛性): 부처를 이룰 근본 성품. 각성(覺性), 자성(自性).

12) 얼자(孼子): 곧 서자(庶子)를 말한다. 본부인이 아닌 딴 여자에게서 태
어난 아들.

13) 회양선사(懷讓禪師, 677-744): 남악회양선사(南嶽懷讓禪師)이다. 섬서성
(陝西省) 흥안부(興安府) 두(杜)씨 집에서 났다. 15살에 출가하여 육조
의 법회에 가서 8년 만에 견성하여 그의 법을 받고, 전후 15년 동안
모시고 지내다가 남악(南嶽) 반야사 관음대(般若寺 觀音臺)에서 교화하
니, 그 법을 받은 제자가 아홉 분이 있었다. 그 가운데에는 신라의
본여선사(本如禪師)가 있다.

14) 숭산(嵩山): 중국 오악(五嶽)의 하나인 중악(中嶽)으로 하남성 등봉현
(河南省 登封縣) 북쪽에 솟아 있는 명산(名山)이다. 산에는 삼첨봉(三尖
峰)이 있으며 중(中)은 준극(峻極), 동(東)은 태실(太室), 서(西)는 소실
(少室)이라 일컫는다.

15) 십마물이마래(什麼物伊麼來): 십마(什麼)는 의문의 말로 "무엇이냐?"의
뜻이며, 이마(伊麼)는 임마(恁麼)와 같은 말로 "이렇게"의 뜻이다. 이
말인 십마물이마래(什麼物伊麼來)라는 말은 곧 "무슨 물건이 이렇게
왔느냐?"고 하는 말이다.

16) 망조(罔措): 망지소조(罔知所措)의 준말로 매우 급(急)하여 어찌할 바를
모르는 것을 말한다.

17) 적자(嫡子): 정실(正室)의 몸에서 태어난 아들을 말하는 것으로, 스승
의 법맥(法脈)을 정통(正統)으로 이어온 제자를 말한다.

18) 삼교성인(三敎聖人): 삼교는 불교(佛敎)와 유교(儒敎)와 도교(道敎)를 말
하는 것이요, 성인은 불교의 석가여래(釋迦如來)와 유교의 공자(孔子)
와 도교의 노자(老子)를 말한다.

19) 석취미모(惜取眉毛): 경전의 뜻을 잘못 해석하게 되면 눈썹(眉毛)이 빠

지게 된다는 뜻으로, 요설(饒舌)을 하지 말라는 것이다. 즉 요설이란 농설(弄舌)이라는 뜻이요, 농설은 알거나 깨닫지도 못하고 쓸데없이 말을 자꾸 지껄이는 것이니, 이러한 말을 함부로 내뱉어서는 안된다는 것을 경계하는 말이다.

| 해의(解義) |

개권(開卷)하는 첫 머리이다.

한 물건을 내세워 전체를 꿰었고(一體貫之), 전체를 묶었으며(一體約之), 전체를 깨닫도록(一體悟之) 하였다.

그러므로 이 물건을 한번에 꿰뚫고 묶어서 깨달아 버린다면 전체가 관통되어 천만 경전을 볼 필요가 없고 억만 법문을 들을 필요가 없으며, 선후(先後)를 다툴 필요가 없고 선교(禪敎)를 세울 필요가 없이 한 마음, 한 생각을 넘지 않고 다 통효(通曉)를 이루게 된다.

그러므로 결론부터 말하자면, 이 물건을 알고, 깨닫고, 자득(自得)하고 증명(證明)하면 인자(仁者)요 성인(聖人)이며, 불타(佛陀)요 조사(祖師)이다.

그러나 무지(無知)하고 미혹(迷惑)하고 상실(喪失)하고 암매(暗昧)하면 범인(凡人)이요 중생(衆生)이며, 치자(癡者)요 몽매(蒙昧)할 수밖에 없는 것이다.

그렇다면 이 "한 물건"이 어떠한 의미를 내함(內含)하고 있는가를 알아볼 필요가 있다.

첫째, 이 물건은 시작과 끝이 없다.

사물은 시작이 있으면 끝이 있고, 끝이 나면 또 시작이 있는 것이지만 이 물건은 어디서부터 시작되었고, 언제 끝나는 것도 없이 영겁을 일관(一貫)하여 무흠무여(無欠無餘)한다.

이 물건은 만고에 독존(獨尊)하고 만세에 독로(獨露)한 절대적인 존재로 우주보다 선생(先生)하였고, 건곤(乾坤)보다 선재(先在)하여 설사 우주가 개변(改變)을 이루고 건곤이 쇄멸(碎滅)이 되더라도 털끝 하나 흠결(欠缺)이 없는 무시무종(無始無終)한 물건이다.

둘째, 이 물건은 빛이다.

빛은 밝다. 이 빛은 명암(明暗)을 초월한 절대의 빛이다. 가리거나 막을 수 없는 빛으로 비치지 않는 바가 없고 뚫리지 않는 바가 없는 것이니, 이를 외형적인 빛이라고 한다면 안으로는 자기 자성(自性)이 바로 빛이다. 즉 성체(性體)가 빛이요 지혜가 빛이다. 이 빛은 온 우주와 만물에 미치지 아니하는 바가 없고 간섭하지 아니하는 바가 없는 무체무형(無體無形)의 빛 덩어리이다.

셋째, 이 물건은 텅 비었다.

지공(至空)하고 지무(至無)하여 형태나 형체 자체가 텅 빈 물건이다. 따라서 절대자(絶對者)로 상대가 없는 물건이요 파동(波動)이 없는 고요한 물건이며, 추호(秋毫)의 흔적을 찾아볼 수 없는 물건이다.

그러므로 이 물건은 우주 전체를 뒤져봐도 기미(幾微)를 알 수 없고 만유를 짜개보아도 맹아(萌芽)를 볼 수 없는 무취무체(無臭無體)한 물건이다.

넷째, 이 물건은 인식(認識)의 대상이 아니다.

어떤 사려(思慮)의 알음알이를 통해서 인득(認得)할 수 없다. 수행하는 사람이 무엇을 알고 얻으려 한다면 가장 큰 착각(錯覺)이요 무지

(無知)이며 장애(障礙)이니, 이를 떨쳐버리고 오직 각증(覺證)을 통해서 합치를 이루어야 한다. 따라서 이 물건이 아무리 독현(獨顯)하다 할지라도 깨달은 자의 도구(道具)에 지나지 않는 것이니 눈을 뜨고자 하는 사람은 이에 이오위칙(以悟爲則)의 노력과 적공이 있어야 한다.

다섯째, 이 물건은 주인(主人)이 없다.

세상에 주인이 없는 것은 거의 없다. 개도 주인이 있고 집도 주인이 있으며, 산도 물도 주인이 있지만 이 물건은 절대로 주인이 없다. 즉 주인이 없다는 것은 누구든지 주인이 될 수 있다는 의미이니, 이 물건을 한번 이전등기(移轉登記)를 내면 절대적인 주인이 되어 어느 누구도 다시 가져갈 수 없는 영원한 나의 소유가 된다.

그러므로 공부하는 사람은 적자(嫡子)나 얼자(孽子), 수기(授記)나 직전(直傳)을 가릴 것 없이 법맥(法脈)과 종통(宗統)을 이룰 수가 있다는 것임을 알아서 자력으로 공부를 하여야 한다. 아무리 뛰고 나는 재주와 신통(神通)을 지녔다고 할지라도 깨달음을 이루지 못하면 철이 없는 어린아이에 지나지 않는다.

이 물건은 영원한 열반(涅槃)이요 영원한 해탈(解脫)이며, 영원한 지혜(智慧)요 영원한 생명(生命)이다. 따라서 이 한 물건 속에는 무궁한 조화(造化)와 무궁한 보물(寶物)과 무궁한 묘리(妙理)와 무궁한 은혜(恩惠)와 무궁한 자비(慈悲)가 하나도 빠짐없이 가득하게 다 갖추어 있어서 쓰고 또 써도 다함이 없는 보물창고이다.

| 음여일송(吟余一頌) | 나도 한 송 읊조리니,

자 초 무 일 물
自 初 無 一 物 처음부터 한 물건이 없는데

하 고 착 다 명
何 故 着 多 名 어찌하여 많은 이름을 붙였는가?

왜 안 비 간 정
歪 眼 非 看 正 비뚤어진 눈 보는 게 바르지 않나니

영 관 막 오 맹
寧 關 莫 寤 盲 차라리 닫아 어둠에서 깨지 말지라.

원래 한 물건 처음부터 없는 것인데, 누가 이름을 짓고 또 일진(一塵)을 붙였는가? 백지(白紙)에 붉거나 푸른 물 한 점 떨어지면 이미 백지는 아니다. 비뚤어진 눈으로는 아무리 잘 본다고 하여도 바르게 보이지 않는다. 그러므로 차라리 굳게 닫아 어둠 그대로 살지언정, 원래 밝고 맑고 바른 진리를 대하여 왜안(歪眼)을 가지고 사시(斜視)를 해서는 안 된다.

02

부처님이 나오심은

| 원문(原文) |

불조출세 무풍기랑
佛祖出世는 **無風起浪**이니라.

부처님과 조사가 세상에 나옴은 바람이 없는데 물결을 일으킴이
니라.

| 자해원문(自解原文) |

불조   자   세존 가섭야   출세자   대비 위체   도중생
佛祖[1]**者**는 **世尊**[2]**迦葉也**요, **出世者**는 **大悲**[3]**爲體**하야 **度衆生**[4]

야   연   이일물관지즉인인면목   본래원성   기가타
也라. **然**이나 **以一物觀之卽人人面目**[5]이 **本來圓成**커니 **豈可他**

인   첨지착분 야   차   출세지소이기파랑야   허공장
人의 **添脂着粉**[6]**也**리요. **此**가 **出世之所以起波浪也**라. 『**虛空藏**

경   운   문자   시마 업   명상   시마업   지어불어
經』[7]**云** 「**文字**도 **是魔**[8]**業**[9]이요, **名相**[10]도 **是魔業**이라, **至於佛語**

하야도 ^{역시마업}亦是魔業이라.」하심이 ^{시차의야}是此意也라. ^차此는 ^{직거본분}直擧本分[11]인대
^{불조}佛祖도 ^{무공능}無功能[12]이라.

乾坤[13]이 失色하고 日月[14]이 無光이로다.

    부처님과 조사는 석가세존과 가섭존자이요, 세상에 나오심은 대자대비를 바탕하여 중생을 제도하려는 것이라. 그러나 한 물건으로써 본다면 사람마다 면목이 본래 두렷하게 이루어졌으니 어찌 남이 연지 찍고 분 발라주기를 빌리리요. 이것이 세상에 나오심이 물결을 일으키는 것이라.

    『허공장경』에 이르기를, "문자도 마구니 업이요, 이름과 형상도 마구니 업이라, 심지어 부처님 말씀까지도 또한 마구니 업이라." 하심이 이 뜻이다. 이는 바로 본분을 든다면 부처님이나 조사도 공능이 없는 것이니라.

    하늘과 땅이 빛을 잃고 해와 달이 빛이 없구나.

| 주석(註釋) |

1) 불조(佛祖): ①불교의 개조(開祖)인 석가모니불. ②부처와 조사, 부처는

삼세제불을 말하고, 조사는 역대조사를 말한다. ③선종에서는 부처도 조사라 하고, 조사를 옛 부처라 하기도 하여 부처와 조사를 구별하지 아니하고 동격으로 보는 경우가 많다. ④불교의 모든 성현들.

2) 세존(世尊): [범]Bhagavat ; Lokanātha ; Loka-jyeṣṭha의 음역(音譯)으로 바가범(婆伽梵) 로가나타(路迦那他) 로가야슬타(路伽惹瑟咤)라 하며, 부처님 십호(十號)의 하나. 부처님은 원만한 공덕을 갖추어 세상에서 가장 높으시므로 이렇게 부르며 석존(釋尊)이라고도 한다.

3) 대비(大悲): ①대자대비의 준말. ②중생들의 괴로움을 구해주려는 불보살의 마음. 이러한 마음이 매우 넓고 크기 때문에 대비(大悲)라고 한다. ③대비보살의 준말.

4) 중생(衆生): ①생명을 가진 모든 것들. 지수화풍(地水火風) 사대(四大)로 이루어진 육체를 가진 모든 생명체의 총칭. 유정(有情)이라고도 한다. ②불보살의 구제의 대상이 되는 인간들. 아직 불보살이 되지 못한 범부. ③여러 생을 윤회한다. 여럿이 함께 산다. 많은 연(緣)이 화합하여 비로소 생한다는 뜻. ④참 성품을 잃어버리고 망령된 온갖 생각이 분주하게 일어났다 꺼졌다 하기 때문에 온갖 세계에 돌아다니면서 났다 죽었다 하는 무리들, 곧 정식(情識)이 있는 것들을 모두 중생이라 한다. 그러므로 사람뿐 아니라 모든 동물들과 귀신들과 하늘 사람들까지 합쳐서 하는 말인데, 유정(有情), 함령(含靈). 함식(含識), 군생(群生), 군맹(群萌), 군품(群品)이라고도 한다.

5) 면목(面目): ① 근본 뜻. 진수(眞髓). 우리의 청정 자성심을 본래 면목(本來面目)이라고 한다. ② 사람의 용모. ③ 지켜야 할 체면.

6) 첨지착분(添脂着粉): 첨지란 "기름을 더한다"는 말로, 곧 연지(臙脂)를 얼굴에 발라 아름답게 꾸민다는 것이요, 착분도 "단장을 한다"는 말로 분을 얼굴에 발라 아름답게 꾸미는 것을 말한다.

7) 허공장경(虛空藏經): [범]Ākāśagarbha-ūtra 요진(姚秦) 때에 불타야사(佛

陀耶舍)가 번역한 『허공장보살경』 1권을 말한다. 같은 글의 다른 번역이 여러 가지가 있다. 이 경의 대의는, 허공장보살이 일체향집의(一切香集依) 세계로부터 석가여래의 법회에 나타나자, 이 세계는 모두 정토(淨土)로 변하고 여러 대중의 손에는 여의주(如意珠)가 있게 되었다. 그리고 대승법에 대한 문답이 있다.

8) 마(魔): ① [범]māra 음을 따라 마라(魔羅)라 하고, 줄여서 마(魔)라고만 한다. 장애자(障礙者), 살자(殺者), 악자(惡者)라 번역. 목숨을 빼앗고 착한 일을 방해하며 모든 것을 파괴하는 악마를 말한다. 그러나 '마'는 밖에서 오는 것이 아니라 우리의 마음에서 생기는 것이다. ② 몸과 마음을 어지럽게 하여 대도 정법의 수행을 방해하는 모든 것. 재물 · 명예 · 자식 · 지식까지도 수행을 방해하면 모두 마가 된다. 나의 본래 마음을 빼앗아 가는 모든 경계가 다 마가 된다.

9) 업(業): ① [범]karma [파]Kamma 음을 따라 갈마(羯磨)라고 하며 '짓다(作)'의 뜻이다. 중생들이 몸으로나 말로나 뜻으로 짓는 온갖 움직임(動作)을 업이라 한다. 개인은 이 업으로 말미암아 나고, 늙고, 병들고, 죽는 모든 운명과 육도(六道)의 윤회(輪廻)를 받게 되고, 여러 중생이 같이 짓는 공업(共業)으로 인하여 사회와 국가와 세계가 건설되고 진행되며 쇠퇴하거나 파멸되기도 한다. 그러므로 부처님께서 처음에는 악업(惡業)을 짓지 말고 선업(善業)만 지으라고 가르치다가, 필경에는 악과 선에서도 다 뛰어나고, 죄와 복에 함께 얽매이지 말아서 온갖 국집(局執)과 애착을 다 버리도록 하여 부처님의 말씀에까지라도 걸리지 말라고 하였다. ② 몸과 입과 뜻으로 짓게 되는 선악의 행위. 신체의 동작(身業), 언어활동(口業), 마음의 생각(意業)의 세 가지(三業)를 말한다. 사람 또는 유정물은 선악의 행위 곧 업을 짓게 되고 그에 따라 선업은 선과(善果)를, 악업은 악과(惡果)를 불러오게 된다. 인간 세상의 모든 차별, 곧 잘 살고 못 살고, 귀하고 천한 것은 모두 업을 어떻게

짓느냐에 따라 결정된다. 남자로 태어나고 여자로 태어나며, 백인으로 태어나고 흑인으로 태어나는 것도 역시 스스로가 짓는 업에 따라 결정된다. 이를 자업자득(自業自得)이라 한다. 천도·인도·수라·축생·아귀·지옥의 육도 윤회도 역시 업을 짓는데 따라 그렇게 된다.

10) 명상(名相):①귀에 들리는 것을 명(名), 눈에 보이는 것을 상(相)이라 한다. 모든 사물에는 다 명과 상이 있다. 그러나 명과 상은 모두 허망하고 거짓된 것으로 법의 영원한 실상이 아니다. 진리를 깨치지 못한 사람은 명상을 분별하고 집착하여 온갖 번뇌 망상을 일으킨다. ②모든 물건이나 일이 다 이름과 형상이 있는 것이다. 우리는 그 이름만 들으면 그 사물의 형상을 생각하게 되는데, 형상이란 것은 바탕과 모양이 있고 없고를 막론하고 공간적으로 있는 형용과 체적(體積), 질량(質量)뿐 아니라 시간적으로 나타나는 나고, 머물고, 늙고, 죽는 것이나 시작되고(成), 진행하고(住), 쇠퇴하고(壞), 파멸하는(空) 것도 형상이며, 오관(五官)으로 감촉하게 되는 열도(熱度)·소리(音響)·빛(色)·냄새(香)·맛(味) 같은 것도 또한 형상이다. 그러나 이 이름이나 형상은 그 자체가 본래 확실히 있는 것이 아니라 우리의 망령된 생각이 지어낸 빈 이름이며, 한때의 인연을 따라 생겨난 거짓 형상인 것이다.

11) 본분(本分):부처라, 중생이라 하는 것은 꿈속에서 하는 말이다. 본래 어둡고, 밝고, 알고, 모를 것이 없으며, 온갖 속박과 고통을 새로 끊을 것이 없고 대자유(大自由)·대해탈(大解脫)을 비로소 얻는 것도 아니다. 누구나 본래부터 그대로 부처이다. 그러므로 '근본 깨달음(本覺)'이라고도 한다.

12) 공능(功能):①좋은 결과를 가져올 만한 능력. ②공적과 재능. ③공효와 효능.

13) 건곤(乾坤):①하늘과 땅을 상징적(象徵的)으로 일컫는 말. ②『주역(周

易)』의 두 가지 괘명(卦名)으로 건괘와 곤괘. 하늘과 땅. 양(陽)과 음
(陰). 서북과 서남(西南). ③음양 남녀.
14) 일월(日月):①해와 달, 날과 달. ②세월(歲月)을 이르는 말.

| 해의(解義) |

미국 사람이 제주도에 왔다. 이어서 영국 사람이 오고, 또 이어
아프리카 사람과 호주 사람이 제주도에 들어왔다.

과연 이 사람들이 지금 어디에 있는가? 틀림없이 제주도에 있다.
이 제주도에 한 번 들어온 사람은 모두 제주도에 있는 것이지, 이 제
주도를 벗어난 다른 곳에 있는 것은 아니다.

범부와 성현은 다르지 않고 중생과 부처도 둘이 아니다. 성현 속
에서는 범부를 찾을 수가 없고, 부처 가운데서는 중생을 찾아볼 수가
없다.

만일에 성현이 있다면 범부가 있는 것이요, 부처가 있다면 중생
이 있는 것이지만, 본래는 범부나 성현이나 중생이나 부처가 없는 것
이라 하였으니, 성현이 나오고 부처가 나옴으로 인하여 범부가 있어
졌고 중생이 있어지게 되었다.

그러므로 부처가 중생을 제도한다는 공능(功能)이나 자비를 베풀
필요가 없다. 누가 누구를 건지고, 누가 누구를 위한다는 것인가? 또
한 제도를 하는 자는 누구이며, 제도를 받는 자는 누구란 말인가?

이것이 바로 억지로 물결을 출렁이게 한 것이며 세상을 억지로
흔들어 놓은 것이니, 공부를 하는 사람, 또는 출가하여 부처님의 제
자가 된 사람들은 깊이 생각해 보아야 한다.

| 음여일송(吟余一頌) | 나도 한 송 읊조리니,

一 沙 投 碧 海 　한 알 모래 푸른 바다에 던지면
(일 사 투 벽 해)

起 浪 似 吞 山 　물결 일어 산을 삼킬 듯하여라.
(기 랑 사 탄 산)

本 始 愚 生 滅 　본래부터 어리석은 중생 없는데
(본 시 우 생 멸)

何 存 佛 祖 頒 　어찌 부처 조사를 나눔이 있는가?
(하 존 불 조 반)

저 푸르고 넓은 바다에 작은 모래 하나를 던져 일어나는 파도로 인하여 태산교악(泰山喬嶽)이라도 집어삼킬 듯이 큰 파도를 만들어 내게 된다. 그러나 심층지수(深層之水)는 파도가 일지 않고 고요한 모습 그대로이다. 이와 같이 우리의 본성(本性)은 원래 중생도 없고 부처 조사도 없는 것이니, 나누지 않으면 하나요 한 덩치가 아니겠는가?

03

근기 따라 베푸는 법

연　　　법유다의　　　인유다기　　　불방시설
然이나 法[1]有多義하고 人有多機[2]하니 不妨施設[3]이로다.

그러나 법은 많은 뜻이 있고, 사람은 여러 근기가 있으니 베풀어 세울지라도 방해가 되지 않을 것이로다.

| 자해원문(自解原文) |

법자　　일물야　　인자　　중생야　　법유불변수연　지의
法者는 一物也요, 人者는 衆生也라. 法有不變隨緣[4]之義하고

인유돈오점수　지기　　고　　불방문자어언지시설야　　차소
人有頓悟漸修[5]之機하니 故로 不妨文字語言之施設也라. 此所

위　관불용침　　사통거마　자야　　중생　수왈원성
謂「官不容針이나 私通車馬[6]者也라.」衆生이 雖日圓成[7]이나

생 무 혜 목　　감 수 윤 전 고　　약 비 출 세 지 금 비　　수 괄 무 명
生無慧目하고 甘受輪轉[8]故로 若非出世之金鎞[9]면 雖刮無明[10]

지 후 막 야　　지 어 월 고 해　　이 등 낙 안 자　　계 유 대 비 지 은 야
之厚膜也리요. 至於越苦海[11]而登樂岸者가 階由大悲之恩也라.

연 즉 항 사　　신 명　　　난 보 만 일 야　　차　　광 거 신 훈　　　감
然則恒沙[12]身命으로도 難報萬一也라. 此는 廣擧新熏[13]하야 感

불 조 심 은
佛祖深恩이니라.

왕 등 보 전　　　야 로　　구 가
王登寶殿[14]하니 野老[15]謳歌로다.

　법이란 한 물건이요, 사람이란 중생이라. 법은 변하지 않는 것과 인연을 따른다는 뜻이 있고, 사람은 단번에 깨침과 점점 닦는 근기가 있나니, 그러므로 문자나 말로 베풀고 세우는 것이 방해가 되지 않는 것이니라.

　이것이 이른바 "관가에는 바늘 끝만큼도 용납할 수 없지만 사적으로는 수레나 말도 통한다."는 것이라.

　중생이 비록 두렷하게 이뤄졌다고 말하지만 나면서 지혜의 눈이 없어서 달게 윤회의 굴음을 받게 되므로, 만약 세상을 뛰어난 금 칼이 아니면 누가 무명의 두터운 꺼풀을 깎아내주리요. 심지어 고해를 넘어 즐거운 언덕에 오르는 것은 다 크게 가엾이 여기는 은혜로 말미암은 것이라. 그러한즉 항하의 모래 같은 몸과 목숨으로도 만분의 하나를 갚기가 어려운 것이라.

　이것은 널리 새로 훈습함을 들어서 부처님과 조사의 깊은 은혜에 감사하자는 것이니라.

　임금님이 용상에 오르니 시골 노인이 노래를 하도다.

1) 법(法)**:**[범]dharma [파]dhamma 음을 따라 달마(達磨·達摩) 또는 담무 (曇無)로 써 왔다. 온갖 것을 총칭하여 이르는 말이니, 온갖 일과 모든 물질이며, 온갖 이치와 옳은 것(是), 그른 것(非), 참된 것(眞), 거짓된 것(妄)이 모두 이 '달마'에 들어 있다. 그러나 흔히 부처님이 가르친 교리만을 법이라고 한다.

2) 기(機)**:**기(機)란 근기(根機)를 말하는 것으로, 상근기(上根機)와 중근기 (中根機)와 하근기(下根機)의 세 근기가 있다.

3) 시설(施設)**:**시란 '베푼다'는 뜻이요, 설은 '세운다'는 뜻으로 무엇을 베풀어서 넘어지지 않도록 세운다는 말이다.

4) 불변·수연(不變·隨緣)**:**환경의 온갖 일이나 물질이 나에게 어떤 감촉 이나 무슨 교섭이 있을 때에 그것을 연(緣)이라 하며, 이 연에 따라 동 작이 나고 변천(變遷)이 생기는 것을 인연 따름, 곧 수연(隨緣) 또는 용 (用)이라고도 한다. 그러나 순간마다 일어나는 연에 따라 작용은 천 번 이나 변하고 만 가지로 고쳐진다 할지라도, 그 참 이치의 당체(當體)는 늘 그대로 고요하고 움직이지 아니하여 언제 어디서나 변하지 않는 것이므로 이를 불변(不變) 또는 체(體)라고도 한다. 이 원리를 진여(眞 如)·원적(圓寂)·평등(平等)·적멸(寂滅)같은 말로써 표시하기도 하고, 주관적으로 말할 때에는 체성(體性)이라고 한다.

5) 돈오·점수(頓悟·漸修)**:**불도를 닦아 나아가는 데 그 사람이 바탕(기질) 을 따라 차츰차츰 여러 계단을 밟아 올라가서 나중에 대각(大覺)을 이 루는 것을 '오래 닦음' 곧 점수(漸修)라 하고, 어떤 이는 단번에 크게 깨쳐서 한 뜀에 부처가 될 수 있는 것을 '단박(몰록) 깨침' 곧 돈오(頓 悟)라고 한다. 이치는 비록 단박에 깨쳤다 하더라도 오랫동안 익혀 온 버릇, 곧 다생(多生)의 습기(習氣)는 한때에 완전히 끊어버릴 수가 없고 현실의 사물 처리에 자유자재하기 어렵기 때문에 오래오래 닦아 나아

가야 한다. 그러므로 결국은 누구나 '점수'가 된다고도 할 수 있다. 그러나 깨치지 않고는 옳게 닦을 수가 없는 것이므로 조사 스님들은 닦는 것보다 깨치는 것을 중요하게 말하고 있다.

6) 관불용침 사통거마(官不容針 私通車馬):『임제록(臨濟錄)』에 나온 앙산선사(仰山禪師)의 말이다. "공적으로는 바늘 하나도 용납할 수 없지만, 사적으로는 수레나 말까지도 통합니다."라고 하였다.

7) 원성(圓成):①진리를 원만하게 깨치는 것. ②덕행을 원만하게 이루는 것. ③어떤 일을 실패 없이 성공하는 것.

8) 윤전(輪轉):윤회전생(輪廻轉生)을 말한다. 일체중생이 한없는 세월에 육도윤회하면서 몸을 바꾼다는 뜻으로, 윤회를 더욱 강조하는 말. 수레바퀴가 끊임없이 돌고 돌듯이 중생이 번뇌 망상의 업력에 따라 삼계 육도에 나고 죽고, 나고 죽고, 수없이 생사를 반복해 간다는 말. 윤회전생에서 생사 해탈을 얻으려는 것이 불도 수행의 목적이다.

9) 금비(金鎞):또는 금비(金錍·金篦)·금주(金籌)라고도 한다. 옛날 인도의 의사들이 안과(眼科) 수술을 할 때에 쓰던 금으로 만든 '메스(mes)'를 말한다.

10) 무명(無明):[범]avidyā '어리석은 마음', '어두컴컴한 마음'을 이름. 『기신론(起信論)』에는 이것을 두 가지로 나누어, 법계(法界)의 참 이치에 어둡게 된 맨 처음 한 생각을 근본무명(根本無明)이라 하고, 이 근본무명으로 말미암아 가늘거나 거칠거나 한 온갖 망령된 생각이 일어나는 것을 지말무명(枝末無明)이라 하였다.

11) 고해(苦海):고통으로 가득 찬 인간 세상. 인간이 사는 세상은 온갖 괴로움이 잠시도 떠날 날이 없으므로 사나운 파도가 세차게 휘몰아치는 넓은 바다에 비유해서 고해 또는 파란고해(波瀾苦海)라 한다. 인간은 정신적 고뇌와 육체적 고통 속에 살아간다. 인간은 정신을 가졌기 때문에 번뇌 망상·삼독 오욕·분별 시비·사량 계교·시기 질투에

시달리며 살아간다. 육체를 가졌기 때문에 생로병사, 만남, 이별의 아픔을 겪어야 하고, 춥고, 덥고, 피곤하고, 배고픈 고통 속에서 살아간다. 결국 항상 변화하는 욕계·색계·무색계의 삼계는 모두 괴로움의 바다이다. 집착을 벗어나지 못하고 해탈을 얻지 못한 사람에게 이 세상은 그대로 고통의 바다이다. 그러나 아무리 파란고해 속에 살아간다 할지라도 생로병사를 해탈하고 육도윤회에 끌려 다니지 않으면 고해에서 벗어나게 된다.

12) 항사(恒沙): '항하(갠지스 강)의 모래라'는 뜻으로, '무한(無限)히 많은 수량(數量)'을 일컫는 말이다.

13) 신훈(新熏): 어떤 중생이나 다 저절로 두렷한 본래 면목(本來面目)은 부처님과 털끝만큼이라도 다를 것이 없다. 그것을 본각(本覺)이라 한다. 그러나 무명의 업장(業障)이 두터운 중생은 불보살의 교화를 받아서 발심(發心)하고 부지런히 닦아 비로소 크게 깨치는 부처의 열매(佛果)를 새로 맺게 되는 것이다. 이것을 시각(始覺)이라 하는데, 시각을 이루는 수단 방법이 새로 닦는 것, 곧 신훈이다.

14) 보전(寶殿): ①금과 옥으로 꾸민 궁전(宮殿). 훌륭한 대궐(大闕). ②부처를 모셔 두는 건물(建物). 대웅보전(大雄寶殿).

15) 야로(野老): 시골 늙은이. 시골이나 산골에서 사는 사람.

부처님의 똑같은 법문이라도 보살이 먼저 알아듣고, 다음으로 연각(緣覺)이 알아들으며, 다음으로 성문(聲聞)이 알아듣고, 끝에 가서는 중생이 알아듣는다고 한다. 이는 법문 자체에 심천(深淺)이 있어서 그러는 것이 아니라 알고 듣는 사람의 근기가 다르기 때문이다.

우리가 서울을 간다고 할 때 비행기를 타기도 하고 버스를 타기도 하며, 걷기도 하고 자전거를 타기도 하지만 서울에 도착하는 것은 똑같다. 즉 서울이라는 한 목표점을 놓고 가는 방법을 달리하고 있을 뿐이다.

이와 같이 법이라는 것도 갖가지로 설정하여 진리의 근원에 들고 자기 자성으로 돌아가도록 하였으니, 자연 길을 여러 갈래로 가정(假定)할 수밖에 없다. 즉 근기를 맞추어 방편(方便)을 쓰다 보니까 법이 많아질 수밖에 없고, 길이 많아질 수밖에 없다는 말이다.

그러므로 근기가 얕은 사람에게 고준한 법문을 하여도 그 사람이 알아들을 수가 없는 것이요, 근기가 높은 사람에게 얕은 법문을 한다면 자칫 비웃음꺼리가 되고 마는 것이니, 상대방에 맞추어 법문을 한다는 것이 결코 쉬운 것은 아니다.

이는 마치 음악을 모르는 사람에게 아무리 음악을 들려주어도 잘 알아듣지 못하는 것과 같은 것이며, 영어를 모르는 사람에게 영어로 이야기를 한다면 역시 알아들을 수가 없다.

반면에 음악을 잘 아는 사람은 상대의 음악에 대한 지식을 듣고 옳고 그름을 판단하기가 쉽고, 영어를 잘 하는 사람 역시 상대의 말을 듣고 영어를 잘 하는지 못하는지를 바로 알 수가 있다.

| 음여일송(吟余一頌) | 나도 한 송 읊조리니,

佛 爲 迷 惑 衆 부처님이 미혹한 중생을 위하여
_{불 위 미 혹 중}

다 설 도 강 진
多 設 渡 江 津 강 건너는 나루 많이 설치하였네.

정 로 난 쟁 서
正 路 難 爭 逝 바른길도 다퉈 가기가 어려운데

추 편 경 난 신
趨 偏 竟 亂 神 한쪽으로 가면 마침 정신 어지러우리.

부처님께서 어리석고 미혹한 중생을 위하여 올바른 길을 가도록 갖가지 방편을 써서 바르고 곧은길을 마련하여 주시었다. 이것이 마치 강을 건너서 저 언덕에 이르러야 하는데 나루를 만들고 배를 만들어 놓음과 같다. 그런데 여린 중생은 바르게 놓인 길도 제대로 가지 못하고 헤매며, 더구나 옆길이나 한쪽 길로 달려가고 있으니 그 정신은 자연 어지러워지고 어두워져서 나락(奈落)으로 빠져들 수밖에 없다.

04

마음과 부처와 중생

강립종종명자 혹 심 혹 불 혹 중생
强立種種名字하야 **或「心」**[1]**或「佛」或「眾生」**이라 하니

불가수명이생해 당체 편시 동념즉괴
不可守名而生解어다. **當體**[2]**便是**니 **動念卽乖**니라.

억지로 갖가지 이름을 세워서 혹 '마음이다' 하고, 혹은 '부처이다' 하였으며, 혹은 '중생이다' 하였으니, 가히 이름을 지켜서 알음알이를 내지 말지어다. 당체란 바로 옳은 것이니 한 생각을 일으키면 곧 어그러지나니라.

일물상 강립삼명자 교 지부득이 야 불가수명이생
一物上에 **强立三名者**는 **敎**[3]**之不得已**[4]**也**요, **「不可守名而生**

해자   역선지부득이야   일대일익   선립선파   개법왕
解者」는 亦禪之不得已也라. 一擡一搦하며 旋立旋破는 皆法王[5]

법령지자재자야   차   결상기하   논불조사체   각별
法令之自在者也라. 此는 結上起下하야 論佛祖事體[6]各別이로다.

구한   봉가우   타향   견고인
九旱[7]에 逢佳雨[8]요, 他鄕에 見故人[9]이로다.

한 물건 위에다 억지로 세 가지 이름을 세우는 것은 교문의 부득이함이요, "이름에 지켜서 알음알이를 내지 말라"는 것은 선법의 부득이함이다. 한 번 들고, 한 번 누르며 돌려서 세우고, 돌려서 깨뜨리는 것은 모두 법왕이 법령을 자재하게 하는 것이라. 이는 위를 맺고 아래를 일으켜서 부처님과 조사의 사체가 각각 다름을 논한 것이로다.

9년의 가뭄에 아름다운 비(단비)를 만난 것이요, 타향에서 친구를 만난 것이로다.

| 주석(註釋) |

1) 심(心):마음을 이르는 것으로 만물의 창조주이요, 우주의 본원이며 근본이요 질서이다. 여러 가지로 해설을 할 수가 있으니, 첫째, 우주만유를 색(色…物)과 심(心)의 두 가지 법(法)으로 나눌 때의 심(心). 정신 및 그 속성의 작용. 좁게는 마음을 그 주체(心王)와 종속작용(心所)으로 나누었을 때의 주체. 둘째, 무궁무진한 조화를 나타내는 우주의 본체. 마음이 곧 우주의 근본이라 '심외무별법(心外無別法)'이라 하고, 마음이 곧 부처라 해서 '시심시불(是心是佛)', '심즉시불(心卽是佛)'이라 한다. 불교는 마음을 깨치는 공부요, 부처란 마음을 깨친 사람이다. 셋째, 마음을 깨치면 곧 법이요, 진리요, 도요, 부처요, 극락이다. 그러

나 마음을 깨치지 못하면 전도몽상이요 악도타락이며, 육도윤회·생
사윤회한다. 그러므로 마음공부가 모든 공부의 근본이 된다. 사람의
마음은 곧 하늘마음이라 마음이 순일 무잡하여 사(邪)가 없으면 천지
로 더불어 그 덕을 합하게 된다. 넷째, 중국 사람들은 심(心)을 정신·
의식·허령지각(虛靈知覺)이라 하였다. 『황제내경(黃帝內經)』에 "심(心)은
군주의 기관(器官)이니 신명(神明)이 나온다."고 했다. 순자(荀子)는 "마
음이란 형체의 군주요, 신명의 주인이다(心者形之君 神明之主)."고 하였
다. 회남자(淮南子)는 "마음이란 신체의 바탕이다(心者身之體)."고 했다.
심(心)이 내재(內在)한 것을 심령(心靈), 대외(對外)한 것을 심정(心情), 거
중(居中)한 것을 심성(心性)이라 한다. 심령은 하늘에서 온 신(神)이요,
심정은 땅에서 온 기(氣)요, 심성은 사람이 가진 이(理)라고 보았다.

2) **당체**(當體): 진리 그 자체라는 말. 본래 성품 그 자체라는 말이다.

3) **교**(敎): ①불교에서 선가(禪家)에 대하여 경전을 위주로 부처님의 법을
배우려는 일파를 교가 또는 교종(敎宗)이라 한다. ②불보살·성현이
중생을 구제하기 위해 설한 가르침. 불교의 근본 도리를 법이라 하고,
법에 관한 설명·해설을 교(敎)라고 한다. ③선(禪)에 상대되는 말. 부
처님의 말씀을 교라 하고, 부처님의 마음을 선이라 한다.

4) **부득이**(不得已): ①마지못하여 ②하는 수없이 ③어쩔 수 없이.

5) **법왕**(法王): [범]dharmarāja 부처님은 진리, 곧 법을 가장 밝게 깨치시
고, 법을 걸림 없이 쓰시고, 법을 널리 가르쳐서 법에 있어 제일 높은
어른이므로 '법의 임금' 이라고 존칭한 말이다. 또한 모든 세속 임금
들에게도 큰 스승이 되고, 온갖 성인들 가운데서도 으뜸이 되므로 법
왕이라 한다.

6) **사체**(事體): 어떤 일의 대체(大體). 어떤 일의 경위(經緯)가 어떻게 되어
간다는 중요한 내용.

7) **구한**(九旱): 긴 가뭄, 곧 9년이나 가물었다는 뜻으로 오래도록 비가 내

리지 않음을 말한다.

8) 가우(佳雨): 아름다운 비. 곧 오래도록 가뭄이 들었다가 내리는 단비.

9) 고인(故人): 오래전부터 사귀어 온 친구. 큰 가뭄에 단비를 얻음이요, 타향(他鄕)에서 오랜 친구를 만나도다.

| 해의(解義) |

『화엄경(華嚴經)』에 보면 "마음과 부처 및 중생 이 셋은 차별이 없다(心佛及衆生 是三無差別)."고 말하였다. 즉 사람이 가진 마음과 깨달음을 이룬 부처님과 어리석다는 중생이 원래 조그만 차별이나 차등이 없고 다 같이 평등하고 균등하다는 말이다.

다시 말하자면, 마음을 가진 사람이 곧 부처님이요 중생이 또한 부처님이며, 부처님이 중생이요 부처님이 바로 사람이다. 즉 사람이라 하는 것은 결국 마음을 말하는 것이요, 마음이라 하는 것도 결국 사람을 이르는 것이니, 그러므로 "사람이 곧 부처요 중생이다"는 의미이다.

세상에 나타난 모든 것들은 그 중심이 되는 마음을 가졌다. 바꾸어 말하면, 모든 생명(生命)은 마음을 가졌다고 볼 수 있다. 즉 생명 그 자체가 바로 마음이라고 할 수 있다.

우리가 비록 무지(無知)와 삼독(三毒)과 오욕(五慾) 등에 갇히고 찌들어있는 중생이라 할지라도 마음을 가진 그 근원(根源)에 있어서는 어떤 차별이나 차등이 없기 때문에 얼마든지 해탈(解脫)을 이루고 적정(寂靜)을 이루는 불보살이 될 수 있다.

자칫 우리는 어떤 명상(名相)이나 문자를 통해서 지해(知解)를 구한다거나 알음알이를 짜내려 애를 쓰는 수가 있는데 결코 바람직한 방법이 아니다. 만일 한 생각을 일으키고 움직이게 되면 그 자리에서 멀어진다. 왜냐하면 근원이 되는 당체(當體)는 동정(動靜)이나 기멸(起滅)을 넘어서 원만(圓滿)하고 구족(具足)하기 때문이다.

| 음여일송(吟余一頌) | 나도 한 송 읊조리니,

夫多名强立　대범 많은 이름을 억지로 세우지만

砂上竪樓臺　모래 위에 누대를 세우는 것일세.

一念消當處　한 생각이 당처에서 사라지면

四方舞跳回　사방을 춤추고 뛰며 돌으리라.

이름 본래 지어진 게 없었고, 누대 원래 세워진 게 아니다. 공연히 이름을 지어서 부처 중생을 나누고, 공연히 누대를 세워서 궁궐과 초가를 구분하였다. 한 생각이 마음 깊은 곳에서 일어나지 않고, 한 이치가 당처에서 발현되지 않는다면 세상이나 사해가 천금(天衾)이요 지석(地席)이 되리라.

05

세 곳에서 전한 마음

| 원문(原文) |

世尊이 三處傳心者는 爲禪旨[1]이요, 一代[2] 所說者는 爲敎
門[3]이라. 故로 曰「禪是佛心이요, 敎是佛語[4]니라.」

　　세존이 세 곳에서 마음을 전한 것은 선지가 되는 것이요, 일대(한 평생)에 말씀하신 바는 교문이 되는 것이라. 그러므로 말하기를, "선은 부처님의 마음이요, 교는 부처님의 말씀이니라."

| 자해원문(自解原文) |

三處者는 多子塔前에 分半座[5]가 一也이요, 靈山會上擧拈花[6]
가 二也이요, 雙樹下에 槨示雙趺[7]가 三也이니 所謂迦葉의 別傳

禪燈[8]者가 此也라. 一代者는 四十九年間所說五敎也니 人天敎[9]가 一也이요, 小乘敎[10]가 二也이요, 大乘敎[11]가 三也이요, 頓敎[12]가 四也이요, 圓敎[13]가 五也라. 所謂阿難[14]의 流通敎海者가 此也라. 然則禪敎之源者는 世尊也요, 禪敎之派者는 迦葉阿難也니 以無言으로 至於無言者는 禪也요, 以有言으로 至於無言者는 敎也라. 乃至心是禪法也요, 語是敎法也라. 則法雖一味나 見解[15]則天地懸隔[16]이니 此는 辨禪敎二途하니라.

不得放過하라, 草裏橫身이니라.

세 곳이란 다자탑 앞에서 자리를 절반 나눔이 첫째요, 영산회상에서 꽃을 듦이 둘째요, 사라쌍수 아래 관에서 두 발을 내어 보임이 셋째이니, 이른바 가섭에게 따로 선(禪)의 등불을 전했다는 것이 이것이라. 일대(한평생)라는 것은 49년 동안 말씀한 다섯 가지 교(敎)이니 인천교가 첫째요, 소승교가 둘째요, 대승교가 셋째요, 돈교가 넷째요, 원교가 다섯째라. 이른바 "아난의 교 바다를 흐르고 통하게 하였다" 함이 이것이라. 그러한즉 선과 교의 근원은 세존이요, 선과 교의 갈래는 가섭과 아난이니 말이 없는 것으로써 말 없는데 이르는 것은 선이요, 말이 있는 것으로써 말이 없는 데 이르는 것은 교라. 내지 마음은 이에 선법이요, 말은 이에 교법이라. 법은 비록 한맛이지만

견해는 하늘과 땅만큼 차이가 심한 것이니 이것은 선과 교의 두 길을
분별한 것이니라.

놓고 지내지 말아라, 풀 속에서 몸이 거꾸러지리라.

| 주석(註釋) |

1) 선지(禪늡):[범]dhyāna 음을 따라 선나(禪那)·타연나(駄衍那)라 쓰고,
   줄여서 선(禪)이라고만 한다. 고요히 생각함(靜慮), 생각하여 닦음(思惟
   修), 악한 것을 버림(棄惡), 또는 공덕림(功德林) 등으로 번역한다. 진정
   한 이치를 궁리하고 생각을 안정하게 하여 산란하지 않게 하는 것을
   말한다. 중국에서는 가섭존자가 전한 선법이 널리 퍼지지 못하고 교
   법만이 유포되었었는데, 달마대사(達磨大師)가 건너온 뒤로부터 선법
   이 크게 발달되어 이른바 '조사선(祖師禪)'이 완성되었다. 이 글에 말
   하는 선법은 조사선만을 가리키는 것이라 할 수 있다.

2) 일대(一代):①사람의 일생(一生). ②한세상.

3) 교문(敎門):부처님께서 말씀으로써 가르친 바를 교(敎)라 한다. 온갖
   중생이 각각 그 환경·습관·취미·능력에 따라 누구나 진리의 법당
   (法堂)에 들어갈 수 있도록 법의 문(法門)을 많이 만들었기에 이것을 팔
   만 사천 법문이라 하고, 그것을 글로 적은 것이 대장경(大藏經)인데,
   대장경이 곧 교문이다.

4) 선시불심 교시불어(禪是佛心 敎是佛語):선은 부처님의 마음이요, 교는
   부처님의 말씀이라는 말. 선과 교를 구별해서 교보다 선이 더 우월하
   다는 주장. 선종에서 강조하는 말. 경전만 읽어서는 부처님의 말씀밖
   에 배우지 못하고, 선을 닦아야 비로소 부처님의 마음을 깨칠 수 있다
   는 말. 불교의 궁극 목적은 마음을 깨치는데 있으므로 수행인은 반드

시 선을 닦아야 함을 강조하고 있다. 또한 언어문자에만 집착하지 말 것을 경계하고 있다.

5) 다자탑전분반좌(多子塔前分半座): 다자탑(pahuputraka)은 중인도 비사리(毘舍離, Vaiśālī)성 서북쪽에 있다. 이 탑에 대해서는 여러 가지 전설이 있는데, 그 중 하나는 어떤 장자(長者)가 산에 들어가서 도를 닦아 이룬 뒤에, 그 아들 딸 60명이 아버지가 공부하던 곳을 기념하기 위하여 탑을 쌓았다고 한다. 부처님께서 그곳에서 설법하실 때에 가섭존자가 누더기를 걸치고 뒤늦게 참석하자, 여러 제자들이 그를 낮게 보았다. 이에 부처님께서 앉으셨던 자리를 나누어 두 분이 함께 앉으셨다 한다.

6) 영산회상거염화(靈山會上擧拈花): 범어의 Gṛdhrakūṭa를 음대로 써서 기사굴산(耆闍崛山)이라 하고, 뜻으로 번역하여 영취산(靈鷲山) · 취봉(鷲峰) 또는 영산(靈山)이라고 한다. 그 산 모양이 독수리 같기 때문이라고도 하고, 그 산 위에 독수리가 많았던 탓이라고도 한다. 이 산은 중인도 마갈타(摩竭陀, Magadha)의 서울 왕사성(王舍城, Rāja-gṛha) 동북쪽 십 리에 있다. 부처님께서 어느 날 이곳에서 설법을 하시는데 하늘에서 꽃비가 내렸다. 부처님은 그 꽃송이 하나를 들어 보이니, 백만 대중이 모두 무슨 뜻인지 몰라서 어리둥절하는데, 가섭존자만이 빙그레 웃었다. 이에 부처님은 "바른 법, 열반의 묘한 마음을 가섭에게 전한다"고 선언하였다 한다.

7) 곽시쌍부(槨示雙趺): 사라쌍수하곽시쌍부(沙羅雙樹下槨示雙趺)이다. 부처님께서 북부 인도의 구시라(拘尸羅, Kuśinagara)성 서북쪽으로 흐르는 발제하(跋提河, Ajitavati) 물가, 사라수 여덟 개가 둘씩 마주 서 있는 사이에 침대를 놓게 하고 열반에 드시니 그 숲이 하얗게 변하였다. 그리하여 학의 숲(鶴林, 鶴樹)이라고도 하게 되었다. 부처님의 몸은 금으로 만든 관에 모시고 다시 구리로 지은 덧 곽에 모셔 두었는데, 먼 곳에

갔다가 부처님이 열반하신 지 칠 일 만에 당도한 가섭존자가 부처님 관을 세 번 돌고 세 번 절하매, 관곽 속으로부터 두 발을 내어 보이셨다 한다.

8) 선등(禪燈):①선종(禪宗)의 정통이 끊어지지 아니하고 등불처럼 밝게 이어간다는 의미에서 법등(法燈)이라고도 한다. ②사찰에서는 석등잔을 선등(禪燈)이라 하여 기원용(祈願用)으로 사용하였다.

9) 인천교(人天敎):부처님께서 설법하실 때에 처음에는 깊은 이치를 말씀하지 않으시고, 오직 악한 일을 하지 말고 착한 일을 하여 오계(五戒)를 지키면 거룩한 사람이 되고, 십선(十善)을 닦으면 천상에 나서 복을 받게 된다는 것을 가르치셨다. 오계(五戒)란, 1.중생을 죽이지 말라. 2.훔치지 말라. 3.음행하지 말라. 4.거짓말하지 말라. 5.술 마시지 말라. 십선(十善)이란 십선도(十善道) 또는 십선계(十善戒)라고도 하는데, 몸·말·뜻(마음)으로 십악(十惡)을 범치 않는 재계(齋戒)를 말한다. 1.중생을 죽이지 말라. 2.훔치지 말라. 3.음행하지 말라. 4.거짓말하지 말라. 5.두 말 하지 말라. 6.나쁜 말 하지 말라. 7.교묘하게 꾸미는 말을 하지 말라. 8.욕심내지 말라. 9.성내지 말라. 10.옳지 못한 소견을 내지 말라.

10) 소승교(小乘敎):[범]Hīnayāna 소승(小乘)이란 작은 수레란 뜻이다. 수레는 사람을 태워서 험한 곳을 지나 안전한 곳에 가게 하는 것인데, 작은 수레는 아이들이나 타게 되며 옅은 물이나 건널 수 있는 것이다.『법화경』에는 '양의 수레(羊車)'와 '사슴의 수레(鹿車)'라고 하였다. 부처님께서 처음 인천교를 말씀하신 다음으로 옅고 낮은 이치의 길을 가르쳐 생각을 끊고 마음을 비게 하여 열반(涅槃)의 고요한 즐거움을 얻도록 하셨다. 그 속에는 사제법(四諦法)을 깨치면 아라한(阿羅漢)이 되고, 십이 인연법(十二 因緣法)을 깨치면 연각(緣覺)이 되는 것이다. 이와 같이 소승에도 두 가지 길이 있으므로 이승(二乘)이라

고도 한다. 소승법을 말씀한 대표적 경전은 『아함경(阿含經)』, 『구사론(俱舍論)』, 『성실론(成實論)』, 『사분승계본(四分僧戒本)』, 『사분비구니계본(四分比丘尼戒本)』 등이다.

11) 대승교(大乘敎): [범]Mahāyāna 대승(大乘)이란 큰 수레를 뜻한다. 큰 원(願)과 큰 뜻을 세워서 나를 희생하여 모든 중생을 즐겁고 편안하게 건져 주겠다는 보살심(菩薩心) 있는 이들을 위하여 육도(六度)와 만행(萬行)을 닦아 가도록 깊은 이치를 말씀하신 법문이다. 그 대표적인 경전은 『반야경(般若經)』, 『해심밀경(解深密經)』, 『능가경(楞伽經)』, 『기신론(起信論)』, 『법망경(法網經)』 같은 것들이다. 이 법문을 요약하여 말하면, 이 세상에 온갖 물질과 일(森羅萬)이 벌어져 있으나, 낱낱이 현상(現象) 그대로 비어 없는 것이며, 모든 차별된 것이 그대로 다 평등하여 열반인 것이요, 따라서 무엇에나 걸릴 것이 없는 것이다. 소승의 열반이 소극적이며 작고 옅은 것이라면 대승의 열반은 적극적이며 크고 참된 것이니, 한 중생도 남음이 없이 모두 제도한 뒤에야 자기가 성불하겠다는 소원이야말로 대승의 보살심인 것이다.

12) 돈교(頓敎): 특별한 상근대지(上根大智)에 대하여 도를 닦아 가는 차제와 계단을 밟지 않고, 모든 지위를 초월하여 단번에 부처 되는 도리를 가르친 법문. 그 대표적인 경전은 『유마경(維摩經)』, 『원각경(圓覺經)』 등이다.

13) 원교(圓敎): 가장 원만하고 큰 이치를 말씀하여 밝은 것이나 어두운 것이나, 거짓이나 참이나, 높은 것이나 낮은 것이나, 많은 것이나 적은 것들이 다르지도 않고 같지도 않아서 온갖 것이 서로 걸림 없고(圓融無礙), 모든 생물과 무생물이 본래 부처로 이루어진(有情無情本是成佛) 도리를 말씀함이니 『화엄경(華嚴經)』, 『법화경(法華經)』 같은 경들이다.

14) 아난(阿難): 아난존자(阿難尊者)이다. [범]Ānanda 음을 따라 아난타(阿

難陀)로 쓰고 줄여서 아난(阿難)이라 하며, 뜻으로 번역하여 환희(歡喜) 또는 경희(慶喜)라고 하니, '기쁘다'는 뜻이다. 부처님의 사촌이며 조달(調達)의 친동생이다. 부처님 성도하시던 날 밤에 났고, 스물다섯 살에 출가하여 25년 동안 부처님의 시자(侍者)로 있었으며, 십대제자 가운데서도 다문제일(多聞第一)로 그 총명이 놀라왔다. 부처님께서 열반하신 뒤에 가섭존자의 주관으로 왕사성 밖에 있는 필발라굴(畢鉢羅窟, Vaibhāra)에서 오백 성승(聖僧)이 모여 경전을 결집하는데 아난존자는 그때까지 아직 성과(聖果)를 얻지 못하였으므로 거기에 참석하지 못하고 있다가 가섭존자에게 묻기를, "부처님께서 사형(師兄)에게 법을 전하실 때에 금란가사(金襴袈裟) 말고 따로 무었을 전하신 것이 있습니까?" 하니, 이에 가섭존자가 "아난아", "예?", "문밖에 찰간(刹竿)대를 꺾어 버려라!" 하였다. 그러나 아난은 그 말뜻을 알아듣지 못하였다. 그리하여 용맹 정진 사흘 만에야 비로소 크게 깨치고 나서, 회의에 참석하여 부처님의 말씀을 들은 대로 다 외니 하나도 틀림없음을 대중이 증명하여 경의 결집이 완성된 것이다. 그 후 가섭존자로부터 법통(法統)을 받았다가 상나화수(商那和修)에게 법을 전하였다.

15) 견해(見解):①보고서 깨달아 앎. ②자기의 보는 바. ③자기 의견으로서의 해석하는 것.

16) 현격(懸隔):(사물의 차이가) 뚜렷하거나 두드러진 상태. 또는 차이가 매우 심함.

| 해의(解義) |

부처님의 법이 대개 두 방향에서 전하졌다고 하는데 통칭하여 '선전가섭(禪傳迦葉)'하고, '교전아난(敎傳阿難)'이라 한다. 즉 "선은

가섭존자에게 전하여졌고, 교설은 아난존자에게 전하여졌다."는 말이다.

또한 선(禪)이란 주로 부처님의 마음을 표현한 것이요, 교(敎)란 부처님의 말씀을 위주로 한 것이라 한다. 따라서 선은 이심전심(以心傳心)으로 전하여지는 것이라 한다면, 교는 언설(言說)을 통하여 경전(經典)으로 결집(結集)을 이루어 오늘 날 8만 4천의 무량 법문이 형성되어 전하여지게 된 것이다.

그러므로 선가(禪家)의 입장에서 무언지선(無言之禪)이 수승하고 우월하여 정통의 법맥(法脈)이라고 고집을 하여서도 안 될 것이요, 교가(敎家)의 입장에서도 유설지교(有說之敎)가 제일이요 정맥(正脈)이라고 주장을 하여서도 안 된다.

만일 이렇게 된다면 와각상쟁(蝸角相爭)과 다를 바가 없다. 즉 한 몸통인 달팽이가 두 뿔을 내밀고 서로 싸우면 어떻게 되겠는가? 결국은 자신을 파국으로 몰아넣는 꼴이 되고 말 것이다.

다시 말하면, 선이든 교든 모두 부처님의 법이니, 어느 곳에서든 깨우침을 얻고 법을 이어도 상관이 없다.

| 음여일송(吟余一頌) | 나도 한 송 읊조리니,

> 본 래 무 수 수
> **本 來 無 授 受** 본래 주고받음이 없는데
> 하 물 기 능 전
> **何 物 豈 能 傳** 무슨 물건을 어찌 능히 전하겠는가?

禪_선 敎_교 魔_마 言_언 吐_토　선과 교는 마군의 말을 토함이니

莫_막 聽_청 蔽_폐 耳_이 邊_변　귓가를 가리고 듣지 말지니라.

　우선 공부하는 사람은 귀를 막고 입을 막자. 미사어구(美辭麗句)를 입에서 뱉어내지 말고 호음오성(好音娛聲)을 귀에서 받아들이지 말자. 이와 같이 법을 누가 주는 것 아니요 또 받는 것도 아니니, 아름다운 말에 속고 좋은 음악에 홀려서 동동 떠다니지 말자.

06

교적教迹과 선지禪旨

│ 원문(原文) │

시고　　약인　　실지어구즉념화미소　　개시교적　　　득
是故로 若人이 失之於口則拈花微笑가 皆是教迹이요, 得

지어심즉세간추언　세어　　개시교외별전　선지
之於心則世間麤言[1]細語[2]가 皆是教外別傳[3]禪旨니라.

　　그러므로 만일에 사람이 입(말)에서 잃어버리면 꽃을 듦과 빙긋
웃음이 모두 이에 교의 자취가 될 것이요, 마음에서 얻으면 세간의
거친 말과 가는 말이 모두 이에 교 밖에 따로 전한 선지가 되나니라.

│ 자해원문(自解原文) │

법　　무명고　　언불급야　　법　　무상고　　심불급야　　의지
法은 無名故로 言不及也요, 法은 無相故로 心不及也니 擬之

어구자　　실본심왕　야　　실본심왕즉세존념화　　가섭미소
於口者는 失本心王[4]也라, 失本心王則世尊拈花와 迦葉微笑가

진 락 진 언　　　종 시 사 물　야　　득 지 어 심 자　　비 단 가 담　　선 설
盡落陳言하야 終是死物⁵⁾也라, 得之於心者는 非但街談이 善說

법 요　　　지 어 연 어　　심 담 실 상　야　　시 고　　보 적 선 사　　　문
法要라, 至於燕語라도 深談實相⁶⁾也라. 是故로 寶積禪師⁷⁾는 聞

곡 성　　용 열 신 심　　보 수 선 사　　견 쟁 권　　개 활 면 목 자
哭聲하고 踊悅身心하고 寶壽禪師⁸⁾는 見諍拳하고 開闊面目者가

이 차 야　　차　　명 선 교 심 천
以此也라. 此는 明禪敎深淺하나라.

명 주 재 장　　농 거 농 래
明珠在掌에 弄去弄來로다.

　　법은 이름이 없음으로 말로써 미치지 못하는 것이요, 법은 모양
이 없음으로 마음으로 미치지 못하는 것이니 말에서 헤아리려 한다
면 본래 심왕을 잃을 것이요, 본래 심왕을 잃으면 부처님이 꽃을 드
신 것이나 가섭존자의 미소가 다 말을 베풂에 떨어져서 마침내 죽은
물건이라, 마음에 얻은 자는 길거리의 말뿐만 아니라 심지어 제비의
지저귐도 깊은 실상을 말하는 것이라. 그러므로 보적선사는 우는 소
리를 듣고 몸과 마음이 기뻐서 뛰었으며, 보수선사는 주먹 쥐고 싸우
는 것을 보고 면목이 열렸다는 것이 이런 까닭이라. 이는 선과 교의
깊고 얕음을 밝힌 것이니라.
　　밝은 구슬이 손에 있음에 제 맘대로 갖고 노누나.

| 주석(註釋) |

1) 추언(麤言):거친 말이라는 뜻으로, 불법(佛法)을 말함에 부족한 것을
　　이르는 말. 대승의 가르침에 대하여 소승의 가르침을 이르고, 적극적

으로 선행을 권하는 권문(勸門)의 가르침에 대하여 악을 행하지 않도록 막고 불심(佛心)을 의심하지 않도록 경계하는 계문(誡門)의 가르침을 이른다.

2) **세어**(細語):가는 말. 미미한 말. 별스런 의미가 없이 그저 지껄이는 말.

3) **교외별전**(敎外別傳):부처님께서 말씀으로써 가르친 바를 모두 교(敎)라 하는데, 교 밖에 따로 말이나 글을 여의고(不立文字) 특별한 방법으로써 똑바로 마음을 가리켜서 성품을 보고 단번에 부처가 되게 하는(直指人心 見性成佛) 법문이 있으니, 그것이 곧 선법(禪法)이다. 교는 말로나 글로 전해 왔지마는 선법은 마음으로써 전하여 왔으므로 이른바 삼처전심(三處傳心) 같은 것이 이것이다.

4) **심왕**(心王):의식 작용의 본체. 객관(客觀) 대상에 대하여 그 일반상(一般相)을 인식하는 정신 작용. 여기에 육식(六識), 팔식(八識), 구식(九識)의 구별이 있다.

5) **사물**(死物):①죽은 생물(生物), 생명이 없는 물건. ②탈이 나거나 처박혀 활동하지 못하거나 활용되지 못하여 쓸모가 없는 물건의 비유.

6) **실상**(實相):모든 존재의 참된 본성. 있는 그대로의 모양. 석가모니불이 깨친 본연 청정한 진실. 실(實)은 허망(虛妄)이 아니라는 뜻, 상(相)은 무상(無相)이라는 뜻. 진실 불허한 우주만유의 본체. 진여(眞如)·일여(一如)·실성(實性)·무위(無爲)·진상(眞相)·진제(眞諦)·진리(眞理)라고도 한다.

7) **보적선사**(寶積禪師):늘 참선만 하고 있던 그가 하루는 거리에 나가서 장례식을 구경하다가 상주의 우는 소리를 듣고 크게 깨치고 나서, 남들은 통곡하는데 혼자 한바탕 춤을 추면서 뛰놀았다. 그 후 마조(馬祖)의 법을 받고 유주(幽州)의 반산(盤山)에서 교화하였다.

8) **보수선사**(寶壽禪師):보수제일세(寶壽第一世)의 회상에서 공부하는데 방

장화상(方丈和尙)이 묻기를, "부모가 낳기 전 너의 본래 면목이 어떠하냐?" 하는데 대답하지 못하고 있더니, 하루는 거리에 나갔다가 어떤 두 사람이 주먹질을 하면서 싸우다가 하는 말이 "참으로 면목없다" 하는 데서 크게 깨쳤다. 그리하여 보수 제1세의 법을 받아 그대로 그 절에서 제2세가 되었다.

| 해의(解義) |

선지(禪旨)의 중요성을 말하는 듯한 인상을 준다.

그러나 부처님의 법이 깨침을 제일로 한다고 할 때 선지가 되었든, 교적(敎迹)이 되었든, 깨달음을 이루면 되는 것이 아니겠는가? 굳이 선과 교를 구분 지어 어느 것을 더 강조할 필요는 없을 것이다.

다시 말하면, 선에서 깨달음을 얻을 수도 있고, 교에서 깨달음을 이룰 수도 있으며, 선에서 무명(無明)을 쌓을 수도 있고, 교에서 미혹(迷惑)을 더할 수도 있는 것이기 때문에 자기의 처지와 근기에 맞추어 취사를 하고 선택을 하면 되는 것이지, 어떤 하나를 내세워 그것 외에 다른 것은 길이 아니요 법이 아니라고 한다면, 이는 계박(繫縛)이나 국집(局執)을 벗어나지 못한 상황이라고 볼 수밖에 없다.

보적선사는 남들이 슬프게 우는 것을 보고 깨달음을 이루어 환희용약(歡喜踊躍)을 하였고, 보수선사는 남들이 성질을 내어 싸우는 것을 보고 본래 면목(本來面目)을 얻었다고 하니, 울음에 무슨 깨달음을 일어내는 방법이 있고, 싸움에 무슨 깨달음을 넣어주는 불법(佛法)이 있어서 그러하였겠는가?

이는 자신의 근기가 이미 익어졌고 열릴 시기가 이름에 선지(禪

늡)나 교적(敎迹)과는 별 상관이 없는 경계를 대해서 본자기(本自己)에
게로 돌아오게 된 것이라 할 수 있다.

| 음여일송(吟余一頌) | 나도 한 송 읊조리니,

녑 화 미 소 절
拈 花 微 笑 絶 꽃을 드니 작은 웃음이 끊어지고

지 월 지 두 완
指 月 指 頭 剜 달을 가리키니 손가락이 깎여지네.

선 교 무 전 물
禪 敎 無 傳 物 선과 교로 전할 물건이 없었고

세 존 불 소 탄
世 尊 不 所 攤 부처님도 펼친 바가 아니어라.

꽃을 듦에 웃음을 지었고 달 가리킴에 손가락이 있는 것인
가? 아니면 웃는 찰나에 꽃이 들어졌고, 가리키는 찰나에 달
이 떠오른 것인가? 달이든 꽃이든 부처님은 들거나 가리킨
바 없고 선이나 교를 베풀어 놓은 바가 없는데, 후래 사람들
이 나름대로 규정(規定)을 짓고 울타리를 쳐서 테두리를 만들
어 놓았다.

07

吾有一言[1]하니 絶慮忘緣[2]하고 兀然無事[3]坐하니 春來草
自靑이로다.

나에게 한마디 말이 있으니 생각을 끊고 반연을 쉬어 올연히 일
이 없이 앉으니 봄이 오매 풀이 절로 푸름이로다.

絶慮忘緣者는 得之於心也니 所謂閑道人[4]也라. 於戱라! 其爲人
也가, 本來無緣하며 本來無事하야 飢來卽食하고 困來卽眠하며 緣

水靑山에 任意逍遙하고 漁村酒肆에 自在安閑하야 年代甲子[5]를
總不知하되 春來依舊草自靑이로다. 此는 別歎一念廻光[6]者니라.
將謂無人이러니 賴有一箇로다.

    생각을 끊고 반연을 쉰다는 것은 마음에 자득됨이니 이른바 한가
로운 도인이라. 아! 그 사람됨이 본래 반연이 없고 본래 일이 없어서
배고픔이 오면 곧 밥을 먹고, 피곤함이 오면 곧 잠을 자며, 푸른 물
푸른 산에 뜻을 맡겨 소요하고 어촌이나 술가게에 자유자재로 편안
하고 한가하여 연대나 갑자를 모두 알지 못하지만 봄이 오면 예대로
풀이 저절로 푸름이로다. 이는 특별히 한 생각 빛을 돌이키는 자를
찬탄함이니라.
    앞으로 사람 없다 이르렀더니 다행히 하나 있구나.

| 주석(註釋) |

1) 오유일언(吾有一言): 남악(南嶽)의 나찬선사(懶瓚禪師)의 말이다.

2) 연(緣): ① 인연의 준말. ② 반연(攀緣)이라는 뜻. 사람의 심식(心識)이 일
체의 경계를 반연하는 것. ③ 연려(緣慮)라는 뜻. 심식이 객관의 대상
을 생각해서 아는 것.

3) 절려망연 올연무사(絕慮妄緣 兀然無事): 일체의 사량 분별을 끊고 망련
된 인연을 쉬어 버리며, 아무런 일도 없이 하늘이든 땅이든 가릴 것
없이 유아독존(唯我獨尊)으로 존재하게 된다는 말이다.

4) 한도인(閑道人): 일 없다는 것은 아무 일도 하지 않고 놀기만 하는 것이

아니다. 보살은 삼천 가지 위의(三千威儀)와 팔만 가지의 미세한 행실(八萬細行)과 여섯 가지 길(六度)을 닦는 데, 자기의 몸과 목숨과 재물을 다 바쳐서 중생을 건지려고 분투노력하는 것이다. 그리하여 그 몸은 무한히 분주하고 골몰하면서도 마음은 밝은 거울이나 고요한 물과 같이 움직이지 않는다. 함이 없이 하는 것(無爲而作)이 도인이다.

5) **갑자**(甲子): 곧 갑자년(甲子年)으로 육십갑자의 첫 해. 갑(甲)은 십간(十干)의 첫 머리에 있고, 자(子)는 십이지(十二支)의 첫 머리에 있어서 간지(干支)를 서로 짝지으면 갑자가 첫째 해가 된다. 십진법이 발달한 서양에서는 1백 년 주기로 시제(時制)를 계산했고, 중국·한국 등 동양의 시제는 60년을 주기로 해서 육십 갑자법이 통용되고 있다.

6) **회광**(廻光): 회광반조(廻光返照)를 말한다. 이는 언어 문자에 의지하지 않고, 자기의 본래 면목을 성찰하고 참구하여 바로 심성을 밝히는 것. 바깥 경계로 끌려가는 정신을 안으로 돌려 자성 본원을 비추어 보는 것. 자성을 깨치는 것이 우주의 진리를 깨치는 길이 되므로 모든 것을 자기의 본래 마음에서 찾는 것. 차별심·분별심·망상심·집착심·증애심·번뇌심 등을 끊고 항상 자성 본래를 살펴보는 것이다.

| 해의(解義) |

사람이 일이 없는 것 같이 좋은 것은 없다. 세상의 모든 사람들이 일에 찌들어 자기만의 여가를 갖지 못하고 일에 끌려 살고 있다. 그리하여 이 일을 끝내면 저 일이 생기고, 저 일을 마치면 다시 이 일이 생겨서 일 속에서 낳고, 일 속에서 살다가 결국 일 속에서 죽는다.

그러나 일이 없다는 것은 일을 하더라도 일을 하는 게 아니라 공부를 하는 것이요 수행을 하는 것을 말하는 것이니, 이것이 바로 무위지사(無爲之事)요 무위지행(無爲之行)이다.

영가선사(永嘉禪師)가 지은 〈증도가(證道歌)〉에 이러한 구절이 있다.

"그대 보지 못 하였는가? 배움을 끊고 함이 없는 한가로운 도인은 망상을 제거하지도 않고 참(진리)을 구하지도 않는다네(君不見 絕學無爲閑道人 不除妄想不求眞)."라고 하였다.

이것이 한가롭게 사는 도인의 모습이다. 즉 참 도인은 일 속에서 한가로운 것이니, 일 속에서 한가롭다는 것은 마음에 일체 사려(思慮)와 망상(妄想), 번뇌(煩惱)와 반연(攀緣)이 끊어지고 사라져서 그냥 이대로 살아가는 것일 뿐 일을 지어가지 않는다.

"풀은 봄을 알지 못하고, 봄도 풀을 알지 못한다(草不知春 春不知草)." 그러나 봄이 이르면 풀이 돋아나오고, 풀이 돋아나오면 봄이 온 것이다. 이처럼 서로 알지 못하지만 제 아는 데로, 제 의지대로 할 일만 할 뿐 묶이거나 사로잡히지는 않는다.

그리하여 우리는 대 자유(大自由)와 대 해탈(大解脫)과 대 소요(大逍遙)를 구가(謳歌)하면서 생을 엮어가야지, 세상의 일에 시달려서 자기를 잊고 사는 것은 바람직하지 않다.

| 음여일송(吟余一頌) | 나도 한 송 읊조리니,

不 待 春 春 到 봄을 기다리지 않아도 봄은 이르고
부 대 춘 춘 도

非 期 草 草 生 풀을 기약하지 않아도 풀이 나오네.
비 기 초 초 생

연 려 심 리 멸
緣 慮 心 裏 滅　반연이나 생각을 마음속에 소멸하면

불 조 자 연 명
佛 祖 自 然 明　부처와 조사가 자연히 밝아지리라.

봄이란, 우주 자연의 현상이라 우리가 기다리는 기다리지 않든 어김이 없이 다가온다. 이에 따라서 풀은 언제 나온다는 기약이 없었지만 역시 자연스럽게 나온다. 이와 같이 우리가 마음속에서 망려(妄慮)나 반연(攀緣)을 여의게 된다면 부처나 조사를 찾고 구하지 아니하여도 자연 밝고 훤하게 드러나게 된다.

08

선은 견성 법을 전하다

| 원문(原文) |

교 문 유 전 일 심 법 선 문 유 전 견 성 법
教門에는 **惟傳一心[1]法**하고 **禪門**에는 **惟傳見性[2]法**하니라.

교문에는 오직 한마음 법을 전하고, 선문에는 오직 견성하는 법을 전하였느니라.

| 자해원문(自解原文) |

심 여 경 지 체 성 여 경 지 광 성 자 청 정 즉 시 활
心은 **如鏡之體**이요, **性**은 **如鏡之光**이라. **性自淸淨**하니 **卽是豁**

연 환 득 본 심 차 비 중 득 의 일 념
然[3]하면 **還得本心**이라. **此**는 **秘重得意一念**하니라.

중 중 산 여 수 청 백 구 가 풍
重重山與水여! **淸白舊家風[4]**이로다.

마음은 거울의 바탕과 같은 것이요, 성품은 거울의 빛과 같은 것이라. 성품은 스스로 청정한 것이니 즉시 깨치면 도리어 본래 마음을 얻는 것이라. 이것은 뜻(깨침)을 얻은 한 생각의 비밀을 중요하게 여긴 것이니라.

겹겹으로 두른 산과 물이여! 맑고 깨끗한 옛집 풍습이로다.

評曰「心有二種하니 一은 本源心이요, 二는 無明取相心也라. 性有二種하니 一은 本法性이요, 二는 性相對性也라. 故로 禪敎者가 同迷守名生解하야 或以淺爲深하며 或以深爲淺하야 遂爲觀行⁵⁾大病故로 於此辨之하노라.」

평하여 말하기를, "마음은 두 종류가 있으니 하나는 본원의 마음이요, 둘은 무명의 형상만을 취하는 마음이라. 성품도 두 종류가 있으니 하나는 근본법의 성품이요, 둘은 성품을 상대하는 성품이라. 그러므로 선자와 교자가 같이 미혹하여 이름을 지켜(局執) 알음알이를 내어 혹 옅은 것으로써 깊다 하며, 혹 깊은 것으로써 옅다 하여 드디어 관행에 큰 병통이 되므로 여기에서 분별하노라."

| 주석(註釋) |

1) 일심(一心):①사심 잡념 · 번뇌 망상이 들어있지 않는 전일(專一)하고

온전한 마음. 이 일을 할 때에 저 일에 끌리지 않고, 저 일을 할 때에 이 일에 끌리지 않아 오직 그 일 그 일에 전심전력하는 것. ②자성청정심. ③일체 만물을 총섭하는 절대의 실상, 곧 진여. ④여러 사람의 마음이 하나로 일치하는 것. 곧 동심(同心). ⑤평상심.

2) 견성(見性):①천지 만물의 시종본말과 인생의 생로병사의 이치와 인과보응의 이치를 아는 것. 텅 빈 마음과 밝은 지혜로 천만 사물을 있는 그대로 바르게 볼 줄 아는 것. ②본래 그대로의 자기 본성을 보는 것. 참된 자기를 깨닫고 아는 일. "나는 누구인가?", "산다는 것은 무엇인가?", "인생은 무엇인가?", "죽음은 무엇인가?" 하는 등 인생의 근본적인 문제에 대해 깊이 생각하여 바른 해답을 얻는 것. ③자기의 마음속에 항상 정견(正見)을 가져 번뇌 망상에 물들지 아니하는 것.

3) 활연(豁然):①막히고 걸릴 것 없이 진리를 크고 밝게 깨달은 모양. ②밝고 넓고 환하게 툭 터진 모양.

4) 가풍(家風):①선사(禪師)·종파·문파 등의 독특한 사상이나 교설(敎說)·지도 방법·습관으로 종풍(宗風)·문풍(門風)이라고도 한다. 오가칠종(五家七宗)의 가풍이 서로 다른 데서 유래한다. ②한집안의 고유한 생활양식. 개개의 가족에서 독특하게 나타나는 고유의 생활양식.

5) 관행(觀行):관심수행(觀心修行)의 준말. 마음속으로 진리를 관조하여 그 뜻을 깨달아서 직접 실천궁행하고 일상생활에 활용하는 것.

| 해의(解義) |

『삼국지(三國志)』의 조조(曹操)와 아들 조비(曹丕), 조식(曹植)은 전쟁 영웅일 뿐만 아니라 중국의 문학사에서도 위대한 발자취를 남겼다.

이 가운데 조식의 칠보지시(七步之詩)가 유명하다. 즉 일곱 걸음 걷는 사이에 지어낸 시라는 뜻이다.

그 내용은 이렇다. 조식은 그 아버지인 조조가 죽고(220년), 형 조비에게 밀리면서 조식(29세)의 측근들이 모두 죽음을 당해 사고무친(四顧無親)의 신세로 전락하였다. 지존의 자리에 오른 형 조비(위나라의 초대 황제인 문제)는 조식을 괴롭히고 모욕을 주는 것으로 자신의 콤플렉스를 풀었다.

어느 날 조비는 조식을 죽이려고 마음먹고 궁궐로 불러들였다. 그리고 많은 궁인들 앞에서 일곱 걸음을 걷는 동안에 시를 짓지 못한다면 죽이겠다고 으름장을 놓았다.

이에 조식은 자신의 죽음이 풍전등화(風前燈火)와 같음을 알고 천천히 발걸음을 떼면서 시를 읊었다.

자 두 연 두 기　두 재 부 중 읍
煮 豆 燃 豆 其　豆 在 釜 中 泣
본 시 동 근 생　상 전 하 태 급
本 是 同 根 生　相 煎 何 太 急

"콩깍지를 태워서 콩을 삶으니
　콩이 가마솥 속에 울고 있구나.
　본디 같은 뿌리에서 나왔건만
　어찌 심히 급하게 볶는가?"

이렇게 탄생한 것이 칠보시(七步詩)이다. 이 칠보시를 들은 조비는 친형제 간인데 미워했구나 하는 힐난을 느끼면서 얼굴을 붉히고 부끄러워하였다.

콩이나 콩 줄기는 한 뿌리에서 나왔다. 그런데 콩은 콩 줄기더러 나와는 상관이 없다 하고, 콩 줄기는 콩더러 나와 관련이 없다 한다면 결코 옳은 생각이라고 할 수 없다.

이와 같이 견성하는 법이 되었든, 일심을 이루는 법이 되었든 모두 부처님의 법에서 나온 것이니, 우열(優劣)이나 시비(是非)를 다투지 말고 함께 받아들여서 공부를 하면 된다. 똑같은 부처님 법인데 선교(禪敎)를 나눌 것 없이 깨달음의 노반(路盤)을 삼으면 된다.

| 음여일송(吟余一頌) | 나도 한 송 읊조리니,

一心何者謂　일심이란 무엇을 이르는 것이며

見性豈高爭　견성을 어찌 높여 다투는가?

禪敎門非別　선과 교의 문이 나뉨이 아니라

至於極共闊　궁극에 이르러서는 같은 문이네.

일심이 되었든 견성이 되었든 뿌리는 부처님의 가르침에서 나왔고, 선이 되었든 교가 되었든 근원은 부처님의 법에서 나왔으니 둘이라고 할 수 없다. 바다는 백 천 갈래에서 흘러오는 물을 다 받아 섞어서 한 물로 만들 뿐 구별하고 분별해서 받아들이지 않는다.

09

부처와 조사의 말씀

| 원문(原文) |

然이나 諸佛說經[1]은 先分別諸法하고 後說畢竟空[2]하시되,
祖師[3]示句는 迹絕於意地[4]하고 理顯於心源이니라.

그러나 모든 부처님이 말씀한 경전은 먼저 모든 법을 분별하고 뒤에 필경 공 도리를 말씀하시되, 조사가 보인 글귀는 자취가 의지에서 끊어지고 이치가 마음의 근원에서 드러났느니라.

| 자해원문(自解原文) |

諸佛은 爲萬代依憑[5]故로 理須委示[6]이요, 祖師는 在卽時度脫[7]故로 意使玄通[8]이라. 迹은 祖師言迹也요, 意는 學者意地也라.

호 란 지 주　　　　비 불 외 곡
胡亂指注[9]라도 **臂不外曲**이니라.

　모든 부처님은 만대의 의지함이 됨으로 이치를 모름지기 자세히 보인 것이요, 조사들은 즉시에 도탈하게 하여야 함이 있음으로 뜻을 현통하게 한 것이라. 자취란 조사의 말 자취이요, 뜻이란 학자의 의지이니라.

　함부로 하더라도 팔이 밖으로 굽지 않나니라.

┃ 주석(註釋) ┃

1) 경(經):[범]Sūtra 수다라(修多羅)·소달람(素呾纜)이라 음역. 선(線)·연(綖)·계경(契經)이라 번역. ①부처님이 설한 교법과 그것을 기록한 불교 성전. 부처님의 설법은 실[絲]로 꽃을 꿰어 화환을 만드는 것같이 온갖 이치를 꿰어 흩어지지 않는다는 뜻. ②3장(藏)의 하나. 불교 교단의 규율을 기록한 율장(律藏)과 부처님의 교법과 율문을 조직적으로 설명한 논장(論藏)에 대하여 부처님이 그 제자와 중생들을 교화하기 위하여 말한 교법을 적은 경전을 말함. ③대장경(大藏經) 또는 일체경(一切經) 혹은 속장경(續藏經)이라고 할 때는 경·율·논의 3장, 곧 불교 성전의 총서를 가리킨다.

2) **선분별제법 후설필경공**(先分別諸法 後說畢竟空):부처님은 우주 만유(萬有)에 대하여 자세하게 분석하였다. 자연계(自然界)에 있어서는 큰 것으로는 삼천 대천 세계(三千 大千 世界)와 삼계 이십오유(三界 二十五有)를, 작은 것으로는 티끌의 십만 분의 하나와 한 방울 물속에 팔만 사천 벌레가 있다는 것도 말씀하였다. 또한 정신계에 있어서는 백팔번

뇌라든지 팔만 사천 망상(妄想) 같은 것들을 자세하게 해석하고, 공부
하는 법으로는 사제(四諦)·십이인연(十二因緣)·삼승사과(三乘四果)·육
도만행(六度萬行)·삼십칠조도품(三十七祖道品)·오십오위(五十五位) 같은
것들을 밝게 가르치고, 나중에는 『반야경(般若經)』의 빈(空) 이치를 말
씀하여 모든 물질과 온갖 일과 마음까지라도 본래 빈 것이며 환(幻)인
것을 가르쳤다.

3) 조사(祖師):①한 종파를 처음 세우고, 그 종지(宗旨)를 열어서 주장한
   스님에 대한 존칭. 달마대사와 같은 경우. ②개산조사(開山祖師)의 준
   말. ③어떤 학파의 창시자.

4) 적절어의지(迹絕於意地):규봉선사(圭峰禪師, 780-841)의 말인데, 조사의
   가르침은 말로도 알 수 없고 생각으로도 헤아릴 수 없어서, 말 있는
   것(有), 없는 것(無), 있는 것도 아니고 없는 것도 아닌 것(非有非無), 있
   기도 하고 없기도 한 것(卽有卽無) 등 네 가지를 여의고 백 가지 아닌
   것에도 뛰어난다(離四句絕百非)라고 하는 것이다.

5) 의빙(依憑):의거(依據)이니, 곧 ①어떤 사실(事實)에 근거함. ②산이나
   물에 의지하여 웅거(雄據)함. ③어떤 힘을 빌어서 의지함. ④중생이
   의지처로 삼는 스승.

6) 위시(委示):자세히 보이다.

7) 도탈(度脫):도탈이란 곧 해탈(解脫)이다. 도탈이란, 도(度)는 생사고해
   를 건너간다는 뜻, 탈(脫)은 미혹의 세계에서 벗어나 깨달음의 세계로
   들어간다는 뜻으로 생사해탈이나 고락해탈을 말한다.

8) 현통(玄通):현(玄)은 현묘한 진리를 깨쳤다는 뜻. 통(通)은 사리에 통달
   했다는 뜻. 진리를 깨쳐 도를 얻은 사람을 찬탄하는 말. 도에 깊이 통
   달하였다는 말.

9) 호란지주(胡亂指注):호란은 당대(唐代)의 속어(俗語)로 '갑자기, 확실하
   지 않은 것, 함부로, ~하는 둥 마는 둥, 멋대로' 등의 뜻이다. 지주는

'주해를 단다.'는 뜻이다. 따라서 호란지주는 '함부로 아무렇게나 해설을 다는 것'을 말하고, 또한 '뒤섞여서 어수선한 것'을 말한다.

부처님은 자비가 많아서 아무리 미혹하고 하천한 중생이라도 자세하게 타이르고, 얼르고, 이끌어서 진리의 세계로 나아가게 하고, 자기 본래 성품으로 되돌아가도록 해야 하기 때문에 모든 말씀이 어머니처럼 따뜻하고 애정이 담겨 있다.

반면에 조사는 모든 면에 마치 칼로 무엇을 쪼개는 것 같아서 기면 기고, 아니면 아니며, 옳으면 옳고, 그르면 그른 것이지 미지근한 사이비(似而非)란 절대 없다.

그러므로 부처님은 모든 경전의 말씀, 곧 진리나 법에 대한 말씀이 자세한 설명을 붙이는 것이요, 조사는 말이나 행위가 필요 없이 직교(直敎)하고 직단(直斷)으로 깨달음을 얻게 하는 방편을 쓴다.

또한 부처님 법의 기저(基底)를 이루는 것은 오직 공(空)이다. 아무리 무량 법문을 다 들어보아도 하나의 공(空)에 벗어남이 없다. 오직 이 공에서 모든 법이 나왔고, 실현되는 것도 공이며 결국 돌아가야 할 곳도 공이다.

그러나 조사는 직지인심(直指人心) 견성성불(見性成佛)이라 하여 사람의 마음을 바로 가리켜서 성품을 보고 부처를 이루도록 갖가지 방법을 제시하고 있다.

| 음여일송(吟余一頌) | 나도 한 송 읊조리니,

불 설 군 경 전
佛 說 群 經 典 부처님이 설한 모든 경전은

불 과 필 경 공
不 過 畢 竟 空 필경 공에 지나지 않는 것이요.

조 사 구 시 현
祖 師 句 示 現 조사가 글귀를 보여 나타냄은

내 현 이 심 충
迺 顯 理 心 沖 이에 이치를 마음 깊이에 드러냄이네.

부처님이든 조사든 경론(經論)이 나온 것은 공(空)의 도리를 깨닫고 본래 마음으로 돌아간 뒤에 가능하다. 다시 말하면, 부처님이든 조사든 한 이치를 얻고 한마음을 알아서 입을 통해 말을 토하면, 이것이 바로 경전이 되고 공안(公案)이 되며, 지침(指針)이 되고 길이 되는 것이니, 부처님의 가르침은 결국 공(空)의 이치를 깨달은 마음으로부터 시작된다 하여도 과언이 아니다.

10

활등과 활줄

諸佛은 說弓[1]하시고 祖師는 說絃[2]하시니 佛說無礙之法은 方歸一味[3]어니와 拂此一味之迹하야사 方現祖師所示一心이니 故로 云「庭前栢樹子[4]話는 龍藏[5]所未有底라.」하시니라.

모든 부처님은 활같이 말씀하시고 조사들은 활줄같이 말씀하셨으니 부처님이 말씀하신 걸림 없는 법이란 바로 한맛에 돌아가거니와 이 한맛의 자취마저 털어버려야 바야흐로 조사가 보인바 한마음이 나타나게 되는 것이니, 그러므로 이르기를, "'뜰 앞에 잣나무니라'는 한 화두는 용궁의 장경에도 있지 않는 바라." 하시니라.

說弓은 曲也요, 說絃은 直也며 龍藏은 龍宮之藏經[6]也라. 僧이
問趙州[7]하되「如何是祖師西來意[8]닛고.」州答云「庭前栢樹子
라.」하시니 此는 所謂格外禪旨[9]也라.

魚行水濁이요, 鳥飛毛落이니라.

활등을 말씀하심은 구부러졌다는 것이요, 활줄을 말씀하심은 올
곧다는 것이며 용장은 용궁의 대장경이라. 스님이 조주스님께 묻되,
"무엇이 조사가 서쪽에서 온 뜻입니까?" 조주스님이 대답하여 이르기
를, "뜰 앞에 잣나무니라" 하시니, 이는 이른바 격 밖의 선지이니라.
　고기가 다니면 물이 흐린 것이요, 새가 날면 깃이 떨어지느니라.

| 주석(註釋) |

1) 궁(弓):①활. 주로 활의 구부러진 곳. ②중국(中國)에서 활을 쏠 때 과
　녁까지의 거리를 재는 단위(單位). 1궁을 6자(尺)로 했음. 현재(現在)는
　5자. ③땅을 재는 단위(單位). 8자를 1궁으로 함.

2) 현(絃):①거문고 · 가야금 · 바이올린 · 기타 등의 악기(樂器)에서 소리
　를 내는 줄. ②현악기(絃樂器).

3) 일미(一味):만법(萬法), 곧 온갖 일과 모든 물질들은 천차만별(千差萬別)
　로 낱낱이 다른 듯하지만 실상은 절대 평등하여 다르지 않고(不異) 둘
　이 아닌(不二) 똑같은 것(眞如)이다.

4) **정전백수자**(庭前柏樹子): 화두(話頭)를 말한다. 조주선사(趙州禪師, 778~897)에게 한 중이 와서 물었다. "어떤 것이 조사가 서쪽에서 온 뜻입니까?", "뜰 앞의 잣나무니라"라고 대답했다는 이야기에서 유래한 화두요 공안이다. 그때 만약 소나무가 있었다면 뜰 앞의 소나무라고 대답했을 것이다. 가장 적나라한 눈앞의 현실이 곧 진리요, 선(禪)이라는 뜻이다.

5) **용장**(龍藏): 용궁에 갊아있는 장서(藏書) 또는 장경(藏經)이라는 뜻으로, 부처님의 말씀이 너무나 거룩하고 희유(稀有)함으로 용왕이 산다는 궁전(宮殿)에 모셔져 있다고 한다.

6) **장경**(藏經): 석가여래께서 49년 동안 많은 사람이 모인 큰 법회에서 연설하신 것이 삼백여 회였고, 개인이나 몇 사람을 상대로 말씀하신 것은 한정 없었다. 부처님이 세상을 떠나신 뒤에 제자들이 부처님의 말씀을 경(經)·율(律)·논(論)의 삼장(三藏)으로 결집(結集)하니, 모든 이치와 온갖 도리가 그 속에 다 갖추어 있으므로 큰 창고(庫藏)와 같다 하여 대장경(大藏經)이라고 하며, 또한 그 글의 분량이 하도 많고 그 뜻이 너무도 깊고 넓기에 장경 바다(藏海) 또는 교의 바다(敎海)라고 한다.

7) **조주**(趙州, 778-897): 이름은 종심(從諗)이고, 속성은 학(郝)씨인데, 산동성(山東省) 조주부(曹州府)에서 났다. 어려서 출가하여 남전(南泉) 보원선사(普願禪師)의 법을 받고, 그 문하에서 이십 년 동안 있었다. 팔십 세까지 각처로 돌아다니다가(行脚) 비로소 조주(趙州)의 관음원(觀音院)에서 학자들을 제접(提接)하기 40년. 당나라 소종(昭宗) 건녕(乾寧) 4년 120세에 입적하였다. 『어록(語錄)』 3권이 남았고, 그의 교화가 참으로 커서 '조주고불(趙州古佛)'이라고 일컬었다.

8) **조사서래의**(祖師西來意): 중국 선종(禪宗)의 초조(初祖) 달마대사가 중국에 와서 불교의 대혁명을 일으켰는데, 경(經)이나 모든 글이 소용없다

하여 '불립문자(不立文字)'를 표방하였고, 계율이나 염불이나 송주(誦
呪)를 죄다 부인하고 오직 "마음을 관찰하는 한 가지 법이 모든 행을
포섭한다(觀心一法 總攝諸行)." 하고, "바로 마음을 가리켜서 성품을 보
고 부처를 이루게 한다(直指人心 見性成佛)."고 하였다. 실로 그의 문하
에서 많은 성인이 나왔었다. 그리하여 사람마다 다투어 묵은 불교를
버리고 이 새 법을 배우려고 하였다. 그러므로 '조사가 서쪽에서 온
뜻'이란 것은 달마조사가 전하여 온 특별한 법, 비밀한 이치, 곧 '불
법의 똑바른 큰 이치(佛法的的大意)'란 말과 같은 말이다.

9) **격외선지(格外禪旨)**: 참선의 도리는 보통 사람의 범상한 소견에 벗어난
것이어서 있는 마음으로나 없는 마음으로나 다 뚫어 얻지 못하는 것
(有心無心 俱透不得)이다.

| 해의(解義) |

활이라 하면 활등과 활줄로 되어 있다. 활등(활짱)만 가지고 활이
라 할 수가 없는 것이요, 활줄만 가지고 역시 활이라고 할 수는 없다.
즉 활등과 활줄은 불가분(不可分)의 관계로 이어져서 하나가 없으면
활이라고 이름 할 수가 없다.

그런데 활에 있어서 활줄도 중요하지만 만일에 활등이 없다면 활
줄은 더욱 쓸모가 없는 한 개의 노끈에 지나지 않을 것이니, 이렇게
볼 때 활줄보다 더 중요한 것은 활등이라고 할 수 있다.

이런 의미에서 활등인 몸체는 부처님의 법문에 비유를 할 수 있
고, 직선으로 연결이 되는 활줄은 일도양단(一刀兩斷)하는 조사의 격외
(格外)에 비유를 해서 불법(佛法)을 고양(高揚)한 것이라고 할 수 있다.

격외법문이란 무엇인가?

어떠한 형식이나 어떠한 논리를 훌쩍 뛰어넘은 법문으로 할(喝)이나 방(棒) 등의 방법으로써 형식과 논리를 완전히 무시하고 시간과 장소를 없이하는 법문이다. 이는 법문을 설하는 어떤 형식도 갖추지 않고 내용에 있어서도 논리를 초월하기 때문에 때로 기상천외(奇想天外)의 언행을 하기도 한다.

곧 이러한 행위는 오직 선지자(先知者), 선각자(先覺者)가 후지자(後知者), 후각자(後覺者)를 위하여 설시하는 법문으로 개안자(開眼者)만이 알아듣고 깨달음을 이루는 것이지 보통의 지견(知見)이나 지해(知解)로는 해득이 되지 않는 것이다.

다시 말하면, 선지지후지(先知知後知)요, 선각각후각(先覺覺後覺)이다. 즉 먼저 안 사람은 뒤에 알 사람을 알도록 하여주는 것이요, 먼저 깨달은 사람은 뒤에 깨달을 사람을 깨닫도록 하여준다는 의미이다.

| 음여일송(吟余一頌) | 나도 한 송 읊조리니,

제 불 언 궁 곡
諸 佛 言 弓 曲 모든 부처는 활의 구부림을 말하고

중 사 설 직 현
衆 師 說 直 絃 여러 조사는 곧은 줄을 설하였네.

저 귀 원 일 미
這 歸 原 一 味 이는 원래 한맛에 돌아감이니

격 외 시 장 천
格 外 示 藏 天 격 밖을 보임에 하늘이 갚았어라.

굽은 산등을 오르기는 어렵고 곧은길은 가기가 쉬우리. 그

러나 구부러진 길에는 실수가 적고 평평한 길에서 정강이가
부러지는 아픔을 당하게 된다. 그래서 일상(日常)의 틀을 벗어
난 한 마디가 천리(天理)를 갈무리고 있지만, 알지 못하고 보
지 못하면 어린아이와 건곤(乾坤)을 놓고 다투는 것과 다름이
없으리라.

11

몸에서 나온 삶의 길

| 원문(原文) |

故로 學者는 先以如實言敎¹⁾로 委辨不變隨緣二義²⁾가 是
自心之性相이며 頓悟漸修兩門³⁾이 是自行之始終然後에 放
下敎義⁴⁾하고 但將自心現前一念하야 參詳禪旨則必有所得
하리니 所謂出身活路⁵⁾니라.

그러므로 배우는 자는 먼저 실다운 말씀의 가르침으로써 변하지
않는 것과, 인연 따르는 두 가지 뜻이 자기 마음의 성품과 형상이며,
단번에 깨닫고 점점 닦는 두 문이 이에 자기의 수행하는 시작과 끝임
을 자세히 분별한 뒤에 교의 뜻을 버리고, 다만 자기 마음이 앞에 드
러난 한 생각을 가져서 자세히 선지를 참구하면 반드시 얻는 바가 있
으리니 이른바 몸에서 나오는 살 길이니라.

上根⁶⁾大智는 不在此限이나 中下根⁷⁾者는 不可躐等⁸⁾也니라.

教義者는 不變隨緣과 頓悟漸修가 有先有後요, 禪法者는 一念

中에 不變隨緣과 性相體用이 元是一時⁹⁾라, 離卽離非―是卽非

卽¹⁰⁾이니 故로 宗師¹¹⁾는 據法離言하야 直指一念하야 見性成佛¹²⁾

이라, 放下敎義者가 以此라.

明歷歷¹³⁾時에 雲藏深谷하고 深密密¹⁴⁾處에 口照晴空이로다.

　상근의 큰 지혜는 이런 한계가 있는 것은 아니지만 중근기와 하근기는 가히 건너뛰어서는 안 되는 것이라. 교의란 변하지 않는 것과, 인연을 따르는 것과, 단번에 깨치는 것과, 점점 닦는 것이 먼저가 있고 뒤가 있다는 것이요, 선법이란 한 생각 가운데 변하지 않는 것과, 인연을 따르는 것과, 성품과 형상과 체와 용이 원래 이에 한때이라, 곧 그것도 여의고 아닌 것까지도 여의었지만, 곧 그것이 이것이며, 곧 그것도 아닌 것이니, 그러므로 종사는 법에 의거하지만 말을 여의어서 바로 한 생각을 가리켜 성품을 보고 부처를 이루게 하는 것뿐이라 교의를 버린다는 것이 이것이니라.

　밝음이 역력할 때에 구름이 깊은 골에 갈무리고, 깊어 은밀한 곳에 해가 비춰 맑은 하늘이어라.

1) 언교(言敎)：①말로써 남을 교화하는 것. 법 될 말이나 불보살 성현들의 가언선행을 많이 이야기해주어 그것을 기억하고 본받게 하며, 모든 사리를 순순히 타일러서 가르치는 것. 겉이 번지르르한 말로써만 가르치려는 것이 아니라 항상 법 될 말과 좋은 말로 가르치되, 가르치는 사람 스스로도 그만한 인격을 갖추도록 노력한다. 부정적이고 비관적인 말보다는 희망적이고 긍정적인 말로써 가르친다. ②불보살 성현들이 말로써 가르친 교훈.

2) 이의(二義)：변하지 않는 것(不變)은 성품의 이치이며 자체이고, 인연이 따르는 것(隨緣)은 형상이며 작용이다.

3) 양문(兩門)：불도를 배워 닦는 길은 먼저 깨치고 나서 차츰차츰 오래 닦아야 한다. 깨치지 않고서는 바르게 닦을 수가 없기 때문이다. 그러므로 돈오(頓悟)가 시작이고 점수(漸修)가 끝이 된다.

4) 방하교의(放下敎義)：공부하는 이에게 있어서 경전(經典)은 마치 여행하는 이의 노정기(路程記)와 같다. 길을 안 뒤에는 책을 덮어 놓고 부지런히 걸어가야 한다. 그러므로 "교를 놓고 선에 들어간다(捨敎入禪)."고 하는 것이다.

5) 출신활로(出身活路)：번뇌의 불집(火宅)과 망상의 고생 바다(苦海)를 아주 뛰어넘어 큰 자유와 큰 해탈을 얻는 길, 곧 조사선(祖師禪)의 바른 길을 이름이다.

6) 상근기(上根機)：불법을 수행할 수 있는 근기를 상·중·하로 나누었을 때, 가장 뛰어난 지혜로 성불을 쉽게 할 수 있는 사람. 이런 사람은 대도 정법을 보고 들으면 바로 판단과 신심이 생겨나서 자신하고 수행 정진하게 되고, 어떠한 경계에도 마음이 끌려가지 않으며 게으름을 부리지 않는다. 또한 큰 지혜가 열려 우주 만물을 모두 부처로 알아 언제 어디서나 상주 설법을 잘 듣고, 항상 상생선연을 맺어 날을 기약

하고 성불제중의 대업을 성취하게 된다.

7) **중근기**(中根機):마음공부를 하는데 있어서 자세히 아는 것도 없고 또한 모르지도 아니하여 항상 의심을 풀지 못하고 법과 스승을 저울질하는 근기. 법을 가벼이 알고 스승을 업신여기기 쉬우며 모든 일에 철저한 발원과 독실한 성의가 없어 공부와 사업 간에 큰 성공을 얻기가 어렵다. 자기가 알고 있는 조그마한 것에 교만하고 만족하여 상근기로 뛰어 오르기도 어렵고, 자칫하면 하근기보다 못하여 성불이 늦어지고 한 편에 국집 되기가 쉽다.

하근기(下根機):대도 정법을 수행하는데 있어서 재질이나 지혜가 부족한 사람. 상근기나 중근기에 비해서 법연을 맺기가 어렵고, 지행이 불충분하며, 아무리 수행을 해도 좀처럼 효과가 나타나지 않는다. 사(邪)와 정(正)을 잘 분별하지 못하고, 계교와 의심도 낼 줄 모른다. 따라서 인도하면 인도하는 대로 순응하기 때문에 아무리 하근기라 할지라도 법을 소중하게 알고 스승의 지도에 따라서 정성을 쉬지 않으면 마침내 도를 이룰 수 있게 된다.

8) **엽등**(躐等):등급(等級)을 걸러 뛰어 오름.

9) **원시일시**(元是一時):부처님은 많은 중생을 상대로 말씀하여 낮고 옅은 곳으로부터 높고 깊은 데로 인도하기 위하여 처음에는 모든 것을 분명하게 선후(先後)·시종(始終)의 온갖 차별이 있는 것으로 가르쳤지마는 참선 문중에서는 묘한 이치를 바로 가르치므로 성(性)·상(相)·체(體)·용(用)이 모두 한 생각 가운데 있는 것을 말하게 된다. 변하지 않는 것이 곧 성품이며 체(體)이고, 인연 따르는 것이 곧 형상이며 용(用)이다.

10) **이즉이비 시즉비즉**(離卽離非 是卽非卽):진여문(眞如門)에서 본다면, 만법은 다 똑같은 것이다. 이것을 '즉(卽)=곧 그것'이라 한다. 그러나 차별문(差別門)에서 보게 되면 삼라만상(森羅萬象)이 완연히 벌어져 있

는 것이다. 이것을 '비(非)＝아니다' 또는 '다르다'라고 한다. 그렇지만 본래 하나도 없는 것이기 때문에 진여문과 차별문이 둘 아닌 동시에 하나도 아니며, 다른 동시에 곧 같은 것이다. 그리하여 차별이 곧 평등이며, 모순(矛盾)이 곧 조화(調和)이다. "즉(卽)도 여의고 비(非)도 여의고, 시(是)에도 즉(卽)하고 비(非)에도 즉(卽)한다." 하여 이것을 쌍차쌍조(雙遮雙照)라고 한다.

11) 종사(宗師): ①부처님의 바른 종지(宗旨), 곧 조사선법(祖師禪法)을 전하는 스승을 말함이니 조사(祖師)와 같다. ②대도 정법을 후세에 전하여 모든 사람들로부터 존숭받는 성자.

12) 견성성불(見性成佛): ①자기 성품의 본래 자리를 알고 모든 법의 근본 자리와 일치하는 깨달음을 얻어 그와 같이 자기 자신의 심신을 원만하게 사용하여 부처와 하나가 되는 인격을 갖추는 것. ②마음을 깨달아 바로 부처가 되는 것. 선종(禪宗)의 종지(宗旨)를 간결하게 나타내는 대표적인 말.

13) 역력(歷歷): ①모든 것이 환히 알 수 있게 똑똑함. ②자취나 기미, 기억 따위가 환히 알 수 있게 또렷하다.

14) 밀밀(密密): 썩 빽빽하다.

| 해의(解義) |

출신활로(出身活路)라 하였다. 즉 몸이 뛰쳐나와 살 길을 찾았다는 의미이다. 다시 말하면, 세간이든 출세간이든 모든 번뇌의 화택(火宅)을 벗어나고 삼독(三毒)과 오욕(五慾)의 업해(業海)에서 몸과 마음이 뛰쳐나와 대 자유와 대 해탈을 얻어서 영생할 수 있는 진로를 찾고 안택(安宅)을 찾았다는 의미이다.

그렇다면 이 활로가 쉽게 열려지는 것일까? 아니다. 그만한 대가를 지불해야 열려진다. 이것이 바로 수행이다. 깊고 굳건한 수행을 통해서 그 길이 모색이 되고 방향이 잡히는 것이니 그 방법으로 먼저 불변(不變)과 수연(隨緣)의 공부를 해야 한다고 하였다.

불변이란 변하지 않는다는 의미로 우리 성품의 이치이고 자체이며, 수연이란 인연을 따른다는 의미로 형상이며 작용인 것이니, 이 두 가지 공부를 부지런히 해야 하는데 여기에서 끝나는 것이 아니라 또 다른 공부를 해야 한다.

다른 공부란 바로 돈오(頓悟)와 점수(漸修) 공부이다. 돈오란 부처님 법을 깨우치고 닦는 길을 깨우친다는 의미이요, 이런 의미를 확실하게 안 뒤에는 그 깨달음을 푯대로 삼아 부지런히 진습(塵習)을 제거하는 점수의 공부를 해야 한다.

일체의 교의(敎義)를 놓아버리자. 교의란 어떤 사물을 가리키는 손가락과 같을 뿐 손가락이 사물은 아니다. 손가락을 인연하여 참 사물을 찾으라는 것이지, 손가락 끝에 매달려 사물을 찾으라는 것은 아니다.

그러므로 참 마음을 찾는 방법으로 참선(參禪)을 말하였다. 즉 사교입선(捨敎入禪)을 통해서 본래 마음, 본래 성품을 보고 부처를 이루고 조사를 이루어야 한다.

| 음여일송(吟余一頌) | 나도 한 송 읊조리니,

승 선 영 도 후
乘 船 瀛 渡 後　배를 타고 바다를 건넌 뒤에는

돈 기 막 장 지
頓 棄 莫 藏 持　단번에 버리고 갈무려 갖지 말고

인 교 심 원 득
因 敎 心 源 得　교를 인해 마음 근원을 얻었으면

여 타 원 투 지
餘 他 遠 投 之　다른 나머지는 멀리 던져버릴지니라.

배를 타고 바다를 건너서 저 언덕에 이르렀으면 그만이지 그 배를 가져 짊어지고 끙끙거리며 돌아다닐 필요는 없다. 마찬가지로 교의를 인연 삼고 발판을 삼아 자신의 마음 근원에 돌아가고 진리를 깨쳐 얻으면 되는 것이지, 끝까지 놓지 않고 꾸리고 있어보았자 오히려 걸림만 되는 것이니, 나머지는 우주 바깥에 버려 흔적도 남기지 않아야 한다.

12

활구와 사구

| 원문(原文) |

大抵學者는 須參活句[1]언정 莫參死句[2]어다.

대저 배우는 사람은 모름지기 활구를 참구할지언정 사구를 참구
하지 말지어다.

| 자해원문(自解原文) |

活句下에 薦得[3]하면 堪與佛祖爲師요, 死句下에 薦得하면 自救
도 不了니라. 此下는 特擧活句하야 使自悟入이니라.

要見臨濟[4]인댄 須是鐵漢이니라.

활구 아래 얻으면 부처나 조사로 더불어 스승이 됨을 견딜만할
것이요, 사구 아래 얻으면 자신의 구제도 마치지 못할 것이라. 이 아
래는 특히 활구를 들어 스스로 깨쳐 들어가게 하는 것이니라.

임제를 친견하려면 모름지기 쇠뭉치로 된 놈이라야.

評曰 「話頭[5]에 有句意二門하니 參句者는 徑截門[6]活句也니

沒心路沒語路하야 無摸索故也요, 參意者는 圓頓門[7]死句也니

有理路有語路하며 有聞解思想故也라.」

평론하여 말하기를, "화두(話頭)에 참구(參句)와 참의(參意) 두 가
지 문이 있으니, 참구라는 것은 경절문의 활구이니 마음 길이 없어지
고 말길도 없으며 더듬거나 찾을 수가 없기 때문이요, 참의라는 것은
원돈문의 사구이니, 이치의 길이 있고 말의 길도 있으며 들어서 알고
생각할 수 있기 때문이니라."

| 주석(註釋) |

1) 활구(活句):사량 분별을 끊어버린 깨달음의 소식을 여실하게 보여주는
   어구(語句). 같은 어구이지만 사량 분별이 없이 바르게 판단하면 활구
   가 되고, 사량 분별로써 파악하면 사구(死句)가 된다. 선종(禪宗)에서
   주로 사용한다.

2) 사구(死句):진리를 깨치지 못하거나 자기의 성품을 회복하지 못한 사

람의 글. 범속(凡俗)하여 글속에 진리가 담겨 있지 않기 때문이다.

3) 천득(薦得): 천(薦)은 멍석이다. 장기나 노름하는 자가 이겼을 때 그 멍석 위에 늘어놓은 금전을 모조리 거두어 내 것으로 삼는 것으로 확연히 깨달아서 내 것으로 삼는 것을 말한다.

4) 임제(臨濟, ?-867): 속성은 형(邢)씨이고, 이름은 의현(義玄)이다. 어려서 출가하여 강당에서 경을 연구하다가 황벽희운(黃蘗希運) 선사의 법회에 가서 3년 동안 있었다. 그러면서도 아무 말도 묻지 못하고 지냈는데, 제일좌(第一座)의 지도를 받아 "어떤 것이 불법의 똑바른 참뜻입니까?" 하고 물었더니, 황벽은 다짜고짜로 몽둥이로 한바탕 때려주었다. 제일좌의 권에 따라 그 다음 날도, 또 그 다음 날도 한 가지 말을 물어서 똑같이 매만 실컷 맞았다. 그러나 그 맞은 까닭을 알지 못할 뿐 아니라, 그곳에는 인연이 없다고 생각하고서 그곳을 떠나려는데 황벽의 지시로 대우(大愚)화상의 회상으로 갔다. "황벽이 요사이 무슨 법문이 있던가?" 하고 대우가 물었다. 세 번이나 얻어맞은 사연을 자세히 말하고 무슨 허물이 있어서 그처럼 때리는지 모르겠더라고 말하였다. 대우는 "허! 황벽이 그처럼 너 때문에 애썼는데 허물을 찾고 있단 말이냐?" 하는 데서 크게 깨치고는 "황벽의 불법이 몇 푼어치 안 되는군" 하였다. 대우의 옆구리를 세 번이나 쥐어박았다. 그리고 황벽에게 되돌아와서 그 법통을 잇고, 고향인 하북성(河北省) 진주(鎭州)의 임제원(臨濟院)에서 주로 간화선으로써 크게 교화하였다. 그의 법을 이은 제자가 스물두 분이나 있었다. 그리하여 그는 임제종의 종조(宗祖)가 되었다. 당나라 의종(毅宗) 함통(咸通) 8년에 입적하였다. 저서로는 『임제혜조선사어록(臨濟慧照禪師語錄)』이 1권 있다. 그의 법을 이은 제자 가운데는 신라의 지리산 화상도 있었다. 그의 밑으로 19세(世)되는 평산처림(平山處林)의 법을 고려의 나옹왕사(懶翁王師)가 받아 왔고, 또 같은 임제 19세 석옥청공(石屋淸珙)의 법을 태고국사(太古國師)가 받

아와서 조선시대의 우리나라 불교는 온전히 임제종의 법맥(法脈)으로
되었다.

5) 화두(話頭): 또는 공안(公案), 고칙(古則)이라고도 한다. 화두는 '말' 이
란 뜻인데, 두(頭)는 거저 들어가는 어조사다. "곡식을 보고 땅을 알
고, 말을 듣고 사람을 안다."는 예사말이 있다. 도(道)를 판단하고 이
치를 가르치는 법 말. 참말을 화두라고 한다. 또는 공안이라고 하는
것은 '관청의 공문서'란 뜻인데, 천하의 정사를 바르게 하려면 반드
시 법이 있어야 하고, 법을 밝히려면 공문이 필요하다. 부처님이나 조
사들의 기연(機緣), 다시 말하면, 진리를 똑바로 가르친 말이나 몸짓이
나 또는 어떠한 방법을 막론하고 그것은 모두 이치 세계의 바른 법령
(法令)인 것이다. 그러므로 참선 공부하는 이들은 이것을 참구하여 열
가지 병이 없이 의심을 일으켜 가면 필경 깨치게 된다.

6) 경절문(徑截門): 지름길 문. 교문(敎門)의 55위 점차를 거치지 않고 한 번
뛰어서 여래의 경지에 바로 들어가는 문. 다시 말하면, 화두(公案)를 타
파하여 견성성불(見性成佛)하는 활구(活句)로 참선법(參禪法)을 말한다.

7) 원돈문(圓頓門): 원교(圓敎)와 돈교(頓敎)가 교문(敎門)에 있어서는 가장
높고 깊은 이치를 가르친 바이지만, 말 자취가 남아 있고 뜻 길이 분
명히 있어서 참으로 걸림 없는 이치를 완전히 가르친 것이 못된다. 오
직 조사선이 있을 뿐이다.

| 해의(解義) |

우리가 살아 있는 말을 토해내면 나도 살고 너도 살 수 있지만,
만일에 죽은 말을 하게 되면 나도 죽고 남들도 죽게 된다.

또한 살아 있는 말은 일체 생령을 구제하여 앞길을 인도할 수 있

지만, 죽어있는 말은 구렁텅이로 몰아넣어 앞길을 막아버리게 된다.

또한 살아 있는 말은 다른 사람을 깨닫게 할 수 있지만, 죽은 말은 오히려 무명(無明)을 덧씌우게 된다.

또한 살아 있는 말은 부처님의 바른 법을 일러주어 희망을 갖도록 할 수 있지만, 죽은 말은 부처님의 바른 법을 그릇되게 설파해서 절망의 나락(奈落)으로 던져지게 한다.

또한 살아 있는 말은 부귀를 추구할 수 있지만, 죽어 있는 말은 빈천(貧賤)을 채우도록 만든다.

또한 살아 있는 말은 선행을 하고 선업을 쌓도록 하지만, 죽은 말은 악행을 하고 악업을 쌓도록 부추긴다.

또한 살아 있는 말은 고차원(高次元)의 지혜를 갖춘 것이요, 죽은 말은 번뇌 망상에 찌든 어리석은 사항이다.

또한 살아 있는 말은 활인검(活人劍)이요, 죽어 있는 말은 살인도(殺人刀)이다.

이외에도 여러 가지 말이 있지만 우리가 살아 깨어 있는 말, 살아 깨어 있는 마음을 가지려면 화두(話頭)를 공부해야 한다. 곧 화두라는 것이 자신의 심연(深淵)을 돌아보고 진체(眞體)의 이치를 투득하며 사물의 시원(始原)을 꿰어볼 수 있는 필요불가결한 묘방(妙方)으로 남녀나 선악이나 귀천을 막론하고 공부를 함으로써 근원이 되는 진리에 돈입(頓入)을 하게 되는 세상에서 제일가는 법령(法令)으로 정로(正路)를 제시하였다.

| **음여일송(吟余一頌)** | 나도 한 송 읊조리니,

대 저 수 행 자
大 抵 修 行 者　대저 수행을 하는 사람은

막 구 시 법 중
莫 求 示 法 中　제시된 법에서 구하지 말고

요 귀 심 성 체
聊 歸 心 性 體　왜오라지 심성의 바탕에 돌아와야

시 득 활 구 통
始 得 活 句 通　비로소 활구의 통달함을 얻게 되네.

대저 공부하는 사람은 밖으로 나타나고 제시되어 있는 온 갖 법이나 강령(綱領)에 맞추어 공부를 한다면 마치 맞지 않는 저고리나 바지 같아서 입어보았자 볼품이 없게 된다. 그러므로 활구로 인하여 진리를 깨닫고 본래 심성을 회복하게 된다면 세상이나 건곤(乾坤)에 하지 못할 바가 없고, 이루지 못할 바가 없을 것이니, 우리는 죽은 공부보다는 살아 있는 공부를 해야 한다.

13

| 원문(原文) |

凡本參公案[1]上에 切心做工夫하되 如鷄抱卵하며 如猫捕
鼠[2]하며 如飢思食하며 如渴思水하며 如兒憶母[3]하면 必有透
徹[4]之期하리라.

무릇 본래의 공안 위에 참예하여 간절한 마음으로 공부하되 닭이 알을 품는 것같이 하며, 고양이가 쥐를 잡는 것같이 하며, 주린 사람이 밥을 생각하는 것같이 하며, 목마른 사람이 물을 생각하는 것같이 하며, 아기가 어머니를 생각하는 것같이 하면 반드시 꿰뚫고 통철하는 시기가 있으리라.

祖師公案[5]은 有一千七百則하니 如狗子無佛性[6]과 庭前栢樹
子와 麻三斤[7]과 乾屎橛[8]之類也라. 鷄之抱卵은 暖氣相續也요,
猫之捕鼠는 心眼不動也요, 至於飢思食渴思水兒憶母가 皆出於
眞心이요, 非做作底心故로 云切也니 叅禪에 無此切心하고 能透
徹者가 無有是處니라.

조사들의 공안에 천칠백의 법칙이 있으니 '개는 불성이 없다'라
는 것과 '뜰 앞에 잣나무'라는 것과 '삼 세근'이라는 것과 '마른 똥
막대기' 같은 종류이다. 닭이 알을 품는 것은 더운 기운이 서로 이어
지는 것이요, 고양이가 쥐를 잡는 것은 마음과 눈이 움직이지 않는
것이요, 주림에 밥을 생각하는 것과, 목마름에 물을 생각하는 것과,
어린아이가 어머니를 생각하는 데 이르러서는 모두 참 마음에서 나
온 것이요 지어서 하는 마음이 아니므로 이르기를 '간절하다' 하는
것이니, 참선하는 데 이런 간절한 마음이 없고 능히 투철하다는 것은
이런 것은 있을 수 없나니라.

| 주석(註釋) |

1) 본참공안(本參公案): 생사(生死) 문제를 해결하기 위하여 타파해야 할
    자기의 화두(공안)로써 자기가 믿어지는 바른 선지식으로부터 받아서

참구하는 것을 원칙으로 한다.

2) **여계포란 여묘포서**(如鷄抱卵 如猫捕鼠): 어미닭이 계란을 품듯, 고양이가 쥐를 잡듯 정신을 통일 집중한다는 뜻. 이 말은 간화선(看話禪)에서 화두를 연마하는 태도를 표현한 말이다. 어미 닭이 병아리를 까기 위해서는 20여 일간이나 온갖 정성을 다 모아서 계란을 품는다. 고양이가 쥐를 잡으려 할 때에도 어떠한 경계에도 마음을 빼앗기지 않고 정신을 통일하고 집중한다. 이와 같이 화두 참구에 정신을 집중하고 정성을 다해야 마침내 크게 깨칠 수 있다는 것이 간화선의 주장이다.

3) **여기사식 여갈사수 여아억모**(如飢思食 如渴思水 如兒憶母): 주린 사람이 밥 생각하듯이, 목마른 사람이 물 생각하듯이, 아이가 어머니를 생각하듯이 한다는 뜻으로, 화두를 참구하는 사람은 이처럼 간절한 정신으로 해야 한다는 말.

4) **투철**(透徹): (바람직한 정신이나 자세, 사상 등이) 마음속이나 머릿속에 철저하게 자리 잡은 상태에 있음을 말한다.

5) **공안**(公案): ① 선가(禪家)에서 스승이 제자에게 깨침을 얻도록 인도하기 위하여 제시한 문제. 인연 화두(因緣 話頭)라고도 한다. 공안이란 말의 기원은 관공서의 문서에서 나왔다. 공안의 형성은 중국 당나라 때의 선문답에서 시작했고, 송나라 때에 와서는 매우 성행했다. 공안의 수는 흔히 1,700 공안이라고 하지만 정확하게는 1,701개이다. 공안(화두)은 깨침의 기연이 된다. 수많은 선사가 이 공안의 참구·연마로 깨쳤고, 수많은 제자들을 이 공안으로 깨침의 세계로 인도했다. 공안은 선승들의 언행을 간단하게 표현한 것이다. 그래서 1,700 공안이 표현은 각각이지만 그 해답의 궁극처는 하나이다. 곧 우리의 본래 마음과 그 마음을 깨치는 길을 인도하는 것이다. 공안은 글자 해석을 통해서는 그 뜻을 깨칠 수 없다. 마음의 체험을 통해서 깨쳐야 한다. 수많은 화두 중에서 어느 것 하나를 깨칠 때까지 참구·연마를 한다. 글자 해

석이 아니기 때문에 어느 공안이든지 하나만 깨치면 다른 공안도 따라서 깨쳐지게 된다. 근래에 와서 글자 해석을 통해서 공안을 깨치려 하는 경우가 흔히 있는데, 이는 불법의 진리를 크게 그르치는 것이다. ②석가모니불의 언행을 공안이라고 한다. 다시 말하면, 석가모니불의 생활 전체를 공안으로 삼아 연마하는 것이다.

6) **구자무불성**(狗子無佛性): 선가(禪家)에서 전해오는 화두의 하나. 어떤 스님이 조주(趙州)선사에게 와서 물었다. "개에게도 불성이 있습니까?", "없다(無)", "위로는 모든 부처님과 아래로는 개미·벌레까지 뭇 중생이 모두 불성이 있다고 하였는데, 개에게는 어째서 없습니까?", "그대에게 업식성(業識性…무명의 힘에 의해 신·구·의 삼업을 짓게 되는 것)이 있기 때문이니라" 또 다른 스님이 와서 물었다. "개도 불성이 있습니까?", "있다(有)", "기왕 불성이 있을진대, 어찌하여 저 가죽부대 속에 들어갔습니까?", "그가 알고도 짐짓 범하는 까닭이니라" 이 이야기에 유래하여 '구자무불성'이란 화두는 많은 수행승의 입에 오르내리게 되었다. 개에게는 불성이 없다는 말도, 불성이 있다는 말도 옳은 말이다. 왜일까? 이를 알면 누구나 도를 깨닫는다.

7) **마삼근**(麻三斤): 화두의 하나. "어떤 것이 부처님입니까?" 하는 물음에 대하여 운문종(雲門宗)의 동산 수초선사(洞山 守初禪師)가 대답하기를, "삼 세 근이니라" 하였다.

8) **간시궐**(乾屎橛): 화두의 하나. "어떤 것이 부처입니까?" 하는 물음에 대하여 운문 문언선사(雲門 文偃禪師)가 대답하기를, "마른 똥 막대기이니라" 하였다.

| 해의(解義) |

일통만통(一通萬通)이요, 일색만색(一塞萬塞)이다. 즉 하나를 통하

면 만 가지가 통해지고, 하나가 막히면 만 가지가 막히게 된다는 말이다.

비록 공안(公案)이 1,700개가 넘는다 할지라도 모두 사람의 마음에서 나왔고 또한 우주의 진리를 표준으로 하고 있기 때문에 공안이 터질 때에는 사람의 마음과 우주 진리가 한번에 각증(覺證)을 얻게 된다.

그러므로 누구든 마음을 가졌기 때문에 하나의 공안을 통하면 나머지 1,699개의 공안은 자연 통해지지만, 반면에 어떤 하나의 공안이 막히면 나머지 1,699개의 공안은 자연 막히게 된다.

그러니 공부하는 사람은 어떠한 공안이든지 마음에 걸리는 것이 중요하다. 낚시에 고기가 걸리듯이 한번 걸린 공안은 반드시 해답을 얻게 된다는 사실을 알고 믿어야 한다.

다만 얼마만큼 마음에 새기고 걸어서 잊지 않는 염념불망(念念不忘)의 문제는 있을지 모르지만 깨쳐지고 터지지 않는 공안은 없다.

그래서 공안을 만들어낸 선사들이 어미닭이 알을 품듯이 해야 한다고 가르쳤다. 만일 어미닭이 알을 품는데 따뜻한 기운을 일정하게 넣어 돌리지 않으면 병아리가 깨어나기 어렵다.

또 고양이가 쥐를 잡을 때 마음과 눈을 움직이지 아니하고 일정하게 주시를 해야 잡을 수가 있는 것이지, 눈을 팔아 사방을 두리번거리면 놓치게 된다.

공안을 타파(打破)하는 데 여러 가지 방법을 제시하였으니 이 방법대로 자기의 힘에 맞게 공부를 해야 한다. 특히 공안 공부에 제일 중요한 것은 '간절함'이라 하였으니, 간절한 마음을 얼마만큼 가지고 연마하느냐에 따라 깨어나는 것도 그만큼 빠르게 된다.

| 음여일송(吟余一頌) | 나도 한 송 읊조리니,

一之公案上　하나의 공안 위에

懇志切心窮　간절한 뜻 절실한 마음으로 궁구할지니

厥題成通達　그 문제에 통하고 사무침을 이루면

他餘自覺終　다른 나머지는 저절로 깨쳐 마치리라.

　공안을 공부하는 사람은 자기에게 적당한 하나의 문제를 고르든지, 아니면 스승으로부터 받든지 해서 마음에 걸어두고 잊지 않고 궁굴리고 연마하여 나아가면 반드시 통달하게 된다. 즉 하나의 공안이 풀어지면 마치 실타래가 풀어지듯이 나머지 공안도 술술 풀리는 것이니 공부의 재미가 여기에서 붙여지게 된다.

14

참선의 세 가지 요건

| 원문(原文) |

參禪엔 須具三要니, 一은 有大信根[1]이요, 二는 有大憤志[2]
요, 三은 有大疑情[3]이니 苟闕其一하면 如折足之鼎하야 終成
廢器하리라.

참선하는 데는 모름지기 세 가지 요건을 갖추어야 하나니, 첫째
는 큰 신심이 있는 것이요, 둘째는 큰 분지가 있는 것이요, 셋째는 큰
의정이 있는 것이니, 진실로 그 하나라도 빠진다면 다리 부러진 솥과
같아서 마침내 폐한 그릇을 이루게 되나니라.

| 자해원문(自解原文) |

佛云「成佛者 信爲根本이라.」하시고 永嘉[4]云「修道者는 先須

立志라.」하시며 蒙山[5]云「參禪者는 不疑言句가 是謂大病이라.」
하시고 又云「大疑之下에 必有大悟[6]라.」하시니라.

부처님께서 말씀하시기를, "부처를 이루는 자는 믿음이 근본이
되나니라." 하시고, 영가스님은 이르기를, "도를 닦는 자는 먼저 모
름지기 뜻을 세워야 하나니라." 하시며, 몽산스님은 이르기를, "참선
하는 자는 언구(화두)를 의심하지 않는 것이 큰 병이니라." 하시고,
또 이르기를, "크게 의심하는 아래 반드시 크게 깨달음이 있나니라."
하시니라.

| 주석(註釋) |

1) 신근(信根):①진리를 굳게 믿는 것. 믿음이 있어야 진리를 깨칠 수 있
   는 근본이 된다는 뜻에서 믿음의 뿌리, 곧 신근이라 한다. ②불 · 법 ·
   승 삼보와 사제(四諦)의 이치를 믿는 것. 부처님의 가르침을 믿는 것.

2) 분지(憤志):분발하는 의지. 분발하는 마음.

3) 의정(疑情):의심나는 마음. 의심스러운 감정.

4) 영가(永嘉, 665-713):절강성(浙江省) 온주부(溫州府) 영가현(永嘉縣) 대
   (戴)씨 집에서 났다. 법명은 현각(玄覺), 자(字)는 명도(明道), 호는 진각
   (眞覺)이다. 여덟 살에 출가하여 장경을 널리 보고 천태(天台)의 지관
   (止觀)을 숭상하였다. 『유마경』을 읽다가 견성하고, 조계(曹溪)에 가서
   육조(六祖)에게 인가를 받고는, 곧 돌아가서 고향의 용흥사(龍興寺)에
   있었다. 그의 저술은 『선종영가집(禪宗永嘉集)』, 『관심십문(觀心十門)』,

『증도가(證道歌)』 등이 남아 있다. 당나라 현종(玄宗) 개원(開院) 1년에
49세에 앉아서 입적하였다.

5) 몽산(蒙山, 1232-1298?): 원(元)나라 스님, 이름은 덕이(德異). 강서성(江
西省) 여릉도(廬陵道) 시양 고안현(時陽 高安縣)에서 났다. 그 고향 시양
이 당나라 때에는 균주(筠州)였기 때문에 고균(古筠) 비구라고 한 일도
있었고, 여릉도 몽산에 있었으므로 몽산 화상이라 하며 강소성(江蘇
省) 송강현(松江縣) 전산(澱山)에 있었으므로 전산 화상이라고도 하고,
휴휴암(休休庵)에 있었으므로 휴휴암주라고도 하였다. 고산(鼓山)의 완
산 정응선사(豌山 正凝禪師)의 법을 이었다. 그의 교화한 시기는 원나라
세조(世祖) 때이며, 우리 고려의 충렬왕 때이다. 그래서 고려의 고승들
과 문필의 거래가 많았고, 그의 저서 가운데『법어약록(法語略錄)』,『휴
휴암좌선문(休休庵坐禪文)』 등은 조선 중엽에 있어 우리 글로 번역되기
까지 하였다.

6) 대의지하 필유대오(大疑之下 必有大悟): 크게 의심해야 크게 깨친다는
말. 참선을 해서 도를 깨치기 위해서는 세 가지 요긴한 것이 있다. 하
나는 진리에 대한 믿음이 확고해야 한다. 둘은 반드시 도를 깨치겠다
는 확고한 뜻을 세워야 한다. 셋은 진리가 무엇일까에 대해 크게 의심
해야 크게 깨칠 수 있다.

| 해의(解義) |

선(禪) 수행을 하는데 있어서 기본적으로 갖추어야 할 세 가지 요
건을 말한 것이니, 곧 "믿음"과 "분발"과 "의심"이라고 하였다.

이에 믿음이란 신념(信念)으로 어떤 일을 이루어가는 데 있어서
원동력(原動力)이 되고 기저(基底)가 되어 그 일을 성공으로 이끄는 역

할을 한다. 그리하여 그 사람이 신념에 차 있으면 불보살을 이루는 수행공부를 잘하여 원하는 목표를 달성하게 되지만, 만일에 신념이 견고하지 못한다면 무슨 일이든지 성공을 거두기가 어렵다.

다음으로 분발이다. 공자(孔子)는 '발분망식(發憤忘食)'을 하였다 한다. 즉 공자가 학문을 몹시 좋아하여 밥 먹는 것조차도 잊었다는 뜻이다.

『공자세가(孔子世家)』에서 어느 날 공자의 제자인 자로(子路)가 초(楚)나라 섭현(葉縣)의 장관 심제량(沈諸梁)에게서 "그대의 스승은 도대체 어떤 인물인가?"라는 질문을 받았다. 자로는 뜻밖의 질문에 공자의 뛰어난 인품을 간단한 말로 설명할 수 없어서 어물거렸다. 이 사실을 들은 공자가 자로에게 이르기를,

"도를 배우는데 게으르지 아니하고 사람을 깨우치는데 싫어하지 아니하여 분지를 발하여 밥 먹음조차 잊어버린다(學道不倦 誨人不厭 發憤忘食)고 하라." 하였다.

즉 공부를 하는데 발분(發憤)하여 먹는 것도 잊을 정도로 마음을 다하여 밀고 나아가야 한다.

다음으로 의정이다. 의심이란 어떤 일을 알아낼 수 있는 단초가 되는 것으로 작은 의정은 작은 알음알이를 내고, 중간 의정은 중간의 앎을 내며, 큰 의정은 큰 깨달음을 내는 것(小疑生小解 中疑生中知 大疑生大悟)이라고 할 수 있다.

그러므로 큰 공부로 부처를 이루고자 하는 사람은 신근과 분지와 의정을 가슴에 안고 수행으로 익혀가는데 중점을 두어야 한다.

| 음여일송(吟余一頌) | 나도 한 송 읊조리니,

정 족 여 전 일
鼎 足 如 剸 一　　솥발에 하나가 부러질 것 같으면

결 종 폐 기 초
結 終 廢 器 招　　결국 마침내 폐한 그릇을 부르네.

욕 수 선 정 자
欲 修 禪 定 者　　선정을 닦고자 하는 사람은

불 탈 차 삼 요
不 脫 此 三 要　　이 세 가지 요긴함을 벗어나선 안 되리.

아무리 크고 좋은 솥이라 할지라도 세 개의 발 가운데 하나가 부러지면 솥으로서의 본 모습을 유지하는 것이 아니기 때문에 결국 폐기가 되고 만다. 이와 같이 선정의 공부를 하는 데 있어서 신근(信根)과 분지(憤志)와 의정(疑情)을 균등하게 갖추어야 하는 것이요, 하나라도 소홀하게 되면 큰 공부를 성취하기 어렵다.

15

| 원문(原文) |

日用應緣處에 只擧「狗子無佛性」話하야 擧來擧去하며 疑來疑去에 覺得沒理路하며 沒義路하며 沒滋味하야 心頭熱悶時가 便是當人의 放身命處며 亦是成佛作祖底基本也니라.

일상생활 인연을 응하는 곳에 다만 "개는 불성이 없다"는 말씀을 들어서 오면서, 들고 가면서, 들며 오면서 의심하고, 가면서 의심하여 이치의 길이 없어지고 뜻 길이 없어지며, 재미도 없어서 마음이 뜨겁고 답답할 때가 문득 이에 해당된 사람의 몸과 목숨을 놓아버릴 곳이며, 또한 부처를 이루고 조사가 되는 기본임을 깨달을지니라.

僧問趙州하되 「狗子還有佛性也無」잇가? 州云 「無」라 하시니

此一字者는 宗門之一關[1]이며 亦是諸許多惡知惡覺底器仗[2]이며

亦是諸佛面目이며 亦是諸祖骨髓[3]也라. 須透得此關然後에 佛

祖를 可期也라.

古人頌云

「趙州露刃劍이 寒霜光焰焰[4]이라.

擬議[5]問如何하면 分身作兩段하리라.」

어떤 스님이 조주스님께 묻되, "개도 또한 불성이 있습니까, 없습니까?" 하니, 조주스님은 "없나니라" 하시니, 이 한 글자(한마디)는 종문의 한 관문이며, 또한 잘못된 지견과 잘못된 깨달음을 꺾어버리는 물건이며, 또한 모든 부처님의 본래 면목이며, 또한 모든 조사들의 골수라. 모름지기 이 관문을 뚫어 얻은 뒤라야 부처와 조사를 가히 기약하리라.

옛사람이 송하기를,

조주의 드러난 칼

서릿발 빛이 활활 타오르네.

헤아려 무엇을 묻는다면

몸뚱이 나뉘어 두 부분이 되리.

| 주석(註釋) |

1) 종문지일관(宗門之一關):종문이란 것은 불교의 정통(正統)인 불심종(佛心宗) 곧 선종(禪宗)을 이름이며, 관문(關門)은 옛날에 국방상으로나 경제상으로 중요한 곳에 군사를 두어 지키게 하고, 내왕하는 사람과 수출입하는 물건을 검사하는 곳이다. 화두는 이것을 통과하여야 견성성불하게 되는 것이므로 종문의 관문이 된다. 그래서 이를 조사관(祖師關)이라 한다.

2) 기장(器仗):전쟁에 쓰는 무기와 의식(儀式)에 쓰는 물건을 아울러 이르는 말.

3) 골수(骨髓):①뼈의 내강(內腔)에 차 있는 누른빛 또는 붉은빛의 연한 조직. ②마음속. ③요점(要點) 또는 골자(骨子).

4) 염염(焰焰):①활활 타고 있다. ②활활 세차게.

5) 의의(擬議):①일의 시비곡직(是非曲直)을 헤아려 그 가부를 의논하는 일. ②의정부(議政府)나 육조에서 중신(重臣)들이 모여 관서(官署)에서 보고한 사목(事目)이나 임금이 의논하도록 명한 일에 대하여 그 가부를 의논하던 일. 의논한 내용을 임금에게 보고하면, 임금이 이것에 근거하여 재결(裁決)했음.

| 해의(解義) |

『오등회원(五燈會元)』에 보면 이러한 이야기가 있다.
어떤 스님이 조주선사에게 물었다.

"개에게도 또한 부처의 성품이 있습니까, 없습니까?"

조주선사는,

"없다"

말하기를,

"위로 모든 부처님에 이르고 아래로 개미에 이르기까지 다 부처의 성품이 있다 하는데, 개는 어찌하여 도리어 없습니까?"

조주선사가 대답하기를,

"그는 업식이 있어서이니라."

(問 狗子還有佛性也無? 師曰 無曰 上至諸佛 下至螻蟻 皆有佛性 狗子爲甚麼却無? 師曰 爲伊有業識在)

이 화두를 조주무자(趙州無字)라 하여 1,700의 공안(公案) 가운데 으뜸으로 여기는 공안이다.

그래서 종문(宗門), 곧 선문(禪門)의 일관(一關)이라 하여 수도문에 들어 공부하는 사람은 이 관문을 투과(透過)하여야 비로소 인가를 받을 수 있었다.

사실 조주의 '없다', '있다'는 어떤 상대적인 뜻을 가지고 규정하는 '없다'가 아니다. 그렇다고 있음(有)의 상대성을 여읜 '공무(空無)'를 뜻하는 것도 아니다. 그러면 중간적이 뜻을 가졌는가? 역시 그렇지도 않다.

다시 말하면, 이 '없다'는 '무(無)'자는 어떤 사량(思量)이나 언어나 짐작이나 추리(推理)로 이해하고 아는 정도를 훨씬 넘어선 화두이요, 공안으로 스스로 감지(感知)하고 스스로 깨닫는 체험(體驗)과 체득(體得)을 통해서 해득이 아닌 진답(眞答)을 도출해 낼 수 있다.

결론적으로 말하자면, 화두(공안)의 정답(正答)은 없는 것이요 깨달음을 이루어야 비로소 정답을 얻게 된다. 그러하기 때문에 작은 깨달음을 이루면 작은 답을 얻고, 중간 깨달음을 이루면 중간 답을 얻으며, 큰 깨달음을 이루면 큰 답을 얻게 되지만, 만일 화두를 굴림이 없다면 깨달음과 멀어질 수밖에 없다.

｜음여일송(吟余一頌)｜ 나도 한 송 읊조리니,

話 頭 臻 極 處 화두가 극처에 이르러서

來 去 日 常 時 오고감이 일상일 때

始 頓 投 身 命 비로소 단번에 자신의 목숨 던지면

於 胸 宇 宙 彌 가슴에 우주가 채워지리라.

의두나 화두나 공안이 수행하는 사람을 깨달음으로 이끌어 가는 매개(媒介)가 되는 것이라, 마음에 지녀서 잊지 않고 연마한다면 작은 가슴에 우주가 안겨져서 그야말로 우주인(宇宙人)이 될 것이니, 이보다 더 큼이 어디 있겠는가? 도를 구하는 사람은 마땅히 이 공안에 관심을 가져 일관(一關), 이관(二關), 무량관(無量關)을 타파해 나가야 한다.

16

| 원문(原文) |

話頭를 不得擧起處에 承當[1]하며 不得思量卜度[2]하며 又不
得將迷待悟하고 就不可思量處하야 思量하면 心無所之에 如
老鼠入牛角[3]하야 便見倒斷也하리라. 又尋常에 計較[4]安排[5]
底도 是識情[6]이며 隨生死遷流底도 是識情이며 怕怖慞惶底
도 是識情이어늘 今人이 不知是病하고 只管[7]在裏許하야 頭出
頭沒하나니라.

화두를 들어 일으키는 곳에서 받아들이려 하지 아니하며, 생각으
로 헤아리지 아니하며, 또한 미혹을 가지고 깨닫기를 기다리지 아니
하고, 가히 생각지 못할 곳까지 나아가 생각하면 마음이 갈 바가 없

음에 늙은 쥐가 쇠뿔 속으로 들어감과 같아서 문득 거꾸러지고 나누
어짐을 보게 되리라. 또한 평소에 헤아리거나 갈라 붙여 보는 것도
이에 식정이며, 생사를 따라 옮겨 흐르는 것도 이에 식정이며, 두려
워하고 무서워하는 것도 이에 식정이거늘, 지금 사람들이 이 병통을
알지 못하고 다만 속에 있어서 나왔다 빠졌다 하나니라.

| 자해원문(自解原文) |

話頭에 有十種病하니 曰意根下卜度이요, 曰揚眉瞬目處揉根[8]
이요, 曰語路上作活計요, 曰文字中引證이요, 曰擧起處承當이요,
曰颺在無事匣裏요, 曰作有無會요, 曰作眞無會요, 曰作道理會
요, 曰將迷待悟也라. 離此十種病者는 但擧話時에 略抖擻[9]精神
하야 只疑「是個甚麼[10]」니라.

　화두에 열 가지 병통이 있으니, 말하자면 뜻으로 헤아리는 것이
요, 말하자면 눈썹을 드날리고 눈을 끔적거리는 곳에 헤아리는 것이
요, 말하자면 말길에서 살 계책을 짓는 것이요, 말하자면 문자 가운
데서 끌어다가 증거를 하는 것이요, 말하자면 들어 일으키는 곳에서
받아들이는 것이요, 말하자면 날려 버리고 일 없는 우리 속에 있는
것이요, 말하자면 있고 없는 알음알이를 짓는 것이요, 말하자면 참으
로 없다는 알음알이를 짓는 것이요, 말하자면 도리의 알음알이를 짓

는 것이요, 말하자면 미혹을 가지고 깨치기를 기다리는 것들이라. 이
열 가지 병통을 여읜 사람은 자못 화두를 들 때에 대략 정신을 차려
서 다만 의심하되 "이 뭣꼬?" 하나니라.

1) 승당(承當): 받아들여 감당함.

2) 복탁(卜度): 점쳐보고 헤아리는 것.

3) 노서입우각(老鼠入牛角): 중국의 남쪽에서 부리는 물소의 뿔은 매우 길
기 때문에 그것으로 쥐 잡는 기구를 만든다. 쥐가 먹을 것을 탐하여
그 속에 들어가면 필경 돌아설 수가 없어서 잡히도록 되어 있다.

4) 계교(計較): 서로 견주어 살펴봄.

5) 안배(安排): ①제 차례나 제자리에 알맞게 몫몫이 갈라 붙이거나 벌여
놓음. 몫 나누기. ②알맞게 잘 배치하거나 처분하는 것.

6) 식정(識情): ①범부의 미혹한 마음에 의한 견해. ②식심(識心)이나 망념
(妄念)과 같은 말. 무슨 생각이나 분별을 일으키면 그게 모두 식정이
다.

7) 지관(只管): 자못. 오로지의 뜻.

8) 양미순목처타근(揚眉瞬目處探根): 몸을 능히 움직이게 하는 것이 곧 마
음이며 불성(佛性)이니, 다른 것이 따로 없으므로 더 깊게 알려고 애쓸
것이 없다고 하여 그것으로써 깨친 것을 삼는 어리석은 병통을 말함
이다. 어느 화두나 다 같지마는, 특히 '무자(無字)'에 대하여 열 가지
병을 말하게 된다. 그러나 오직 간절히 의심하여 간다면 아무 병도 없
게 되고, 생각으로 따지기 시작하면 백 가지 병이 일어나게 된다.

9) 두수(抖擻): ①정신을 차려 일어남. ②물건을 떪.

10) 시개심마(是個甚麼): "이 뭣꼬?" 화두는 1,700 화두 가운데 가장 근원
적인 화두라고 할 수 있다. 육근(六根), 육식(六識)을 통해 일어나는
모든 생각에 나아가 "이 뭣꼬?" 하고, 그 생각이 일어나는 당처(當處)
를 찾아야 한다.

| 해의(解義) |

화두(話頭)나 의두(疑頭)나 공안(公案)이나 성리(性理)는 거의 같은
의미의 말이다.

그러므로 화두(의두·공안·성리)라는 것은 대체적으로 대소유무
(大小有無)의 이치와 시비이해(是非利害)의 일이며, 과거 부처나 조사
들의 언설(言說) 가운데 의건(疑件)을 연구하여 그 알음알이에 대한 감
정(勘定)이나 인가(認可)를 받도록 하는 공부라고 할 수 있다.

더 나아가서는 우주 만유의 본래 이치와 우리의 자성 원리를 해
결하여 알자는 것으로 수도인이 이 화두 공부를 하지 아니하면 자신
을 모르는 것은 물론이지만 부처나 조사의 본의(本意)를 알 수가 없고
더욱 우주의 진리를 알 수가 없기 때문에 깨달음으로 나아가기가 대
단히 어렵다.

그러기 때문에 삼세의 모든 수도를 하는 사람들이 머리나 수염에
붙은 불을 끄는 심정으로 화두나 공안공부에 매진을 하였던 것이라
할 때 공부를 하는 사람은 결코 가볍게 간과할 수 있는 문제는 아니
라고 보여진다.

우리가 화두공부를 하는데 근기가 상근(上根)일수록 힘들이지 아
니하고 깨달아지는 바가 있지만 중하(中下)는 어쩔 수 없이 진력(盡力)

으로 공부를 하지 않을 수 없는 것이니, 얇은 냄비의 물은 쉽게 끓지만 식기도 쉽게 하듯 힘들이지 않고 알아지는 이치나 지혜는 껍질의 이치이요 저수(貯水)의 지혜로 오래 유지할 수가 없다.

그리하여 공부가 순숙되면 열 가지 병통이 홍로점설(紅爐點雪)이 될 것이요, 공부가 깊지 아니하면 열 가지뿐만 아니라 천 가지 만 가지의 병통이 잇달아 생기는 것이니, 공부를 하는 것이 결코 쉬운 일이 아니라 일백 골절이 부서지는 아픔을 통해 개현(開顯)이 되어진다.

| 음여일송(吟余一頌) | 나도 한 송 읊조리니,

話頭醒得者　　화두를 깨쳐 얻으려는 자는

迺莫度知詳　　이에 알음알이로 자세히 헤아리려 말라.

最上根機備　　최상의 근기를 갖추게 된다면

開花凍土霜　　꽃을 언 땅 서릿발에서 피우게 되리.

알음알이나 자세하고 세밀하게 따지는 것으로는 학자의 지식(知識)은 이룰 수 있을지 몰라도 도인의 근성(根性)을 갖추기는 어렵다. 화두라는 것은 언 땅에서 꽃을 피워내는 작업으로 공을 들이고 정성을 다하지 않으면 타파(打破)하기가 결코 쉬운 문제가 아니므로 오랜 시간을 두고 공부를 해야지 일시에 이루려는 것은 자칫 공부에 퇴굴(退屈)을 불러오기가 쉬운 것임을 알아야 한다.

17

| 원문(原文) |

此事는 如蚊子[1]가 上鐵牛[2]하야 更不問如何若何하고 下嘴
不得處에 棄命一攢하야 和身透入이니라.

이 일은 마치 모기가 무쇠의 소에 올라앉아 다시 어쩌고 어떤 것을 묻지 아니하고, 주둥이로 얻어짐이 없는 곳까지 내려서 목숨을 버려 뚫다보면 온몸으로 뚫고 들어가리라.

| 자해원문(自解原文) |

重結上意하야 使參活句者로 不得退屈이니 古云「參禪은 須
透祖師關[3]이요, 妙悟는 要窮心路絶이라.」하시니라.

거듭 위의 뜻을 맺어서 활구를 참구하는 사람으로 하여금 물러나고 굽히지 않도록 하려는 것이니 옛사람이 이르기를, "참선은 조사의 관문을 뚫어야 하고 오묘한 깨달음은 마음 길이 끊어져야 하나니라."고 하시니라.

| 주석(註釋) |

1) 문자(蚊子): 모기.

2) 철우(鐵牛): ① 선가에서 부동착(不動着) 또는 정식(情識)을 여의었다는 뜻으로 쓰임. ②하(夏)나라 우왕(禹王)이 쇠로 소를 만들어서 황하의 재변을 진압한 것. 소의 머리는 하남에 있고, 꼬리는 하북에 있다고 함. 섬주성 밖에 철우의 묘(廟)가 있음.

3) 조사관(祖師關): '조사의 관문'이라는 뜻으로 조사의 경지에 올라가려면 화두의 의심을 타파하고 본성을 깨달아야 하므로 화두가 바로 관문이 된다는 뜻이니, 이 관문을 통과하게 되면 조사를 이루게 될 것이요, 통과하지 못하면 수도자로 안주할 수밖에 없다.

| 해의(解義) |

특수하게 생긴 모기도 아니요, 연약한 입을 가진 일반적인 모기가 일반적인 소도 아니요, 무쇠로 만든 소에 구멍을 뚫어서 들어있지도 않는 피를 빤다는 것은 상식적으로 있을 수 없고 납득하기도 어려운 상황이다.

이는 마치 허공에 뜬 달을 따려는 것과 같아서 불가능한 일이라고 말할 수 있다. 선가(禪家)에서는 불가능을 가능으로 만들어간다.

이것이 바로 조사선(祖師禪)으로 이 관문(關門)을 뚫고 들어가야 한다. 만일에 선을 하는 사람이 이 관문을 뚫지 못하면 아무리 오래도록 선 공부를 하였다 할지라도 깨달음의 고비를 넘지 않았기 때문에 진리를 깨닫지 못하고 자성 또한 회복하지 못하여 범부나 중생을 면하기가 사실 어렵다.

모기가 되어야 한다. 무조건 무쇠 소의 등에 앉아 생명을 버리고 입으로 뚫으면 들어간다. 들어가면 피를 얻을 수 있다. 피를 얻음으로써 다시 새로운 생명을 이어가게 된다.

공부하는 우리도 진리가 어렵고 부처되는 길이 어렵다 할지라도 생명을 버리듯 공부를 해간다면 이뤄지지 않는 상황이나 뚫려지지 않는 관문은 없으리라 본다.

옛날에 어느 무식한 사람이 우연히 도에 발심하여 선사에게 부처가 무엇이냐고 물었더니 '즉심시불(即心是佛)'이라 하는 지라, 무식한 정신에 '짚신 세 벌'이라는 소리로 알아듣고 오랜 기간 짚신 세 벌을 생각하다가 마음이 열려 '마음이 바로 부처'임을 알았다 하니, 어찌 말이나 글에 부처가 있는 것인가?

조사선이니, 여래선이니 하는 것은 하나의 말에 지나지 않는다는 점을 알아 이를 무시하고 죽기로 덤비면 부처 조사는 그 가운데서 열매를 맺게 된다는 것을 확실하게 알아서 정진을 해야 한다.

| 음여일송(吟余一頌) | 나도 한 송 읊조리니,

話頭要透者   화두를 뚫고자 하는 사람은

立 志 似 微 蚊　뜻을 작은 모기같이 세울지니

莫 測 如 何 題　어떠한 문제인지 헤아리지 말고

盡 心 自 命 焚　마음 다해 자기 생명 태울지니라.

아무리 좋은 화두거리가 있다 할지라도 들고 연마하지 않으면 아무 소용이 없다. 화두 자체가 우리에게 어떤 깨달음을 주는 것은 아니다. 그래서 선사들이 후인의 물음에 대하여 주위에 보여지고 잡혀지는 것을 들어서 이야기한 것인데, 그 자체에 무엇이 있는 것처럼 여겨 소득을 구하는 것은 결코 현명한 처사라고 볼 수가 없다. 손가락으로 달을 가리킴에 손가락이 달은 아닌 이치와 같다.

18

거문고 줄 고르듯

공부 여조현지법 긴완 득기중 근즉근집착
工夫는 **如調絃之法**하야 **緊緩**을 **得其中**이니 **勤則近執着**[1]

망즉낙무명 성성 역력 밀밀면면
하고 **忘則落無明**하리니 **惺惺**[2] **歷歷**하고 **密密綿綿**[3]이니라.

공부는 거문고의 줄을 고르는 법처럼 하여 팽팽하고 느슨함이 그 중심을 얻도록 할지니, 부지런하면 집착에 가깝고 잊어버리면 무명에 떨어지리니, 성성하며 역력하게 하고 밀밀하며 면면하게 할지니라.

탄금자왈 완급 득중 연후 청음 보의 공부
彈琴者日「**緩急**이 **得中**한 **然後**에야 **淸音**이 **普矣라**」하니 **工夫**

역여차 급즉동혈낭 망즉입귀굴 불서부질
도 **亦如此**하야 **急則動血囊**[4]하고 **忘則入鬼窟**[5]이니 **不徐不疾**하야

사 妙在其中이니라.

거문고를 타는 자가 말하기를, "줄의 느슨하고 팽팽함이 중심을 얻은 뒤라야 맑은 소리가 널리 미친다."고 하니, 공부도 또한 이와 같아서 조급하면 피 담긴 주머니 움직이고, 잊어버리면 귀신의 굴로 들어가는 것이니 느리지도 않고 빠르지도 않게 하여야 오묘함이 그 가운데 있나니라.

| 주석(註釋) |

1) 집착(執着): 어떤 사물에 고집하고 애착하는 것. 마음속에 깊이 새겨 두고 잊지 못하는 것. 대상에 고집하여 마음이 떨어지지 아니하는 것. 집착하는 마음은 생사 해탈에 큰 방해가 된다.

2) 성성(惺惺): ① 깨어 있다. ② 정신이 혼침(昏沈)에 빠지지 않고 분명하다, 확실하다, 기운이 생생하다는 뜻, 또는 그러한 사람.

3) 면면(綿綿): 오랜 시간 동안 이어져 끊임이 없는 것.

4) 혈낭(血囊): ① 육체 ② 색념(色念)과 음욕(淫慾)을 말한다.

5) 귀굴(鬼窟): ① 도깨비 굴 ② 도리에 어두움.

| 해의(解義) |

『불설사십이장경(佛說四十二章經)』에 보면 이러한 이야기가 있다.

한 사문이 『가섭불유교경(迦葉佛遺敎經)』을 밤에 독송하는데 목소리가 구슬프고 긴장하는 기색이 역력하였다.

부처님이

"네가 속가에 있으면서 무엇을 하였느냐?"

"거문고를 탔습니다."

"거문고 줄이 느리면 어떠하더냐?"

"울리지 않습니다."

"줄이 팽팽하면 어떠하더냐?"

"줄이 끊어질 듯합니다."

"느리고 팽팽함이 잘 맞으면 어떠하더냐?"

"소리가 잘 납니다."

"사문이 도를 배우는 것도 이와 같은 것이니 마음을 잘 조절하면 도를 얻게 된다. 만일 마음을 거칠게 쓰면 몸이 피곤하고, 육신이 피곤하면 정신이 번거롭게 되며, 정신이 번거로우면 수행이 물러나며, 수행이 물러나면 반드시 허물이 더할 것이니 오로지 청정하고 편안히 하여야 도를 잃지 않게 된다."고 하였다.

거문고의 줄이 팽팽하지도 않고 느리지도 않아야 알맞은 소리를 얻을 수 있다. 너무 팽팽하면 끊어지는 듯한 소리가 나기 쉽고, 너무 느리면 아예 소리가 나지 않는다. 공부를 하는 것도 이와 다름이 없다. 만일 너무 조급하게 하면 욕속심(欲速心)이 생겨 큰 도를 이루지 못하고, 너무 느리면 나태심(懶怠心)이 생겨 정진을 할 수 없게 된다.

항상 일정심(一定心)과 일직심(一直心)으로 잊거나 잃어버리지 말고 꾸준하게 이어 오래오래 공부를 하면 못 이루는 바가 없게 됨을 알아야 한다.

| 음여일송(吟余一頌) | 나도 한 송 읊조리니,

^{욕 대 공 부 자}
欲 大 功 夫 者 큰 공부를 하고자 하는 자는

^{궁 현 긴 완 조}
弓 絃 緊 緩 調 활줄의 긴장과 느림을 고를지니

^{종 성 성 역 력}
終 惺 惺 歷 歷 마침내 성성하고 역력하게 하여

^{물 탈 적 중 요}
勿 脫 的 中 要 중에 맞는 요령을 벗어나지 말지니라.

사람의 삶에 긴장(緊張)과 이완(弛緩)이 필요하다. 너무 긴장이 되면 이완으로 대치를 하고, 너무 이완이 되면 긴장을 통해서 추어잡아야 한다. 공부를 하는데도 팽팽하고 늘어짐의 두 길이 필요하다. 너무나 추어잡으면 자칫 뜻대로 안될 경우에는 공부하려는 마음이 끊어질 수 있고, 너무나 놓고 지내면 공부에 게으름이 생겨 정진(精進)의 정성이 식을 수 있는 것이니 긴완(緊緩)이 득중(得中)하는 자세가 필요하다.

<h1 style="text-align:center">19</h1>

마군이 육근 문에 기다린다

工夫_{공부}가 到行不知行_{도행부지행}하며 坐不知坐_{좌부지좌}하면 當此之時_{당차지시}하야 八萬_{팔만}
四千[1]_{사천} 魔軍_{마군}이 在六根[2]_{재육근} 門頭伺候_{문두사후}라가 隨心生起_{수심생기}하나니 心若不_{심약불}
起_기하면 爭如之何_{쟁여지하}리요.

공부가 걸어도 걷는 줄을 모르고 앉아도 앉는 줄을 모르는데, 이르면 이러한 때를 당해서 팔만 사천 마군이가 육근 문에 엿보며 기다리고 있다가 마음을 따라 일어나 생기나니, 마음이 만일 일어나지 아니하면 어찌 다툼이 있으리오.

^{마 자} ^{낙 생 사} ^{지 귀 명 야} ^{팔 만 사 천 마 군 자} ^{내 중 생 팔 만}
魔者는 樂生死³⁾之鬼名也요, 八萬四千魔軍者는 乃衆生八萬

^{사 천 번 뇌 야} ^{마 본 무 종} ^{수 행 실 념 자} ^{수 파 기 원 야} ^중
四千煩惱⁴⁾也라. 魔本無種이나 修行失念者가 遂派其源也라. 衆

^생 ^{순 기 경 고} ^{순 지} ^{도 인} ^{역 기 경 고} ^{역 지} ^고
生은 順其境故로 順之하고 道人은 逆其境故로 逆之하나니 故로

^운 ^{도 고 마 성} ^야 ^{선 정 중} ^{혹 견 효 자 이 작 고}
云「道高魔盛⁵⁾也라.」하시니라. 禪定中에 或見孝子而斫股⁶⁾하며

^{혹 견 저 자 이 파 비} ^자 ^{역 자 심 기 현} ^{감 차 외 마 야} ^{심 약}
或見猪子而把鼻⁷⁾者는 亦自心起見하야 感此外魔也니라. 心若

^{불 기 즉 종 종 기 량} ^{번 위 할 수 취 광 야} ^{고 운} ^{벽 극 풍 동}
不起則種種伎倆이 飜爲割水吹光也니라. 古云「壁隙風動이요

^{심 극 마 침}
心隙魔侵이라.」하니라.

　　마군이란 낳고 죽음을 즐기는 귀신의 이름이요, 팔만 사천 마군
이란 이에 중생의 팔만 사천 번뇌라. 마가 본래 씨가 없으나 수행하
는데 생각을 잃어버리면 드디어 그 근원에서 파생되는 것이라. 중생
은 그 경계를 따르기 때문에 순응이 되고, 도인은 그 경계를 거역하
기 때문에 거스르나니 그러므로 이르기를, "도가 높으면 마군이가
치성한다"고 하니라. 선정 가운데 혹 상주를 보고 다리를 찍고, 혹
돼지를 보고 코를 쥐는 것은 또한 자기 마음에서 일으키고 나타내어
이에 외부의 마를 느끼게 되는 것이라. 마음이 만일 일어나지 않는다
면 온갖 재주가 뒤집혀 물을 베고 빛을 붊이 되나니라. 옛말에 "벽에
틈이 생기면 바람이 움직이는 것이요, 마음에 틈이 생기면 마가 침노

하는 것이라."고 하니라.

1) 팔만사천(八萬四千): 법수(法數)에는 이 말이 퍽 많다. 그것은 중생의 망상이 벌어져 나가는 것을 자세히 분석하면 팔만 사천 갈래가 된다고 한다. 그러므로 망상을 따라 일어나는 악마의 수효도 팔만 사천이요, 망상을 다스리는 법문도 팔만 사천이다. 또한 인도에서는 많은 수효를 말할 때에는 이 말을 쓰는 수가 가끔 있다. 이것을 줄여서 팔만이라고 하기도 한다.

2) 육근(六根): 육식(六識)의 소의(所依)가 되어 육식을 일으켜 대상을 인식케 하는 근원이다. 곧 눈(眼) · 귀(耳) · 코(鼻) · 혀(舌) · 몸(身) · 뜻(意)의 여섯 가지 기관(器官)을 말한다.

3) 생사(生死): 중생들이 육도를 윤회하는 미혹의 세계. 삶과 죽음, 태어나고 죽는 일. 인간과 만물의 생로병사. 생사는 인생에 있어서 가장 중요한 문제이다. 삶이란 지금 살아가고 있는 현실이지만 죽음의 세계는 알 수 없기 때문에 죽음을 어떻게 맞이하고 극복할 것인가 하는 것은 크게 문제된다. 인생의 모든 문제는 결국 생사로 귀결된다고 하여도 과언이 아니다.

4) 번뇌(煩惱): 사념(邪念) · 망념(妄念) · 잡념(雜念) · 미혹(迷惑) · 무명(無明) 등 경계에 끌려 다니거나, 몸과 마음을 괴롭히고 소란케 하는 정신작용의 총칭. 부처마음을 보리심이라고 하는데 대해 중생마음은 번뇌심이라고 한다. 육체의 병은 몸을 괴롭혀 고통스럽게 하고, 번뇌는 마음을 괴롭혀 어지럽게 한다. 경계에 마음이 끌려 다니면 번뇌심이 일어나고, 번뇌심이 일어나면 괴로움에 허덕이게 되고 온갖 죄업을 짓게 된다.

5) 도고마성(道高魔盛): 도고일척(道高一尺)이면 마고일장(魔高一丈)이라는
의미로, 도가 한 자쯤 커지면 마는 한 길쯤 길어난다는 뜻이다. 즉 수
행이 깊어질수록 그만큼 장애도 더욱 성하다는 것이니, 마장은 수행
자에게 역경마(逆境魔)와 순경마(順境魔)로 구분되어 엄습하는데 부처
님도 대각을 이루기 전 칼을 뽑아든 마왕의 위협과 요염한 무희들의
유혹을 받으며 그 경계를 넘어섰다.

6) 견효자이작고(見孝子而斫股): 옛날 어떤 스님이 좌선하는데, 한 상복을
입은 사람이 송장을 메고 와서 하는 말이 "당신이 왜 우리 어머니를
죽였느냐?"고 달려들기에 시비 끝에 도끼로 그 상주를 찍었는데 나중
에 보니 자기 다리에서 피가 흘렀다 한다.

7) 견저자이파비(見猪子而把鼻): 어떤 스님이 공부하고 있는데, 산돼지가
와서 대들기에 그 코를 붙잡고 소리치다가 정신 차려보니 자기 코를
잡고 있었다. 이런 것들은 모두 제 마음이 움직이므로 그 틈을 타서
마가 침노한 것이니, 제 생각에서 마를 만들어내어 장난치는 것을 말
한다.

| **해의(解義)** |

단도직입적(單刀直入的)으로 말하건대, 마(魔)는 없다. 본래 없는
것을 있다고 여기는 그것이 오히려 마가 된다. 보라, 하늘에 원래 구
름이 있는가? 또 구름을 만들어내는 종자가 있는가? 다만 기상의 이
변을 따라 구름이 생기기도 하고 사라지기도 하는 것이지 구름의 씨
라는 것은 없다.

다만 우리가 공부를 하고 수행을 하는데 있어서 어떤 의식이나
생각이 움직일 수 있다. 즉 마음을 바탕으로 해서 움직이는 이것이

어떤 하나의 잘못된 가정(假定)을 만들어 외골수로 파고 들다보니 견처(見處)가 생기고, 이 견처를 따라 편각(片覺)이 생기며, 이 한 조각 깨달음에 집착(執着)이 생겨 요지부동(搖之不動)이 될 때 마가 원래 맑고 밝은 마음을 밀어내고 자리를 잡아 자기의 영역을 구축하게 된다.

보라, 수행을 하는 가운데 어떤 사람이 와서 자기의 어머니를 죽였다고 시비하다가 칼을 들어 그 사람을 찔렀는데 오히려 자기를 찌른 것이 되었고, 멧돼지 코를 비튼다는 것이 자기의 코를 잡고 비틀며 소리를 지르게 된 것은 하나의 가상(假想)인 마가 일어나서 장난을 친 것이지, 실지로 어머니를 죽였고 돼지 코를 비튼 것은 아니다.

그러므로 공부를 하는데 자신의 수행이 깊어지면 깊어질수록 거기에 상응되는 마장이 따르고 또 커지는 것이니, 이를 미리 알고 대처를 하면서 수행을 하여가되 감당할 수 없는 마장이 오면 올수록 자신의 수행도 그만큼 깊어간다면, 사실을 직시한다면, 크게 고통을 받지 아니하고 즐기면서 소기의 목적을 달성하게 된다.

| 음여일송(吟余一頌) | 나도 한 송 읊조리니,

육 근 문 사 후
六 根 門 俟 候　여섯 문에서 기다리는 것은

팔 만 사 천 마
八 萬 四 千 魔　8만 4천의 마군이라.

심 약 무 유 기
心 若 無 攸 起　마음을 만일 일으키는 바가 없으면

자 공 멸 소 타
自 空 滅 所 拖　저절로 비워져 끌리는 바가 소멸되리라.

마군의 성질은 어디든지 들어가 붙기를 좋아하고 들어가면 장난치기를 좋아한다. 또한 마군은 온갖 재주를 다 갖추어 천변만화(千變萬化)를 일으켜서 수행자들을 혼란스럽게 한다. 그렇지만 따지고 보면 마군이가 형상을 가지고 있고 능력을 가지고 있는 것이 아니라, 자기의 마음에서 자기가 일으켜 그 장난을 따라 끌려 다니는 것이라 마음 하나 일어나지 않으면 마군이가 생겨나지 않고, 마군이가 생겨나지 않으면 수행에 힘쓸 필요도 없다.

20

마군의 경계는 꿈이다

起心은 是天魔[1]요, 不起心은 是陰魔[2]요, 或起或不起는 是
煩惱魔[3]니 然이나, 我正法中엔 本無如是事니라.

일어나는 마음은 이에 천마요, 일어나지 않는 마음은 이에 음마
요, 혹 일기도 하고, 혹 일지 않기도 하는 것은 이에 번뇌마이니, 그
러나 우리 바른 법 가운데는 본래 이와 같은 일이 없나니라.

大抵忘機[4]는 是佛道요, 分別은 是魔境이라. 然이나 魔境은 夢
事어니 何勞辨詰[5]이리요.

대저 근기를 잊음은 이것이 부처님의 도요, 분별하는 것은 이것이 마의 경계이라. 그러나 마의 경계는 꿈같은 일이니 어찌 수고롭게 분별하고 힐난하리요.

| 주석(註釋) |

1) **천마**(天魔): 욕계(欲界)의 제육천(第六天), 곧 타화자재천(他化自在天)의 임금은 곧 마왕(魔王)이니, 그 이름이 파순(波旬)이다. 그는 항상 불법을 파괴하려고 애쓰고 있다. 그것은 불도를 공부하는 이가 있으면 그의 궁전이 흔들리기 때문이라고 한다. 그러므로 누구나 불법을 공부하겠다는 생각을 낼 때에 곧 천마가 따르게 되는 것이니, 말하자면 한 생각 일어나는 그것이 곧 천마가 된다는 뜻이다.

2) **음마**(陰魔): 오음마(五陰魔) 또는 오온마(五蘊魔)라 하기도 하는데, 우리를 둘러싸고 있으면서 우리에게 어떤 감촉을 주는 모든 환경 전체와 그에 대한 우리의 감각과 빛(色)따라 일어나는 반사적 동작 전체, 곧 오온이 모두 온전히 음마이다. 그것은 생각이 일어나는 근본을 밝히지 못한 까닭에 생각이 저절로 쉬어지지 않고, 억지로 생각을 일으키지 않으려 하므로 뚜렷이 있는 환경과 육신의 지배를 받아 고통과 번민이 없을 수 없으므로 그것이 곧 마가 되는 것이다. 대체로 불법은 "마음을 머무는 바 없이 마음을 내는 것(應無所住而生其心)이라." 그것을 무심(無心)이라 하고, "함이 없이 하는 것이라." 그것을 무위(無爲)라고 한다. 분별하는 바가 있게 되면 부처가 곧 마군이 될 것이며, 무심하면 악마의 화살이 곧 보살의 연꽃이 될 것이다.

3) **번뇌마**(煩惱魔): 탐·진·치 삼독심(三毒心)을 이르는 말. 삼독심은 사람을 어지럽히고 괴롭게 하여 보리심을 얻는데 방해가 되는 마군이란 뜻에서 이렇게 말한다.

4) 망기(忘機):기(機)는 사물을 분별하는 기틀이란 뜻. 일체의 분별심·사
량 계교심을 다 놓아버리고 텅 빈 마음이 된다는 말. 진리를 크게 깨
쳐 일체의 분별 망상을 다 잊어버린 대각의 도인을 비유하는 말이다.

5) 변힐(辨詰):①트집을 잡아 비난하는 것. ②바르게 따지다. ③잘잘못
을 가려 꾸짖음.

| 해의(解義) |

하늘에 구름이 일어나지 않으면 그대로 높고 푸르다. 그렇지만
구름 한 조각 일어나면 그 구름을 기인(起因)으로 한 조각, 두 조각,
셋 조각으로 붙어나 나중에는 하늘 전체를 가리는 흑운(黑雲)이 되고
만다.

이와 같이 마음에서 마군 하나 생기면 그것이 모태(母胎)가 되어
마군을 생산하나니 이것이 천마(天魔)요, 또 사방팔방의 다른 마군도
불러들이나니 이것이 음마(陰魔)로 결국 한데 어울려 마군의 집을 만
들고 자리를 잡아 살아가면서 얼마나 마음을 뒤흔드는지 모른다.

이렇게 마군이가 집을 짓고 살아가는 마음은 밤낮으로 영일(寧逸)
이나 적정(寂靜)이 없이 들끓는 솥과 같아서 갈피를 잡을 수 없는 북
새통이 되어 있으니 어떻게 공부를 할 것인가?

그러므로 공부하는 사람은 마음을 맑고 고요하게 하는 것이 첫째
요, 마음을 맑고 고요하게 하기 위해서는 마음 가운데 일어나는 천마
와 음마와 번뇌마를 쓸고 녹이는 것이 최선의 방법이 되는 것이니,
이 일은 내가 알아서 근행(勤行)을 해야지 남에게 미룬다거나 남이 해
주기를 바랄 수 없는 오직 나만의 몫이요 책임이다.

| 음여일송(吟余一頌) | 나도 한 송 읊조리니,

심 기 천 마 사
心 起 天 魔 事　　마음이 일어남은 천마의 일이요

정 중 불 도 진
靜 中 佛 道 眞　　고요한 가운데 불도가 참 되네.

범 무 생 경 주
凡 無 生 境 住　　무릇 남이 없는 경계에 머물면

몽 리 자 연 신
夢 裏 自 然 神　　꿈속이라도 자연히 신령하리라.

　　본성(本性)은 고요하다. 본심(本心) 역시 고요하다. 어떤 생각이 일어나지도 않고 일으켜질 조건이나 경계도 없다. 이 자리가 바로 참 부처의 본원이요, 진체(眞體)로 여기에 상주하여야 천마나 음마나 번뇌마가 달려들지 않고 장난을 칠 수도 없어서 자연적으로 소멸하게 된다. 따라서 이 자리를 여의지 않았을 때 비로소 맑고 밝고 신령함을 이루게 된다.

21

공부를 이루면

工夫가 若打成一片¹⁾하면 則縱今生에 透不得이라도 眼光 落地²⁾之時에 不爲惡業³⁾所牽하리라.

공부가 만일 두드려 한 조각을 이룬다면 비록 금생에 꿰뚫음을 얻지 못했을지라도 눈빛이 땅에 떨어질 때에 악업에 끌리는 바는 되지 않으리라.

業者는 無明也요, 禪⁴⁾者는 般若⁵⁾也라. 明暗不相敵은 理固然也니라.

업이란 무명이요, 선은 반야니라. 밝은 것과 어두운 것이 서로 대적이 안 되는 것은 이치가 진실로 그러한 것이니라.

| 주석(註釋) |

1) 타성일편(打成一片): 일체의 사량 계교심을 버리고 천차만별·형형색색의 사물을 하나로 보는 것. 분별 시비심을 넘어서 평등심이 되는 것.

2) 안광낙지(眼光落地): 죽음을 눈앞에 두고 그동안 자신이 수행한 경지를 냉철히 점검해 보라는 말. 출가 수행자들 중에는 흔히 건혜(乾慧)에 만족하여 스스로 마음을 깨친 것으로 착각하기 쉽다. 그러나 막상 죽음을 당면해보면 삶에 대한 애착을 떼기가 어렵게 된다. 아무리 아는 것이 많아도 죽음을 싫어하고 삶에 애착하는 마음이 조금이라도 남아있으면 그것은 결코 마음을 깨친 것이 아니다. 죽음을 담담하게 맞이할 수 있어야 비로소 생사를 해탈한 경지라고 할 수 있다.

3) 악업(惡業): 몸·입·뜻으로 짓는 악한 과보를 받을 행위. 곧 살생·투도·간음·망어·기어·악구·양설·탐욕·진에·사견 등의 열 가지 악업을 말한다. 이와 반대로 좋은 과보를 받게 되는 것을 열 가지 선업이라 한다. 몸으로 짓는 악업이 세 가지, 입으로 짓는 악업이 네 가지, 뜻으로 짓는 악업이 세 가지라 하여 "신삼 구사 의삼(身三 口四 意三)"이라고 한다.

4) 선(禪): ①마음을 가다듬고 정신을 통일하며, 번뇌를 끊고 진리를 생각하여 무아적정의 경지에 들어가는 수행. 정(定)·정려(定慮)·기악(棄惡)·사유수(思惟修)라는 뜻. 이러한 선(禪)은 불교가 발생하기 이전 고대 인도의 요가 수행에서부터 비롯된 것으로 보인다. ②좌선 또는 참선의 뜻. 좌선이란 마음에 있어서 망념을 쉬고 진성(眞性)을 나타내며,

몸에 있어서 화기(火氣)를 내리고 수기(水氣)를 오르게 하는 수행. 곧
식망현진 수승화강(息妄顯眞 水昇火降)의 수행. ③선은 부처님의 마음
이요, 교는 부처님의 말씀이다. 선은 가섭에게 전했고, 교는 아란에게
전했다(禪是佛心 敎是佛語 禪傳迦葉 敎傳阿難). 교종에 대해서 선종을 일
컫는 말.

5) **반야**(般若): Prajñā 반야(班若)·바야(波若)·발야(鉢若)·반라야(般羅
若)·발랄야(鉢剌若)·발라지양(鉢羅枳孃)이라고도 쓰며, 혜(慧)·명
(明)·지혜(智慧)라 번역. 법의 참다운 이치에 계합한 최상의 지혜. 이
반야를 얻어야만 성불하며, 반야를 얻은 이는 부처님이므로 반야는
모든 부처님의 스승 또는 어머니라 일컬으며, 또 이는 법의 여실한 이
치에 계합한 평등·절대·무념(無念)·무분별일 뿐만 아니라 반드시
상대 차별을 관조하여 중생을 교화하는 힘을 가지고 있는 것이 특색
이다. 이를 보통 2종 반야·3종 반야·5종 반야 등으로 나눈다.

| **해의(解義)** |

공부를 한다는 것은 지금보다 나은 내일을 위해 꼭 필요한 조치
요 방법이다. 세상에 노력 없이 이루어지는 것은 없다. 울타리 가에
장미 한 포기 심은 뒤에 얼마나 정성의 공을 들이느냐에 따라 자라나
는 것이 다르고 꽃도 추미(醜美)가 다르게 피어난다.

이와 같이 우리가 진급이 되고 상등(上等)이 되기 위해서는 내면
적으로 자기에 대한 정화(淨化)의 시간을 투자하여 열심히 노력을 함
으로써 밝은 내일을 기약할 수 있고 월등(越等)할 수 있는 것으로 궁
극에 이르러서는 부처나 보살도 얼마든지 될 수가 있다.

또한 금생에 계획한 대로 다 이루지는 못하였다 할지라도 선(禪)

을 통해 반야의 지혜를 얻으려고 열심히 자신을 닦았음으로 죽음에
다달아 악업에 끌리거나 악도에 떨어지지 아니하고 선도수생(善道受
生)의 기회가 얼마든지 주어지는 것이며, 따라서 자연 사람의 몸을
받아 부처님의 법을 찾게 되고 또 수행에 정진하여 불보살의 길로 나
아가게 된다.

| 음여일송(吟余一頌) | 나도 한 송 읊조리니,

萬一於今世　만일 지금 세상에

不開道業門　도업의 문을 열지 못하면

眼光臻落地　눈빛이 땅에 떨어짐에 이르면

難免惡途牽　악도에 끌림을 면하기 어려우리라.

　사람이 세상에 태어나 부처님의 법을 만나 도업의 문을 여
는 것이 무엇보다 중요한 과제가 아닐 수 없다. 만일 다행히
사람의 몸은 얻었다 할지라도 영원히 계속되리라는 법은 없
기 때문에 금생에 잘못된 업을 쌓게 되면 다음 생에 죽는 즉
시 악도의 지옥으로 이끌려 들어갈 것이요, 한번 들어가 온갖
고초를 다 받아도 누구도 구제하여 줄 수 없는 것이니 금생
에 공부를 절대로 게을리 해서는 안 된다.

22

참선하는 사람은 알아야

| 원문(原文) |

大抵參禪者는 還知四恩[1]이 深厚麼아? 還知四大[2]醜身이
念念衰朽麼아? 還知人命이 在呼吸[3]麼아? 生來値遇佛
祖麼아? 及聞無上法하고 生希有[4]心麼아? 不離僧堂하고 守
節麼아? 不與隣單으로 雜話麼아? 切忌鼓扇是非麼아? 話頭
가 十二時[5]中에 明明不昧麼아? 對人接話時에 無間斷麼아?
見聞覺知時에 打成一片麼아? 返觀自己하야 捉敗佛祖麼아?
今生에 決定續佛慧命[6]麼아? 起坐便宜時에 還思地獄[7]
苦麼아? 此一報身이 定脫輪廻麼아? 當八風[8]境하야 心不
動麼아? 此是參禪人의 日用中點檢底道理니 古人云「此身

불 향 금 생 도　　갱 대 하 생 도 차 신
不向今生度하면 **更待何生度此身**[9]고?」 하시니라.

　　대저 참선하는 사람은 또한 네 가지 은혜가 깊고 두터움을 알고 있는가? 또한 네 가지로 뭉쳐진 더러운 몸이 한 찰나 찰나 쇠퇴하고 썩어감을 알고 있는가? 사람 목숨이 숨을 내쉬고 들이쉼에 있음을 알고 있는가? 살아오면서 부처나 조사를 만났는가? 위 없는 법문을 들음에 미쳐서 희유한 마음을 내는가? 승당을 여의지 아니하고 절조를 지키는가? 곁의 사람으로 더불어 잡담을 하는가? 매우 꺼려하는 시비를 부추기는가? 화두가 열두 시간 가운데 밝고 밝아서 어둡지 않는가? 사람을 대하여 이야기할 때도 끊어짐이 없는가? 보고, 듣고, 느끼고 알 때에 두드려 한 조각을 이루는가? 자기를 돌아보아 부처나 조사를 잡아매는가? 금생에 결정코 부처님의 혜명을 잇겠는가? 일어나고 앉는 편의한 때에 또한 지옥의 괴로움을 생각하는가? 이 한 육신이 반드시 윤회를 벗어나겠는가? 여덟 가지 바람의 경계를 당하여 마음이 움직이지 않는가? 이것이 참선하는 사람의 일상생활 가운데서 점검해야 할 도리이니 옛사람이 이르기를, "이 몸을 금생을 향하여 제도하지 못하면 다시 어느 생을 기다려서 이 몸을 제도할 것인가?" 하시니라.

| 자해원문(自解原文) |

사 은 자　　부 모 군 사 시 주 은 야　　　사 대 추 신 자　　　부 지 정 일 적
四恩者는 父母君師施主恩也요, 四大醜身者는 父之精一滴과

母之血一滴者니 水大之濕也요, 精爲骨이요 血爲皮者는 地大之
堅也요, 精血一塊不腐不爛者는 火大之暖也요, 鼻孔先成하야
通出入息者는 風大之動也라. 阿難[10]曰「欲氣麤濁하야 腥臊交
遘[11]라.」하시니 此所以醜身也라. 念念衰朽者는 頭上光陰[12]이
刹那[13]不停하니 面自皺而髮自白이라, 如云「今旣不如昔이요,
後當不如今이라.」하니 此無常[14]之體也라. 然이나 無常之鬼가
以殺爲戲하니 實念念可畏也라, 呼者는 出息之火也요, 吸者는
入息之風也라, 人命寄托이 只在出入息也라. 八風者는 順逆[15]
二境也요, 地獄苦者는 人間六十劫[16]이 泥犁[17]一晝夜니 鑊湯
爐炭[18]과 劍樹刀山[19]之苦를 口不可形言也라. 人身難得이 甚於
海中之鍼故로 於此에 愍而警之하노라.

네 가지 은혜란 부모·임금·스승·시주의 은혜요, 네 가지로 된
더러운 몸이란 아버지의 정수 한 방울과 어머니의 피 한 방울 물로
젖음이요, 정수는 뼈가 되는 것이요 피와 가죽이 되는 것은 땅의 단
단함이요, 정기와 피의 한 덩어리가 썩지 않고 문드러지지 않는 것은
불의 더움이요, 콧구멍이 먼저 이뤄져 내쉬고 들이쉬는 숨이 통하는
것은 바람의 움직임이라. 아난존자가 말하기를, "정욕의 기운이 거

칠고 흐려 비린내와 누린내가 엇갈려 마주 친다." 하시니, 이런 이유로 더러운 몸이라 하니라. 한 찰나 찰나 썩어간다는 것은 머리 위의 해와 달이 찰나도 머물지 아니하니 얼굴은 저절로 주름살 지고 머리털도 저절로 희어가니, 옛말에 "지금이 이미 옛 같지 않고 뒤도 지금 같지 않음에 당하리라." 하였으니, 이것이 떳떳할 수 없는 몸이라. 그러나 무상의 귀신은 죽이는 것을 놀이로 삼나니 참으로 한 찰나 찰나가 두려운 것이라, 날숨은 내쉬는 불이요 들숨은 들이쉬는 바람이라, 사람의 목숨이 붙여 의탁됨이 다만 들이쉬고 내쉬는 한숨에 있음이라. 여덟 가지 바람이란 순응하고 거슬리는 두 경계이요, 지옥의 괴로움이란 인간의 육십 겁이 지옥의 하루 낮밤이니 쇳물이 끓고 숯불이 튀고 칼산과 창 숲에 끌려 다니는 고통은 입으로 가히 말할 수 없는 것이라. 사람 몸 얻기 어려움이 바다 가운데 떨어진 바늘보다 심함으로 이에 불쌍히 여겨 깨우치노라.

평왈　상래법어　여인음수　냉난자지　총명　불능적업

評曰「上來法語는 如人飮水에 冷暖自知라. 聰明이 不能敵業

건혜　미면고륜　각수찰념　물이자만

하고 乾慧[20]가 未免苦輪[21]이니 各須察念하야 勿以自謾[22]이어다.」

　　평하여 말하기를, "위의 법문 말씀은 사람이 물을 마시매 차고 더운 것을 스스로 앎과 같음이라. 총명이 능히 업을 대적하지 못하고 마른 지혜가 고통의 윤회를 면하지 못하는 것이니, 각각 모름지기 살피고 생각하여 스스로 속지 말지어다."

1) **사은**(四恩): 네 가지 은혜. ①부모·국왕·중생·삼보의 은혜. ②부모·사장(師長)·국왕·시주(施主)의 은혜.

2) **사대**(四大): ①중국에서 금(金), 목(木), 수(水), 화(火), 토(土)의 오행(五行)을 말하듯, 인도에서는 옛날부터 땅(地), 물(水), 불(火), 바람(風)의 사대로써 자연계의 온갖 것에 대한 구성요소로 말하였다. ②불교에서 사람의 육신이나 일체의 물체를 생성시키는 근원으로 보는 4개의 원소. 지(地)·수(水)·화(火)·풍(風)의 네 요소를 말하는 것으로, 사대종(四大種) 또는 사연(四緣)이라고도 한다. 우주만물은 이 지수화풍 사대의 이합(離合)이나 집산(集散)으로 생겨나기도 하고 없어지기도 한다. 지(地)는 굳고 단단한 성질을 바탕으로 만물을 실을 수 있고 재료가 된다. 수(水)는 습윤(濕潤)을 성질로 하여 만물을 포용하고 조화하는 바탕이 된다. 화(火)는 따뜻함을 성질로 하여 만물을 성숙시키는 바탕이 된다. 풍(風)은 움직이는 것을 성질로 하여 만물을 키우는 바탕이 된다. 그리스의 철학자 엠페도클레스(B.C. 493~433?)도 이 세상에서 진실로 존재하는 것은 불생불멸한 것이며, 그것은 만물의 근원인 지·수·화·공기의 4원소라고 하였다. 이 4원소가 결합하면 만물이 생성되고 분리하면 파괴된다고 하였다. 결합은 사랑의 힘으로 되고, 분리는 미움의 힘에 의해서 이루어진다. 사랑은 생성의 원리요, 미움은 파괴의 원리라고 한다. 인간의 태어남도 지수화풍 사대의 일시적 화합이요, 죽음이란 사대의 흩어짐이다. 그래서 인간의 육체는 사대의 가합(假合)이라 죽고 나면 지수화풍으로 흩어지는 것이기 때문에 영원히 살기를 바라거나 집착하지 않아야 한다.

3) **호흡**(呼吸): 단전호흡(丹田呼吸)을 말한다. 즉 단전을 이용한 호흡법으로 장생술(長生術)의 일종. 도교에서 장생불사하기 위하여 이러한 수련법을 많이 사용한다.

4) 희유(希有): 흔하지 않고 매우 드문 것. 서로 같은 것이 없는 것. 매우 희귀한 것.

5) 십이시(十二時): 하루 24시간을 말함. 지금 쓰고 있는 이십사시(二十四時)를 예전에는 십이시(十二時)로 썼다.

6) 혜명(慧命): 지혜를 생명에 비유하는 말. 대도정법의 명맥이라는 뜻. 사람의 생명을 이어 가듯이 대도 정법이 끊어지지 않고 이어가는 것. 비구승을 불법의 명맥을 이어가는 혜명이라 한다.

7) 지옥(地獄): ①현실세계에서 사람이 고통을 느끼는 세계. 곧 교통지옥·입시지옥 또는 가정이 화목하지 못한 상태나 윤리 도덕이 타락한 세상. ②불교에서 말하는 육도 세계의 하나. 현세에서 악업을 지은 사람이 죽어서 지옥에 떨어져 괴로운 과보를 받게 된다고 한다. 염라대왕이 지옥세계를 주재하고 많은 종류가 있다. ③기독교에서 말하는 구원을 받지 못하는 영혼이 벌을 받는다는 곳. 천당에 대하여 연옥과 지옥을 말한다. ④사람의 마음이 삼독 오욕심·시기 질투심·중상 모략심·번뇌 망상심 등에 불타서 마음이 편안하지 않은 상태. 이 지옥의 사상은 불교나 기독교뿐만 아니라 원시 종교나 민속신앙 등에서도 보편화 되어 있다. 죽은 사람을 땅속에 매장하는 데에서 고대인들은 사람이 죽으면 선인·악인의 구별 없이 땅속 깊은 암흑의 세계에서 기쁨이나 즐거움도 없이 괴로운 나날을 살아간다고 생각하여 지옥을 죽은 사람들이 사는 땅속의 감옥이라고 상상한 데서부터 지옥에 대한 사상이 싹트기 시작했다고 한다.

8) 팔풍(八風): 수행인의 마음을 흔들어 시끄럽게 하는 여덟 가지의 바람. 이(利)·쇠(衰)·훼(毀)·예(譽)·칭(稱)·기(譏)·고(苦)·낙(樂)을 말한다. 나에게 이익이 되는 것을 이(利), 수행자의 정신을 쇠약케 하는 것을 쇠(衰), 남으로부터 훼방을 받거나 비난과 욕설을 듣는 것을 훼(毀), 명예스러운 일을 예(譽), 남으로부터 칭찬 듣는 것을 칭(稱), 남으로부

터 비방을 받거나 속임을 당하는 것을 기(譏), 괴로운 일을 고(苦), 즐
거운 일을 낙(樂)이라 한다. 수행자는 팔풍이 잠자야 자성극락을 얻게
된다. 팔법(八法)이라고도 한다.

9) **차신불향금생도 갱대하생도차신**(此身不向今生度 更待何生度此身): "장엄
염불(莊嚴念佛)"에 나오는 문구이다. "삼계가 오히려 물 긷는 두레박
같아서 백천만겁이 가는 티끌 지냄이어라, 이 몸을 금생을 향해 제도하
지 못하면 다시 어느 생을 기다려 이 몸을 제도하리요(三界猶如汲井
輪 百千萬劫歷微塵 此身不向今生度 更待何生度此身)."라 하였다.

10) **아난**(阿難): 아난타(阿難陀, Ananda) 부처님 10대 제자의 한 사람. 줄여
서 아난. 무염(無染)·환희(歡喜)·경희(慶喜)라 번역. 부처님의 사촌
동생으로서 가비라성의 석가 종족(부왕에 대하여는 곡반왕·감로반왕·
백반왕의 이설이 있음)의 집에 출생. 8세에 출가하여 수행하는데 미남
인 탓으로 여자의 유혹이 여러 번 있었으나 지조가 견고하여 몸을 잘
보호하여 수행을 완성하였음. 그의 전기에 의하면, ①부처님의 전도
생활하신 지 20년 후에 여러 제자들 중에서 선출되어 친근한 시자가
됨. ②다문(多聞) 제일의 제자가 되어 부처님 멸도하신 후에 대가섭
을 중심으로 제1차 결집 때에 중요한 위치를 차지함. ③부처님의
이모 교담미의 출가에 진력한 일들이 있음. 또 어떤 기록에는 3종 아
난, 4종 아난을 말하였으나, 이는 부처님 일대의 설법을 전파한 덕을
나타낸 것인 듯함.

11) **욕기추탁 성조교구**(欲氣麤濁 腥臊交遘): 『대불정수능엄경(大佛頂首楞
嚴經)』 1권에 나오는 아난존자의 말이다. 경에 의하면, 부처님께서
아난에게 말씀하시기를, "너와 나는 동기간으로 정이 천륜처럼 고르
니 마땅히 처음 발심에 나의 법 가운데서 어떤 수승한 모습을 보았기
에 세간의 깊고도 지중한 은애를 단박에 버리고 출가할 수 있었더
냐?" 하시었다. 아난이 부처님께 사뢰기를, "저는 여래의 삼십이상

이 수승하고 오묘하며 특수하고 절대여서 형체가 투명하게 비추는
것이 마치 유리와도 같아 항상 스스로 생각하기를, '이러한 삼십이
상은 이는 애욕에서 나온 바가 아니리라. 왜냐하면 〈애욕의 기운은
거칠고 혼탁하여 비린내가 교대로 얽히고 고름과 피가 어지럽게 뒤
섞여 능히 수승하고 맑고 오묘하고 밝은 사주색 금빛 광채의 무더기
를 발생하지 못하리라 여겼습니다. 이 때문에 목마른 듯이 우러르며
부처님을 따라 머리와 수염을 깎았습니다(佛告阿難 汝我同氣 情均天
倫 當初發心 於我法中 見何勝相 頓捨世間深重恩愛 阿難白佛 我見如
來三十二相 勝妙殊絕 形體映徹猶如琉璃 常自思惟 此相非是欲愛所生
何以故 〈欲氣麤濁 腥臊交遘〉 膿血雜亂 不能發生勝淨妙明紫金光聚
是以渴仰, 從佛剃落).

12) 광음(光陰): 세월 또는 시간. 광(光)은 일광(日光) 또는 낮, 음(陰)은 월
영(月影) 또는 밤이란 뜻이다.

13) 찰나(利那): 지극히 짧은 시간. 시간의 최소 단위. 일념(一念)이라고도
한다. 한 찰나 사이에 구백 생멸이 있다고 한다.

14) 무상(無常): ①진리를 변하는 진리와 불변하는 진리로 나누어 설명할
때 변하는 진리를 무상(無常), 불변하는 진리를 유상(有常)이라 한다.
무상은 곧 인과보응의 진리로서 우주의 성주괴공, 만물의 생로병사,
육도사생의 진급 강급, 인생의 흥망성쇠·길흉화복 등 변하는 진리
를 말한다. ②현상세계의 모든 것은 고정된 것이 없이 끊임없이 변
화하여 영구히 존속하는 것이 없다는 것이요, 인생의 모든 일이 다
덧없고 부질없다는 뜻이다.

15) 순역(順逆): ①순경(順境)과 역경. ②순리(順理)와 역리. ③순연(順緣)과
악연. ④공순(恭順)과 반역. ⑤정도(正道)를 쫓는 일과 거스르는 일.

16) 겁(劫): [범]Kalpa 음을 따라 갈랍파(羯臘波) 또는 겁파(劫波)라 하고,
다시 줄여서 겁(劫)이라고 한다. 무한히 오랜 세월을 가리키는 말인

데, 자세한 숫자는 여러 글에 일정하게 쓰이지 않았으나, 한 세계가 생겼다가 아주 없어지는 동안을 대겁(大劫)이라 하며, 그 사이가 팔십 소겁(小劫)으로 되어 있다고 한다.

17) 니려(泥犁, 泥梨): 범어로써 지옥을 말함. 그 뜻은 아무것도 없다는 말. 기쁘고 즐거운 것이 도무지 없다는 뜻. 십계(十界) 중 가장 하열한 곳. 무간 아비지옥.

18) 확탕노탄(鑊湯爐炭): 펄펄 끓는 물과 훨훨 타는 숯불이라는 뜻으로 지옥의 하나를 말한다.

19) 검수도산(劍樹刀山): 지옥의 하나. 칼로 된 나무와 칼로 된 산. 검림지옥. 검산과 같은 뜻이다.

20) 건혜(乾慧): 비록 깨쳐서 지혜가 났더라도 정(定)의 힘이 충실하지 못하면 그것은 마른 지혜라고 한다. 마른 지혜는 죽고 나는 이치를 알더라도, 나고 죽는 데 마음대로 자유자재하지는 못하는 것이다.

21) 고륜(苦輪): 고륜해(苦輪海)의 준말. 생사 바다의 고통이 수레바퀴처럼 쉴 새 없이 굴러간다는 뜻에서 고륜이라 한다.

22) 자만(自謾): 자기가 자기를 속이는 것. 스스로 속는 것.

| 해의(解義) |

참선을 하는 사람은 지극히 자신의 문제이기 때문에 다른 상황을 생각하지 않으려는 경향이 있다. 곧 자기와 자기의 싸움이요, 자기와 마음의 싸움이요, 자기와 마군이의 싸움으로 다른 것을 돌아볼 여가나 틈이 생기지 않는다.

그러나 지금 참선을 하고 있는 나라는 존재는, 하늘에서 떨어지고 땅에서 솟아난 것이 아닌 아버지라는 남자와 어머니라는 여자를 통해서 이 몸을 얻었고 또 생명이 붙여졌기 때문에 세상의 삶을 떠날 수가 없는 것이니, 사은(四恩)이나 사대(四大)나 불조(佛祖) 등을 부정적으로만 보지 말고 긍정적으로 보고 생각하여 참선을 하는 사람의 본분을 망각하지 말고 수행을 하되 집착(執着)이나 탐착(貪着)을 벗어던지라고 하였다.

수행을 하는 사람은 자칫 청고상(淸高相)에 걸리기가 쉽다. 즉 홀로 맑고 고상한 체하는 상에 사로잡혀 세상의 모든 것을 무시하고 별스럽게 생각하지 아니하여 상대도 하지 않고 툇마루에 앉아 세속이나 세물(世物)을 하시(下視)하고 비웃어 넘기며 더욱 무슨 공덕을 이루었고 무엇인가 보태줌이 있는 사람이 자칫 기고만장(氣高萬丈)을 하기가 쉽다.

수행을 하는 사람은 또한 유아상(唯我相)에 걸리기가 쉽다. 즉 '오직 나'만을 생각하고 내세워 어떤 누구도 나와는 상대가 될 수 없고 내가 하는 일이 옳고 남은 그르다고 단정을 하고, 또 자만하여 선을 그어 독선기신(獨善其身)으로 흘러 자기만의 길을 걸으려 하나니, 이렇게 걷다보면 끝에 이르러서는 홀로 남겨지게 되기가 쉽다.

수행을 하는 사람은 또한 편각상(片覺相)에 걸리기가 쉽다. 즉 한 조각을 깨닫고는 이것이 전체를 깨달은 전각(全覺)이요 원각(圓覺)인 양 자인하고 자증(自證)하여 다른 사람의 깨달음을 인정하지 않고 시시하게 생각하며 중생으로 취급하여 자기를 한 단계 올려놓고 내려보는 자세를 가지고 도도하게 삶을 엮어가는 수가 있다.

그러므로 수행하는 사람은 청고상(淸高相)과 유아상(唯我相)과 편각상(片覺相)을 삼가고 조심하여야 한다.

| **음여일송(吟余一頌)** | 나도 한 송 읊조리니,

불 성 금 세 리
不 醒 今 世 理　지금 세상에 진리 깨닫지 못하면

유 지 여 총 명
有 智 與 聰 明　지혜와 더불어 총명이 있을지라도

난 면 마 군 중
難 免 魔 軍 衆　마군의 무리를 면하기 어려우리니

수 선 자 성 청
修 禪 自 性 淸　선을 닦아서 자기 성품 맑힐지니라.

선을 닦는다는 것은 어두워진 마음을 맑히고 밝히자는 것이요, 어두워진 마음을 맑히고 밝히자는 것은 원래 청정한 자성을 회복하자는 것이다. 사실 우리의 자성은 맑히고 밝힐 것도 없는 원래 청명(淸明)한 것이지만 못된 마군의 마음이 들어서 혼탁하게 만들어 놓았으니 오직 참선을 통해서 그 맑고 밝은 자리로 되돌아가야 한다.

23

말과 행동을 일치시키자

^{학 어 지 배} ^{설 시 사 오} ^{대 경 환 미} ^{소 위 언 행} ^상
學語之輩는 說時似悟나 對境還迷하나니 所謂言行[1]이 相

^{위 자 야}
違者也로다.

말만 배우는 무리는 말할 때에는 깨친 것 같으나 경계를 대하면 도리어 미혹하나니 이른바 말과 행동이 서로 어겨진 자로다.

^차 ^{결 상 자 만 지 의} ^{언 행} ^{상 위} ^{허 실} ^{가 변}
此는 結上自謾之意라, 言行이 相違하면 虛實[2]을 可辨이니라.

이는 위에 스스로 속는다는 뜻을 맺음이라, 말과 행동이 서로 어긋나면 헛됨과 진실을 가히 분별할 것이니라.

1) 언행(言行): 곧 언행일치(言行一致)를 말한다. 즉 말과 행동이 서로 합치
된다는 말로 불보살이나 성현군자는 언행일치한다. 그러나 보통사람
들은 언행상반이라 실천은 없이 말이 앞선다. 그래서 말이 많은 것이
다. 불보살은 언행일치하기 때문에 말을 앞세우지 않는다. 한 번 한
말에 대해서는 반드시 책임을 지고 실행한다. 언행일치는 수행인의
인격이다.

2) 허실(虛實): ① 거짓과 진실. ② 텅 빈 것과 가득 찬 것. ③ 형식과 내용.

옛날에 어떤 수자(修者)가 '무(無), 무(無)' 하고 다녔다 한다. 즉
'없고 없다' 는 뜻이다. 그래서 같은 도반을 만나도 '무(無), 무(無)'
하고 신도를 만나도 '무(無), 무(無)'를 하였다.

하루는 스승이 불렀다.

"네가 진정 무의 이치를 아느냐?"

"예, 확실하게 알고 있습니다."

"그렇다면 마음이나 이치는 놓아두고라도 너의 육신을 이루는
사대[四大 : 지(地) 수(水) 화(火) 풍(風)]도 없겠구나."

"예, 절대 없습니다."

이 말을 들은 스승은 조용히 일어나 부엌으로 가 칼을 가지고 들
어와서 사대가 없다고 하였으니 팔을 하나 끊어버리겠다 하면서 곧
끊을 태세를 짓는지라, 수자가 놀라 문을 박차고 나가면서 늙은 중이

내 팔을 끊으려 한다고 소리를 고래고래 질렀다.

말로 표현할 때는 다된 듯 무슨 깨달음이 있는 것 같지만 실지 경계에 당하면 말을 할 때와 다를 수가 있는데, 이런 사람을 언행이 일치를 이루고 허실을 구별하는 지혜를 가졌다 단정할 수 없다.

그러므로 진정으로 수행을 하는 사람은 말을 함부로 하지 않고, 혹 한 말에 대해서는 끝까지 책임을 가져 어긋나지 않게 해야 말에 위의가 서게 된다.

| 음여일송(吟余一頌) | 나도 한 송 읊조리니,

夫主文之輩　　대범 글을 주장하는 무리와

爲言第一人　　말을 제일로 여기는 사람은

素成如何覺　　평소 어떤 깨달음 이룬 것 같지만

尙接境愚泯　　오히려 경계 접하면 어리석음에 빠지네.

글이나 말이나 행동이 밖으로 표현되는데 있어서 내면이 어떠냐에 따라 다르다. 가령 큰 깨달음을 이루었으면 글이나 말이나 행동이 법도 있게 펼쳐질 것이지만, 그렇지 않은 경우 뒤죽박죽이 되어 일관성이 없이 나타나게 된다. 사실 불교의 가르침은 깨달음으로부터 시작이 된다 하여도 과언이 아니니, 깨닫지 못하면 경계를 접하면 접하는 대로 어리석은 구렁텅이에 빠지게 된다.

24

| 원문(原文) |

若欲敵生死인댄 須得這一念者를 爆地¹⁾一破하야사 方了
得生死하리라.

만일 생사에 맞서려고 할진대 모름지기 이 한 생각이 터져 한번
에 깨뜨려짐을 얻어야 바야흐로 생사를 요달하게 되리라.

| 자해원문(自解原文) |

爆은 打破漆桶²⁾聲이라 打破漆桶然後에사 生死可敵也라. 諸佛
因地³⁾法行者가 只此而已라.

터진다는 것은 칠통을 때려 부수는 소리라 칠통을 때려 부순 연후라사 생사를 가히 맞설 수 있는 것이라. 모든 부처님들이 인지에서 법을 수행하는 것이 다만 이것이었을 뿐이니라.

1) **폭지**(爆地): 한번에 확 터져버리는 것. 단번에 열려버리는 것.
2) **칠통**(漆桶): ①흑칠통(黑漆桶)이라고도 한다. 선종의 용어로 중생이 다겁(多劫)으로 무명의 어두운 마음으로 캄캄한 업을 지어서 밝은 불성을 덮고 가리어 마치 옻을 담아놓은 통속과 같이 한 물건도 볼 수 없이 캄캄한 것을 비유한 말이다. 진리를 깨달은 지혜의 눈이 없다는 뜻으로 칠통불회(漆桶不會)라고도 한다. ②불법을 모르는 불교 수행자를 꾸짖는 말이다.
3) **인지**(因地): ①부처님의 지위를 과지과상(果地果上)이라 하는데 대해 성불하기 위해 수행하는 보살의 지위를 인위(因位), 인지(因地)라 한다. 지(地)는 위지(位地), 계위(階位)의 뜻이니, 인행을 열심히 수행하고 정진함으로 말미암아 불과(佛果)에 이르는 사이의 계위를 가리킨다. ②인행시(因行時)라고도 한다. 수행해서 정각(正覺)을 완성하는 경지를 과지(果地)라 하고, 부처의 종자를 심고 싹을 가꾸어 가는 수행기간을 인행시라 한다. 만 가지 행을 닦지 않고서는 만 가지 덕을 갖출 수 없다.

칠통은 우선 검고 캄캄하다. 위서 보든 아래서 보든 좌우에서 보든 상관없이 검어서 자신의 얼굴도 비춰볼 수 없고 다른 물건도 비춰

볼 수가 없는 오직 어두움뿐이니 칠통이 밝기 위해서는 속에 담긴 칠즙(漆汁)을 덜어내야 한다.

그러므로 자기 생사, 자기 무명, 자기 업장, 자기 우치(愚癡), 자기 시비, 자기 번뇌 등 이런 것들이 바로 칠통의 칠즙을 형성하는 요소이니, 이런 요소를 자기 안에서 덜어내고 밝히며 맑혀서 내외가 명철(明徹)한 칠통을 이루지 않고는 부처를 이룰 수 없고 해탈을 얻을 수 없으며 열반에 들 수도 없는 것이니 수행을 하는 사람은 이 점을 명심불망하여야 한다.

『서장(書狀)』은 대혜종고(大慧宗杲) 선사가 승속(僧俗)의 문인들이 법을 물음에 대하여 대답한 편지를 모아놓은 책으로 선종에서 대단히 중요하게 여기고 있는데 그 가운데 이러한 이야기가 있다.

"문득 산승이 '뜰 앞의 잣나무니라'고 송하는 화두를 듣고 홀연히 칠통을 깨뜨려 한번 웃는 가운데 천을 요달하고 백을 감당했으니…(驀聞山僧頌庭前柏樹子話 忽然打破漆桶 於一笑中千了百當…)"라고 한 것을 보면 칠통을 깨뜨린다는 것은 바로 화두가 타파되고 이치를 깨달으며 생사에 해탈을 얻은 자유의 경지를 말한다고 할 수 있다.

| 음여일송(吟余一頌) | 나도 한 송 읊조리니,

　　　　욕　권　생　사　망
　　欲 捲 生 死 網　생사의 그물을 거두고자 할진대
　　　　필　각　일　사　미
　　必 覺 一 些 迷　반드시 한 번에 작은 미혹 깨쳐야 하나니

불 파 여 사 경
不 破 如 斯 境　이와 같은 경계를 타파하지 못한다면

난 유 해 탈 제
難 逾 解 脫 堤　해탈의 언덕을 넘기가 어렵나니라.

　남과 죽음이란 분리되어 있는 것이 아니다. 낳는 자리가 죽는 자리이고, 죽는 자리가 낳는 자리이다. 그렇다면 해탈도 남과 죽음을 여의고 따로 있어서 얻어지는 것이 아니라, 낳고 죽음이 본래 없다는 이치와 또한 둘이 아니라는 이치를 확실하게 깨달아 조그만 의혹까지 사라졌을 때 그 자리에서 바로 이뤄지는 것임을 알아야 한다.

25

눈 밝은 스승의 인가

然이나 **一念者**를 **爆地一破然後**에 **須訪明師**[1]하야 **決擇正
眼**[2]이니라.

그러나 한 생각이 터져 한번에 깨뜨린 뒤에 모름지기 밝은 스승
을 찾아가 바른 눈인가를 결택해야 하느니라.

此事는 極不容易하니 須生慙愧하야사 始得다. 道如大海하야 轉
入轉深하니 愼勿得少爲足하라. 悟後에 若不見人則醍醐[3]上味가
飜成毒藥하리라.

이 일은 지극히 용이하지 아니하니 모름지기 부끄러움을 내야만
비로소 얻어진다. 도란 큰 바다와 같아서 움직여 들어갈수록 점점 깊
어지니 삼가 조금 얻음에 만족하지 말라. 깨친 뒤에 만약 사람(밝은
스승)을 만나지 못하면 제호의 최상 맛이 뒤집혀 독약을 이루리라.

1) 명사(明師): 깨달음을 이룬 스승. 남의 스승이 될 만한 자격을 갖춘 분.
남의 공부를 점검(點檢)할 수 있는 능력을 보유한 이.

2) 결택정안(決擇正眼): 깨치는 정도에도 천 층 만 층이 있고 천각만각(千
覺萬覺)이 있다. 선지식(善知識)이라야 잘못 알고 있는 것과 옅게 깨친
것을 판단해 주며 바르고 밝게 인도하여 준다. 그러므로 "스승 없이
스스로 깨친 것을 말하여 외도(無師自悟曰外道)라" 한다. 설사 혼자 깨
쳤더라도 스승을 찾아가서 인가(認可)를 받아야 올바른 눈을 가짐이
된다.

3) 제호(醍醐): ①옛날 인도에서 우유로써 만드는 것이 다섯 가지가 있었
다. 이 오미(五味)란, 유(乳)와 낙(酪 : 우유를 끓여서 얻은 것)과 생소(生酥 :
낙의 위에 엉기는 것)와 숙소(熟酥 : 생소를 다시 한 번 끓여서 얻은 것)와 제
호(醍醐 : 숙소를 다시 또 한 번 정제한 것)를 말하는 것이니, 그 가운데 제
호가 가장 품질이 좋은 것으로 맛이 제일 좋다 하며 열병(熱病)에 귀중
한 약품도 된다고 한다. 이것은 히말라야 산에 있는 '비니' 라는 풀만
을 먹인 소의 젖으로 만든 것이 더욱 좋다고 한다. ②경전 가운데 『열
반경(涅槃經)』에서 불성(佛性)을 제호에 비유하여 강조하였다.

　나무를 깎고 잘라 집을 지으려는 사람이 잣대나 먹줄을 사용하지 않고 눈짐작으로 자르고 깎는다면 과연 그 나무가 바르게 잘리고 반듯하게 깎여질 것인가? 아마 뜻한 대로 되어지지 않고 삐뚤어진 것이 많아서 지은 집이 우습게 될 수밖에 없을 것이다.

　수행하는 사람이 어떻게 하다가 깨달음을 얻고 또 무엇이 얻어지면 그것이 제일인 줄 알고 자칫 날뛰게 되어 자기 깨달음 위에 더 큰 깨달은 사람이 없고, 자기가 얻은 것 위에 더 얻은 사람이 없는 것처럼 자만(自慢)하고 자족(自足)하기가 쉽다.

　그러나 깨달음은 무한한 층(千層萬層)이 있고 무한한 각(千覺萬覺)이 있는 것이니, 아무리 크게 깨달음을 얻었다고 할지라도 반드시 눈 밝은 스승을 찾아서 인가를 받고 인증이 되어야 비로소 줄 맞은 얻음이 되고 줄 맞은 깨달음이 되는 것임을 알아야 한다.

　제법 반듯하게 깎았다는 나무도 먹줄을 퉁겨보면 삐뚤어짐이 나타나게 되나니 깨달음에는 반드시 명안종사(明眼宗師)의 증명(證明)이 절대로 필요한 것이다.

 나도 한 송 읊조리니,

유 유 성 일 리
有 攸 醒 一 理　한 이치를 깨친 바가 있어서

내 장 사 홍 진
內 藏 似 弘 珍　안에 갈무려 큰 보배인 것처럼 여기고

미 득 명 사 증
未 得 明 師 證　밝은 스승의 인증을 얻지 아니하면

不 殊 爲 石 玟 돌을 옥으로 삼는 것과 다르지 않으리라.

돌은 천만년을 지낸다 할지라도 옥이 될 수 없다. 그런데 사람들은 옥인 돌멩이를 보물로 삼아 손가락에 끼우고 목에 걸고 자랑을 하며 다닌다. 정말 우리에게는 진리를 깨울 수 있는 능력이 근본적으로 갊아 있어서 그 진리를 깨우쳐야 하고, 그 진리를 깨우친 뒤에는 마음이 열리고 눈이 밝은 스승을 찾아가 인증을 받아 도장을 찍어야 진짜 절대 변역(變易)이 없는 보배를 육근(六根)에 갈무리고 살게 된다.

26

수행은 깨달음이 먼저다

| 원문(原文) |

古德이 云「只貴子眼正[1]이언정 不貴汝行履[2]處라」하시니라.

옛 어른이 말씀하기를, "다만 그대의 눈이 바름을 귀하게 여길지언정, 그대의 행으로 밟는 곳을 귀하게 여기지 않노라." 하시니라.

| 자해원문(自解原文) |

昔에 仰山[3]이 答潙山[4]問云「涅槃經[5]四十卷이 總是魔說이니라.」하니 此仰山之正眼也라. 仰山이 又問行履處한대 潙山答曰「只貴子眼正云云이라.」하시니 此所以先開正眼而後에 說行履也라. 故云「若欲修行인댄 先須頓悟[6]라.」하니라.

옛날에 앙산이 위산의 물음에 답하여 이르기를, "열반경 사십 권이 모두 마군의 말입니다." 하니, 이것이 앙산의 바른 눈이라. 앙산이 또 행으로 밟는 곳을 물은데 위산이 대답하기를, "그대의 눈이 바름을 귀하게 여긴다. 운운" 하시니, 이것이 먼저 바른 눈이 열린 뒤에 행의 밟음을 말하게 되는 까닭이라. 그러므로 "만일 수행을 하고자 할진대 먼저 모름지기 단번에 깨쳐야 한다." 하시니라.

| 주석(註釋) |

1) 안정(眼正): 정안(正眼)과 같은 말이다. 정안이란 진리를 깨달은 눈. 사물을 바르게 볼 줄 아는 지혜의 눈. 탁월한 지견을 가진 눈을 말하는 것으로, 곧 진리를 깨닫고 자성을 회복하여 이룬 불보살의 바른 눈을 말한다.

2) 행리(行履): ① 실행, 실천, 궁행(躬行)의 뜻. ② 절에서 행하는 예불이나 정진, 기타 의식, 또는 하안거(夏安居), 동안거(冬安居)를 말한다. ③ 행(行)은 앞으로 나아갔다가 뒤로 물러난다는 뜻. 리(履)는 실천이라는 뜻. 일상생활에서의 일체의 행위를 가리키는 말. 곧 행·주·좌·와·어·묵·동정 등.

3) 앙산(仰山, 814-890): 법명은 혜적(慧寂), 속성은 섭(葉)씨. 광동성(廣東省) 광주부(廣州付) 회화현(懷化縣)에서 났다. 어려서부터 출가하려 하였으나 부모가 허락하지 않으므로 손가락을 둘이나 끊어서 17세에 비로소 뜻을 이루게 되었다. 처음 탐원(耽源)선사에게서 깨친 바가 있었는데 뒤에 위산에 가서 참 부처의 있는 곳을 물었더니 위산이 대답하기를, "생각하여도 생각함이 없는 묘한 이치로써 끝없이 신령한 불꽃을 돌이켜 생각하여, 생각이 다해 근원에 돌아가면 정신과 물질이 서로 여의지 않고, 일과 이치가 둘이 아닌 데 참 부처가 또렷하니라(以思無思之妙 返思靈燄之無窮 思盡還源 性相常住 事理不二 眞佛如如)." 하는 데서

크게 깨치고 그의 법을 이었다. 그 뒤 강서성(江西省) 대앙산(大仰山)에서 교화하였는데, 그의 제자 가운데에는 신라의 오관산(五觀山) 순지선사(順支禪師)도 있었다. 당나라 대순(大順) 1년 소주(韶州) 동평산(東平山)에서 77세로써 입적하였다. 후세에 스승과 제자 두 분이 있던 곳의 두 글자를 따서 위앙종(潙仰宗)의 이름이 생겼다.

4) **위산(潙山, 771－853)**: 법명은 영우(靈祐), 속성은 조(趙)씨. 당나라(唐) 대종(代宗) 때에 복건성(福建省) 복주부(福州府) 장계(長鷄)에서 났다. 15살에 출가하고, 23세에 백장선사(百丈禪師)의 법회에 가서 공부하였다. 화상이 "화로에 불이 있느냐?"고 묻기에, 대강 뒤져보다가 불이 없다고 대답하였다. 화상은 친히 화로 속을 깊게 뒤져서 작은 불덩이 하나를 집어 들고 "이게 불이 아니고 무엇이냐?" 하는 데서 크게 깨쳤다. 그 뒤에 호남성(湖南省) 담주(潭州) 장사부(長沙府)에 있는 위산에 새로 절을 짓게 되자, 그곳에 가서 40여 년 교화하여 종풍(宗風)을 크게 떨쳤다. 회중이 항상 1,500명을 넘었고, 입실(入室)하여 법을 이은 제자가 41명이었다. 당나라 선종(宣宗) 7년에 입적하니 나이 83세, 법랍이 64세. 그의 제자 중에서 앙산(仰山), 향엄(香嚴), 영운(靈雲) 등이 뛰어났다. 저술로는 『위산경책(潙山警策)』, 『어록(語錄)』 등 많이 있다.

5) **열반경(涅槃經)**: [범]Mahāparinirvāna-sūtra 한문으로 번역된 것이 여러 가지가 있어서 소승부에 속한 것이 세 가지나 되고, 대승부에 속한 것이 남본(南本)과 북본(北本)이 있다. 보통으로 말하는 것은 북본을 가리키는 것으로써, 북량(北涼)의 담무참(曇無讖)이 번역한 『대반열반경(大般涅槃經)』인데, 13품 40권으로 되어있다. 내용은 석가여래께서 80년의 한 세상을 마칠 때의 설법과 자세한 사연이 적혀 있으며, 특히 부처님의 금강신(金剛身)은 늘 계시어서(常住不滅) 죽음이 없으며, 부처님의 참 수명은 끝이 없음을 가르치고 있다. 소승의 『열반경(涅槃經)』은 주로 역사적으로 기록한 것으로써 입멸 전후에 걸쳐 유행(遊行), 발병

(發病), 순타(純陀)의 공양, 최후의 유훈, 멸후의 비탄, 사리 팔분(舍利
八分) 등을 주요한 것으로 하고, 대승의 『열반경』은 교리를 주로 하여
열반이란 사실에 불타론(佛陀論)의 종국과 불교의 이상을 말하였다.
그런데 이와 같은 경전을 모두 마군의 말이라고 한 것은 직지인심 견
성성불(直旨人心 見性成佛)의 본분사(本分事)에는 아무런 도움도 주지 못
하고 오히려 분별만을 조장하기 때문이다.

6) **돈오**(頓悟): 소승에서 대승에 이르는 수행의 단계를 차례로 거치지 않
고 바로 대승의 진리를 깨치는 것. 일초직입여래위(一超直入如來位) 하
는 것. 선종에서는 특히 남종선(南宗禪)에서 강조함.

| **해의(解義)** |

게 모녀가 바닷가를 산책하였다. 게 엄마는 자신의 딸이 앞으로
바르게 걷지 않고 옆으로 걷는 것을 매우 못마땅하게 생각하였으나
말은 못하고 산책의 기회를 통해 말하리라 다짐하였다.
　"애야, 너는 왜 바르게 앞으로 걷지 않고 옆으로 걷느냐?"
　딸 게는 말한다.
　"엄마, 바르게 걸으라고 말하는 엄마도 옆으로 걷는데 뭐!"
　이 말을 들은 엄마는 깜짝 놀라 자신의 걸음걸이를 돌아보니 옆
으로 걷는지라 겸연쩍게 여겼다.
　행위로 하는 실천은 첫째가 될 수 없고 다음이 된다. 첫째가 바른
눈을 가져야 한다. 눈이 흐리면 바른 사물도 흐리게 보이고, 눈이 비
뚤어졌으면 곧은 사물도 비뚤어지게 보인다.
　그래서 수행에 정안(正眼)을 가져야 한다고 강조를 한다. 바른 깨

달음이 이루어져야 한다. 깨침이 바르지 아니하면 그것이 바로 사도(邪道)요, 외도(外道)로 삿된 짓을 행하여 많은 사람을 바르게 인도하지 못하고 도리어 피해를 주어 고해를 만들어 준다.

아무리 게가 바르게 걷지만 옆으로 가는 것처럼 바른 눈이 열리지 않으면 진리를 바르게 보고 사물을 바르게 볼 수가 없음으로 심신 간에 어긋남이 생기게 되는 것이다.

그러므로 수행을 하는데 있어서 오직 눈 바름이 귀한 것이요, 온갖 행위는 별로 특별하게 여기지 않는다.

| 음여일송(吟余一頌) | 나도 한 송 읊조리니,

在 於 修 道 路　도를 닦는 길에 있어서
(재 어 수 도 로)

眞 醒 第 一 昭　참된 깨달음이 으뜸가는 밝음이라.
(진 성 제 일 소)

若 非 開 眼 正　만일 열린 눈이 바르지 아니하면
(약 비 개 안 정)

盲 人 似 渡 瀟　눈 어둔 사람이 강을 건넘과 같으리.
(맹 인 사 도 소)

눈이 어둔 사람이 배를 타지 않고 강을 건넌다는 것은 거의 불가능한 일이다. 마찬가지로 가진 눈이 바르게 열리지 않고 어둡거나 가려있으면 보는 것 또한 어둡고 가릴 수밖에 없다. 그래서 정안(正眼), 곧 바른 깨달음이 수행하는 길에 제일이요 으뜸으로, 이를 이루지 못하고 수행을 한다면 천만년을 닦아도 바른길을 갈 수 없이 도리어 마귀굴(魔鬼窟)로 들어가 매장되어 나올 기약을 잃어버리게 되나니 정신을 차려야 한다.

27

| 원문(原文) |

願諸道者는 深信自心하야 不自屈不自高니라.

원하건대, 모든 도를 하려는 자는 깊이 자신의 마음을 믿어서 스
스로 굽히지 아니하고 스스로 높이지 않아야 하나니라.

| 자해원문(自解原文) |

此心이 平等하야 本無凡聖[1]이라. 然이나 約人하야 有迷悟凡聖

也라, 因師激發[2]하야 忽悟眞我[3]가 與佛無殊者는 頓也니 此所

以不自屈이라. 如云「本來無一物[4]也라」 因悟斷習하야 轉凡成

聖者는 漸也라. 此는 所以不自高라, 如云「時時勤拂拭[5]也라」

屈者는 教學者病也요, 高者는 禪學者病也라. 教學者는 不信禪

門에 有悟入之秘訣하고 深滯權敎[6]하야 別執眞妄[7]하야 不修觀

行[8]하고 數他珍寶故로 自生退屈也요, 禪學者는 不信敎門에 有

修斷之正路하고 染習이 雖起나 不生慚愧하고 果級이 雖初나 多

有法慢故로 發言이 過高也라. 是故로 得意修心者는 不自屈不

自高也니라.

　　이 마음은 평등하여 본래 범부와 성인이 없는 것이라. 그러나 대략적으로 사람은 어둠과 깨침, 범부와 성인이 있는 것이라, 스승이 격렬히 일으킴으로 인하여 홀연히 참 나가 부처와 다름이 없음을 깨치는 것이 '단박' 이니, 이는 "스스로 굽히지 않는 까닭이라" 저가 이르기를 "본래 한 물건도 없다"라 한 것이라, 깨달음으로 인하여 습기를 끊고 범부를 굴려서 성인을 이루는 자는 '점점' 이라. 이는 "스스로 높이지 않는 까닭이라" 저가 이르기를 "부지런히 털고 닦으라"고 한 것이라, 굽히는 것은 교를 배우는 자의 병통이요, 높이는 것은 선을 배우는 이의 병통이라. 교를 배우는 사람은 선문에 깨쳐 들어가는 비밀이 있음을 믿지 아니하고 깊은 방편으로 가르치는 데 막혀서 특히 참과 망령에 국집하여 관행을 닦지 아니하고, 다른 보배만 세게 되므로 스스로 퇴굴을 내는 것이요, 선을 배우는 이는 교문에 닦고 끊는 바른길이 있음을 믿지 아니하고, 물듦과 습기가 비록 일어나지만 부끄러움을 내지 아니하고, 과제와 등급이 비록 처음이지만 법에 거만함이 많이 있기 때문에 말을 발함이 지나치게 높은 것이라. 이러하므로 뜻을 얻어 마음을 닦는 자는 스스로 굽히지도 아니하고 스스로 높이지도 아니 하나니라.

評曰「不自屈不自高者는 略擧初心의 因該果海則雖信之一位也나 廣擧菩薩의 果徹因源9)則五十五位10)也니라.」

평해 말하기를, "스스로 굽히지 아니하고 높이지 아니한다는 것은, 대략 첫 마음의 씨에 열매의 바다가 갖추었음을 들면 비록 한 자리임을 믿어야지만, 널리 보살의 열매가 씨의 근원에 통했음을 들면 오십 오위이니라."

| 주석(註釋) |

1) 범성(凡聖): 범부와 성인. 깨치지 못한 자와 깨친 자. 중생과 부처. 생사윤회에 끌려 다니는 사람과 생사를 해탈한 사람. 육도윤회의 수레바퀴를 벗어나지 못한 사람과 육도윤회를 자유로 하는 사람. 자기 마음을 자기 마음대로 하지 못하는 사람과 자기 마음을 자기 마음대로 하는 사람.

2) 격발(激發): 기쁨이나 분노 따위의 감정이 격렬히 일어남. 또는 그렇게 되게 함.

3) 진아(眞我): ① 대아(大我). 진체(眞體)의 체성에 합한 참 나. 본래 성품을

회복한 자기 자신. ②항상 마음속에 부처님을 모시고 거짓 없이 진실
하게 살아가는 자기 자신.

4) **본래무일물**(本來無一物):①우주만유는 본래 가짜 존재이고 실재하는
것이 없으므로 아무것에도 집착할 것이 없다는 말. ②우리의 본래 성
품, 곧 청정자성은 본래 아무것도 없이 허공처럼 텅 비었다는 말. ③육
조대사(六祖大師)의 글이다. "보리는 본래 나무가 없는 것이요, 밝은
거울도 또한 대가 아니네. 본래 한 물건도 없는데 어느 곳에 티끌이
묻으리요(菩提本無樹 明鏡亦非臺 本來無一物 何處惹塵埃)."라 하였다.

5) **시시근불식**(時時勤拂拭):신수(神秀)의 글이다. "몸은 보리의 나무이요
마음은 밝은 거울 같음이라, 때때로 부지런히 닦아서 티끌이 끼지 않
도록 할지니라(身是菩提樹 心如明鏡臺 時時勤拂拭 勿使惹塵埃)."라고 하
였다.

6) **권교**(權敎):부처님의 깊은 이치는 보통 사람으로서는 대번에 알기가
어렵기 때문에, 일시적인 방편으로 처음에는 옅은 이치의 차별법(差別
法)을 가르치다가, 나중에는 참된 실상(實相)의 둘 아닌 법(不二法, 眞如,
平等)을 말씀하게 되었음으로 권교와 실교(實敎)의 다름이 있게 되었
다. 권교를 방편설(方便說)이라고도 한다.

7) **진망**(眞妄):①진실과 허위. 정도(正道)와 사도(邪道). 보리심과 번뇌심.
②불보살과 중생. ③도심(道心)과 인심(人心).

8) **관행**(觀行):①마음을 관찰하는 수행방법이다. 곧 자기 자신의 마음을
비추어 봄으로써 본래 성품을 밝게 드러내 사무치는 일종의 참선법.
여기에 인연을 관하는 관인연법(觀因緣法)이 있고, 죄업의 과보를 관하
는 관과보(觀果報), 자신에게 불성이 있지만 무명이나 번뇌에 가리어
져 있으므로 지혜를 드러내 그 불성을 열어 열반을 성취하는 관자신
(觀自身), 여래의 몸을 관하는 관여래신(觀如來身)의 4종 관법이 있고,
천태(天台)의 일념삼천관(一念三千觀), 일심삼관(一心三觀), 육즉성불관

(六卽成佛觀)이 있고, 또 화엄종의 삼성원융관(三聖圓融觀) 등이 있다.
②마음으로 진리를 관하며, 진리와 같이 몸소 실행함. ③자기 마음의
본 성품을 밝게 관조하는 방법, 곧 관심의 행법(行法).

9) **인해과해 과철인원**(因該果海 果徹因源): 청량국사(淸凉國師, 719 - 838)의
『화엄경소』에 있는 말로써, 널리 무르녹고 서로 통하여 걸림 없는(圓
融無礙) 이치대로 본다면, 처음 발심할 때에 벌써 정각을 이룬(初發心時
便正覺) 것이다. 그러므로 씨를 심기도 전에 바다와 같은 부처의 넓고
큰 공덕 열매(佛功德果海)가 그 씨(因) 속에 다 갖추어 있는 것이기 때문
에 부처의 자리(佛位) 하나 밖에 말할 것이 없지마는, 차별문에 나아가
볼 때에는 보살들이 무량겁(無量劫) 동안에 난행고행(難行苦行)으로 오
십오위(五十五位)의 과정을 낱낱이 밟아 올라가서 비로소 시각(始覺)의
성불을 하게 되는 것이 사실이다.

10) **오십오위**(五十五位):『능엄경(楞嚴經)』에서 말한 말이다. 처음 건혜지
(乾慧地)를 지나 열 가지 믿음자리(十信)→열 가지 머무는 자리(十住)
→열 가지 수행해 나가는 자리(十行)→열 가지 돌이키는 자리(十回
向)→네 가지 더 쓰는 자리(四加行)→열 가지 땅(十地)을 일일이 거쳐
지나며 올라야 성불을 하게 된다고 했다.

불교에 좋은 단어들이 많지만 그 가운데 가장 아름다운 단어를
꼽으라면 주저없이 '심즉시불(心卽是佛)'을 들 수 있다. 이는 '마음이
바로 부처이다' 라는 뜻으로 미물곤충이 되었든, 중생이 되었든, 보
살이 되었든, 부처가 되었든간에 똑같은 마음으로 똑같이 평등하게
갈무리되어 있다는 말이다.

그래서 "준동함령 개유불성(蠢動含靈 皆有佛性)"이라고 하였다. "꿈틀거리고 움직이는 모든 생령이 다 부처의 성품이 있다"고 하였으니 두두물물(頭頭物物) 부처 아님이 없다는 의미이다.

이렇게 본다면 부처는 진리를 깨닫고 마음과 성품을 아는 사람만이라고 말할 수 없고, 범부 중생이나 생령은 진리를 깨닫지 못하고 마음 성품도 모른다고 단정할 수도 없다. 왜냐하면 근원이나 근본에 있어서는 호리도 틀림이 없이 명명백백하게 불성을 지니고 있기 때문이다.

다만 문제라 한다면 이런 사실을 아느냐 모르느냐? 깨쳤느냐 미혹 했느냐? 여기서 갈라져서 천지현격(天地懸隔)을 이룬다고 할 수 있다.

혜능(慧能)대사와 신수(神秀)대사는 조만(早晚)의 차이는 있을지라도 홍인문하(洪忍門下)에서 동문수학을 한 사람들이다.

하루는 홍인대사가 조위(祖位)를 물려주기 위해 후계자를 찾으려고 수행의 결과를 보이라 했을 때 신수가 나름의 경지를 먼저 시로 지었다.

身是菩提樹　心如明鏡臺
時時勤拂拭　勿使惹塵埃

"몸은 보리의 나무이요
마음은 밝은 거울의 대와 같네.
때때로 부지런히 털고 닦아서
티끌이 끼지 않도록 하라."

이에 반하여 육조대사의 시는

보 리 본 무 수　　명 경 역 비 대
菩 提 本 無 樹　明 鏡 亦 非 臺

본 래 무 일 물　　하 처 야 진 애
本 來 無 一 物　何 處 惹 塵 埃

"보리는 본래 나무가 없고
밝은 거울도 또한 대가 아니네.
본래 한 물건도 없으니
어느 곳에 티끌먼지 끼리요."

위의 두 시에서 보면 신수대사의 시에 대한 육조대사의 반박이요 트집과 같지만 사실에 있어서는 '앎과 알지 못함(知與不知)', '깨달음과 깨닫지 못함(覺與不覺)', '미혹함과 미혹하지 않음(迷與不迷)'의 차이이지 신수대사가 진리에 대하여 몰랐다는 것은 절대 아니다.

그러므로 우리 수행하는 사람은 부처나 보살이 될 수 있는 기본 요소는 본래 갖추고 있는 것이니 부지런히 공부하여 꼭지를 따내야 한다.

| 음여일송(吟余一頌) | 나도 한 송 읊조리니,

욕 진 수 도 자
欲 眞 修 道 者　　대범 참으로 도를 닦으려는 자는

수 신 불 원 심
須 信 佛 原 心　　모름지기 부처가 원래 마음임을 믿을지니

불 투 성 관 벽
不 透 醒 關 壁　　깨달음의 관문 벽을 뚫지 못하면

<ruby>難<rt>난</rt></ruby> <ruby>踰<rt>유</rt></ruby> <ruby>嵴<rt>척</rt></ruby> <ruby>谷<rt>곡</rt></ruby> <ruby>岑<rt>잠</rt></ruby> 산등성 골짝 봉우리 넘기 어려우리.

아무리 자기 마음이 부처임을 철저히 믿는다고 할지라도 깨달음의 관문과 벽을 뚫지 못하면 부처의 길로 들어서기가 어렵나니, 마치 높은 산등성이와 깊은 골짜기 같아서 보통 힘으로는 넘어서지 못한다. 그러므로 우리의 참된 수도 공부는 깨달음으로부터 시작됨을 알아서 진력을 할 것이요, 알음알이를 쫓고 겉을 장식해서 보이려는 것은 삼가야 한다.

28

| 원문(原文) |

迷心修道하면 但助無明이니라.

미혹한 마음으로 도를 닦으면 다만 무명을 도와줌이니라.

| 자해원문(自解原文) |

悟若未徹이면 修豈稱眞哉리요? 悟修之義는 如膏明이 相賴하고 目足[1]이 相資니라.

깨달음이 만일 철저하지 아니하면 닦음이 어찌 참이라 일컬으리요? 깨침과 닦는다는 뜻은 마치 기름과 밝음(불)이 서로 의지하고, 눈과 발이 서로 돕는 것과 같나니라.

1) 목족(目足): 『대지도론(大智度論)』 83권에 "모름지기 눈이 있고 발이 있어야 비로소 가히 청량의 연못에 들어간다(須有目有足 始可入於淸凉池)." 하였다.

알고 가는 길은 아무리 멀다 할지라도 별스런 힘을 들이지 아니하고 갈 수가 있지만, 알지 못하는 길은 설사 가깝다 할지라도 터덕거리기 마련이다. 이처럼 공부도 알고 하면 큰 힘을 쏟지 않아도 소기의 목적을 달성할 수 있지만, 알지 못하고 무턱대고 하는 공부는 많은 힘을 들여도 성취를 얻기가 어렵다.

수행을 하는 사람이 도를 깨닫지 못하였거나 또 마음에 대하여 자세히 알지 못하고 미혹한 마음과 무식한 이치(道)와 두터운 업연(業緣)으로 무조건 밀어붙인다면 이 자체가 무명(無明)이요 무지(無知)이며, 업장(業障)으로 도를 이루기가 어렵고 마음이 밝도록 수행하기가 어렵다.

선오(先悟)가 중요하다. 즉 먼저 깨쳐야 한다는 말이다. 앞을 내다볼 수 있는 안목(眼目)이 중요하다. 불은 기름이 있음으로 돋운 심지에 불이 붙여져 사방을 밝게 비출 수가 있고, 발은 눈이 있음으로 어디를 가더라도 헛디뎌 구렁텅이에 빠지지 아니하고 목적하는 곳에 이룰 수가 있다.

　만일에 불이 밝으려 하지만 기름이 없고, 발이 가고자 하지만 눈이 밝게 보아주지 않는다면 나락(奈落)으로 들어가게 될 것이니 수행을 하고 도를 닦는데 선지(先知)가 무엇보다 중요한 것임을 알아야 한다.

| 음여일송(吟余一頌) | 나도 한 송 읊조리니,

汚水要衣濯　더러운 물로 옷을 빨고자 하면

猶加染垢傾　오히려 때의 물듦으로 기우네.

迷心修道進　미혹한 마음으로 도 닦아 나가면

必竟積無明　필경은 무명만 쌓이게 되리라.

　'근묵자흑(近墨者黑)이라' 한다. 검은 먹물을 가까이 하면 검은 물이 튀어서 검어지기 마련이다. 이처럼 옷을 빠는 사람이 더러운 물로 빨면 백 년을 빨아도 더러워진다. 수행을 하는데도 밝게 깨인 마음으로 닦아야지 미혹한 무명으로 닦으면, 역시 천 년을 닦아도 밝아진다거나 맑아질 수가 없어서 어둠을 벗어날 수 없다.

29

범정凡情이 다하면 성인이다

| 원문(原文) |

수 행 지 요　단 진 범 정　　별 무 성 해
修行之要는 但盡凡情이언정 別無聖解[1]니라.

　수행의 요결은 다만 범부의 뜻을 다할지언정, 따로 성인의 알음
알이가 없나니라.

| 자해원문(自解原文) |

병 진 약 제　　환 시 본 인
病盡藥除하면 還是本人이니라.

　병이 다하고 약을 제거하면 이에 본래 사람으로 돌아오리라.

1) 단진범정 별무성해(但盡凡情 別無聖解): 수행의 요체는 다만 범부의 번뇌 망상을 떨쳐버리면 되는 것이지, 따로 부처의 깨달음이 있는 것이 아니라는 뜻이다. 깨달음의 세계가 따로 있다면 범부 중생은 깨칠 수 없다. 누구나 범부 중생을 괴롭히는 번뇌 망상만 쉬어버리면, 곧 깨달음을 얻게 되는 것임을 알아 희망을 가지고 수도해야 한다.

초록동색(草綠同色)이다. 결국 풀과 푸른색은 같은 빛깔, 같은 색깔이란 뜻이다. 풀이 따로 있고 푸른색이 따로 있는 것이 아니라 같은 색깔을 가지고 있는 것으로 풀이 바로 푸른색이요, 푸른색이 바로 풀로 색채에 있어서 서로 다름이 없다는 말이다.

중생과 부처, 부처와 중생은 다른가, 아니면 같은가의 상황에 있어서 절대로 다르지 않다. 중생은 영원한 중생이요, 부처는 영원한 부처가 아니라 부처가 미혹(迷惑)하면 바로 중생이요, 중생이 깨달으면 바로 부처로 조금도 다름이 없다.

본성(本性)은 동일하다. 불성(佛性)은 다르지 않다. 부처의 본성은 밝고 맑게 드러나 있고, 중생의 본성은 어둡고 희미하여 보이지 않는 것이 아니다. 중생의 마음에서 온갖 번뇌 망상을 제거하고 씻어내면 그 자리가 바로 자성자리이요 불성자리로, 수많은 겁생(劫生)을 오고 간다고 할지라도 바뀌거나 변함이 없는 여여(如如)한 진체(眞體)로 태초 이전부터 원래 갖추어 있다.

다만 다름이 있다면, 중생은 무명업장에 가려서 있었음을 알지 못하고 사는 것이라면, 부처는 무명업장을 알기 때문에 제거하고 소진하여 빌미를 제공하지 않고 구하고 찾는 바가 없이 맑고 고요한 모습으로 살아간다.

병이 든 사람과 건강한 사람은 동일인이다. 병이 들어 누워있다 하여 다른 사람이 아니라 바로 그 사람이기 때문에 병만 물리치면 본래 그 사람, 곧 병들지 않은 건강한 본인(本人)이다.

| 음여일송(吟余一頌) | 나도 한 송 읊조리니,

병인무병증
病人無病症　병든 사람이 병의 증상 없으면

단약불사탄
斷藥不些呑　약 끊고 조금도 삼키지 않으리.

생불원비이
生佛原非異　중생과 부처 원래 다르지 않으니

범정세기원
凡情洗棄元　범정을 씻고 버림이 으뜸이라네.

병이 들어 약을 먹지만 약을 다 먹어서 그 병이 나으면 본래 건강한 사람으로 돌아오기 때문에 다시 약을 삼키지 않아도 된다. 중생과 부처가 본성에 있어서는 다르지 않기 때문에 중생이라 해서 부처를 따로 구할 것이 아니라, 자신 속에 들어있는 범정을 씻어내고 제거하면 바로 그 자리 부처로 돌아오게 되어 있다.

30

법을 구함이 삿됨이다

| 원문(原文) |

不用捨衆生心[1]이요, 但莫染汚自性하라. 求正法[2]이 是邪니라.

중생의 마음 버리기를 쓰려 아니할 것이요, 다만 자기의 성품을 더럽히고 물들이지 말라. 바른 법을 구함이 이에 삿됨이니라.

| 자해원문(自解原文) |

捨者求者가 皆是染汚也니라.

버리는 것이나 구하는 것이 다 이에 물들이고 더럽힘이니라.

| 주석(註釋) |

1) 중생심(衆生心):①중생들의 본래 마음. 일체중생이 본래부터 갖추어
있는 마음으로 진여심(眞如心)을 말한다. ②중생들이 갖고 있는 마음.
번뇌망상심·삼독오욕심·사량계교심·시기질투심·원근친소심·
원망심 등등.

2) 정법(正法):대도 정법의 준말. ①바른 교법·인의 대도. 석가모니불의
가르침. 일체중생을 제도하여 불보살의 길로 이끌어 주는 교법이라는
말. ②정법시(正法時)라는 뜻. 정법이 행해지는 시기로서, 석가모니불
입멸 후 약 5백 년 또는 1천 년 동안의 시기를 말한다.

| 해의(解義) |

우리는 어느 정도 옷을 입다가 먼지나 더러움이 묻으면 빨래를
한다. 그러나 때나 먼지가 묻어 있지 않으면 굳이 빨 필요가 없다. 빨
래를 한다는 것은 때를 제거하는데 있고 옷을 자랑하는데 있지 않다.

중생이 가진 마음이라 하여 더럽고 추잡스러운 것이 아니라 원래
깨끗하고 밝아서 닦거나 씻을 것이 없는 본래 정정(湛靜)한 마음, 본
래 성성(醒惺)한 마음이다. 이러한 마음을 본래부터 지니고 있었기 때
문에 바른 법이나 바른 수행을 배우고 익히며, 온갖 기교를 다하여
닦는다 할지라도 닦는다는 그 자체가 도리어 마군이 되고 번뇌가 되
며 망상이 되어 옥상옥(屋上屋)이 되는 수가 있다.

그러므로 다만 자신의 본래 성품을 그대로 회복하여 간직하면 되
는 것이지 쭈그려 앉아 죽도록 수행을 하라고 부처님은 가르치지 아
니 하였는데, 후래에 수행을 잘못하는 우리들이 조용한 곳을 찾고 일

을 버리며 세상을 등지고 심산궁곡(深山窮谷)에서 놀고 먹으면서 수행을 한다고 하니 부처님에게 꾸지람을 듣는 것을 면할 수 없게 되어 있다.

3조 승찬대사(僧璨大師)의 『신심명(信心銘)』 첫 머리에 이런 문구가 있다.

지 도 무 난　유 혐 간 택
至 道 無 難　唯 嫌 揀 擇

단 막 증 애　통 연 명 백
但 莫 憎 愛　洞 然 明 白

"지극한 도는 어렵지 않으니
오직 간택을 혐의함이라.
다만 밉고 사랑함이 없으면
트여서 밝고 환하니라."

지극한 도인 진리나 성품은 결코 들어가기 어려운 것이 아니니 이것저것, 이 길 저 길, 이 법 저 법을 찾지 말고 본래 맑고 밝은 자기 성품으로 돌아가 물들이고 더럽히지 않으면 된다 하였으니, 공부하는 사람들이 크게 명심하여 따르고 익혀야 할 법문이다.

｜음여일송(吟余一頌)｜ 나도 한 송 읊조리니,

성 원 오 염 절
性 源 汚 染 截　성품 근원은 더럽고 물듦이 끊겼고

이 체 암 명 부
理 體 暗 明 不　진리 바탕은 어둡고 밝음이 아니네.

能^능 捨^사 迷^미 心^심 塊^괴　능히 미혹한 마음 덩어리를 놓으면
自^자 劃^전 正^정 法^법 求^구　저절로 바른 법 구함이 끊어지리라.

　닦는다는 것은 더럽기 때문이요, 구한다는 것은 없기 때문이다. 그러나 불성(佛性)은 더러움도 없고 없어지지도 않으며, 검어지지도 않고 사라지지도 않기 때문에 찾고 씻을 필요가 없다. 이것이 우리의 자성(自性)이요 본성(本性)이니, 찾고 구하지 말고 잘 간직하여 더럽히고 물들지 않도록 하면 된다.

31

번뇌가 바로 열반이다

| 원문(原文) |

斷煩惱가 名二乘[1]이요, 煩惱不生이 名大涅槃[2]이니라.

번뇌를 끊는 것을 이름 해서 이승이라 하는 것이요, 번뇌가 나지 않는 것을 이름 해서 큰 열반이라 하나니라.

| 자해원문(自解原文) |

斷者는 能所[3]也요, 不生者는 無能所也니라.

끊는 것은 주체와 개체가 벌어짐이요, 나지 않는 것은 주체도 객체도 없음이니라.

1) 이승(二乘):2종의 교법. 승(乘)은 사람을 태우고 각기 그 과지(果地)에 이르게 하는 교법이라는 뜻. ①대승과 소승. ②성문승과 연각승. ③성문승과 보살승. ④별교 일승과 삼승.

2) 열반(涅槃):①불교수행의 최고 이상. 수행에 의해 진리를 깨치고 도를 완전히 이루어 모든 괴로움과 번뇌를 끊고 일체의 속박에서 벗어나 해탈을 얻는 경지. 열반은 범어(梵語) 니르바나(Nirvāṇa)의 한역(漢譯)으로서 '불어서(吸) 끄다'라는 뜻이 있다. 『잡아함경』에서는 "열반이란 탐욕이 영원히 다한 것이며 성냄과 우치, 일체의 모든 번뇌가 다 사라진 것이라." 하였다. 열반을 입멸(入滅)·입적(入寂)·해탈·원적(圓寂)·적멸(寂滅)·멸도(滅度)·무작(無作)·무생(無生)·무위(無爲)라고도 한다. 소승에서는 몸과 마음이 모두 멸하는 것을 이상으로 하기 때문에 심신이 있고 없는 것에 따라 유여열반(有餘涅槃)과 무여열반(無餘涅槃)으로 구분한다. 유여열반은 살아 있으면서 열반의 경지에 도달하는 것을 말하고, 무여열반은 죽고 난 후 내생에 열반을 얻는 것을 말한다. 대승에서는 법신덕(法身德)·반야덕·해탈덕의 삼덕, 또는 상(常)·락(樂)·아(我)·정(淨)의 사덕을 갖춘 것을 열반이라 한다. 또 무주처(無住處) 열반을 말하는데, 이는 생사와 열반이 차별 없는 줄을 아는 지혜를 얻어 생사라고 하여 싫어하지도 않고, 열반이라고 하여 좋아하지도 않아서 생사에도 머물지 않고 열반에도 머물지 않아 항상 대자대비로 일체중생을 제도하는 것을 말한다. ②스님의 죽음, 또는 사람의 죽음을 높여서 부르는 말.

3) 능소(能所):①능히 예를 하는 중생과 예를 받는 부처님. ②능동(能動)과 피동(被動), 주체와 객체 또는 주인과 손(賓) 같은 말로도 표시되는데, 능히 움직이고 일하는 주체(主體)와 되어 가는 객체(客體)나 대상(對象)을 말함이니, 이와 같은 대립(對立)이 있게 되면 상대가 끊어진

(絕對境) 참 이치(眞理)에 들어가지 못한다.

| 해의(解義) |

번뇌를 끊으려는 것은 번뇌가 본래 없다는 사실을 확연하게 알지 못하고 깨닫지 못한 소이(所以)이다.

저 푸른 하늘에 구름이 있는가? 과연 구름의 씨가 있으며, 또한 뿌리가 있는가? 구름의 씨도 뿌리도 원래 없다. 홀연히 일어나고 홀연히 사라질 뿐이다. 이렇게 없는 구름을 있다고 우길 수는 없겠지만 현실적으로 보면 분명히 나타나기 때문에 없다고 할 수는 못할지라도 종근(種根)만은 절대 없다.

그러므로 있는 그대로를 바로 없는 그대로 직관(直觀)하고 직시(直視)하여야 한다. 직관을 하고 직시를 한다는 것은 원래 없다는 그 근원을 투시하는 것이요, 그 근본 자체를 철견(徹見)하는 것이다.

이와 같이 번뇌는 원래 없다. 없다는 말도 없다. 끊을 것도 없다. 끊는다는 말도 또한 없다. 번뇌의 종근이 없다는 말이다. 없는 번뇌를 자기 속에서 만든다. 만들어 놓고 끊으려 한다. 이것이 이승(二乘)이다. 번뇌가 있다 하고 끊으려는 자가 있기 때문이다.

그러나 열반(涅槃)은 다르다. 본래 번뇌가 있지 않다. 일어나지 않고 생겨나지 않는다. 본래 없기 때문에 번뇌라는 어휘도 모른다. 만들지도 않고 끊으려고도 않는다. 그래서 그대로가 열반이다. 생사를 해탈(解脫)하여 열반을 이루고 얻는 것이 아니라 이 모습 이대로가 열반이다. 즉 행(行)·주(住)·좌(坐)·와(臥) 그대로가 열반으로 따로 구하지 않고 또한 들어가려고도 않는다. 지금 이 자리를 벗어난 열반은 없고, 이 마음을 여읜 열반은 없음을 알기 때문에 번뇌라는 주체와 끊는다는 객체도 없는 진열반(眞涅槃)에 항상 머물러 있을 뿐이다.

| 음여일송(吟余一頌) | 나도 한 송 읊조리니,

若有剗煩惱　만일에 번뇌를 끊음이 있으면

實難脫二乘　사실 이승을 벗어나기 어렵네.

能無心所出　능히 마음도 나는 바가 없어야

始得涅槃登　비로소 열반에 오름을 얻으리.

번뇌라는 객체와 끊으려는 주체가 숨바꼭질을 하여 이곳에 숨으면 이곳으로 찾아가서 끊으려 하고, 저곳에 숨으면 저곳으로 찾아가서 끊으려는 것은 이승(二乘)의 수행자가 하는 닦음이다. 그러나 대승을 공부하였고 열반을 이룬 수행자는 원래 마음을 내는 바가 없었고, 열반을 이룬 바도 없어서 그대로 열반이요 그대로 해탈이 된다.

32

| 원문(原文) |

수 허 회 자 조　　신 일 념　연 기　무 생
須虛懷自照[1]하야 **信一念**[2]**緣起**[3]**無生**[4]이니라.

모름지기 생각(마음)을 비우고 스스로 비추어서 한 생각 인연의
일어나는 것이 남이 없음을 믿어야 하나니라.

| 자해원문(自解原文) |

차　　단 명 성 기
此는 **單明性起**[5]라.

이것은 단지 성품의 일어남을 밝힘이라.

1) 자조(自照): 자기 스스로를 반성, 관찰(觀察)하는 일.

2) 일념(一念): ① 일순간에 일어나는 마음의 작용. ② 한 가지 일만 골똘히 생각하는 것. ③ 한결같이 꾸준한 생각. 변함없는 생각.

3) 연기(緣起): ① 우주 만유는 모두 상대적 의존관계에서 성립한다고 보는 우주 만유에 대한 불교의 기본 관념. 상대적 관계성 자체를 인연이라 하고, 그 관계의 상대적 작용을 연기라고 한다. 이와 같은 사고방식은 불교사상의 기본적 근거를 이루고 있다. 구사종의 업감연기, 유식종의 뇌야연기, 『기신론』의 진여연기, 『화엄경』의 법계연기, 진언종의 육대연기 등 여러 가지 설이 있다. 인연생기(因緣生起)의 준말. ② 기연설기(機緣說起)라는 뜻. 중생의 근기로써 이해할 수 있을 정도로 설법하는 것.

4) 무생(無生): ① 무생멸(無生滅) · 무생 무멸의 준말. 모든 법의 실상은 생멸이 없다는 뜻. 생기거나 없어지는 변화가 적용되지 않는 상태나 세계. ② 열반의 진리는 생멸이 없으므로 다시는 미계(迷界)의 생을 받지 않는다는 뜻에서 열반을 무생이라 한다.

5) 성기(性起): 사물이 다 그 근본 실체인 본성에서 일어나는 것이고, 중생의 소질 능력에 의해서 그 작용을 일으키는 것을 의미한다.

| 해의(解義) |

연기(緣起)에 있어서 "이것이 있기 때문에 저것이 있고, 이것이 생기기 때문에 저것이 생긴다. 이것이 없기 때문에 저것이 없고, 이것이 소멸하기 때문에 저것이 소멸한다(此有故彼有 此生故彼生, 此無故彼無 此滅故彼滅)."고 하였다.

이 말은 『아함경(阿含經)』에 나오는 부처님의 말씀으로 연기의 극점을 한마디로 정리한 범어이다.

대저 이 우주, 이 하늘땅, 이 세상, 이 인간사에 독야고립(獨也孤立)한 것이 무엇이 있겠는가? 또 다른 것과 연관을 맺지 않고 독야자생(獨也自生)하는 것이 과연 어떤 것이 있겠는가? 없다. 절대로 없다. 이것이 있기 때문에 저것이 있어지고, 저것이 있기 때문에 이것이 있어진다. 이것이 없으면 저것도 없고, 저것이 없으면 이것도 없다.

이러한 이치가 어찌 일과 일 사이에 이뤄지고 물(物)과 물 사이에서만 이루어질 것인가? 아니다. 우리의 생각, 마음, 뜻, 행동에서 무수히 끊임없이 전개되고 있다. 즉 찰나에 얼마나 많은 마음의 동요, 곧 생각이나 뜻이나 행동이 기멸(起滅)을 하는지 모른다.

그러나 성체(性體)와 이체(理體)에는 이러한 변화, 곧 생겨나거나 사라짐이 없다. 불생(不生)이기 때문에 불멸이요, 불멸이기 때문에 불생이다. 이를 믿어야 한다. 깨달음이 없으면 믿음을 통해서 의심 없이 받아들여야 한다. 이런저런 이유를 댈 필요가 없이 그냥 그대로 믿으면 된다.

| 음여일송(吟余一頌) | 나도 한 송 읊조리니,

원 심 허 자 조
原 心 虛 自 照 본래 마음 텅 비어 저절로 비추고

연 기 체 무 생
緣 起 體 無 生 연기의 바탕 본래 남이 없다네.

능 신 여 사 리
能 信 如 斯 理 능히 이와 같은 이치를 믿으면

人 人 不 活 輕　사람 사람의 삶이 가볍지 않으리라.

　　우리의 마음은 원래 텅 비어 저절로 우주의 만물을 남김없이 다 비추고, 하늘과 땅 만유를 얽고 있는 연기도 본래 진체(眞體)에는 생겨남이 없다. 이러한 이치를 믿고 살아갈 때 사람의 삶이 결코 가볍지 아니하여 신중하게 언행과 처신을 하게 된다. 다시 말하면, 연기는 곧 인과의 이치이라 내가 잘함으로 잘 받고, 내가 잘못함으로 잘못 받는다는 사실을 명확하게 알기 때문이다.

33

諦觀殺[1]盜[2]淫[3]妄[4]이 從一心上起하라. 當處便寂[5]이라,
何須更斷이리요.

죽임과 도둑질과 음란과 망령됨이 한 마음 위에서 일어난 것임을
자세히 관하라. 당처가 곧 고요한 것이라, 어찌 모름지기 다시 끊으
려 하리요.

此는 雙明性相이라.

이것은 성품과 형상을 함께 밝힌 것이라.

經云「不起一念이 名爲永斷無明이라」하시고, 又云「念起卽覺
이라」하시니라.

경에 이르기를, "한 생각 일어나지 않음을 일러서 길이 무명 끊
음을 이름이라" 하시고, 또 이르기를, "생각이 일어나면 바로 깨달으
라" 하시니라.

| **주석(註釋)** |

1) 살(殺):①산목숨을 죽이는 것. 인간이나 축생 따위의 목을 죽이는 것
   으로 살생하지 말라는 계문을 범하는 것. 살생은 가장 큰 죄악이기 때
   문에 종교·윤리·도덕뿐만 아니라 정치에서도 살생을 엄격히 금하
   고 있다. ②살생계(殺生戒)를 말하는 것으로, 5계(戒)의 하나이다. 생물
   의 목숨 죽임을 금지한 계율. 비구계에서는 이를 살인계(殺人戒)·살
   축생계(殺畜生戒)로 나누어 앞의 것을 대살생계, 뒤의 것을 소살생계라
   함. 또 이 살생에는 자기 손으로 직접 죽이는 것과 다른 이를 시켜 죽
   이는 2종이 있으나 그 죄는 같다.

2) 도(盜):도둑 또는 도적. 남의 물건을 훔치거나 빼앗는 따위의 나쁜 짓.
   또는 그런 짓을 하는 사람. 훔친 물건을 가난한 사람에게 나누어주는
   도둑은 의적(義賊)이라 부른다.

3) 음(淫):간음(姦淫·姦婬). 곧 부부가 아닌 남녀가 성관계를 맺는 것을
   말하며, 강간이나 간통, 성매매를 포함하며 미혼인 사람의 성교도 포

함된다.

4) 망(妄):망령(妄靈)을 말한다. 늙거나 정신이 흐려져서 말과 행동이 정
상에서 어그러지는 상태이다.

5) 당처편적(當處便寂):마음의 근본 자리는 한 생각도 일어나기 이전의
상태이므로 시비선악이 끊어진 적정(寂靜)의 경지를 말한다.

| 해의(解義) |

불교의 근원은 공(空)이다. 텅 비었다. 없다. 비었느니, 없느니 하
는 말 자체도 비었고 없다. 이렇게 없는데 일어나는 것을 묘유(妙有)
라고 한다. 신묘(神妙)하게 있어진다는 의미이다.

그렇다면 우리가 의식(意識)을 하던 안 하던 간에 마음속에서 일
어나는 온갖 것들은 마음이 일어나서라기보다는 마음을 일으켜서 아
닌 말도 하고 그른 행동도 하고 죄도 범하게 된다.

그러나 그 근본, 곧 마음이 일어나기 훨씬 이전으로 돌아가 성찰
(省察)하고 관조(觀照)를 해보면 실지로 없고 비었다. 그러니 남의 목
숨을 빼앗는 일, 남의 물질을 몰래 훔치는 일, 정상의 부부가 아닌데
음행을 저지르는 일, 망령된 말과 행동으로 정상을 벗어나는 일 등의
근본을 살펴보면 사실 없고 비었다.

정말로 우리가 이렇게 없고 비었음을 확실하게 터득하였다면 끊
는다는 말 자체가 성립이 되지 않는다. 무엇이 있고 갈무렸어야 끊기
도 하고 버리기도 하지만, 본래 없고 비었는데 무엇을 끊고 무슨 버
릴 것이 있겠는가?

따라서 무명(無明)도 마찬가지이다. 무명이라는 말도 조작된 언어

에 불과하다. 마음 자체가 없고 비었는데 무명이나 생각은 어디서 일
어나며, 또한 일어나는 바가 원래 없는데 깨달을 게 뭐 있겠는가?

　살생·도적·간음·망령·무명·생각·깨달음 등 근본적으로
비었고 없기 때문에 수행을 한다는 그 자체가 도깨비놀음이요 헛수
고이며 위선(僞善)임을 알아야 한다.

| 음여일송(吟余一頌) | 나도 한 송 읊조리니,

本 來 虛 殺 盜　본래 살생과 도적이 빈 것이요,

亦 是 滅 淫 風　또한 간음의 바람도 소멸한 것이라.

能 覺 無 心 體　능히 마음 바탕이 없음을 깨닫고

反 觀 一 切 空　일체가 비었음을 돌이켜 보라.

　우리는 생각이나 마음의 바탕이 원래 없다는 것을 깨달아
야 한다. 그리고 텅 빈 곳에 뿌리를 내려야 한다. 그러면 일
어나는 어느 것도 없고 비었다. 이렇게 없고 비었으니 살생이
어디 있으며, 도적·간음이 어디 있으며, 망령 또한 어디 있
겠는가? 이렇게 우리가 수도나 삶을 꾸려 간다면 칭송은 들
을지언정 손가락질은 받지 않으리라.

34

허깨비임을 앎이 깨달음

지환 즉리 부작방편 이환즉각 역무점차
知幻[1]卽離라 不作方便[2]이요, 離幻卽覺이라 亦無漸次니라.

허깨비인 줄 알면 곧 여읠 것이라 방편을 지을 게 없는 것이요,
허깨비를 여의면 곧 깨친 것이라 또한 차례가 없나니라.

| 자해원문(自解原文) |

심위환사 야 신위환성야 세계 환의야 명상 환식
心爲幻師[3]也요, 身爲幻城也라. 世界는 幻衣也요, 名相은 幻食

야 지어기심동념 언망언진 무비환야 우무시환무명
也니 至於起心動念과 言妄言眞이 無非幻也니라. 又無始幻無明

개종각심 생 환환 여공화 환멸 명부동
이 皆從覺心[4]生이라. 幻幻이 如空花하니 幻滅하면 名不動[5]이라.

고 몽창구의자 오래 무방편 지환자 역여시
故로 夢瘡求醫者가 寤來에 無方便이라, 知幻者도 亦如是니라.

마음은 환을 만드는 스승이 되는 것이요, 몸은 환의 성이 되는 것이라. 세계는 환의 옷이요, 이름과 형상은 환의 밥이니, 마음을 일으키고 생각을 움직임과 망령되고 참된 말이 환 아님이 없음이라. 또 시작도 없는 환의 무명이 다 깨인 마음으로 쫓아 나온 것이라. 환마다 허공의 꽃과 같나니 환이 소멸하면 움직이지 않음이라 이르는 것이라. 그러므로 꿈에 창병으로 의사를 찾던 사람이 잠이 깨임에 방편이 없는 것이라, 환인 줄을 아는 사람도 또한 이와 같나니라.

| 주석(註釋) |

1) 환(幻): 또는 눈꽃(空眼花 · 空華). 근본무명(根本無明)이 언제 일어났는지 그 시초를 알길 없으므로 '본래부터(從本已來)'라기도 하고, '시작도 없음(無始)이라'고도 한다. 무명이 일어나는 곳도 없고, 또한 그 실상 자체(實相自體)도 없는 것이므로 곡두(幻像) 같다고도 하고, 눈이 어리어서 허공에서 아물거리는 눈꽃 같다고도 하는 것이다. 이처럼 허황된 무명에서 나온바 온갖 것이 또한 모두 환상이며 공화(空華)이다.

2) 방편(方便): ① 불보살이 중생을 교화하기 위하여 사용하는 교묘하고 자비심이 넘치는 수단. 방(方)은 방법, 편(便)은 편리 · 편용(便用)의 뜻. 일체중생의 근기에 따라 때와 장소에 맞게 방법과 수단을 편리하게 사용한다. 부처님의 방편은 중생의 근기에 따라 각양각색이기 때문에 천만방편이라 한다. 그런데 방편은 상대방이 방편인 줄 모르게 사용해야 한다. 만약 방편인 줄 알게 되면 그 방편은 술수(術數)가 되어버리기 때문이다. 깨치지 못한 사람이 쓰는 방편은 술수가 되어 버리기 쉽다. 불보살도 사람들의 지혜가 어두웠던 시대에는 방편을 많이 사용하나, 지혜가 밝은 시대에는 방편을 잘 쓰지 않고 직언 직설(直言直

說)을 위주로 하게 된다. ②근기가 아직 성숙하지 못하여 깊고 묘한 법을 받기 어려운 중생을 위하여, 그를 진리의 세계로 끌어들이기 위한 수단으로서 권도(權道)로 설한 낮고 보잘 것 없는 법문. 이 경우에 권가(權假) 방편·선교(善巧) 방편이라 한다. ③정직을 방(方)이라 하고, 자기 자신을 돌보지 않는 것을 편(便)이라 하여 일체중생을 불쌍히 여기어 자기 자신의 편안함이나 이익을 따지지 않는 것. ④어떠한 목적을 달성하기 위하여 이용하는 편리한 수단.

3) **환사**(幻師):환술(幻術)을 행하는 사람. 마술사·요술사. 환술을 부리는 전문가.

4) **각심**(覺心):원각묘심(圓覺妙心)의 준말. 부처님이 원만하게 깨달은 마음. 일체중생의 천만 번뇌도 다 여래의 원각 묘심에서 경계 따라 나타나는 것이다.

5) **부동**(不動):부동지(不動地)를 말한다. 마음 바탕(心地)이 본래 깨끗한 것을 깨쳐서, 한없이 밝고 두렷이 고요한 곳에 머물러 한 생각도 일어남이 없고, 온갖 주체와 대상이 끊어진 경지를 말함이다.

| **해의(解義)** |

『원각경(圓覺經)』 보현보살장(普賢菩薩章)에 있는 원문과 해설을 잘 알게 되면 능히 이 의미를 파악하리라 생각해서 그 전문을 싣는다.

"만일 모든 중생이 본래 수행하지 않는다면 생사 가운데에 항상 환화에 살아서 일찍이 환 같은 경계를 요지(了知)하지 못하리니 망상의 마음으로 하여금 어떻게 해탈케 하겠습니까? 원하오니, 말세의 일체 중생들을 위하소서. 무슨 방편을 지어서 점차 닦고 익혀야 중생들로 하여금 온갖 환을 영원히 떠나게 하겠습니까?

　이렇게 말씀드리고 오체를 땅에 대어 절하며 이같이 세 번 청하니 마치고 다시 시작하셨다(若諸衆生 本不修行 於生死中 常居幻化 曾不了知如幻境界 令妄想心 云何解脫 願爲末世一切衆生 作何方便 漸次修習 令諸衆生 永離諸幻 作是語已 五體投地 如是三請 終而復始)."

　이때 세존께서 보현보살에게 말씀하셨다(爾時世尊 告普賢菩薩言).

　"선재로다, 선재로다, 선남자여. 그대들이 이에 능히 모든 보살과 말세 중생들을 위하여 보살의 환 같은 삼매를 닦아 익힐 방편과 점차로 중생들로 하여금 모든 환을 떠나게 하는구나. 그대는 이제 자세히 들으라. 마땅히 그대를 위하여 설하리라(善哉善哉 善男子 汝等乃能爲諸菩薩 及末世衆生 修習菩差如幻三昧 方便漸次 令諸衆生 得離諸幻 汝今諦聽 當爲汝說)."

　그때 보현보살이 가르침을 받들어 기뻐하며 대중들과 함께 조용히 들었다(時普賢菩薩 奉敎歡喜 及諸大衆 默然而聽).

　"선남자여, 일체 중생의 갖가지 환화가 모두 여래의 두렷하게 깨쳐진 오묘한 마음에서 나옴이 마치 허공 꽃이 허공으로 쫓아 있는 것과 같음이라. 환의 꽃은 비록 멸할지라도 허공의 본성은 무너지지 아니하나니, 중생의 환 같은 마음도 도리어 환에 의해 사라지나 모든 환이 다 사라졌다 하더라도 본각(本覺)의 마음은 움직이지 않느니라. 환에 의해 각을 말함도 또한 환이며 만일 각이 있다고 말할지라도 오히려 아직 환을 여의지 못한 것이며, 각이 없다고 말하는 것도 또한 그러하다. 이런 까닭에 환이 멸함을 일러서 부동이라 하느니라(善男子 一切衆生 種種幻化 皆生如來 圓覺妙心 猶如空華 從空而有 幻花雖滅 空性不壞 衆生幻心 還依幻滅 諸幻盡滅 覺心不動 依幻說覺 亦名爲幻 若

說有覺 猶未離幻 說無覺者 亦復如是 是故幻滅 名爲不動)."

　"선남자여! 일체 보살과 및 말세 중생들이 응당 일체 환화인 허망한 경계를 멀리 여일지니, 멀리 여의려는 마음가짐을 굳게 잡을지니라. 마음이 환 같은 것도 또한 멀리 여의며, 멀리 여읜 것이 환이 된 것도 또한 멀리 여의며, 먼 것을 여위고 환까지도 여의어서 또한 다시 떠남을 여의되, 여읜 바가 없게 되면 곧 모든 환이 제거 되리라. 비유하면 불을 피울 때 나무를 서로 의거하면(비비면) 불이 나와 나무가 타서 다하면 재는 날아가고 연기까지 사라지는 것이라, 환으로써 환을 닦는 것도 이와 같아서 모든 환이 비록 다하더라도 단멸에 들지 않느니라(善男子 一切菩薩 及末世衆生 應當遠離一切幻化虛妄境界 堅執持遠離心故 心如幻者 亦復遠離 遠離爲幻 亦復遠離 離遠離幻 亦復遠離得無所離 卽除諸幻 譬如鑽火 兩木相因 火出木盡 灰飛烟滅 以幻修幻 亦復如是 諸幻雖盡 不入斷滅)."

　"선남자여! 환인 줄 알면 곧 여일지라, 방편을 짓지 아니하고 환을 여의면 곧 깨달음이라 점차도 없느니라. 일체 보살과 및 말세의 중생들이 이 여기에 의해 수행할지니 그래야 모든 환을 영원히 여의리라(善男子 知幻卽離 不作方便 離幻卽覺 亦無漸次 一切菩薩 及末世衆生 依此修行 如是乃能永離諸幻)."

| 음여일송(吟余一頌) | 나도 한 송 읊조리니,

　　　　본　래　무　환　화
　　本　來　無　幻　化　본래 허깨비 없는 것이니

^막莫 ^작作 ^단斷 ^리離 ^정情　끊고 여의려는 뜻(마음) 짓지 말라.

^작昨 ^몽夢 ^신身 ^옹癰 ^복覆　어제 꿈에 몸에 종기 덮였어도

^오寤 ^시時 ^자自 ^요療 ^경輕　잠깰 때 저절로 나아서 가벼우리.

　잠을 잘 때 별짓거리를 다하고 별것이 몸에 달라붙으며 별것들에 빠진다 할지라도 잠에서 깨어나면 아무렇지도 않다. 이와 같이 환인 도깨비는 원래 없는 것이니, 없다는 실질(實質)을 확실하게 알고 깨치면 닦거나 끊을 것이 없이 저절로 사라지고 녹아 버린다. 마치 안개가 자욱하다 할지라도 햇빛이 비추면 사라지는 것과 같은 이치이다.

<h1 style="text-align:center">35</h1>

삶과 죽음, 열반이 허공의 꽃

| 원문(原文) |

衆生이 於無生[1]中에 妄見[2]生死涅槃이 如見空華[3]起滅이니라.

중생이 남이 없는 가운데서 망령되게 삶과 죽음, 열반을 보는 것이 허공에 꽃이 일어났다 사라졌다 하는 것을 보는 것과 같나니라.

| 자해원문(自解原文) |

性本無生故로 無生涅也요, 空本無花故로 無起滅也라. 見生死者는 如見空華起也요, 見涅槃者는 如見空華滅也니라. 然이나 起本無起요, 滅本無滅이라. 於此二見에 不用窮詰이니 是故로

思益經⁴⁾云「諸佛出世가 非爲度衆生이요, 只爲度生死涅槃二見이
耳라.」하시니라.

성품에는 본래 남이 없으므로 생사와 열반이 없는 것이요, 허공에도 본래 꽃이 없으므로 일어났다 사라졌다 하는 것이 없는 것이라. 생사를 본다는 것은 허공에 꽃이 일어남을 보는 것이요, 열반을 본다는 것도 허공에 꽃이 사라짐을 보는 것과 같음이라. 그러나 일어나도 본래 일어남이 없고, 사라져도 본래 사라짐이 없는 것이라. 이 두 가지 견해에 궁색하게 따질 것이 없으니 이러하므로 『사익경』에 이르기를, "부처님이 세상에 나오신 것이 중생을 제도하기 위해서가 아니요, 다만 생사와 열반의 두 가지 견해에서 건져내기 위해서이니라." 하시니라.

| 주석(註釋) |

1) 무생(無生): ① 무생멸(無生滅) · 무생 무멸의 준말. 모든 법의 실상은 생멸이 없다는 뜻. 생기거나 없어지는 변화가 적용되지 않는 상태나 세계. ② 열반의 진리는 생멸이 없으므로 다시는 미계(迷界)의 생을 받지 않는다는 뜻에서 열반을 무생이라 한다.

2) 망견(妄見): ① 아상(我相)에 집착하여 생긴 잘못된 견해, 또는 편견. ② 상대적인 생각에 사로잡혀 사리(事理)를 바르게 판단하지 못하는 것. ③ 허망한 견해. 그릇된 사상.

3) 공화(空華): ① 허공화(虛空華)의 약칭. 허공에 핀 꽃이란 뜻으로, 허공

가운데에는 원래 꽃이 없는 것이지만, 눈병에 걸린 사람이 바라보면 허공에 꽃이 피어있는 것처럼 착각할 수도 있다. 이처럼 실체가 없는 것을 있는 것으로 관념 세계에 그려놓은 꽃을 말한다. 현실세계의 일체 사물은 실체가 없는 것인데도 그것을 바로 깨닫지 못하고 실제로 있는 것인 줄로 잘못 알고 있는 사람을 비유하는 말. ②번뇌 망상으로 말미암아 떠오르는 여러 가지 사심 잡념. ③헛된 생각.

4) 『사익경(思益經)』: 4권 18품, 구마라집(鳩摩羅什) 번역. 자세히는 『사익 범천소문경(思益梵天所問經)』이라 한다. 요진(姚秦) 때의 구마라집이 번역하였다. 동방 일월광불국(日月光佛國)에서 온 사익 범천이 부처님·문수보살·망명(罔明)보살 같은 이들과 문답한 것으로 모든 법이 비어 고요하다는 이유를 밝혔다.

| 해의(解義) |

바람이란 본래 없다. 현상에서 그 형상을 볼 수가 없다. 그러나 나무를 흔들고 물결을 일으킨다. 원래 없는 것이지만 우주자연의 기운이 움직임으로 인하여 일어난다.

허공에는 본래 꽃이 없다. 텅 빈 공간에다 뿌리를 내리고 피고 지는 꽃은 없다. 그러나 눈에 병이 있는 사람은 허공에서 별이 보이고 꽃이 피어 떨어지는 것을 볼 수 있다.

이런 모두가 허상(虛像)이요 환영(幻影)이며, 착각(錯覺)이요 망상(妄想)이다. 원래 없는 것인데 있는 것이라고 집착해서 벗어나지 못하고 사로잡혀 떨쳐버리지 못한다.

남과 죽음은 물론이지만 심지어 열반이나 해탈까지도 허공에 피었다 소멸하는 꽃에 불과하다. 그러나 중생은 고집을 부린다. 사대(四大)로 뭉쳐진 이 몸이 참 몸이요, 참 나로 이 몸 밖에 다른 몸, 다른 나가 없다고 집착을 하여 본유(本有)의 진아(眞我)나 법신(法身)을 보지 못하고 꿈꾸듯이 살아간다.

규봉종밀(圭峰宗密, 780-841) 선사는 『원각경대소초(圓覺經大疏抄)』 「대소초」에서 "무명 및 생사가 본래 한결 다 없는 것인데, 중생은 이에 없는 가운데 미혹된 정으로 생사를 비뚤어 보게 된다(無明及與生死 本來一却俱無 衆生於此無中 迷情橫見生死)."고 하였다.

이렇게 보면 생사는 물론 열반까지 없는 것이지만 무명이나 미정에 덮이고 가려서 본래 생사가 없고 원래 열반이 없는 본성과 본체를 보지 못한다.

그러므로 부처님이 이 세상에 출현하여 교화를 하는 것도 중생을 제도하기 위함이 아니라 생사와 열반의 바다를 건너도록 하기 위함이라 할 수 있다.

| 음여일송(吟余一頌) | 나도 한 송 읊조리니,

於空天本處   빈 하늘 본래 자리는

原絶諸華蔓   원래 모든 꽃 덩굴 끊어졌네.

迷衆消煩惱   미혹한 중생도 번뇌 소멸되면

無生死涅槃   남과 죽음, 열반까시 없어라.

미혹한 중생은 생사나 열반이 본래 없는 것인데 온갖 번뇌로 인하여 있다고 짓고 얽매어서 벗어나지 못하고 끙끙대며 살아간다. 보라, 저 허공에 꽃이 있는가? 그야말로 텅 비어서 아무것도 없다. 없다고 하는 말도 붙일 수가 없는 진공(眞空)의 본체인데 환영(幻影)으로 보기 때문에 실재한다고 집착하고, 고집을 부려 해탈을 이루지 못하고 지낸다.

36

보살 도중생입멸도 우실무중생 득멸도

菩薩¹⁾이 度眾生入滅度²⁾나 又實無眾生이 得滅度니라.

보살이 중생을 제도하여 열반에 들게 했더라도 또한 사실 중생이
멸도를 얻음이 없나니라.

菩薩은 只以念念으로 爲眾生也니 了念體空³⁾者는 度眾生也요,
念旣空寂⁴⁾者는 實無眾生得滅度也니라. 此上은 論信解⁵⁾니라.

보살은 다만 생각 생각으로써 중생을 삼으니 생각의 바탕이 비었
음을 요달 하는 자는 중생을 건지는 것이요, 생각이 이미 비고 고요

한 자는 사실 중생이 멸도를 얻음이 없게 되느니라. 이 위는 믿음과 알음알이를 논함이니라.

┃ 주석(註釋) ┃

1) 보살(菩薩): ①보리살타(菩提薩埵)의 준말. 부살(扶薩)·살타(薩埵)라고도 하고, 각유정(覺有情)·개사(開士)·대사(大士)·시사(始士)·고사(高士)라 번역. 성불하기 위하여 수행에 힘쓰는 이의 총칭. 넓은 의미로는 일반으로 대승교에 귀의한 이. 보살이란 것은 큰마음을 내어 불도에 들어오고, 사홍서원을 내어 6바라밀을 수행하며, 위로는 보리를 구하고, 아래로는 일체 중생을 교화하여 3아승기 100겁의 긴 세월에 자리(自利)·이타(利他)의 행을 닦으며, 51위(位)의 수양 계단을 지나 드디어 불과(佛果)를 증득하는 이. 다만 지장보살과 같이 중생 제도를 위하여 영영 성불하지 않는 이도 있으니, 이를 대비천제(大悲闡提)라 한다. 소승에서는 아라한과(阿羅漢果)를 최상의 증과(證果)로 삼고, 부처님은 오직 석가모니불과 미래에 성불할 미륵뿐이라고 하므로 보살은 석가모니불이 성불하기 전의 호명 보살과 앞으로 성불할 미륵보살 밖에는 없다고 하지마는, 대승에서는 성불하는 것을 목적으로 하므로 석가모니불 한 분만이 아니고 한없는 부처님을 말하고, 또 재가·출가를 막론하고 대승법을 수행하는 이는 모두 보살이라 한다. ②조정에서 덕이 높은 스님에게 주는 칭호. 중국에서 당나라 희종(僖宗)이 883년(중화 3)에 태산의 사문(沙門) 대행(大行)에게 상정진보살(常精進菩薩)이란 호를 주었다. ③우리나라에서는 우바이(優婆夷, 淸信女)를 존칭하는 말로 쓰니, 그 어원(語源)을 알 수 없으나 보살계를 받고 보살행을 한다는 뜻으로 쓰는 말.

2) 멸도(滅度): 열반(涅槃)을 번역한 말. 입적(入寂)·적멸(寂滅)·원적(圓寂)

과 같은 뜻. 생로병사의 큰 괴로움을 없애고 번뇌의 바다를 건넜다는
뜻.

3) 체공(體空):총체적으로 만물의 존재가 곧 그대로 공하다고 체달함.

4) 공적(空寂):공공적적(空空寂寂). ①우주에 형상이 있는 것이나 형상이
없는 것이나, 모두 그 실체가 공무(空無)하여 아무것도 생각하고 분별
할 것이 없다는 것. ②마음이 텅 비어 고요한 것. 우주 만물이 모두 잠
들어 고요한 것.

5) 신해(信解):①교법을 믿고 아는 것. ②27현성(賢聖)의 하나. 남의 말을
믿고 무루(無漏)의 지혜가 나타난 이. 구사종에서는 견도(見道)·수도
(修道)·무학(無學)의 3도(道) 중 수도위(修道位)의 첫(預流果) 성자라 하
고, 성실종에서는 불환과(不還果)의 하나라 함.

| 해의(解義) |

『금강경(金剛經)』「대승정종분(大乘正宗分)」에 "이와 같이 헤아릴
수 없고 셀 수 없으며 갓이 없는 중생을 제도할지라도 사실 중생이
제도를 얻음이 없나니라(如是滅度無量無數無邊衆生 實無衆生得滅度
者)."고 하였다.

대승 불교의 궁극 목표는 일체 중생으로 하여금 도에 발심하고
수행을 통해서 본래 지니고 있는 자기 불성을 깨우쳐 불보살의 경지
에 오르고 더 나아가 남들도 그렇게 되도록 인도하는 자각각타(自覺
覺他), 자리이타(自利利他)에 있다 하여도 과언이 아니다.

그러나 부처님은 헤아릴 수 없고 셀 수 없으며 갓이 없는 중생을
제도하시고도 제도한 바가 없다 하였다. 이는 본유(本有)한 자기 자성

을 스스로 회복하여 가도록 다리를 놓았을 뿐 실지로 건너줄 수는 없다. 건너는 것은 자기이지 어느 누구도 아니기 때문에 자득(自得)이 되고 자각(自覺)이 되며 자도(自度)가 되어야지 의지가 되어서는 안 된다.

육조대사(六祖大師)는 말한다.

"멸도란 해탈이라, 큰 해탈이란 번뇌 및 습기 일체의 모든 업장이 소멸하고 다하여 다시 남음이 없는 것이 이것을 큰 해탈이라 이르느니라(滅度者 大解脫也 大解脫者 煩惱及習氣 一切諸業障 滅盡 更無有餘 是名大解脫)." 하였다.

결국 멸도가 되고 제도가 되며 해탈이 되는 것은 스스로 해결해야 할 문제이요, 타력(他力)이나 의존에 의하여 이루어지는 상황이 아님을 알아서 수행해야 한다.

| 음여일송(吟余一頌) | 나도 한 송 읊조리니,

중 생 원 진 멸
衆 生 原 盡 滅　중생이란 원래 다 소멸되었으니

묘 도 도 방 신
妙 道 度 方 伸　오묘한 도로 제도 방편 펼지라도

무 소 증 견 도
無 所 拯 牽 導　건지고 끌고 인도할 바 없으리니

불 리 불 조 신
不 離 佛 祖 身　부처 조사의 몸을 여의지 않음이라.

중생은 본래부터 없었던 불보살들이다. 아무리 오묘한 법으로 방편을 베풀지라도 제도가 될 수 없다. 불보살이 될 수 있

는 요소를 본래 충분히 가지고 있을 뿐만 아니라 바로 이 몸 이대로가 불보살이니 누구의 제도를 받고 누구의 이끌어줌을 얻는다는 말인가? 맹인(盲人)이 맹인을 이끌면 함께 구렁텅이로 들어간다.

37

| **원문(原文)** |

理¹⁾雖頓悟나 事²⁾非頓除³⁾니라.

이치는 비록 단번에 깨치지만, 일은 단번에 제거되지 않느니라.

| **자해원문(自解原文)** |

文殊⁴⁾는 達天眞⁵⁾하고 普賢⁶⁾은 明緣起하니 解似電光이나 行同
窮子⁷⁾라. 此下는 論修證⁸⁾이니라.

문수보살은 천진을 요달했고, 보현보살은 연기를 밝히니 알기는
번갯불 같지만 행함은 어린애 같은 것이라. 이 아래는 닦아 증득함을
논함이니라.

1) 이(理):①우주 만유의 본체와 현상, 곧 천조의 대소유무의 이치를 말한다. 대(大)는 우주 만유의 본체. 소(小)는 우주 만유의 천차만별의 차별현상, 유무(有無)는 우주 만유의 변화를 의미한다. ②불교에서 평등의 이치. 표면에 잘 나타나지는 않으나 본체 세계에 있어서 일정불변의 이치가 있다고 하는 것. ③유교철학 특히 정주학(程朱學)의 근본 개념. 우주 만물의 근본 원리. ④자연의 법칙, 사물의 원리. ⑤사람의 본성, 진여, 또는 깨달음. ⑥평등·차별의 두 문으로 나눌 때는 평등문에 소속. 경험적 인식을 초월한 상항불역(常恒不易)·보편평등(普遍平等)의 진여를 말함.

2) 사(事):①업장(業障). 업력(業力). 업인(業因). 업보(業報). 무명. 번뇌 등. ②일체 차별의 모양, 곧 현상계. ③밀교에서는 교상(敎相)에 대하여 위의행법(威儀行法), 곧 택지(擇地)·조단(造壇)·관정(灌頂)·수법(修法)·인계(印契)·진언 따위의 모든 모양을 사상(事相)이라 함. ④인간의 육근동작에 있어서의 시·비·이·해. 시비이해란 인간의 정신적·육체적 활동의 총칭. 인간은 육근동작을 통해서 시비이해 속에서 살아간다. ⑤현상세계의 일체 차별의 모양. 형상으로 나타난 모든 현상. 이(理)에 상대되는 말.

3) 돈제(頓除):마음속에 일어나는 번뇌 망상·사심 잡념을 일시에 다 제거하는 것. 돈오를 하게 되면 자연히 돈제가 된다.

4) 문수(文殊):대승 보살. 구역(舊譯) 문수사리(文殊師利)·만수시리(滿殊尸利). 신역(新譯) 만수실리(曼殊室利). 신·구 6역(譯)이 있다. 묘덕(妙德)·묘수(妙首)·보수(普首)·유수(濡首)·경수(敬首)·묘길상(妙吉祥). 문수(文殊)와 만수(曼殊)는 묘(妙)의 뜻. 사리(師利)·실리(室利)는 두(頭)·덕(德)·길상(吉祥)의 뜻. 보현보살과 짝하여 석가모니불의 보처로서 왼쪽에 있어 지혜를 맡음. 머리에 5계(髻)를 맺은 것은 대일(大日)

의 5지(智)를 표함. 바른 손에는 지혜의 칼을 들고, 왼손에는 꽃 위에 지혜의 그림이 있는 청련화를 쥐고 있다. 사자를 타고 있는 것은 위엄과 용맹을 나타낸 것. 1자(字) 문수·5자 문수·8자 문수·1계(髻) 문수·5계 문수·아문수(兒文殊) 등의 여러 종류가 있어 모양이 각기 다르다. 이 보살은 석존의 교화를 돕기 위하여 일시적인 권현(權現)으로 보살의 자리에 있다고도 한다. 벌써 성불하여 용존상불(龍尊上佛)·대신불(大身佛)·신선불(神仙佛)이라 하며, 또 미래에 성불하여 보견여래(普見如來)라고 부른다 한다. 또는 현재 북방의 상희세계(常喜世界)에 있는 환희장마니보적여래라고도 이름 한다. 이 부처님의 이름을 들으면 4중죄(重罪)가 없어진다 하며, 혹은 지금 중국의 산서성(山西省) 오대산[淸涼山]에서 1만 보살과 함께 있다고도 한다.

5) **천진**(天眞):①인위적인 조작이 전혀 없는 본래의 모습. 오탁악세(汚濁惡世)에 물들지 아니한 본래 마음 그대로의 참된 것. ②불생불멸·불구부정의 참된 마음. 염정미추·시비선악·사량계교에 물들지 아니한 마음.

6) **보현**(普賢):삼만다발날라(三曼多跋捺羅)·필수발타(邲輸跋陀)라 음역. 변길(遍吉)이라 번역. 문수사리 보살과 함께 석가여래의 협사(脇士)로 유명한 보살. 문수보살이 여래의 왼편에 모시고 여러 부처님들의 지덕(智德)·체덕(體德)을 맡음에 대하여, 이 보살은 오른쪽에 모시고 이덕(理德)·정덕(定德)·행덕(行德)을 맡았다. 또 문수보살과 같이 일체 보살의 으뜸이 되어 언제나 여래의 중생 제도하는 일을 돕고 드날린다. 또 중생들의 목숨을 길게 하는 덕을 가졌으므로 보현연명보살, 혹은 연명보살(延命菩薩)이라고도 한다. 형상은 여러 가지가 있으나 크게 나누면 흰 코끼리를 탄 모양, 연화대에 앉은 모양의 2종이 있다. 예로부터 코끼리에 탄 형상을 많이 만들었고, 연화대에 앉은 모양은 진언밀교(眞言密敎)에서 만들다. 태장계 만다라의 중대(中臺) 팔엽원·문수원

과 금강계 만다라 제2원 북방 제4위에 그림.

7) **궁자**(窮子):『법화경』 7유(喩)의 하나. 빈궁한 아들이란 뜻. 『법화경』 「신해품」에 빈궁한 아들이 집을 나가 떠돌아다님에 비유하여 4대 성문(聲聞)의 신심(信心)으로 요해(了解)함을 말한 것.

8) **수증**(修證):①수(修)는 삼학을 수행하는 것, 증(證)은 진리의 위력을 얻고 진리의 체성에 합하는 것. ②수행과 증득. 수행을 통해서 진리를 깨달아 얻는 것.

| **해의(解義)** |

이치는 하나이다. 우주가 운행되고 천지가 운전되며 사시가 순환하고 만물이 숙살(肅殺)되며, 사람이 나고 죽는 것이 하나의 이치로 되는 것이지 여러 이치가 합작하여 이루어내는 것은 아니다. 이렇게 볼 때 진리를 깨닫는다는 것은 점차(漸次)라는 것이 원래 없고 단번에 깨치는 돈오(頓悟)만 있을 뿐이다.

그러나 누구나 이런 이치를 깨닫는 것은 아니다. 오랜 시간을 통해서 연마하고 닦은 수도자라야 가능하고 그렇지 못한 자는 근처에 이르기가 어렵다.

일은 곧 업(業)이다. 이 업은 바로 무명이요 번뇌이며, 습관이요 망상이다. 물론 선한 업도 있지만 수행하는 입장에서 보면 모두가 마군 아님이 없다. 이런 일의 갈래는 다단하다. 하나를 잡았다 하여 모두를 해결할 수가 없다.

그러므로 크게 깨달은 자는 모든 습업(習業)을 한 번에 해결하지만, 그렇지 못한 자는 습업을 하나하나 대치를 해가는 수밖에 없다.

그렇지만 일이란 성사사생(省事事生)이다. 일을 덜어내면 일이 또 생겨서 그 뿌리를 캐내기가 어렵다.

결론적으로 말하자면, 작은 깨달음은 작은 습업을 제거하고, 중간 깨달음은 중간 습업을 제거하며, 큰 깨달음은 큰 습업을 제거하나니 우리도 공부를 부지런히 해서 단번에 습업을 제멸하고 맑고 밝은 정신을 가지고 맑고 밝게 살아야 한다.

| 음여일송(吟余一頌) | 나도 한 송 읊조리니,

一理千條列　한 이치가 천 가지로 벌렸어도

成醒卽實知　깨달음 이루면 바로 실상 알으리.

事爰難頓祛　일은 이에 단번에 없애기 어렵나니

不息拭除之　닦음을 쉬지 않아야 제거되리라.

한 이치는 영원히 뻗어간다. 그러면서 천 갈래 만 갈래로 벌려진다. 이렇게 벌려진 갈래는 한 이치로 통일을 이룬다. 이러한 이치를 알 수 있는 것은 오직 깨달음에 있다. 깨달음을 이루면 바로 실상을 앎이 되므로 그 근원을 투득하게 된다. 따라서 일인 습업(習業)도 가만히 놔두어 해결이 되는 문제가 아니다. 반드시 어떤 조치가 있어야 한다. 그것이 수행이다. 피나는 닦음이 있어야 습업이 녹아지고 사라져서 본래 청정한 자기 심성을 이루게 된다.

<h1 style="text-align:center">38</h1>

<h2 style="text-align:center">살(殺) · 도(盜) · 음(婬)은 마도이다</h2>

| 원문(原文) |

帶婬修禪[1]은 如蒸沙作飯[2]이요, 帶殺修禪은 如塞耳叫聲이요, 帶偸修禪은 如漏巵求滿이요, 帶妄修禪은 如刻糞爲香이니 縱有多智라도 皆成魔道니라.

음심을 가지고 선을 닦음은 모래를 쪄서 밥을 지으려는 것과 같은 것이요, 살심을 가지고 선을 닦는 것은 귀를 막고 소리를 지르는 것과 같은 것이요, 도심을 가지고 선을 닦는 것은 새는 술잔이 채워지기를 구함과 같은 것이요, 망심을 가지고 선을 닦는 것은 똥을 새겨 향을 만들려는 것과 같나니 비록 많은 지혜가 있을지라도 모두 마군의 길을 이루리라.

차 명수행궤칙 삼무루학 야 소승 품법위계
此는 明修行軌則이니 三無漏學[3]也라. 小乘[4]은 稟法爲戒[5]하야

조 치 기 말 대승 섭심위계 세절기본 연즉법계
粗治其末이요, 大乘[6]은 攝心爲戒하야 世絶基本이니 然則法戒는

무 신 범 심 계 무사범야 음 자 단청정 살 자
無身犯이요, 心戒[7]는 無思犯也라. 婬者는 斷淸淨[8]하고 殺者는

단 자 비 도 자 단 복 덕 망 자 단진실야 능성지
斷慈悲[9]하며 盜者는 斷福德[10]하고 妄者는 斷眞實也라. 能成智

혜 종득육신통 여부단살도음망즉필락마도 영
慧하야 縱得六神通[11]이라도 如不斷殺盜婬妄則必落魔道하야 永

실 보 리 정 로 의 차 사 계 백 계 지 근 고 별 명 지 사 무 사
失菩提[12]正路矣라. 此四戒는 百戒之根故로 別明之하야 使無思

범 야 무 억 왈 계 무 념 왈 정 막 망 왈 혜 우 계 위 착 적
犯也라. 無憶曰戒요, 無念曰定이요, 莫妄曰慧라. 又戒爲捉賊[13]

정 위 박 적 혜 위 살 적 우 계 기 완 고 정 수 징 청
이요, 定爲縛賊이요, 慧爲殺賊이라. 又戒器完固하야사 定水澄淸

혜 월 방 현 차 삼 학 자 실 위 만 법 지 원 고 특 명 지
하야 慧月方現이니 此三學者는 實爲萬法之源故로 特明之하야

사 무 제 루 야 영 산 회 상 기 유 무 행 불 소 림 문 하
使無諸漏也니라. 靈山會上[14]에 豈有無行佛이며 少林門下[15]에

기 유 망 어 조
豈有妄語祖리요.

이는 수행하는 법칙이니 세 가지 샘이 없는 배움을 밝힌 것이라.
소승은 법을 받아 계율을 삼아서 거칠게 그 끝을 다스린 것이요, 대
승은 마음을 추어 잡아 계율을 삼아서 자세하게 그 근본을 끊음이니,
그런즉 법의 계율은 몸으로 범함이 없음이요, 마음의 계율은 생각으

로 범함이 없음이라. 음란은 청정을 끊고, 살생은 자비를 끊고, 도둑
은 복덕을 끊고, 망령은 진실을 끊음이라. 능히 지혜를 이루어서 비
록 여섯 가지 신통을 얻었다 할지라도, 살생과 도둑과 음행과 망령을
끊지 않을 것 같으면 반드시 마군의 길에 떨어져 영영 보리의 바른
길을 잃으리라. 이 네 가지 계율은 백 가지 계율의 뿌리이므로 따로
밝혀서 생각으로도 범함이 없어야 하리라. 기억 없음을 일컬어서 계
율이라 하는 것이요, 생각이 없음을 일컬어서 선정이라 하는 것이요,
망령 없음을 일컬어서 지혜라 하는 것이라. 또한 계율은 도둑을 잡음
이요, 선정은 도둑을 묶음이요, 지혜는 도둑을 죽임이라. 또한 계의
그릇이 완전하고 견고하여야 선정의 물이 맑아져서 지혜의 달이 바
야흐로 나타나는 것이니, 이 삼학은 참으로 뭇 법의 근원이 되므로
특별히 밝혀서 모두 샘이 없게 함이라. 영산회상에 어찌 수행이 없는
부처가 있었으며, 소림문하에 어찌 망령되게 말하는 조사가 있었으
리요.

| 주석(註釋) |

1) **수선(修禪)**: 선정(禪定)을 닦음. 곧 수습선정(修習禪定)을 말하는 것으로
   불교에서 행(行)·주(住)·좌(坐)·와(臥) 간에 좌선하는 것을 말한다.
2) **증사작반(蒸沙作飯)**: 모래를 쪄서 밥을 지으려고 하는 것처럼 이루어질
   수 없는 헛된 노력을 비유하는 말. 가령 계문을 지키지 않거나 삼독
   오욕심을 가지고 아무리 선정(禪定)을 닦아도 그것은 증사작반 같아서
   결코 도를 이룰 수 없다.
3) **삼무루학(三無漏學)**: ①세 가지의 흘러 새어 나감이(有漏) 없이 닦아 감

을 말한다. 망령된 생각이 흘러나오지 못하도록 법계체성(法界體性)을 지키게 하는 공부에 세 가지 중요한 것이 있다. 곧 계율(戒律)과 선정(禪定)과 지혜(智慧)가 그것이다. 이것을 간단히 삼학(三學)이라고도 한다. 그러나 세 가지가 근본적으로 다른 것이 아니고 서로 통하고 같이 이어진다. ②삼학(三學)으로 계학(戒學)은 행위와 언어에서 나쁜 짓을 하지 않고 몸을 보호하는 계율. 정학(定學)은 심(心) · 의(意) · 식(識)의 흔들림을 그치고 고요하고 편안한 경지를 나타내는 법. 혜학(慧學)은 번뇌를 없애고 진리를 철견(徹見)하는 법을 말한다.

4) 소승(小乘): 대승에 상대되는 말로서, 일체중생이 함께 타고 열반의 피안에 이르기에는 작고 보잘 것 없는 수레라는 뜻. 불법은 일체중생을 고해의 차안에서 열반의 피안으로 구제하는 법인데, 대승은 유심현묘(幽心玄妙)하고 활동적이며 적극적이고 이타적인데 비해, 소승은 부천비근(浮淺卑近)하고 은둔적이며 소극적이고 자리적이다. 따라서 대승은 모든 사람이 믿고 수행할 수 있는 법이요, 소승은 소수의 사람만이 믿고 수행할 수 있는 편벽된 법이다. 석가모니불이 열반 후 1백여 년 만에 불교 교단은 상좌부와 대중부로 분열하였는데, 상좌부는 소승불교로 발전하여 오늘날 태국 · 스리랑카를 비롯한 남방불교가 되었고, 대중부는 대승불교로 발전하여 한국 · 중국 · 일본 등의 북방불교가 되었다.

5) 계(戒): ①불교 도덕의 총칭. 소극적으로 방비지악(防非止惡), 적극적으로는 수선(修善)의 뜻. 오계 · 십계 · 이백오십계 · 오백계 · 사미계 · 보살계 · 비구계 등이 있다. ②죄를 범하지 못하게 하는 규정. 신라 화랑 오계 등.

6) 대승(大乘): 대(大)는 크다 · 넓다 · 많다는 뜻. 승(乘)은 배나 수레 같은 데에 실어서 운반한다는 뜻. 무아봉공의 정신에 입각해서 일체생령의 성불과 구제를 목적으로 하는 교법(敎法)을 대승이라 한다. 소승이 개

인의 해탈·평화·안락을 목적으로 하는데 대하여 대승은 모든 인류와 세계 전체의 평화와 행복을 목적으로 한다. 석가모니불이 열반한 후 100여 년이 지난 불교 교단은 상좌부와 대중부로 나뉘기 시작하여 20여 부로 분열되었다. 상좌부는 소승불교가 되고, 대중부는 차츰 대승불교로 발전하였다. 한국·중국·일본 등지에 전파된 북방불교는 주로 대승불교가 되었고, 스리랑카·버마·타이 등의 남방불교는 소승불교가 주류를 이루게 되었다. 대승불교는 석가모니불 열반 후 약 500여 년이 지나면서 활기찬 발전을 가져와 마명·용수·무착·세친 등을 거치면서 확립되었고, 중국에 건너와 달마·혜능을 거쳐 여러 종파가 발생하고 찬란한 꽃을 피워 큰 성황을 이루게 되었다.

7) 심계(心戒): 수행인이 자기의 마음속에서 스스로 표준 잡아 지키는 계문. 자기 마음속에 심계를 두어 더욱 수행 정진해야 불지에 오를 수 있으니, 대개 첫째, 자신 수행과 안일을 취하여 소승에 떨어질까, 둘째, 부귀향락에 빠져 본원(本源)이 매각(昧却)될까, 셋째, 신통력이 나타나 대중의 눈에 띄어 정법에 방해될까를 경계하고 조심해야 한다.

8) 청정(淸淨): ① 죄업이나 번뇌의 더러움에서 벗어나 깨끗한 것. 자성청정심·자성극락. ② 계행이 깨끗한 것. ③ 더럽거나 속되지 않고 맑고 깨끗한 것.

9) 자비(慈悲): ① 불교의 기본 정신. 불교를 수행하는 사람이면 반드시 실천해야 할 중요한 덕목이다. 자(慈)는 일체중생에게 행복과 기쁨을 주는 것(與樂), 비(悲)는 일체중생의 괴로움을 없애주는 것(拔苦)이다. 부처님의 자비를 대자대비라 한다. 부처님의 자비는 중생들의 괴로움을 자신의 괴로움으로 하기 때문에 동체대비(同體大悲)라고도 한다. 자비의 종류에는 첫째, 중생들을 대상으로 일으키는 중생연(衆生緣)자비, 둘째, 모든 존재를 대상으로 하여 일으키는 법연(法緣)자비, 셋째, 모든 차별상을 끊고 대상이 없이 일으키는 무연(無緣)자비의 셋이 있다.

이 세 가지 중에서 무연자비가 평등·절대의 공(空)의 입장에서 나오는 자비이기 때문에 최상의 자비이며, 이것은 부처님만이 갖는 자비라고 한다. ②일반적으로 박애나 인(仁)과 같은 뜻으로도 사용된다. 불보살이 중생에게, 부모가 자녀에게, 인간이 인간에게 베푸는 사랑하고 가엾게 여기는 마음을 자비라고 한다. 자비를 강조해서 대자대비라 한다. 부처님의 중생에 대한 대자대비는 일월보다 더 밝고 따뜻하며, 부모의 자녀에 대한 대자대비는 하늘보다 높고 바다보다 깊다고 한다.

10) 복덕(福德):①선인선과의 법칙에 따라서 선행에 대한 과보로서 받는 복리, 복스러운 공덕. ②복과 덕, 행복스럽고 덕행이 두터운 것.

11) 육신통(六神通):보통 사람으로서는 헤아릴 수 없는 것을 헤아림을 신(神)이라 하고, 걸림 없는 것을 통(通)이라 한다. 이 신통에 대해서는 여러 가지로 말하지마는 흔히 여섯 가지로 말한다. ①신족통(神足通)은 공간에 걸림 없이 왕래하며 그 몸을 마음대로 변화할 수 있는 것. ②천안통(天眼通)은 멀고 가까움과 크고 작은 것에 걸림 없이 무엇이나 밝게 보는 것. ③천이통(天耳通)은 멀고 가까움과 높고 낮음을 가릴 것 없이 무슨 소리나 잘 듣는 것. ④타심통(他心通)은 사람뿐 아니라 어떤 중생이라도 그 생각하는 바를 다 아는 것. ⑤숙명통(宿命通)은 자기뿐 아니라 육도(六道)의 모든 중생의 전생·금생·후생의 온갖 생애를 다 아는 것. ⑥누진통(漏盡通)은 번뇌 망상이 완전히 끊어졌음을 말한다. 제일 통으로부터 제오 통까지는 그 정도의 차이는 있을지언정, 마음을 고요히 가지기만 힘쓰는 유루정(有漏定)을 닦는 외도(外道)나 신선(神仙)·하늘 사람(天人)·귀신들도 얻을 수가 있고, 약을 쓰든지 주문(呪文)을 읽어도 될 수 있다. 그러나 누진통만은 아라한(阿羅漢)이나 불·보살만이 능하다.

12) 보리(菩提):[범]bodhi 도(道)·지(智)·각(覺)이라 번역. 불교 최고의

이상인 부처님이 깨달은 지혜, 곧 불과(佛果)를 말하며, 또는 불타(佛陀) 정각(正覺)의 지혜를 얻기 위하여 닦는 도(道), 곧 불과에 이르는 길을 말한다. 범어의 음대로 쓰면 '보디'라고 하겠지만, 우리말의 관습상(ㄷ→ㄹ) '보리'로 읽는다. 따라서 '보제'나 '보데'로는 읽지 않아야 한다.

13) 적(賊): 번뇌 망상이 참 성품을 해롭게 하는 것이므로 번뇌를 가리켜 도둑이라고도 한다.

14) 영산회상(靈山會上): ① 석가모니불이 인도의 영취산에서 설법하던 곳. 영산회라고도 한다. ② 영산회상곡의 준말. 석가모니불이 설법하던 영산회의 불보살을 노래한 악곡. 조선 세종 때에 지은 것인데, 이 노래의 유래는 신라 헌강왕 때의 처용무(處容舞)로부터 시작되었다고 한다.

15) 소림문하(少林門下): 하남성(河南省) 숭산 소실봉(嵩山 少室峰) 아래에 소림사(少林寺)가 있는데, 중국 선종(禪宗)의 초조(初祖) 달마대사(達磨大師)가 9년 동안 이 절 석굴 속에서 돌아앉아(面壁) 있다가 혜가(慧可)에게 법을 전하여 중국에 선법(禪法)이 퍼지게 되었다.

│ 해의(解義) │

『만선동귀집(萬善同歸集)』3권에 보면 이런 글이 실려 있다.

"다시 사람들에게 인과가 없다는 것을 가르쳐서 문득 말하기를, '술을 마시고 고기를 먹어도 보리에 걸리지 아니하고, 도둑질 행하고 간음을 행해도 반야에 방해가 없다(更教人撥無因果 便說 飲酒食肉 不礙菩提, 行盜行婬 無妨般若).'"라고 한다.

이러하면 "살아서는 나라의 법을 만나고, 죽어서는 아비지옥에 빠지며 지옥에서 업장이 녹음을 받고 얻었을지라도, 또 축생이나 아귀에 들어서 수수만년 세월을 지내도 나올 기약이 없다(生遭王法 死陷阿鼻 受得地獄業銷 又入畜生餓鬼 百千萬劫無有出期)."고 하였다.

그런데 이런 이야기가 서장불교(西藏佛敎)에 나왔다고 하지만 사실 서장불교에는 이런 이야기가 없다고 한다. 선지자들이 뒤의 수행자들을 경계하기 위하여 한 말이지 어떤 경전이나 문집에 실린 글이 아니다.

수행하는 사람이 설사 진리를 깨쳐 무량의 지혜를 얻고 자유자재를 얻었다 할지라도 술을 마시고 음행을 저지르며, 도둑질하고 고기를 먹는다면 어찌 수행자라 할 것이며, 그 깨달음이 과연 오래 유지가 될 것인가? 깨달은 사람일수록 더욱 삼가고 조심하여 중생제도에 매진하여야지 무애행(無礙行)을 한다 하여 남의 손가락질을 받고 눈살을 찌푸리게 한다면 도리어 죄악의 구렁에 떨어져서 나올 수 있는 기회를 잃게 될 것이니 크게 경계하여야 한다.

사실 불교에서 수도자뿐만 아니라 누구나 지켜가야 할 계율을 부정하고 또 수행을 거부하며 어떤 논리를 세워 부처님과 조사들의 가르침을 거역하며, 혹 조금 깨달음이 있을 경우 이를 이용하여 대중을 오도(誤導)한다면 무거운 죄업을 짓게 될 것이니 스스로 경계를 하지 않을 수 없다.

| 음여일송(吟余一頌) | 나도 한 송 읊조리니,

인 야 수 선 로
人 也 修 禪 路　사람이 선을 닦는 길에

약 존 소 립 행
若 存 所 立 行　만일 세우고 행하는 바가 있으면

증 사 여 작 반
蒸 沙 如 作 飯　모래를 쪄 밥을 짓는 것과 같아서

마 도 자 연 성
魔 道 自 然 成　마군의 도가 자연히 이뤄지리라.

자신만 세운 어떤 수행이나 이론을 옳다고 고집을 하지 말자. 세상에 옳은 것은 없다. 진리 외에는 절대 옳은 것이 없다. 아무리 선을 잘하여 득력(得力)을 하였다 할지라도 포말(泡沫)에 지나지 않는 것이요, 모래를 쪄서 밥을 짓는 것과 같은 것이니 주견(主見)을 세우는 주장은 안 해야 한다. 왜냐하면 이런 것들이 바로 마군의 도요, 길이며, 즐겨하는 바이기 때문이다.

39

| 원문(原文) |

무 덕 지 인　　　　불 의 불 계　　　　　　불 호 삼 업　　　　　방 일　해 태
無德之人은 **不依佛戒**[1]하며 **不護三業**[2]하고 **放逸**[3]**懈怠**하며

경 만　 타 인　　　　교 량　 시 비　　　이 위 근 본
輕慢[4]**他人**하며 **較量**[5]**是非**[6]로 **而爲根本**하나니라.

덕이 없는 사람은 부처님의 계율에 의지하지 않으며, 삼업을 두
호하지 않고 함부로 놀아나고 게으르며, 다른 사람을 가벼이 여기며
비교 헤아리는 시비로 근본을 삼나니라.

| 자해원문(自解原文) |

일 파 심 계　　　　백 과 구 생
一破心戒하면 **百過俱生**이니라.

한번 마음의 계율을 파하면 온갖 허물도 함께 생겨 나나니라.

평왈　여차마도　　말법　　치성　　뇌란정법　　　학자
評曰「如此魔徒가　末法⁷⁾에　熾盛하야　惱亂正法하리니　學者는
상지
詳之니라.」

　　평하여 말하기를, "이와 같은 마군의 무리가 말세 법에 치성하여
정법을 어지럽게 하리니, 배우는 자는 자상할지니라."

| 주석(註釋) |

1) **불계**(佛戒):또는 불성계(佛性戒)·불승계(佛乘戒). 『범망경』에 있는 대
　승계를 말함. 이 계를 받아 지니면 중생이 본래부터 갖추어 있는 불성
　을 개발하게 되고, 불성을 개발하면 불과(佛果)에 이르게 됨.

2) **삼업**(三業):①신체·언어·마음에 의하여 짓게 되는 선악의 행위. 신
　업(身業)·구업(口業)·의업(意業)을 말한다. 인간의 일체의 생활 활동
　을 신체에 의한 행위, 언어에 의한 행위, 마음에 의한 행위 등의 세 가
　지로 구분하고 이를 업설과 관련지어 설명하는 것. 인간은 육체·
　말·의지의 세 가지로 십 선업 또는 십 악업을 짓게 된다. 살생·투
　도·간음을 몸으로 짓는 세 가지 악업이라 하고, 망어·기어·악구·
　양설을 입으로 짓는 네 가지 악업이라 하며, 탐욕·진에·우치를 뜻
　으로 짓는 세 가지 악업이라 한다. 이 십 악업과 반대되는 것을 십 선
　업이라 한다. ②선업·악업·무기업(無記業)의 세 가지 업. 선업은 복
　락을 받게 될 업, 악업은 죄고를 받게 될 업. 무기업은 선업도 악업도
　아닌 중간의 업. ③복업(福業)·비복업·부동업(不動業). 복업은 욕계
　의 선과를 받을 업. 비복업은 욕계의 악과를 받을 업. 부동업은 색계
　나 무색계에 태어날 인(因)이 되는 선업. ④순현업(順現業)·순생업(順

生業) · 순후업(順後業). 이를 삼시업(三時業)이라고도 한다. 순현업은 현세에 짓고 현세에 받는 업. 순생업은 현세에 짓고 내세에 받는 업. 순후업은 현세에 짓고 내세 또는 내 내세에 받는 업. 이 경우에는 먼저 지었다고 반드시 먼저 받는 것이 아니고 무거운 업부터 먼저 받게 된다.

3) **방일**(放逸): ①방탕하고 거리낌 없이 함부로 놀아나는 마음. 법도(法度) 없이 자기 마음대로 함부로 하는 마음. ②마음을 추어잡지 않고 풀어 버려 게을러진 마음. 주의심이 없이 풀어놓아 버린 마음.

4) **경만**(輕慢): 스스로 잘난 체하여 다른 사람을 함부로 경멸하고 업신여기는 것. 경만심이라고도 한다. 마음공부가 아직 익숙하지 못한 사람에게 잘 일어난다.

5) **교량**(較量): 비교하여 헤아림. ②견주어 헤아림.

6) **시비**(是非): ①시와 비. 잘잘못. 당부(當否). 흑백(黑白). 이비(理非). ②옳으니 그르니 하는 말다툼. ③옳음과 그름. 옳고 그름을 따지는 말다툼.

7) **말법**(末法): ①대도 정법이 쇠약한 시대. 오탁악세(汚濁惡世). 부처님이 열반한 후 정법(正法) · 상법(像法)을 지나서 오게 되는 혼란하고 어지러운 세상. 부처님 열반 후 1천 년까지를 정법(일설에는 5백 년), 그 다음 1천 년까지를 상법, 그 후 1만 년까지를 말법이라 한다. ②윤리 도덕이 타락한 시대. 인간이 올바른 가치관을 상실한 시대.

| **해의(解義)** |

『불유교경(佛遺敎經)』에 보면 이런 이야기가 있다.

석가모니 부처님께서 처음으로 법륜(法輪)을 굴려 아약교진여(阿

若憍陳如)를 제도하시고 최후의 설법으로 수발타라(須跋陀羅)를 건지시니, 건질 수 있는 사람은 이미 다 제도하셨다. 이에 사라쌍수(娑羅雙樹) 사이에서 장차 열반에 들려 하시니 때는 한밤중이라. 사방은 고요하여 아무 소리도 없는데 부처님께서는 제자들을 위해 법(法)의 요긴한 점을 대강 말씀하셨다.

"너희들 비구는 내가 열반한 뒤에는 마땅히 계율(波羅堤木叉)을 존중하고 공경하기를, 어둔 데서 밝음을 만나고 가난한 사람이 보배를 얻은 것같이 하라. 마땅히 알아라. 이것은 곧 너희들의 큰 스승이니, 내가 세상에 더 살아 있더라도 이와 다름이 없나니라(汝等比丘 於我滅後 當尊重珍敬波羅提木叉 如闇遇明 貧人得寶 當知此卽是汝等大師 若我住世 無異此也)."

이것이 유명한 "계율로 스승을 삼으라(以戒爲師)"는 말씀이다. 부처님께서 계율을 잘 지킴으로서 삼세의 업장이 소멸되고 방탕하고 게으름이 멀어지며 다른 사람을 얕보지 않고 비교와 시비가 끊어진다고 하시었으니, 수행자뿐만 아니라 일반 사람도 지키고 실천함으로써 미연에 죄악을 방지하는 효과가 지대하다 할 수 있다.

더욱이 말세가 되고 말법(末法)이 되면 이상한 무리들이 이상한 법이나 사상을 들고 나와 감언이설로 민중을 속이고 우롱하여 정법에 대항하고 정도에 비교하여 우위를 세워 월등하다 부르짖으니 따라가고 끌려가기가 쉽다. 그러니 공부하는 사람이 정신을 바짝 차리고 오직 정법과 정도로 나아가야 원하지 않는 죄업이 앞에 쌓이지 않게 된다.

| **음여일송(吟余一頌)** | 나도 한 송 읊조리니,

대 범 무 덕 자
大 凡 無 德 者　대범 덕이 없는 자가

부 대 계 문 존
不 戴 戒 文 尊　계문을 높이 봉대하지 아니하고

태 만 겸 경 동
怠 慢 兼 輕 動　태만하고 아울러 가볍게 움직이면

입 삼 업 벽 문
入 三 業 闢 門　삼업의 열린 문으로 들어가리라.

　부처님이 말씀하신 계문은 삼악도(三惡道 : 餓鬼, 畜生, 地獄)로 들어가는 길을 차단하는 묘방이 된다. 따라서 현실을 살아가는데 사람으로서 지켜야 할 도리이기도 하다. 꼭 출가한 승려만 지키라는 것은 아니다. 수없는 세상을 통해서 오고갈 때 단정하고 잘 살며 인연이 좋으려면 계율을 지키는 길이 가장 으뜸이 됨을 알아야 한다.

40

계율지킴이 부처 모심

| 원문(原文) |

若不持戒면 尚不得疥癩¹⁾野干²⁾之身이온 況淸淨菩提果를 可冀乎아?

만약 계율을 지니지 아니하면 오히려 비루먹은 여우 몸도 얻지 못할 것이거늘, 하물며 청정한 보리의 열매를 가히 바라겠는가?

| 자해원문(自解原文) |

重戒如佛하면 佛常在焉이시니 須草繫³⁾鵝珠⁴⁾로 以爲先導니라.

계율을 부처님같이 존중하면 부처님이 항상 계심이니 모름지기 풀에 매임과 거위 구슬로 선도 삼아야 하나니라.

1) 개라(疥癩):비루. 개나 말 따위의 털이 빠지는 피부병.

2) 야간(野干):여우 이리와 비슷한 짐승으로 빛은 청황색, 떼를 지어 다니
며 밤에 우는 소리가 이리와 같다.

3) 초계(草繫):옛날 인도에 있었던 일인데, 어떤 비구가 들을 지나가다 도
둑을 만났다. 도둑은 옷을 빼앗고 벗긴 채 풀에 매어 두고 가버렸다.
그는 풀이 끊어질까 염려하여 뜨겁고 배고픔을 참으며 그대로 움직이
지 않고 있었다. 때마침 사냥 나왔던 임금이 이것을 보자 풀어주고,
그 까닭을 듣고서 비구의 행동에 크게 감동하여 불교에 귀의(歸依)하
였다고 한다.

4) 아주(鵝珠):한 비구는 보석을 가는 집에 가서 걸식하는데, 마침 임금의
부탁으로 홍보석을 갈고 있던 주인이 잠시 안으로 들어간 사이에 거
위 한 마리가 돌아다니다가 그 보석을 먹어 버렸다. 주인이 나와서 보
석을 찾다가 그 비구를 의심하여 힐문하는데, 그가 본 대로 말한다면
거위는 당장에 죽게 될 것이므로 모른다고만 대답하였다. 주인은 그
비구를 묶어 놓고 마구 때려서 피가 흘렀다. 거위는 땅에 떨어지는 대
로 피를 먹고 있었다. 주인은 홧김에 거위를 발로 차서 죽였다. 그제
야 비구는 사실대로 말하였다. 주인은 눈물을 흘려 참회하고 진심으
로 부처님 법에 귀의하였다 한다.

부처님께서 비구(比丘)에게는 250계를 주시고 비구니(比丘尼)에게
는 384계를 주셨다고 한다. 계율이 바로 부처님이기 때문에 계율을
잘 지킴으로서 불지에 쉽게 다가갈 수가 있다.

영명연수(永明延壽, 904-975. 法眼宗 3祖)선사는 보살계서(菩薩戒序)에서 이렇게 말하고 있다.

"대범 보살계는 일천 성인을 세우는 경지이며 뭇 선을 내는 바탕이니 감로의 문을 열어서 깨달음으로 들어가는 길이라. 『범망경』에 이르기를, '중생이 부처님의 계율을 받으면 곧 모든 부처의 자리에 드는 것이니, 부처님의 계를 알고자 하는 것이 다만 이게 중생이요 따로 다른 법이 없음을 알라.' … 이것이 여래의 최상의 수레이요 조사가 서쪽에서 온 뜻이니라(諸夫菩薩戒者 建千聖之地 生萬善之基 開甘露門 入菩提路 梵網經 云 衆生受佛戒 卽入諸佛位 欲知佛戒者 但知是衆生 更無別法 … 此是如來最上之乘 祖師西來之意)."고 하였다.

그런데 계율이 우리의 행동거지(行動擧止)를 구속하는 도구로 알기가 쉽다. 가령 송아지를 길들이지 아니하면 뛰어다니지 않는 곳이 없다. 마루든 안방이든 부엌이든 뛰어들지 않는 곳이 없게 된다. 그러나 고삐를 매고 제재를 통하여 잘 길을 들이면 온순하고 얌전하여 주인의 말을 잘 듣는 좋은 소가 된다.

마찬가지로 일체의 습성이나 업력으로 다듬어지지 않는 우리의 마음이나 행동을 일정한 규율로 구속을 주고, 또한 규칙으로 압제를 주어 길을 들여서 바른 몸과 마음과 행동이 된다면 자연 절도에 맞는 자유의 몸과 마음과 행동이 되어 일상에서 법도를 어기지 않고 살아가게 된다.

그러므로 심신의 자유를 얻도록 적당한 구속이 되는 계율을 잘 지킴으로서 죄고(罪苦)를 미연에 방지하고 선업(善業)을 증장시키게 된다는 사실을 알아 계율을 잘 지키면서 살아야 한다.

| 음여일송(吟余一頌) | 나도 한 송 읊조리니,

不<ruby>蹂</ruby>淸戒律　맑은 계율을 밟지 아니하면

難得野干身　여우의 몸도 얻기가 어렵다네.

菩提非明果　보리의 밝은 열매가 아니라면

未成佛祖珍　부처 조사의 보배 이루지 못하리.

　계율이 바로 부처요, 부처는 중생이다. 중생이 계율을 잘 지키면 부처로 나아가고, 잘 지키지 못하면 영영 중생을 면하기 어렵다. 그러므로 자동차가 길이 아닌 대로 달려가면 사고를 부르게 되고, 공부하는 사람이 청정한 계율의 길을 밟지 아니하면 행동이 거칠어지고 마음의 청정을 잃으며 밝은 지혜를 이루기가 어려워 자연 부처의 경지에 도달하기도 어렵다.

41

생사를 벗으려면 탐욕을 끊자

| 원문(原文) |

欲脫生死인댄 先斷貪慾[1]과 及除愛渴[2]이니라.

생사를 벗어나고자 할진대, 먼저 탐욕을 끊고 애갈을 제거할지
니라.

| 자해원문(自解原文) |

愛爲輪廻[3]之本이요, 欲爲受生之緣[4]이라. 佛云 「婬心不除하면
塵不可出이라.」 하시고 又云 「恩愛[5]一縛着하면 牽人入罪門이
라.」 하시니라. 渴者는 情愛之至切也라.

애정은 윤회의 근본이 되는 것이요, 정욕은 몸을 받는 인연이 되는 것이라. 부처님이 이르시기를, "음욕의 마음을 제거하지 아니하면 티끌을 가히 벗어나지 못하리라." 하시고, 또 이르시기를, "애정에 한번 얽히면 사람을 끌어서 죄악의 문에 들게 하리라." 하시니라. 갈이란 정애가 너무 간절함이니라.

1) **탐욕**(貪慾): 모든 일을 지나치게 많이 취하려는 마음. 사물을 지나치게 탐하는 욕심. 탐욕은 모든 죄악의 근본이 되고 도가의 모리배가 된다. 탐욕을 제거하기 위해서는 작은 욕심을 큰 욕심으로 키우고, 항상 무심으로 천만경계를 대하며 지극한 서원으로 수행 정진해야 한다. 삼학 수행이 아무리 큰일이고 성불 제중이 아무리 급한 일이라 할지라도 지나친 욕심이나 성급한 마음으로는 결코 도를 이룰 수가 없다.

2) **애갈**(愛渴): 갈애(渴愛)와 같은 말. 목이 마른 사람이 물을 찾듯이 어리석은 중생이 갈구하는 애욕에 대한 탐심. 『원각경』에 "중생이 생사를 벗어나서 모든 윤회를 면하려고 한다면 먼저 탐욕을 끊고 애갈을 없애야 한다."고 하였다.

3) **윤회**(輪廻): 이 세상의 온갖 것은 어느 것이나 아주 없어져 버리는 것이 아니라 수레바퀴가 끝없이 돌고 도는 것처럼 돌아다니게 된다는 뜻. 인생도 이와 같이 중생도 해탈을 얻을 때까지 아득한 과거로부터 무한한 미래에까지 각자의 지은 업인에 따라 생사의 수레바퀴를 무시무종으로 돌고 돌게 된다. 이 윤회설은 고대 인도의 '우파니샤드(Upanisad)' 시대로부터 전해 내려와 불교사상의 핵심이 되었다. 일체 중생은 천도·인도·수라·축생·아귀·지옥의 육도세계를 끝없이

윤회하게 된다는 것이다. 윤회를 전생(轉生)·재생(再生)·유전(流轉)이
라고도 한다.

4) 욕위수생지연(欲爲受生之緣): 식신(識神)이 윤회(輪廻)하는데 천상이나
귀신이나 지옥 같은 데는 그대로 가서 나게 되거니와, 인간이나 온갖
동물계에서 육신을 받아 나게 될 때에는 법의 힘이나 원(願)의 힘으로
나는 것은 예외로 하고, 대체로 중생들은 그 업(業)의 힘으로 인하여 정
신이 흐리고 생각이 그릇되어 오직 정욕이 불붙듯 하는 음심(淫心)으로
그 부모 될 상대의 이성(異性)을 사모하여 가까이 대들다가 태(胎)에 들
게 되는 것이다. 그러므로 몸을 받는 직접 동기는 음욕에서 생긴다.

5) 은애(恩愛): ①부모·형제·자녀·부부의 사이에 서로 사랑하고 은혜
에 감동하는 정(情). ②애정이나 은혜에 끌리는 집착. ③은혜와 사랑.

| 해의(解義) |

음욕(淫慾)과 갈애(渴愛)가 무섭다. 인간뿐만 아니라 생물에 있어
서 본능이라 할 수 있는 음애(淫愛)가 죄문(罪門)으로 직입(直入)하는
길이라 하였으니 얼마나 무서운지 모른다. 그래서 부처님은 수도자
에게 엄격하게 금하셨다. 만일 공부하는 사람이 이러한 음애의 마음
을 벗어버리지 못한다면 애초부터 수도의 길을 걷지 않음만 못할 수
가 있다.

부처님이 음계(淫戒)를 정하게 된 것은 성도(成道)하신지 13년이
되는 때라 한다. 그때 수제나(須提那)라는 비구가 어머니의 강권에 못
이겨 그 아내 고이(故二)와 인연을 맺어 아들을 잉태하였다 한다. 이
를 아신 부처님은 수제나를 무수히 꾸짖었다.

그리고 말씀하셨다.

"네가 한 바가 잘못이니 위의가 아니며, 사문의 법이 아니며, 청정한 행이 아니며, 순수 행을 따름이 아니므로 마땅히 해서는 안 될 법이니라(汝所爲非 非威儀 非沙門法 非淨行 非隨順行 所不應爲)."고 하시었다.

음행을 저지르면 사회적으로도 지탄을 받아 설 곳이 없게 되고 얼굴을 들고 다닐 수가 없게 되는데, 수도를 하는 사람이 음행에 지탄이 된다면 불문(佛門)에 부끄러움도 되겠지만 자신도 커다란 손해를 입게 되어 수도의 길에서 멀어지고 결국 지옥으로 들어가는 계기가 될 것이니 삼가고 또 삼가야 한다.

옛말에 "배 부르고 따뜻하면 음욕을 생각하는 것이요, 뭇 악은 음욕이 머리가 된다(飽暖思淫慾, 萬惡淫爲首)." 하였으니, 삼가고 삼가야 한다.

따라서 범음(犯淫)을 하게 되면,

① 아귀와 축생과 지옥에 떨어지게 된다(墮三惡道).
② 만일 사람 가운데 날지라도 아내가 정조를 지켜 어질지 않게 된다(若生人中 妻不貞良).
③ 음욕은 원인이 되고 생사는 결과가 된다(淫慾爲因 生死爲果).

계음(戒淫)을 하게 되면,

① 모든 뿌리(六根)가 순조롭고 길이 시끄러움을 여의며, 선정을 많이 쌓고 실지 지혜가 증장 된다(諸根調順 永離喧動 多禪定 增實慧).
② 계사음자(戒邪淫者 ; 사음을 경계하는 사람) : 만일 사람 가운데 나면 부

모와 종친과 처자와 권속이 순결하여 섞임이 없고 효도하고 우애하고 공순하고 순하며, 또한 여인은 허물을 여의게 되고 모든 중생으로 하여금 다시는 물들고 걸림이 없게 된다(若生人中 父母 宗親 妻子 眷屬 純潔無雜 孝友孫順 又離於女人所有過失 令諸衆生無復染礙).

③ 사람과 하늘이 존경하고 여러 방면에서 찬탄한다(人天尊敬 諸方讚嘆).

④ 계정음자(戒正淫者 ; 정당한 음도 경계하는 사람) : 당래에 부처를 이루고 상모가 단정하고 씩씩하게 된다(當來成佛 相貌端莊).

⑤ 생사를 해탈하고 일찍이 보리를 증득한다(解脫生死 早證菩提).

| 음여일송(吟余一頌) | 나도 한 송 읊조리니,

接 於 生 死 境　삶과 죽음의 경계에 접하여

要 得 少 無 縈　조금도 걸림 없음을 이루고자 할진대

能 斷 些 貪 慾　능히 작은 탐하는 욕심을 끊고

亦 捐 渴 愛 傾　또한 목마른 사랑으로 기욺 버려야 하리.

　수도를 하자는 것은 남과 죽음에 접하여 두렵거나 무서움이 없이 윤회의 수레바퀴를 벗어나 올 때가 되면 오고, 갈 때가 되면 가자는 것이 아니겠는가? 이 문제가 결코 쉬운 것은 아니지만 그렇게 어려운 것도 아니니 그 방법의 하나로 탐욕과 갈애(淫)를 끊으면 된다. 이 애욕(愛慾)은 죄의 문이 열리는 단초이요 지옥으로 직입하는 길이니 수도자는 죽기로 단절을 해야 한다.

42

걸림이 없는 지혜

| 원문(原文) |

무 애　　청 정 혜　　　개 인 선 정　생
無礙[1]淸淨慧가 **皆因禪定[2]生**이니라.

걸림 없는 청정한 지혜가 다 선정으로 인하여 나오나니라.

| 자해원문(自解原文) |

초 범 입 성　　　　　좌 탈 입 망　자　　개 선 정 지 력 야　　　　고　　　운
超凡入聖[3]하고 **坐脫立亡[4]者**는 **皆禪定之力也**니라. **故**로 **云**

욕 구 성 도　　　　이 차 무 로
「**欲求聖道**인댄 **離此無路**라.」 하시니라.

범부를 뛰어넘어 성인에 들고, 앉아 벗어나고 서서 가는 자는 모두 선정의 힘이라. 그러므로 이르기를, "성인의 길을 찾으려 할진대 이를 여의고 길이 없나니라." 하시니라.

1) 무애(無礙): 생사를 해탈하고 사리에 통달하여 바깥 경계에 걸리고 막힐 것이 없는 것. 항상 모든 일에 자유로운 것.

2) 선정(禪定): 참선하여 산란한 마음을 고요하게 통일하는 것. 입정삼매·좌선삼매의 경지에 들어가는 것. 일체의 사량 분별심을 놓고 본래의 마음을 찾는 것. 좌선할 때 일체의 번뇌망상·사량계교가 끊어진 상태를 말한다. 선(禪)이란 범어(梵語) 선나(禪那)의 준말이요, 정(定)이란 한문으로 번역한 말로서, 선정이란 범어와 한문을 함께 사용한 것이다. 육바라밀의 하나로 불교 수행의 가장 기본이 된다.

3) 초범입성(超凡入聖): 중생의 탈을 벗고 불보살 성현이 되는 것. 범부의 경지를 뛰어넘어 성인의 경지에 들어간다는 뜻. 중생은 진리를 깨치지 못하고 본래 성품을 발견하지 못했기 때문에 세상 경계에 끌려 다니고 죄고에서 벗어나지 못하며 육도 윤회에 헤매게 된다. 수행을 한다는 것은 번뇌 망상에 사로잡혀 죄업을 짓고 고통을 받는 중생세계에서 생사 해탈을 얻고 복혜 쌍족하며 자유자재하는 불보살이 되자는 것이다.

4) 좌탈입망(坐脫立亡): ①좌망입탈과 같은 말. 생사를 자유자재로 하는 수행인의 경지를 나타내는 말. 좌탈은 앉은 채로 입적하는 것. 입망은 선 채로 입적하는 것. 옛 선사들은 좌탈 입망의 기행(奇行)을 좋아하였다. ②선정의 힘(定力)이 충실하면 육신의 생사를 마음대로 해서 등은봉(鄧隱峰)과 같이 거꾸로 서서 죽기도 한다. 수행하는 이들이 거의 앉아 죽거나, 대개 고통 없이 고요히 가는 것은 그만큼 내공(內功)을 쌓았기 때문이다.

| 해의(解義) |

'인정발혜(因定發慧)'라 한다. 즉 "선정으로 인하여 지혜가 발현한다"는 뜻이다.

집을 짓는다. 큰 집을 지으려면 그만큼 기초(基礎)를 튼튼히 해야 한다. 어떤 집을 짓느냐에 따라서 기초가 달라진다. 작은 집을 짓는데 크게 기초를 할 필요가 없고 큰 집을 짓는데 기초를 작게 하면 무너지기 쉽다.

이와 같이 선(禪)이란 터를 닦는다는 의미이다. 그래서 이 선자를 '터 닦을 선'이라 한다. 얼마만큼 터를 잡고 닦느냐에 따라 얼마나 한 지혜가 나퉈지게 된다. 그래서 "선정에 듦이 없으면 지혜가 발현됨이 없고, 작은 선정에 들면 작은 지혜가 발현하며, 중간 선정에 들면 중간 지혜가 발현하고, 큰 선정에 들면 큰 지혜가 발현한다(無入定而無發慧 小入定而小發慧 中入定而中發慧 大入定而大發慧)."고 할 수 있다.

이렇게 볼 때 큰 깨달음을 이루려면 큰 선정에 들어야 한다. 부처님이 6년을 설산에서 고행하실 때에 늘 입정(入定)의 상태였지만 마지막으로 우유를 짜는 수자타(Sujata)에게서 우유 한잔을 얻어 마시고 보리수 아래 앉아 스스로 맹세하시기를, "만약 도를 이루지 못한다면 죽어도 자리를 떠나지 않으리라(若不成道 終不離座)." 하시고, 나가대정(那伽大定)에 들었다가 12월 8일에 새벽 별을 보시고 큰 깨달음을 이루어 여래가 되셨다.

정말로 큰 선정이라야 큰 깨달음을 이루어 복락과 지혜가 구족한 천상천하에 유아독존(唯我獨尊)한 여래의 부처가 되는 것임을 알아서

정을 익히는 선 공부에 매진하여 성자가 되어야 한다. 성자가 되어야
일체 업력을 녹일 수 있고 무명도 밝힐 수 있으며 생사도 벗어날 수
있다.

| **음여일송(吟余一頌)** | 나도 한 송 읊조리니,

夫人生活路　대범 사람이 살아가는 길에

修道做于先　도를 닦음이 우선이 되나니

禪定鴻深積　선정을 크고 깊게 쌓아가면

能成佛祖賢　능히 부처 조사의 어짊을 이루리라.

　선정을 익힌다는 것은 "범부를 뛰어 넘어서 부처나 조사가
되는데 있다(超凡入聖)." 하여도 지나친 말은 아니다. 즉 수도
의 목적이 청정한 마음과 밝은 지혜를 이룸에 있는 것은 사
실이지만, 맑고 밝은 지혜란 결국 깨달음에서 나오고 깨달음
은 부처나 조사로 이어지기 때문에 누구든지 인생을 멋지고
값있게 엮어가려면 선정을 익히지 않을 수 없다.

43

心이 在定則能知世間[1] 生滅諸相[2]하나니라.

마음이 정에 있으면 능히 세간의 생멸하는 모든 모습을 알게 되나니라.

虛隙日光에 纖埃擾擾[3]하고 淸潭水底에 影像昭昭[4]로다.

빈틈의 햇빛에 가는 티끌 어수선하고, 맑은 물 밑에 그림자 모양 뚜렷하도다.

1) 세간(世間): 인간들이 사는 세상. 중생들이 서로 의지하고 살아가는 세계. 세속(世俗)과 같은 뜻. 세(世)는 천류(遷流)라는 뜻으로 끊임없이 천변유전(遷變流轉) 한다는 말.

2) 상(相): ①외계(外界)에 나타난 마음의 상상(想像)이 되는 사물의 모양. 곧 각 종류의 모양과 태도. ②사람이나 짐승 등의 얼굴의 생김새. ③사람 마음의 모양, 곧 아상·인상·중생상·수자상의 사상(四相). ④어떤 물질이 물리적·화학적으로 균등한 성질을 나타내는 것. 기상(氣相)·액상(液相)·고상(固相)의 세 가지 형태가 있다. ⑤석가모니불의 상호(相好)인 32상(三十二相).

3) 요요(擾擾): 뒤숭숭하고 어수선하다.

4) 소소(昭昭): 사리(事理)가 환하고 뚜렷함. 밝은 모양.

| 해의(解義) |

'인계생정(因戒生定)'이다. "계로 인하여 정이 생긴다"는 말이다. 공부를 하는 사람이 평상시의 생활을 절도에 맞게 잘해야 정을 익히는데 무리가 없지, 만일에 생활은 아무렇게 하고 저녁이나 새벽에 정을 익히려 한다면 과연 그 마음에 사량이나 망상잡념이 가라앉아 바로 맑은 정에 들 수가 있을까? 아니다. 평소에 계율을 잘 지켜 어지러움이나 어리석음이 없어야 정이 잘 이루어진다.

입정(入定)에서 출정(出定)이 되어야 한다. 머리에서는 지식이 나오지만 밝은 지혜는 반드시 깊은 정을 통해 나오기 때문에 입정이 이루어지지 않으면 지혜는 솟아나기 어렵다. 그래서 공부하는 사람이 아무리 오래 적공을 하였다 할지라도 밝은 지혜가 솟아나지 않으면 잘못된 수행이요, 초보의 수행이라고 보아야 한다.

"계의 그릇이 굳어야 정의 물이 맑아지고 지혜의 달이 밝아진다 (戒器堅固 定水澄淸 慧月長明)."고 하였다. 검은 물에 맑은 물을 붓는다고 바로 맑아지는 것은 아니다. 물 자체가 검기 때문에 맑아지기가 어렵다. 이처럼 계율이라는 그릇이 쪼개지거나 기울어짐이 없을 때 정의 물이 받아지고 그 물은 자연 맑아져서 허공에 뜬 달이 환하게 비춘다면 물 자체가 저절로 밝아지게 된다.

그러므로 오직 밝은 지혜라야 세간에 일어나는 모든 생멸과 거래와 윤회하는 군상(群像)을 다 알고 다 보아 막히거나 걸림이 없게 되기 때문에 수도의 길에 계율을 지키는 것이 얼마나 중요한지 모른다.

| 음여일송(吟余一頌) | 나도 한 송 읊조리니,

匪入淸禪定　맑은 선정에 들지 아니하면

藏心不脫昏　갈무린 마음 어둠 벗어나지 못하리.

能成明慧後　능히 밝은 지혜를 이룬 뒤에

始解物根源　비로소 만물의 근원을 알으리라.

선정이 지혜를 이루는 근본이다. 마음이 선정에 들어가지 않으면 어둠의 업장이나 무명을 벗어던지기가 어렵다. 즉 천 년의 어둠이 쌓였다 할지라도 성냥불을 켜는 순간 어둠은 물러나고 오직 밝음만 남듯이 지극한 정에서 밝은 지혜가 솟아나고, 그 밝은 지혜를 얻어야 세간에 일어나는 모든 군상의 변역(變易)을 알고 보게 된다.

44

| 원문(原文) |

見境心不起가 名不生[1]이요, 不生이 名無念[2]이요, 無念이
名解脫[3]이니라.

경계를 보고도 마음이 일지 않음을 나지 않는다고 이르는 것이
요, 나지 않음을 생각이 없음이라 이르는 것이요, 생각 없음을 해탈
이라 이르나니라.

| 자해원문(自解原文) |

戒也定也慧也가 擧一具三[4]이요, 不是單相이니라.

계나, 정이나, 혜가 하나를 들면 셋이 갖춘 것이요, 홑 모습이 아
니니라.

1) 불생(不生): ①상주(常住)하여 불생불멸 한다는 뜻으로, 본래 성품 또는 여래를 의미한다. ②아라한을 말한다. 아라한과를 얻으면 욕심세계에 태어나지 않기 때문에 이렇게 말한다.

2) 무념(無念): ①무아의 경지가 되어 아무런 생각이 없는 것, 곧 무념무상(無念無想)의 경지. 경계도 잊고 자기 자신도 잊어 물심일여·주객일체의 경지가 된 것을 말한다. ②자신의 마음을 허공과 같이 텅 비우고 청정무구한 자성 그대로 활용하며 살아가는 것을 말한다. ③어떤 일을 할 때에 공부하는 주의심이 없이 방심하는 것. 착심 있는 것에 미혹되어 망령되게 행하는 것을 말한다. ④은혜를 베푼 후에 은혜를 베풀었다는 관념과 상(相)이 없는 것을 말한다. ⑤번뇌망상·사심잡념·사량계교심이 없는 것을 말한다.

3) 해탈(解脫): 비목차(毘木叉)·비목저(毘木底)·목저(木底)라 음역. ①번뇌의 속박을 벗어나 자유로운 경계에 이르는 것. ②열반의 다른 이름. 열반은 불교가 추구하는 궁극적인 이상의 경지이며, 여러 가지 속박에서 벗어난 상태이므로 해탈이라 함. ③선정의 다른 이름. 속박을 벗고 자유자재로와지는 것이 선정의 덕이므로 해탈이라 함.

4) 거일구삼(擧一具三): 계·정·혜(戒定慧) 삼학은 한마음을 떠나서 따로따로 떨어져 있는 것이 아니다. 그러므로 이 셋은 한 나무의 세 가지와 같아서 한마음을 의지해서 닦는 것으로, 하나를 들고 자세히 살피면 마음에 돌아가게 되고 다른 두 가지도 자연 따라오게 되는 것을 말한다.

영명연수(永明延壽)선사의 『종경록(宗經錄)』에 보면 이런 글귀가 있다.

"일체 중생이 모두 생각이 있음으로 중생이라 이르는 것이요, 일체 모든 부처는 다 생각이 없음을 얻었음으로 부처라 이른다(一切衆生 皆是有念 名爲衆生 一切諸佛 皆得無念 名爲佛)."고 하였다.

이 글에서 보면 생각이 있는 것은 중생이요, 생각이 없어야 부처이다.

또 이어서 말한다.

"무념이란 바로 생각하지만 생각이 없는 것이요, 생각은 자체 성이 없음으로 인연으로 일어남이 공한 것이다(無念者 卽念而無念 以無念無自性 緣起而空)."고 하였다.

이 글에서도 무념은 자체의 성이 없이 인연으로 일어나지만 그 자체도 텅 비었다고 하였다.

또한 해탈에 대해서도 경에 이렇게 말하였다.

"해탈이란 구경의 과이다. 소승에서 나한과를 증득함을 일러서 해탈이라 한다. 번뇌의 얽힘을 풀고 심계의 뇌옥을 벗어났기 때문이다(解脫者 極果也 小乘 證羅漢果曰解脫 解煩惱繫縛 脫三界牢獄故也)."고 하였다.

농사를 짓는데 필요한 쇠스랑이라는 것이 있다. 이 쇠스랑은 땅을 파헤쳐 고르거나 두엄, 풀 따위를 쳐내는 데 쓰이는 갈퀴 모양의 농기구로 서너 개의 발을 만들고 자루를 박아 만들었다. 그래서 하나의 발은 두 발과 연결이 돼 있고 나머지도 마찬가지이다.

계·정·혜(戒定慧) 삼학은 마치 쇠스랑의 세 발과 같다. 하나로 연결이 되어 있어서 둘이나 셋으로 나누어 있지 않다. 즉 계 속에 정과 혜가 들어 있고, 정 속에 계와 혜가 들어 있으며, 혜 속에 계와 정이 들어 있어서 한 몸을 이루었으니, 하나를 잡아당기면 둘 다 따라오고 나머지도 마찬가지로 따라오게 된다.

그러므로 공부하는 사람이 계만 익힌다면 원만한 수행법이 될 수 없고 정과 혜를 같이 익혀야 하며, 정을 익힐 때도 계와 혜를 같이 익혀야 하고, 혜를 익힐 때도 계와 정을 함께 익혀야 원만한 공부가 된다.

| 음여일송(吟余一頌) | 나도 한 송 읊조리니,

不生之意者　나지 않는다는 뜻은

內外靡浮心　안과 밖에 마음이 뜨지 않음이라.

三學歸無念　삼학은 무념으로 돌아가서

佛成解脫臨　부처를 이루고 해탈에 다다르네.

마음이 일어나고 들뜨며 움직이고 생겨나면 유념(有念)이요, 일어남도 없고 들뜸도 없으며, 움직임도 없고 생겨남도 없음이 무념이다. 또한 무념이 바로 부처를 이루는 것이요, 해탈도 이루는 것이니, 무념의 공덕이 크다고 아니할 수 없다. 그러므로 우리가 공부를 하는데 계·정·혜가 절대로 필요하고 이 삼학은 무념을 통해서 부처를 이루고 해탈을 이루는 데 목적이 있다.

<h1 style="text-align:center">45</h1>

<h2 style="text-align:center">본래 열반은 고요하다</h2>

| 원문(原文) |

修道證滅[1]이 是亦非眞也요, 心法[2]이 本寂하야사 乃眞滅也

니라. 故로 曰「諸法從本來로 常自寂滅相[3]이라.」하시니라.

도를 닦아서 열반을 증득함은 이것 또한 참이 아니요, 마음 법이
본래 고요하여야 이에 참 열반이라. 그러므로 말하기를, "모든 법이
본래부터 항상 저절로 열반의 모습이라" 하시니라.

| 자해원문(自解原文) |

眼不自見이니 見眼者는 妄也라. 故로「妙首[4]는 思量하고 淨名[5]

은 杜默하니라.」以下는 散擧細行하니라.

눈을 스스로 보지 못하는 것이니, 눈을 본다는 것은 망령된 것이라. 그러므로 "문수보살은 생각으로 헤아리고, 유마힐은 막아 말이 없었느니라." 이 아래는 낱낱이 세세한 행동을 닮이라.

| 주석(註釋) |

1) **멸(滅)**:①사성제(四聖諦) 중 멸제(滅諦). 번뇌와 고통을 멸한 열반의 경지. ②적멸(寂滅)이라는 말로 소멸되어 존재하지 않는 것. ③멸도(滅度)의 준말.

2) **심법(心法)**:①색법(色法)에 상대되는 말로서, 우주 만유를 색과 심(心)의 둘로 나눌 때 심왕(心王)과 심소(心所)를 말한다. ②마음을 사용하는 법. 마음을 진리와 합일되게 사용하는 법. 심법이 있다는 말은 마음을 불보살과 같이 잘 사용한다는 말. 심법은 곧 그 사람의 법력이다. ③마음을 수련하는 법. 마음을 갈고 닦는 법. ④심외무법(心外無法)·심즉시법(心卽是法)이라는 뜻. 심법은 마음의 근원적인 법칙이라는 말이다.

3) **제법종본래 상자적멸상(諸法從本來 常自寂滅相)**:『법화경』「방편품(方便品)」에 있는 게송(偈頌)이다. 중생을 고쳐서 부처가 되는 것이 아니다. 탐(貪)·진(瞋)·치(癡)의 삼독심(三毒心)이 그대로 곧 열반이며, 사바세계의 고해가 그대로 곧 극락세계라는 의미이다.

4) **묘수(妙首)**:[범]Mañjuśrī 음대로 써서 만수실리(曼殊室利)·문수사리(文殊師利)라 하고, 줄여서 문수(文殊) 또는 만주(滿珠)라고 한다. 뜻으로 번역하면 문수(文殊)는 '묘(妙)하다'는 뜻이고, 사리(師利)는 '머리(首)' 또는 '덕(德)·길상(吉祥)' 같은 말들이다.

5) **정명(淨名)**:[범]Vimalakīrti 음대로 써서 유마라힐(維摩羅詰)·비마라힐

(毘摩羅詰)이라 하고, 줄여서 유마힐 또는 유마(維摩)라고만 한다. 뜻으로 번역하면 정명(淨名) 또는 무구칭(無垢稱)이 되는데, 우리말로는 '깨끗한 이름'이란 뜻이다. 인도 비사리(毘舍利, Vaiśāli) 성에서 거사(居士)로 지내면서 보살 행업을 닦아 크게 교화하였다. 그 수행이 갸륵하여 부처님의 제자들도 미칠 수 없었다. 그가 병들어 누우매 부처님 제자들이 모두 가서 문병하는데, 둘 아닌 이치(不二法)에 대하여 여럿이 돌려가면서 말하게 되었다. 마지막으로 문수보살은 불이법(不二法)은 '말할 수 없다'고 하였는데, 유마힐은 아무 말도 하지 않고 가만히 앉아 있기만 하였다. 그리하여 모두 "유마거사가 가장 둘 아닌 법을 잘 연설 한다"고 칭찬하였다. 이것은 『유마경』의 주요한 내용이다.

열반이란 무엇인가? 한마디로 말하자면, 불교수행의 최고 이상으로 수행을 통해 진리를 깨치고 도를 완전히 이루어 모든 괴로움과 번뇌를 끊고 일체의 속박에서 벗어나 해탈을 얻은 경지를 말한다.

열반은 범어로 니르바나(Nirvāṇa)의 한역(漢譯)으로서 '불어서(吸) 끄다'라는 뜻이 있다. 『잡아함경(雜阿含經)』에서는 "열반이란 탐욕이 영원히 다한 것이며 성냄과 우치, 일체의 모든 번뇌가 다 사라진 것이라." 하였다. 열반을 입멸(入滅)·입적(入寂)·해탈(解脫)·원적(圓寂)·적멸(寂滅)·멸도(滅度)·무작(無作)·무생(無生)·무위(無爲)라고도 한다.

소승에서는 몸과 마음이 모두 멸하는 것을 이상으로 하기 때문에 심신이 있고 없는 것에 따라 유여(有餘)열반과 무여(無餘)열반으로 구분한다. 유여열반은 살아 있으면서 열반의 경지에 도달하는 것을 말하고, 무여열반은 죽고 난 후 내생에 열반을 얻는 것을 말한다.

대승에서는 법신덕(法身德)·반야덕·해탈덕의 삼덕, 또는 상·락·아·정(常樂我淨)의 사덕을 갖춘 것을 열반이라 한다. 또 무주처(無住處)열반을 말하는데, 이는 생사와 열반이 차별 없는 줄을 아는 지혜를 얻어 생사라 해서 싫어하지도 않고, 열반이라 해서 좋아하지도 않아 생사에도 머물지 않고, 열반에도 머물지 않아 항상 대자대비로 일체중생을 제도하는 것을 말한다.

『원각경(圓覺經)』「청정혜보살장(淸淨慧菩薩章)」에 보면 이런 글귀가 있다.

"보살과 중생이 모두 허깨비로 된 것이니 허깨비가 멸하였음으로 증득을 취할 것도 없음이라. 비유하자면, 눈이 스스로 눈을 보지 못하는 것과 같아 성품이 스스로 평등하지만 평등이라 함도 없나니라(菩薩衆生 皆是幻化 幻化滅故 無取證者 譬如眼根 不見自眼 性自平等 無平等者)." 하였다.

우리가 생사니 열반이니 하는 것들은 모두 허깨비와 같다. 비유하면, 자신의 눈이 본디 자신의 눈을 보지 못하듯 '참된 열반'의 성품 그 자체가 평등이어서 생사니 열반이니 하는 차별로써 열반이라고 말할 수 없다. '참된 열반'은 마음과 경계가 일여(一如)하여 능소(能所)로 드러날 것이 없어 이를 불이법문(不二法門)이라 한다.

이 불이법문을 설한 대표적인 경전으로는 무엇보다도 『유마경』을 손꼽을 수 있다. 이 『유마경』「입불이법문품(入不二法門品)」에 나오는 문수보살과 유마거사의 불이법문이다.

곧 "문수는 설하되 설하지 않음으로 둘이 아닌 문을 삼고, 정명은 입을 막음으로 둘 아닌 문을 삼는다(文殊 說無說爲不二門 淨名 杜口爲不二門)."라고 하였다.

생사를 떠난 열반은 없으며 도를 닦아 열반을 얻는 것도 아니다. 생사와 열반 양변의 집착을 떠난 중도 자리, 곧 부처님 마음자리에 들어가 마음이 본디 고요한 그 자리, 이것이야말로 참으로 참된 열반이다.

| 음여일송(吟余一頌) | 나도 한 송 읊조리니,

修道非眞道　도를 닦음은 참 도가 아니요,

作行匪實行　수행 지음도 실지 수행 아니네.

本來心法寂　본래 마음과 법이 고요하여야

是謂涅槃成　이를 열반을 이루었다 이르리라.

도는 닦아서 이루는 것이 아니요, 수행도 지어서 하는 수행은 실지의 수행이 될 수 없다. 진리나 열반이란 본디 그대로 있는 것이지 조작이나 씻어서 얻고 이루는 것이 아니다. 따라서 마음이나 법도 본래 구족하다고 하지만 그 자체가 고요한 자리어서 수행이 요구되는 자리가 아니므로 공부하는 사람은 얻었으되 얻음을 여의고 이뤘으되 이룸을 여의어야 한다.

46

보시가 동체대비이다

| 원문(原文) |

빈 인 내 걸 수 분 시 여 동 체 대 비 시 진 보 시
貧人이 **來乞**커든 **隨分施與**하라. **同體大悲**[1]가 **是眞布施**[2]니라.

가난한 사람이 와서 구걸하거든 분수를 따라 베풀어주라. 한 몸
으로 불쌍히 여김이 이에 참된 보시이니라.

| 자해원문(自解原文) |

자 타 위 일 왈 동 체 공 수 래 공 수 거 오 가 활 계
自他爲一日同體요, **空手來空手去**[3]가 **吾家活計**[4]니라.

나와 남이 하나 됨을 말하여 한 몸이라 하는 것이요, 빈손으로 왔
다가 빈손으로 가는 것이 우리가 살아가는 계책이니라.

〡 주석(註釋) 〡

1) **동체대비**(同體大悲): 시방일가 사생일신의 진리를 확실하게 깨친 불보살은 이 세상 만물과 자기의 몸이 하나임을 알게 되고, 만물과 내가 하나이기 때문에 만물을 대할 때 자기 자신을 아끼고 사랑하는 것과 같은 대자대비심이 일어나게 된다는 말. 따라서 일체중생의 괴로움이 곧 자기 자신의 괴로움이 되어 괴로움을 함께 나누게 된다.

2) **보시**(布施): [범]dāna 음을 따라 단나(檀那)라고도 쓴다. 남에게 베풀어 준다는 뜻이다. 재물로써 주는 것을 재시(財施)라 하고, 설법하여 정신의 양식과 도덕의 재산을 풍부하게 하여 주는 것을 법시(法施)라 하며, 계를 지니어 남을 침해하지 아니하며 또는 두려워하는 마음이 없게 하여 주는 것을 무외시(無畏施)라 한다.

3) **공수래공수거**(空手來空手去): 불교의 인생관 중 일반 사회에 널리 알려진 말 중의 하나. 인생의 무상과 허무를 잘 나타내는 말로서, 사람이 이 세상에 태어날 때에 빈손으로 태어나고, 죽어갈 때에도 역시 일생 동안 내 것인 줄 알고 애써 모아 놓은 모든 것을 그대로 버려두고 빈손으로 죽어 간다는 말. 재물이나 권세 명예를 지나치게 탐하지 말고 오직 자기의 본래 마음 하나 찾는 마음공부에 더욱 노력하라고 가르치고 있다.

4) **활계**(活計): ①살아날 방도. 살아갈 수 있는 방법. ②진리를 깨치는 길로 인도할 수 있는 계책. ③참선 수행자라는 뜻.

〡 해의(解義) 〡

옛날 어느 절에 선사가 제자들을 데리고 공부를 하고 있었다. 그 날따라 절 밖에 일이 생겨서 제자들을 다 보내고 선사 혼자 절을 지키고 있었다. 제자들도 없는지라 무료하여 불경을 읽고 있었는데 옷을 남루하게 입은 걸인이 와서 동냥을 청하였다. 그러니 절에서 만만하게 줄 것은 없고 이리저리 고민하다가 법당을 쳐다보니 황금으로 만든 부처가 눈에 들어오는지라 부처님을 안아다가 주면서 팔아서 집도 사고 논도 사서 잘 살라고 일렀다.

저녁 때가 되어 제자들이 돌아와 법당을 보니 부처님이 안 계시는지라 선사에게 달려가서 부처님이 없다고 하니, 선사가 웃으면서 동냥을 온 걸인에게 주었노라고 하였다. 이 말을 들은 제자들은 수긍을 하지 않고 언짢게 생각하면서 어떻게 부처님을 주었느냐고 반문하지 않을 수 없었다.

이에 선사는 부처님이 지금 여기에 계신다면 더하셨을 것이라 하면서 나야 그가 불쌍하니까 겨우 물질을 베풀어 준 것이지만, 부처님은 물질은 물론 영생 영겁을 통하여 가난을 면하고 인도에 태어나 걸인이 되지 않고 부귀영화를 누리며 잘살 수 있는 제도(濟度)를 통한 구원(救援)을 주셨을 것이라고 말하였다.

이 말을 들은 제자들은 과연 우리의 큰 스승이라 하면서 부끄럽게 여기고 죄송스럽게 생각하며 더 잘 모시고 열심히 공부하여 큰 스님들이 되었다 한다.

우리가 오가면서 빈손으로 왔다가 빈손으로 간다는 문구를 떠올리지 않더라도 다 주라 하였다. 못 주어서 한이 되도록 다 내어주어야 한다고 하였다. 그들이 내 몸이다. 내 몸을 내가 슬프게 만들어서는 안 된다.

그러므로 먹을 것이 없으면 먹을 것을 주고, 입을 것이 없으면 입을 것을 주어서 그들이 살아가는 것이 바로 내가 사는 것이요, 그들이 죽어가는 것이 바로 내가 죽는 것이라는 동체의 대자비심을 발휘할 때 세상은 아름다운 극락이요 정토의 세계가 펼쳐지게 된다.

자비에는 삼연(三緣)이 있다.

첫째는, 중생과 인연을 맺음은 이에 작은 자비이요,
둘째는, 법과 인연을 맺음은 중간 자비이며,
셋째는, 인연이 없는 것까지 맺음이 큰 자비이다.
(一者 衆生緣是小悲, 二者 法緣是中悲, 三者 無緣是大悲.)

| 음여일송(吟余一頌) | 나도 한 송 읊조리니,

부 빈 원 불 별
富貧原不別 부자와 가난 원래 나뉘지 않고

귀 천 역 비 분
貴賤亦非分 귀함과 천함도 또한 나뉨 아니어라.

동 체 자 비 자
同體慈悲者 한 몸의 자비라는 것은

시 상 본 멸 운
施相本滅云 베풀었다는 상 본래 없음을 이름이네.

베풀고도 베푼 바가 없어야 한다. 본래 내 재산, 네 물건은 없다. 잘 살고 귀하다는 것은 내가 4~50여 년 맡은 것에 지나지 않는다. 그 사이에도 굴곡이 많아서 자칫 잃어 가난과 천함으로 전락할 수도 있다. 그러나 동체의 자비라는 것은 이것저것 따지고 헤아리는 것이 아니라, 관념과 상이 없이 주고 주었다는 관념과 상까지 놓아 버리는 자비를 말한다.

47

| 원문(原文) |

有人이 來害어든 當自攝心[1]하야 勿生瞋恨[2]하라. 一念瞋心
起하면 百萬障門開니라.

어떤 사람이 와서 해롭게 하거든 마땅히 스스로 마음을 거두어
성내거나 한스러움을 내지 말라. 한 생각 성내는 마음 일어나면 백만
가지 장애의 문이 열리나니라.

| 자해원문(自解原文) |

煩惱雖無量이나 瞋慢이 爲甚이라. 涅槃[3]云 「塗割에 兩無心[4]
하라.」 하시니 瞋如冷雲中에 霹靂起火來니라.

번뇌가 비록 한량없으나 성내고 거만함이 가장 심하니 『열반경』
에 이르기를, "바르고 베임에 두 마음이 없으라." 하시니, 성내는 것
은 차가운 구름 속에서 벼락치고 번갯불이 일어나는 것과 같나니라.

1) **섭심(攝心)**: ①산란한 마음을 하나의 대상에 집중하여 마음을 통일하
는 것. 마음을 가다듬어 흩어지지 않게 하는 것. ②일정한 기간 동안
오로지 좌선만 하는 수행.

2) **진한(瞋恨)**: 진은 눈을 부릅뜨며 성낸다는 뜻이요, 한은 원망하고 미워
한다는 뜻이다.

3) **열반(涅槃)**: 여기서는 『열반경(涅槃經)』을 말한다. 『열반경』은 『대반열
반경(大般涅槃經)』의 준말이다. 석가모니불의 열반에 관해서 말한 경
전으로 소승과 대승의 두 가지가 있다. 소승의 열반경은 주로 역사적
으로 기록한 것으로서 석가모니불의 열반 전후에 걸쳐 유행(遊行) ·
발병(發病) · 최후의 유훈(遺訓) · 입멸 후의 비탄 · 사리(舍利) 팔등분
등을 중요 내용으로 하고 있다. 대승의 열반경은 교리를 중심으로 하
여 열반의 이상, 곧 불교의 이상을 묘사하고 있다. 법신이 상주한다
는 근거에서 불성은 본래 갖추어 있고, 일체중생에게 보편적인 것임
을 역설하여 적극적으로 열반을 상 · 락 · 아 · 정(常樂我淨)이라 하고
있다.

4) **도할양무심(塗割兩無心)**: 한 사람은 와서 칼로 그 팔을 찍어 내고, 한 사
람은 와서 전단향수(栴檀香水)로 씻어 주고 좋은 약을 발라 준다 하여
도, 그 사람을 미워한다거나 감사하다는 생각이 모두 없어야 한다.

당(唐)나라 때 제주(濟州) 영광사(靈光寺)라는 절에 한 늙은 스님이 있었는데 계행이 청정하였다. 항상 발우 하나를 가지고 수십 년을 사용하면서 다른 사람은 만지지 못하게 하였다.

그러던 어느 날 갑자기 일이 있어서 사미더러 발우를 씻으라고 했는데 잘못하여 발우를 내려뜨려 깨뜨리고 말았다. 이에 늙은 스님은 이 말을 듣고 놀라 실성한 나머지 그만 병이 들어 자리에 눕자 얼마 안 되어 세상을 떠나고 말았다. 제자들은 시신을 들에다 버렸는데 며칠이 되자 큰 뱀(大蛇)으로 변하더니 절에 들어와 그 사미를 머리에서 발까지 칭칭 감아 풀어주지 않고 곧 삼키려 하였다.

이를 본 대중들은 놀라 주문을 외면서 "발우 하나를 아끼다가 깨뜨림으로 성내어 독을 품고 죽어서 뱀이 되었으면서 지난 허물을 뉘우치지 아니하고, 또한 제자를 삼키려고까지 하니 매우 큰 죄업을 어찌할 것인고?" 하면서 선과 악을 말하여주고 크게 참회하라 하였다. 그러자 얼마 있다가 풀어주고 가거늘, 이에 사미는 10여 일을 혼수상태에 있다가 깨어났다.

이 이야기는 성내는 마음의 죄업이 이렇게 크다는 사실을 말하는 것이니, 심하면 지옥에 떨어질 뿐만 아니라 죽는 즉시 악독한 뱀의 몸을 받을 수 있음으로 절대 삼가 기쁘고 즐겁게 살아야 한다.

『화엄경(華嚴經)』에 "한번 성내는데 온갖 장애의 문이 열린다" 하였으니, 그 장애의 문이란 "보리(菩提)를 보지 못하는 장애이며, 바른 법을 듣지 못하는 장애이며, 악도에 떨어지는 장애이며, 병이 많은 장애이며, 비방을 많이 듣게 되는 장애이며, 정신이 아둔한 장애이

며, 지혜가 적은 장애이며, 부처님의 정법을 여의게 되는 장애이며,
가난한 보를 받는 장애이며, 축생보를 받는 장애이며, 부정한 나라에
나는 장애 등등" 여러 가지 장애가 있게 되는 사실을 이야기 하였으
니 조심하고 삼가서 성냄을 누그리고 경계하며 조절을 해야 한다.

┃음여일송(吟余一頌)┃ 나도 한 송 읊조리니,

一 念 些 瞋 出　한 생각 작은 성이라도 내면

千 煩 頓 起 侵　천 가지 번뇌가 단번 일어 침노하니

或 人 來 害 我　혹 사람이 와서 나를 해롭게 하여도

莫 怒 對 無 心　성내지 말고 무심으로 대하라.

　성내는 마음과 행동이 참으로 무섭다. 이로 인하여 온갖 번
뇌가 일어나고 침노하여 마음을 괴롭히고 일을 그르치게 한
다. 그러므로 어느 누가 와서 나를 괴롭히고 해를 끼친다고
할지라도 원한을 품거나 성질을 부리지 말고, 맑은 마음과 원
래 없는 마음으로 대함으로써 우선 내 마음이 맑고 평안하며
남에게도 손해나 불쾌감을 끼치지 않고 살아가게 된다.

48

참음이 수행이다

| 원문(原文) |

若無忍行하면 萬行不成[1]이니라.

만일 참아내는 수행이 없다면 만 가지 행을 이루지 못 하나니라.

| 자해원문(自解原文) |

行門이 雖無量이나 慈忍[2]이 爲根源이니라. 高德云「忍心은 如幻夢이요, 辱境은 若龜毛[3]라.」하시니라.

수행하는 문이 비록 한량없지만 자비와 인욕이 근원이 되느니라.
고덕이 이르되, "참는 마음이 꼭두각시의 꿈이라면, 욕됨의 경계는 거북의 털과 같나니라.” 하시니라.

1) **약무인행 만행불성**(若無忍行 萬行不成): 인욕수행을 하지 아니하면 육바라밀을 이룰 수 없다는 말. 육바라밀은 보살이 수행하는 보시 · 지계 · 인욕 · 정진 · 선정 · 지혜이다. 욕심 경계나 고통의 경계를 당해서 인욕수행을 해야만 육바라밀을 수행할 수 있다는 말이다.

2) **자인**(慈忍): 자비인욕(慈悲忍辱)을 말한다. 즉 사랑하고 가엾게 여기며 욕됨과 고통을 참는 일이다. 자비란 이미 위에서 설명을 하였고, 인욕이란 욕되는 것을 견디어 참는다는 의미로 여섯 가지 바라밀(六波羅蜜) 가운데 하나이다. 어떤 곤란이나 역경을 당하더라도 남을 원망하거나 성내지 말고, 또한 그 고통과 곤란을 피하려고만 하지 말고 즐겁게 받아들일 수 있어야 한다.

3) **약귀모**(若龜毛): 꼭두각시의 꿈이나 거북의 털이나 모두 없는 것을 표현하는 말이다. 도인으로서 ‘나와 남’의 구별(人我相)이나 ‘능소(能所)’의 관념이 있어서는 안 된다. 욕됨을 참는 것도 참으로 ‘나’가 없는 이치를 밝게 알면 욕을 받을 주체가 없는데, 욕이 되고 곤란이 될 객체가 어디 있으랴.

옛날 중국에 9대를 동거(同居)한 집안이 있었다.

“장공예는 9대가 한집에 살아서 북제와 수, 당이 모두 그 문에 정표를 했다. 인덕 연간에 고종이 태산(泰山)에 봉선(封禪)하고 그 집에

행차하여 공예를 불러서 보고 능히 가족이 화목한 도리를 물었다. 이에 공예가 종이와 붓을 청하여 대답하기를, '참을 인(忍)'의 글자 100여 자를 써서 올렸다. 그 의미는 종족(宗族)이 화목치 못한 까닭이란 존장이 의복, 음식을 분배함이 고르지 못함에 있고, 항렬이 낮은 자와 젊은이들이 예절에 불비(不備)함이 있어서 서로 책망하고 의견이 대립되어 다투는 데 있으므로, 능히 참는다면 가도가 화목하게 되리라(張公藝九世同居 北齊隋唐 皆旌表其門. 隣德中 高宗 封太山 幸其宅 召見公藝 問其所以能睦族之道 公藝請紙筆以對 乃書忍字百餘 以進 其意 以爲宗族所以不協 由尊長衣食 或有不均 卑幼禮節 或有不備 更相責望 遂爲乖爭 苟能相與忍之則家道雍睦矣)."고 하였다.

과거 중국의 대가족제도 하에서 9대가 한집에 산다는 것은 보기 드문 일이기 때문에 나라에서 정문을 세워 표창까지 했다. 집안이 화목하는 이유를 묻는 천자에게 '참을 인자' 100자 이상을 써서 올리므로 대답을 대신하였다. 부모 자식 사이에도 한집에서 살기를 기피하는 오늘의 이 시대에 상상하기 힘든 일이요 보기 드문 일이 아닐 수 없다.

장공예의 〈백인가(百忍歌)〉 중에서

"인내는 대인의 도량이요, 군자의 근본이네.
능히 참으면 여름이 덥지 않고, 능히 참으면 겨울이 춥지 않네.
능히 참으면 가난해도 또한 즐겁고, 능히 참으면 삶이 또한 영원하네.
귀함도 참지 못하면 기울어지고, 부유함도 참지 못하면 덜어지네.
작은 일을 참지 못하면 큰일로 변하고, 선한 일을 참지 못하면 마침내 한을 이루네.

부모와 자식이 참지 못하면 자애와 효를 잃고, 형과 아우가 참지 못하면 사랑과 존경을 잃네.

친구가 참지 못하면 의기를 잃고, 지아비와 지어미가 참지 못하면 다툼이 많아지네.

(忍是大人之氣量　忍是君子之根本　能忍夏不熱　能忍冬不冷　能忍貧亦樂　能忍壽亦永　貴不忍則傾　富不忍則損　不忍小事變大事　不忍善事終成恨　父子不忍失慈孝　兄弟不忍失愛敬　朋友不忍失義氣　夫婦不忍多爭競)

따라서 인욕(忍辱)이란, 6바라밀의 하나로 그 자체가 바로 수행이 되는 것이므로 참고 참고 또 참아서 더 이상 안 참아도 되는 경지에 이르게 되면 자연 인력(忍力)이 생기고 정력(定力)이 쌓여서 어떤 경계나 무슨 일이든 힘들이지 아니하고 자유롭게 처리할 수 있게 되는 것이니 참는 힘이 참으로 큰 수양이라 할 수 있다.

| 음여일송(吟余一頌) | 나도 한 송 읊조리니,

부 육 바 라 밀
夫六波羅密　대범 여섯 바라밀에

중 요 인 욕 행
重要忍辱行　인욕을 행함이 중요하다네.

역 수 저 정 력
力修儲定力　수행에 힘써 정력이 쌓이면

만 사 불 비 성
萬事不非成　뭇 일 이뤄지지 않음 없으리.

참음 자체가 바로 수행이라 할 수 있는 것이니, 이 참음은 안으로 불같이 일어나는 욕심을 소멸시켜 청정한 마음을 이루고, 밖으로 욕됨을 불러들이는 온갖 사상(事上)의 경계를 잘 처리하여 끌리지 않는 힘을 갖추는 일이라, 이렇게 안과 밖으로 참는 힘을 가지게 된다면 어떤 일이라도 이루지 못할 바가 없을 것이니 평소에 참는 공부를 많이 하여 인력(忍力)을 배양해야 한다.

49

본래 마음 지킴이 정진

| 원문(原文) |

수 본 진 심　　　제 일 정 진
守本眞心[1]이 **第一精進**[2]이니라.

본래 참된 마음을 지킴이 첫째 가는 정진이니라.

| 자해원문(自解原文) |

약 기 정 진 심　　　시 망　　　비 정 진　　　고　운　막 망 상　막 망
若起精進心하면 **是妄**이요, **非精進**이라. **故로 云「莫妄想**[3]**莫妄**
상　　　　　　해 태 자　　상 상 망 후　　　시 자 기 인 야
想」하라 하니라. **懈怠者**는 **常常望後**하나니 **是自棄人也**니라.

만일 정진할 마음을 일으킨다면 이것은 망상이요, 정진이 아니
라. 그러므로 이르기를, "망령된 생각내지 말라! 망령된 생각내지 말

라!"한 것이라. 게으른 사람은 항상 뒤만 바라나니 이는 자신을 버리는 사람이니라.

┃ 주석(註釋) ┃

1) **진심**(眞心): ①진리를 깨달은 마음. ②거짓이 없이 참된 마음. 진리와 자기의 양심을 속이지 않는 마음. ③진리를 바르게 믿는 마음.

2) **정진**(精進): 범어로 Vīrya라 하는데 그 음을 따라 비리야(毘利耶 · 毘離耶) · 미리야(尾利也)라고도 쓴다. 보살이 수행하는 육바라밀(六波羅密)의 하나. 순일하고 물들지 않는(純一無染) 마음으로 부지런히 닦아 줄기차게 나아가는 것이다. 그러나 닦는 생각(能)과 닦는 것(所)이 있어서는 안 된다. 수행함이 없이 수행하는 것이 정진이다.

3) **막망상**(莫妄想): ①『전등록(傳燈錄)』을 보면 분양(汾陽)의 무업선사(無業禪師, 762-823)는 누가 무슨 말을 묻든지 한결같이 대답하기를, "망령된 생각 내지 말라!"고 하였다. ②망상을 하지 말라는 뜻으로, 사량계교 · 분별 시비의 마음에 빠지지 말라는 말. ③망상에 사로잡히는 것은 번뇌심을 불러일으키는 것이므로 수행에 큰 방해가 된다. 망상에 사로잡힌 사람을 꾸짖고 훈계하는 말로 분별시비 도방하(分別是非 都放下)와 같은 뜻이다.

┃ 해의(解義) ┃

『전등록(傳燈錄)』이나 『오등회원(五燈會元)』을 보면, 마조도일(馬祖道一) 선사의 문하인 분주무업(汾州無業) 선사의 이야기가 나온다.

임제종의 영원사(永源寺)를 개산(開山)한 적실원광(寂室元光) 선사는 무업에 대해 항상 이렇게 말했다. "무업의 일생은 망령스런 생각을 내지 않는 것이었다."고 하였으니, 무업선사는 평생토록 "망상내지 말라"는 신조를 가지고 수행을 하였고 사람들을 교화 하였다. 그리하여 누가 도를 물어오고 진리를 물어올 때마다 "망상을 내지 말라"고 일할을 토해 냈다.

망상(妄想)이란 무엇일까? 바로 '허망한 생각' 또는는 '멋대로의 생각' 또는는 '올바르지 못한 생각' 또는는 '번뇌가 끓는 생각' 등으로 공상(空想)과 같은 뜻이다. 즉 이치에 맞지 않는 생각이며, 객관적으로는 잘못된 생각이며, 자기만 진실이라 확신하여 고집하고 집착하는 것이며, 병적으로 잘못된 판단이나 확신이며, 나아가 마음이나 생각이 물들어 추잡한 상태로 이 망상을 헤어나지 못하면 결코 진리를 깨닫는다거나 자기를 정화시킬 수 없다.

공부하는 사람이 망상에 사로잡히면 그 자체가 바로 몸과 마음의 고통이다. 사실 선적인 입장에서 본다면 무슨 '부처다', '진리다', '깨달았다', '도를 얻었다', '법을 알았다', '마음이 열렸다' 하는 등 이것이 오히려 하나의 망상이요 집착이며 얽어 매임으로 본래 순수하고 청정한 본심이 오염되고 은폐되는 현상이다.

어느 옛사람이 "내 마음을 만약 거울에 비춰 본다면, 필시 추한 모습이리라."라고 읊었듯이 망상에 물든 추악한 마음의 형상은 차마 볼 수 없고 차마 떠올리기도 싫다.

중국 송나라 때 선승 무학조원(無學祖元)이 시종(時宗)에게 "번뇌를 일으키지 말라(莫煩惱)."는 한마디를 해주었는데 시종은 잊지 않았다. 그 뒤 시종이 미증유의 국난을 극복하고 나라를 안정시켰는데 이는 '막번뇌' 에 투철했기 때문이었다고 한다.

'막번뇌' 라는 말은 '막망상' 과 동의어이다. 공자도 '사무사(思無邪)' 라 하여 '생각에 삿됨이 없어야 한다' 고 하였으니 비슷한 말이라 할 수 있다.

누구는 말했다. "망상이 없을 때 마음이 바로 불국토(佛國土)이다." 그렇다. 날마다 좋은 날(日日是好日)이라는 것이 번뇌가 일어나고 망상이 고개를 드는 것으로는 이룰 수 없고, 오직 번뇌나 망상에서 벗어났을 때 비로소 얻고 누릴 수 있다.

『한산시(寒山詩)』에 "인생은 백 세에 차지 못하면서 언제나 천 년의 근심을 품는다(人世不滿百 常懷千載憂)." 라 하였다. 다시 말하면, 인간은 백 년을 살지 못하면서 천 년 뒤에 일어날 일까지 걱정하는 어리석음을 범하고 있다는 것이니, 이러한 것이 바로 망상이요 번뇌이다.

| 음여일송(吟余一頌) | 나도 한 송 읊조리니,

夫 原 來 佛 祖 　대범 원래 부처이요 조사이니
(부 원 래 불 조)

精 進 本 始 非 　정진하는 것이 본래부터 그름이네.
(정 진 본 시 비)

若 守 眞 心 體 　만일에 참 마음의 바탕을 지키면
(약 수 진 심 체)

無 行 圻 大 機 　수행 없지만 큰 기틀을 터트리리라.
(무 행 탁 대 기)

원래 부처였다. 그리고 조사였다. 그래서 수행도 필요가 없고 끊음도 필요가 없다. 어찌 참 마음에 끼어 있는 먼지가 있

고 붙어있는 찌꺼기가 있겠는가? 모두 부질없는 짓거리요 쓸
데없는 행위이다. 오직 맑고 밝은 자기 마음 그대로 살면 된
다. 오히려 이것저것 저것이것 하려다가 망상을 키우고 번뇌
를 일으켜 자기 부처, 자기 조사를 묻고 멀리하여 깨어나지
못하게 한다.

50

주문을 지니자

| 원문(原文) |

持呪[1]者는 現業[2]은 易制라, 自行可違어니와 宿業[3]은 難除라,
必借神力[4]이니라.

주문(진언)을 지니는 것은 금생에 지은 업은 억제하기 쉬움이라,
스스로 가히 달아나려니와 전생에 지은 업은 제거하기 어려움이라
반드시 신비한 힘을 빌려야 하느니라.

| 자해원문(自解原文) |

摩登[5]의 得果가 信不誣矣라. 故로 不持神呪하고 遠離魔事者
는 無有是處니라.

마등가가 도과(道果)를 얻은 것은 진실로 속임이 아니라. 그러므
로 신비한 주문(진언)을 지니지 아니하고 마군의 일삼음을 멀리 여읜
다는 것은 이러한 경우는 있을 수 없나니라.

| 주석(註釋) |

1) **지주**(持呪): 주문(呪文), 진언(眞言)이다. [범]mantra 음대로 써서 만다라
(曼多羅)라 하고, 뜻으로 번역하여 진언(眞言)·신주(神呪)·비밀어(祕密
語)라고도 한다. 참되어서 허망하지 않은 말이란 뜻도 되고, 진여(眞
如)의 법을 가르치는 말씀이란 뜻도 되며, 그 미묘한 뜻과 신비한 힘
은 말로 설명할 수 없고 생각으로도 헤아릴 수 없다 하여 신주(神呪)라
고도 하며, 비밀주(祕密呪)라고도 하고, 모든 이치가 다 갖추어 있다(摠
持) 하여 다라니(陀羅尼)라고도 한다. 따라서 이것은 번역하지 않고 범
음(梵音) 그대로 외게 된다. 여러 글자로 된 것도 있고, 한자로 된 것도
있으며, 글자 없는데 이치로 볼 때에는 물소리나 바람 소리까지도 모
두 다 진언 아님이 없다.

2) **현업**(現業): 순현업(順現業)을 말하는 것으로, 현생에 지은 선악의 업에
따라서 현생에 그 과보를 받게 되는 것.

3) **숙업**(宿業): 숙세·숙겁에 쌓은 업. 아득히 오랜 옛날부터 살아오면서
끊임없이 짓고 받게 되는 인과. 인간은 숙세에 윤회 전생하면서 끊임
없이 짓고 받는다. 좋은 일, 나쁜 일, 기쁜 일, 슬픈 일, 착한 일, 악한
일, 그 모든 것이 인생의 생로병사요 희로애락이며 육도윤회이다.

4) **신력**(神力): 신묘한 도력(道力), 또는 그런 힘의 작용.

5) **마등가**(摩登伽): [범]Mātaṅga 인도에서 가장 천하게 여기는 백정(白丁)
같은 종성(種姓)의 남자를 일컫는 이름이다. 여자는 마등기(摩登祇

Mātaṅgi)라 한다. 그들 가운데서 발길제(鉢吉帝, Prakṛri)라 하는 여인이
아난존자를 보고 부정한 마음을 일으켜서 요망한 주술(邪呪)로써 아난
을 유인하여 그의 방 안에 붙잡아 두었다. 그때 문수보살이 정광신주
(頂光神呪)로써 두 사람을 건져 내었다. 그 여인은 마침내 머리를 깎고
기원정사(祇園精舍)에 가서 부처님의 설법을 듣고 곧 깨쳐서 아라한(阿
羅漢)이 되었다.

| 해의(解義) |

공부하는 사람이 자기의 힘만 가지고 소원을 성취한다는 것은 어
려운 일일 뿐만 아니라 쉽게 되는 일도 아니다. 반드시 어떤 힘을 빌
리고 또 인도를 받음으로서 고비를 넘기가 훨씬 더 수월할 수 있다.

이러한 의미에서 주문(呪文)을 마음속과 가슴속에 지니라고 한다.
주문은 우리가 상상할 수 없는 불가사의한 힘이 그 가운데 깔아 있는
것이어서 부지런히 외워 일심을 이루면 자신도 모르는 사이에 목적
을 이루게 된다.

따라서 이런 주문을 지님으로서 현생에 지은 업장은 물론이지만
과거 세상에 지은 업장까지도 녹아지고 제거되어 맑고 밝은 자기의
진체(眞體)로 돌아갈 수 있다 제시하고 있다.

그 예로 마등가녀(摩登伽女)는 천한 종족의 딸로 부처님의 제자인
‘아난다(阿難陀)’를 유혹하여 침실로 끌어들였지만 부처님께서 백호
광명을 놓아 그 광명 속에서 부처님이 나타나 비밀의 주문으로 그 두
사람을 건져냈는데 마등가는 머리를 깎고 중이 되어 아라한(阿羅漢)
을 이루게 되었다.

이렇게 본다면, 주문인 진언은 특히 불교의 입장에서 신비하고 영적(靈的)인 능력을 가진 신성한 말이다. 큰 소리로 또는 마음속으로만 부르면서 일정시간 계속하고 반복을 한다. 대개 진언이란 말 자체에 별스런 의미가 없다고 할지라도 그 내면에는 심오한 의미가 내재되었기 때문에 영적인 지혜의 정수(精髓)로 여겨지고 있다.

그러므로 특정한 주문을 반복해서 암송하거나 명상을 한다면 탈아(脫我)의 경지인 무아(無我)로 들어가서 높은 차원의 정신적인 깨달음에 도달하게 된다. 따라서 정신적인 깨달음 외에도 심리적이거나 영적인 목적, 예를 들어, 사악한 영들의 세력으로부터 자신을 보호하기 위해서도 여러 종류의 진언을 사용하고 있다.

불교에서 많이 외는 '옴 마니 반메 훔(산스크리트어:oṁ maṇi padme hūṁ. 중국어:唵嘛呢叭咪吽, 병음:Ǎn Má Ní Bā Mī Hōng. 한국어:옴 마니 파드메 훔)'이 이런 종류이다.

| 음여일송(吟余一頌) | 나도 한 송 읊조리니,

일 심 지 주 암
一 心 持 呪 語　한마음으로 주문을 지녀 외면

중 업 자 연 소
衆 業 自 然 消　뭇 업장 자연히 사라진다네.

인 차 신 령 력
人 借 神 靈 力　사람이 신령한 힘을 빌리면

성 성 탈 아 소
成 醒 脫 我 昭　깨달음 이루고 나를 벗어나 밝으리.

주문(呪文)이란 신력(神力), 곧 영력(靈力)을 가졌다. 그래서 외거나 지니면 업장이 녹아지고 악취(惡趣)로부터 벗어날 수 있으며 악귀(惡鬼)의 침입을 예방하는 효과도 있는 것이요, 더 나아가 깨달음까지 이루게 되는 것이니 단지 입으로만 외려 말고 마음에 새겨 일심의 주력(呪力)을 이룬다면 상상하지 못할 효과가 나타나게 된다.

51

| 원문(原文) |

예배 자 경야 복야 공경진성 굴복무명
禮拜[1]者는 敬也요 伏也이니 恭敬眞性[2]하고 屈伏無明이니라.

예배라 하는 것은 공경하는 것이요 굴복하는 것이니, 참된 성품을 공경하고 무명을 굴복시키나니라.

| 자해원문(自解原文) |

신 구 의 청 정 즉 출 세
身口意[3]가 淸淨이 則出世[4]니라.

몸과 입과 뜻이 맑고 조촐함이, 곧 (불보살이) 세간을 나옴이니라.

| **주석(註釋)** |

1) 예배(禮拜): 신앙의 대상에 대해 존경하는 뜻에서 경배(敬拜)하는 것. 종교의식의 중심을 이루는 것으로, 존경하는 대상에 대해 공순(恭順) 의 뜻을 나타낸다. 불교에서 합장하거나 기독교에서 십자가를 긋는 것 등은 대표적인 예배의 양식이다. 종교마다 독특한 예배양식이 있 다. 불교에 있어서 경문의 독송과 칭명(稱名), 기독교에 있어서 일요예 배와 미사, 이슬람교에 있어서 알라신을 향해 경배하는 것, 또는 그 밖의 종교에 있어서 공희(供犧)와 신악(神樂) 등도 다 예배이다. 예배의 내용은 신앙의 대상에 대해 그 은혜를 기원하는 청원의례와 그 사랑 과 은혜에 대해 감사의 뜻을 나타내는 응답의례의 두 가지가 있다. 예 배는 신자들의 정신통일과 신앙심을 측정하는 수단으로서 각 종교에 있어 매우 중요시되고 있다.

2) 진성(眞性): ①우리들의 본래 마음·자성·성품·본성을 말한다. 거짓 이 아닌 것을 진(眞)이라 하고, 변하지 않는 것을 성(性)이라 한다. ② 우주 만물의 본체. 진여. ③인위적이 아닌 있는 그대로의 성질. 천부 적·천성적인 성질. 순진하고 진실한 성질.

3) 신구의(身口意): 신(身)·구(口)·의(意) 삼업(三業)을 말한다. 몸으로, 입 으로, 뜻으로 짓게 되는 세 가지 업이다. 사람은 경계 속에서 선악의 업을 짓게 되는데 몸·입·뜻으로 짓게 된다. 몸으로 짓는 악업은 살 생·투도·간음, 입으로 짓는 악업은 망어(妄語)·기어(綺語)·악구(惡 口)·양설(兩舌), 뜻으로 짓는 악업은 탐욕·진에·우치를 말한다. 이 를 십악업(十惡業)이라 하고, 이와 반대되는 것을 십선업(十善業)이라 한다.

4) 출세(出世): ①불보살이 중생들을 교화하기 위하여 사바세계에 태어나 는 것. ②덕행이 높은 선승이 법석을 열어 설법하는 것. ③세속세계 를 떠나서 불도수행의 길로 들어가는 것.

예란 어떤 의미를 가졌는가? 『설문(說文)』에 "예란 밟아 나가는 것이니, 이유는 신을 섬겨 복이 이르게 하는 것이라(禮 履也 所以事神 致福也)."고 하였다.

또한 예배란 어떤 의미를 가졌는가? 예배란 "신을 향하여 경례를 바치는 것이라(向神致敬禮也)."고 하였다.

이렇게 볼 때 예배는 하느님이나 신, 또는 부처님이나 성자를 향하여 정성을 바치고, 그 바침에 따라 복이나 서상(瑞祥)이 이르고 내리도록 한다는 의미를 내포하고 있다.

그러나 불교적인 입장에서 볼 때 예배라는 것은 의타(依他)가 아닌 자발(自發)로 공경하는 것이요 굴복시키는 것으로, 자신의 참된 성품을 공경하고 무명이나 업장, 번뇌나 마군을 굴복시킨다는 의미를 지니고 있다.

더욱이 자신의 몸과 마음, 그리고 행동과 마음을 청정하게 가짐으로써 속세에 처해 있지만 속세를 뛰어넘고(處俗脫俗), 티끌에 묻혀 있지만 티끌을 벗어나는(居塵出塵) 것이 바로 부처가 세상에 나타난 것이요, 자신이 새롭게 세상에 태어난 것과 같은 것이다.

| 음여일송(吟余一頌) | 나도 한 송 읊조리니,

계 수 청 심 배
稽 首 淸 心 拜　머리 조아려 맑은 맘으로 절함은

자 신 자 항 행
自 身 自 降 行　자신을 스스로 내리는 행위이네.

做 恒 眞 性 敬　항상 참된 성품을 공경하고
隨 屈 伏 無 明　따라서 무명을 굴복시켜야 하리.

　　맑고 밝은 마음으로 신이나 부처를 향해 예배하고 공경하는 것은 결국 자신을 그들 앞에 내리고 낮추는 행위이지만 사실은 자신을 높이고 공경하는 의미가 된다. 왜냐하면 신이나 부처가 저 멀리 있는 것이 아니라 바로 자신이기 때문에 자신의 참 성품을 그대로 불성(佛性)이나 신성(神性)이나 천성(天性)으로 믿고 공경함으로써 무명이나 번뇌가 자연 소멸하여 청정한 본연의 모습으로 되돌려지게 된다.

念佛[1]者는 在口曰誦이요, 在心曰念이니 徒誦失念하면 於
道無益이니라.

염불이란 입으로 말하자면 '외는 것이요', 마음으로 말하자면
'생각하는 것이라' 한갓 외기만 하고 생각으로 잃으면 도에 이익이
없나니라.

阿彌陀佛[2]六字法門이 定出輪廻之捷徑也라. 心則緣佛境界하
야 憶持不忘하고 口則稱佛名號하야 分明不亂이니 如是心口相

응　명왈염불
應이 名曰念佛이니라.

　　'나무아미타불'의 육자 법문이 결정코 윤회를 벗어나는 지름길이라. 마음으로는 부처님의 경계를 인연하여 생각하고 가져 잊지 아니하고, 입으로는 부처님의 명호를 칭송하여 분명하고 어지럽게 아니할지니, 이와 같이 마음과 입이 서로 호응하는 것을 일러 '염불'이라 하나니라.

평왈
評曰

五祖[3]云「守本眞心이 勝念十方[4]諸佛이라.」 하시고 六祖云

「常念他佛이 未免生死라, 守我本心이 則到彼岸[5]이라.」 하시고

又云「佛向性中作이요, 莫向身外求어다.」 又云「迷人은 念佛求

生하고 悟人은 自淨其心이라.」 又云「大抵衆生이 悟心自度[6]요,

佛不能度衆生云云이라.」 하시니라, 如上諸德이 直指本心[7]하고

別無方便하니 理實如是나 然이나 迹門[8]에 實有極樂世界에 阿

彌陀佛이 有四十八大願[9]하니 凡念十聲[10]者는 承此願力하여 理

生蓮胎[11]하여 往脫輪廻라 함은 三世[12]諸佛이 異口同音하시고 十

方菩薩이 同願往生이라. 又況古今往生之人이 傳記에 昭昭하니

願諸行者는 愼勿錯認하고 勉之勉之어다.

　오조스님이 이르기를, "본래 참 마음을 지키는 것이 시방세계의 모든 부처님을 생각하는 것보다 낫다." 하시고, 육조스님은 "항상 다른 부처님을 생각하면 생사를 면하지 못할 것이라, 나의 본심을 지킴이 곧 저 언덕에 이름이라." 하시고, 또 이르기를, "부처는 자기 성품 가운데를 향하여 일으킬 것이요, 몸 밖을 향하여 찾지 말라." 하시며, 또 이르기를, "어리석은 사람은 염불하여 (극락세계에) 나고자 하지만, 깨달은 사람은 스스로 그 마음을 깨끗이 하는 것이라." 하시고, 또 이르기를, "대저 중생이 마음을 깨쳐 스스로 제도되는 것이요, 부처님이 능히 중생을 건져주는 것은 아니다."라고 하시니, 위와 같은 모든 숙덕들이 바로 본심을 가리키고 특별한 방편은 없으시니 (바야흐로 한 법을 가져 문득 모든 근을 막는다) 이치로는 참으로 이와 같으나, 그러나 적문에서는 진실로 극락세계에 계신 아미타불이 사십팔 대원을 두시니, 무릇 열 번만 염불하는 이는 그 원의 힘을 이어서 연꽃 태속에 왕생하여 바로 윤회에서 벗어나리라. 삼세의 모든 부처님이 입은 다르지만 한가지로 말씀하였고, 시방의 보살들도 모두 왕생하기를 원하는 것이라. 또 하물며 고금에 극락세계에 왕생한 사람들이 전기에 밝고 분명하니, 바라건대 모든 수행하는 사람들은 삼가 그릇 알지 말고 힘쓰고 힘쓸지어다.

梵語에 阿彌陀는 此云 「無量壽[13]」며 亦云 「無量光[14]」이라, 十

方三世에 第一佛號也라. 因名은 「法藏比丘[15]」니 對世自在王佛[16]하여 發四十八願云 「我作佛時에 十方無央數世界諸天人民으로 以至蜎飛蝡動之流히 念我名十聲者는 必生我刹中하리라. 不得是願이면 終不成佛云云이라.」 하시고 先聖云 「唱佛一聲에 天魔喪膽하며 名除鬼簿하고 蓮出金池라.」 하고 又懺法[17]에 云 「自力他力이 一遲一速하니 欲越海者가 種樹作船은 遲也니 此自力也요, 借船越海는 速也니 非佛力也라.」 하고 又曰 「世間穉兒가 迫於水火하여 高聲大叫則父母聞之하고 急走救援하나니 如人이 臨命終時에 高聲念佛則具神通이라. 決定來迎耳니 是故로 大聖의 慈悲라 勝於父母요, 衆生의 生死라 甚於水火也라.」 有人이 云 「自心이 淨土[18]라 淨土에 不可生이요, 自性이 彌陀라 彌陀는 不可見이라.」 하니 此言이 似是而非也라 彼佛은 無貪無瞋이라. 我亦無貪無瞋乎아? 彼佛은 變地獄作蓮花가 易於反掌이라. 我則以業力으로 常恐自墮於地獄하나니 況變作蓮花乎아? 彼佛은 觀無盡世界[19]가 如在目前이어니와 我則隔壁事도 猶不知요

況見十方世界가 如目前乎아? 是故로 人人이 性則雖佛이나 而

行則衆生이니 論其相用인댄 天地懸隔이라. 圭峰[20]이 云「設實

頓悟나 終須漸行이라.」하니 誠哉라 是言也여! 然則寄於自性彌

陀者하노니 豈有天生釋迦와 自然彌陀耶아? 須自忖量하면 豈不

自知리오. 臨命終時生死苦際에 定得自在否아? 若不如是인댄

莫以一時貢高[21]로 却致永劫沈墮어다. 又馬鳴[22]龍樹[23]가 悉是

祖師로되 皆明數言敎하아 深勸往生하니 我何人哉완댄 不欲往生

고? 又佛自云하사대「西方[24]이 去此遠矣라 十萬(十惡)八千(八

邪)[25]이라.」하시니 此爲鈍根[26]說相也라. 又云하사대「西方이 去

此不遠이라, 卽心(衆生)是佛(彌陀)이라.」하시니 此爲利根[27]說性

也라 敎有權實[28]하고 語有顯密[29]하니 若解行相應者인댄 遠近俱

通也라. 故로 祖師門下에 亦有或喚阿彌陀佛者(慧遠)[30]하며 或

喚主人公[31]者(瑞巖)[32]하니라.

범어에 아미타는 이를 일러서 '한량없는 목숨' 또 일러서 '한량

없는 빛'이라 하여 시방삼세에 첫째가는 부처님의 명호이라. 연유로

이름은 '법장비구'이니, 세자재왕 부처님을 대해서 마흔여덟 가지

원을 발하시고 말씀하기를, "내가 부처를 이룰 때 시방의 셈으로 다할 수 없는 모든 하늘과 인간, 벌레가 날고 꿈틀거리는 계급까지 나의 이름을 열 번만 소리 내는 자는 반드시 나의 세계 가운데 나게 하리라. 이 소원을 이루지 못한다면 마침내 부처를 이루지 않겠나이다…." 하시고, 옛 성인이 말씀하기를, "부처님을 한 소리 내어 부르면 천마들은 간담을 잃으며 이름이 저승의 장부에서 지워지고 연꽃이 금 연못에서 나온다." 하시고, 또 "참법"에 이르기를, "자기의 힘과 남의 힘이 하나는 더디고 하나는 빠름이라, 바다를 건너려는 자가 나무를 심어 배를 만듦은 더딜 것이니 그것은 자기 힘에 비유한 것이요, 배를 빌어 바다를 건넘은 빠를 것이니 부처님의 힘에 비유한 것이라." 또 말하기를, "세간의 어린아이가 물이나 불의 급박함에 높은 소리로 부르짖으면 부모가 듣고 급히 달려가 구원하나니 만일 사람이 명을 마칠 때에 높은 소리로 염불하면, 부처님은 신통을 갖추었음이라 반드시 오셔서 맞아 가리라. 이러므로 큰 성인의 자비는 부모보다 더 수승하다 한 것이요, 중생의 나고 죽는 고통은 물이나 불보다도 더 심하다." 하시니라. 어떤 사람이 이르기를, "자기 마음이 정토라 정토에 가히 나지 않을 것이요, 자기 성품이 아미타불이라 아미타불을 가히 보려고 않을지라." 하니, 이 말이 옳은 듯하나 그른 것이라 저 부처님은 탐내거나 성냄이 없음이라. 나도 또한 탐내거나 성내지 않겠는가? 저 부처님은 지옥을 변화시켜 연꽃으로 만들기를 손바닥 뒤집기보다 쉬움이라. 나는 업력으로 항상 저절로 지옥에 떨어질까 두렵나니 하물며 변화시켜 연꽃으로 만들겠는가? 저 부처님은 다함없는 세계가 눈앞에 있는 것같이 보거니와 우리는 벽으로 막힌 일도 오히려 알지 못하면서 하물며 시방세계가 눈앞처럼 볼 것인가? 이러하므로 사람마다 성품은 비록 부처이지만 행동은 중생이니 그 현실에서 쓰임을 말한다면 하늘과 땅처럼 매달리고 막힘이라. 규봉 선사가 이르기를, "설사 실지로 단박 깨쳤으나 점차로 닦아야 하니라." 하니, 진실로 옳은 말씀이라! 그러면 "자기 성품이 아미타불이라"는 사람에게 말을 붙이노니 어찌 천생으로 된 석가여래와 자연의 아미타가 있을 것인가? 모름지기 스스로 헤아리며 어찌 스스로 알지 못 하리오. 명을 마칠 때에 이르러 삶과 죽음의 괴로움에서 반드시 자재를 얻을 것인가? 만일 이와 같지 아니할진대 한때에 잘난 체하다가 도리어 영겁이 잠기고 떨어지지 말지어다. 또 마명보살이나 용수보살이 조사스님이로되 다 분명히 말씀하고 가르침을 내려 깊이 왕생하기를 권했거늘, 나는 어떤 사람이기에 왕생을 아니 하는가? 또 부처님께서 스스로 이르시기를, "서방정토가 여기서 가기가 멀어서 십만(십악) 팔천(팔사)이라" 하시니, 이는 둔한 근기를 위하여 현실만을 말씀하신 것이라. 또 말씀하시기를, "서방정토가 여기에서 가기가 멀지 않음이라, 곧 마음(중생)이 이에 부처(아미타불)이라." 하시니, 이는 영리한 근기를 위하여 성품을 말씀하신 것이라 교문에는 권교와 실교가 있고, 말씀에는 드러남과 비밀이 있으니, 만일 앎과 행함이 서로 호응한 자일진대 멀고 가까움이 다 통하는 것이라. 그러므로 조사의 문하에서 아미타불을 부르는 이도(혜원) 주인공을 부르는 이도(서암) 있느니라.

| 주석(註釋) |

1) 염불(念佛): ①아미타불의 명호(名號)를 일심으로 부르면서 부처님의 상호(相好)·공덕을 생각하는 것. 나무아미타불을 청정일심으로 외우는 것. ②천만 경계를 하나로 모으고 청정일심을 만드는 것. 만 가지 생각을 한 생각으로 만들고, 한 생각을 만년으로 이어가는 것. ③선도(善導) 이후로는 염불이란 말이 이런 의미로 사용.

2) 아미타불(阿彌陀佛): 서방정토 극락세계에 머물면서 법을 설하는 대승불교의 부처. 무량수불(無量壽佛)·무량광불(無量光佛)이라고도 한다. 아미타불은 과거세에 법장비구(法藏比丘)였는데, 깨달음을 얻어 중생을 제도하겠다는 큰 원을 세우고 오랫동안 수행 정진한 결과 마침내 소원 성취하여 지금부터 10겁 전에 부처가 되어 현재 극락세계에 머물고 있다고 한다. 아미타불은 자신이 세운 서원으로 하여 무수한 중생들을 제도하게 되는데, 그 원을 아미타불이 되기 이전인 법장보살 때에 처음 세운 원이라 하여 본원(本願)이라고 칭하며 모두 48원이 있다고 한다. 그 가운데에 13번째의 광명무량원(光明無量願)과 15번째의 수명무량원(壽命無量願)은 아미타불의 본원을 잘 드러내주고 있다. 또 18번째의 염불왕생원(念佛往生願)은 "지극한 마음으로 불국토에 태어나려는 이는 내 이름을 염(念)하여 왕생하게 될 것"이라 하여 중생들로 하여금 염불을 통한 정토왕생의 길을 밝혀주고 있다. 아미타불의 48원의 하나하나는 한결같이 남을 위하는 자비로 가득 찬 이타행으로 되어 있다.

3) 오조(五祖): 오조홍인(五祖弘忍, 594-674). 이름은 홍인(弘忍)이고, 성은 주(周)씨인데 기주(蘄州) 황매현(黃梅縣)에서 났다. 사조(四祖)의 법을 받아 황매현 쌍봉산(雙峰山)에서 오래 교화하였다. 많은 제자들 가운데 혜능(慧能)과 신수(神秀)의 두 분이 있었으므로, 남돈(南頓) 북점(北漸)의 두 종파가 생기게 되었다. 671년에 법을 혜능에게 전하고, 당나라 고

종(高宗) 상원(上元) 2년에 일흔네 살로써 입적하였다. 시호(諡號)를 대
만선사(大滿禪師)라 하고 황매산 동산에 탑을 세웠다.

4) **시방**(十方):불교에서 우주에 대한 공간적인 구분. 동·서·남·북의
　사방(四方)과 동북·동남·서남·서북의 사유(四維)와 상·하의 열 가
　지 방향. 시간 구분인 삼세와 통칭하여 전 우주를 가리킨다.

5) **피안**(彼岸):중생들은 모두 번뇌 망상의 험악한 물결에 휩쓸려 삼재(三
　災)와 팔난(八難)의 고생 바다에 빠져 허덕이고 있다. 번뇌와 망상의
　자체가 본래 비어 없는 것임을 깨쳐서, 그 마음이 늘 고요하고 평등하
　여 생각이 일어났다 꺼졌다 하는 일이 없게 되면 사바세계가 곧 열반
　의 저 언덕이 되어 온갖 속박에서 해탈하고 영원히 근심 걱정이 없는
　큰 자유와 참 즐거움을 얻게 된다.

6) **자도**(自度):자신이 스스로 자신을 제도한다는 것으로 부처님이나 법이
　나 진리가 능히 제도시켜 주는 것이 아니라 결국 스스로 제도를 해야
　한다.

7) **본심**(本心):① 근본심(根本心)으로 제8식(아뢰야식)을 근본심이라고 하
　는데, 제8식은 물·심의 모든 법이 생겨나는 근본이기 때문이다. ②
　본래 지니고 있는 마음, 거짓이나 꾸밈이 없는 참마음.

8) **적문**(迹門):『법화경(法華經)』28품의 전반 [서품(序品)에서 안락 행품(安
　樂 行品)에 이르는 14품]에서 석가세존이 어떻게 일체 중생을 일승(一
　乘)에 회입(會入)시키는 방법을 강설했는가를 땅 위에 발자취를 남긴
　사실(史實)에 의하여 설한 부분. 제자들의 성불을 밝힘.

9) **사십팔대원**(四十八大願):아미타불이 지난 세상에서 수행할 때에 법장
　비구(法藏比丘, Dharmākara)가 되어 세자재왕불(世自在王佛, Lokeśvararā
　ja) 앞에서 장차 자기가 성불하여 주지(住持)할 이상적인 국토의 구체
　적 조건을 들어서 그것이 실현될 때라야 성불한다고 맹세하고 발원하
　였던 것이다. 마침내 그가 무한히 분투노력하여 그의 복과 덕이 쌓이

고 쌓여 그가 목표한 극락세계가 이루어지게 된다. 그 서원 가운데서 주요한 것을 들어 보면 다음과 같다. 1.그 나라 안에는 온갖 고통과 비참한 일이 아주 없을 것. 3.그 나라 사람들은 모두 얼굴이나 몸이 똑같게 될 것. 5.그 나라 사람들은 모두 육신통이 있을 것. 15.그 나라 사람들은 모두 끝없는 수명과 한량없는 광명을 가질 것. 18.어느 세계의 어떤 중생이나 그 이름(아미타불)을 열 번만 염하면 그 나라에 태어날 수 있을 것. 33.시방세계의 어떤 중생이나 모두 그의 빛을 쏘이면 그 몸과 마음이 함께 아름답게 될 것 등등. 『무량수경』에 나오는 말이다.

10) **염십성**(念十聲): 곧 십념(十念)이다. 열은 가득 찬 숫자이며 끝마침 하는 숫자다. 그러므로 열 번 염불한다는 것은, 몸과 입과 뜻의 삼업(三業) 전부와 시간 전체를 다 바치어 빈틈없이 염불하는 것을 말함이다. 일념(一念), 곧 한 생각으로 염불한다는 것도 한 번만 생각한다는 말이 아니고, 한결같은 생각 딴생각 없는 생각을 말함이니, 십념이 곧 일념인 것이다.

11) **이생연태**(理生蓮胎): 시방세계의 어떤 중생이나 염불하기 시작하면, 곧 극락세계의 금 못(金池)에 연꽃봉오리가 맺어지고 그 사람의 믿음과 정진(精進)에 따라 그 꽃봉오리가 점점 커지게 된다. 그러다가 그의 세상 인연이 다하게 되면, 그의 업식(業識)이 극락세계에 가서 그 꽃봉오리 속에 입태(入胎)하게 되어 십이 겁(劫)을 지낸 뒤에 그 꽃이 피면서 비로소 하품하생(下品下生)에 나게 된다. 십이 겁을 말함은 십이인연법(十二因緣法)을 깨치고야 완전히 극락세계에 난다는 뜻이다. 그러므로 사바세계에서도 깨치면 극락세계의 사람이 되는 것이며, 깨치지 못하면 극락세계에 갔더라도 나지 못하게 된다.

12) **삼세**(三世): [범]trayo'dhvanāḥ 과거, 현재, 미래 또는 전생, 금생, 내생을 말한다. 그 시간의 길고 짧은 것은 문제가 아니다.

13) **무량수**(無量壽):다함이 없는 영원한 생명. 형상 있는 육신은 생로병사의 과정이 있으므로 그 수명이 한정이 있으나 형상 없는 마음을 깨치고 보면 불생불멸이요 영원무궁하므로 무량수라 한다. 그러므로 본래 마음을 깨친 사람은 영원한 생명을 얻는다.

14) **무량광**(無量光):①진리를 크게 깨친 사람의 지혜 광명. 대각도인의 지혜 광명은 한량없이 많아서 이 세상을 다 비추어 주고, 아무리 오래 비추어도 다함이 없기 때문에 무량광이라 한다. ②아미타불의 광명. 아미타불의 광명은 그 수가 극히 많아서 수량으로 헤아릴 수 없고, 그 공덕은 한없이 커서 삼세에 이르도록 다함이 없기 때문에 무량광이라 한다.

15) **법장비구**(法藏比丘):아미타불이 부처가 되기 전에 보살로 수행할 때의 이름. 『무량수경』에 아미타불은 본래 한나라의 왕이었는데 발심 출가하여 이름을 법장이라 하였다. 세자재왕불(世自在王佛)에게 48대원(四十八大願)을 세우고 수행하여 성불하고, 현재의 아미타불이 되어 서방정토 극락세계에서 중생을 교화하며 항상 법을 전하고 있다고 한다.

16) **세자재왕불**(世自在王佛):세간자재왕(世間自在王)·세요왕(世饒王)이라고도 하며, 줄여서 세왕(世王)·요왕(饒王)이라고도 함. 아미타불의 법장비구 때의 사불(師佛). 『무량수경』에 있음.

17) **참법**(懺法):특별한 가행정진(加行精進)으로써 죄업을 없애기 위하여 참회(懺悔)를 닦는 법이다. 기왕 지은 허물을 뉘우치고 다시는 범하지 않기를 맹세하는 것인데, 여러 가지 경문에 따라 그 법이 각각 다르다. 또한 참회하는 본문(本文)에 앞서 그 예배하는 불·보살이나 경전을 예참(禮懺)하는 글을 첫머리에 붙여서 '예참'이라 하기도 하고, 발원하는 글을 끝에 붙여서 '참원(懺願)'이라고도 한다. 예전부터 이와 같은 참법이 하도 많지마는 그중에서 유명한 것으로는 양무제

(梁武帝)의『금강반야참법(金剛般若懺法)』, 진문제(陳文帝)의『묘법연화
경참법(妙法蓮華經懺法)』, 양(梁)나라 여러 스님들이 모아 편집한『자
비도량참법(慈悲道場懺法)』, 천태지의(天台智顗)선사의『법화삼매참의
(法華三昧懺儀)』, 원(元)나라 때에 된『예념미타도량참법(禮念彌陀道場懺
法)』같은 것들인데, 이곳에 말한 바는 '미타참법' 이다.

18) 정토(淨土): '깨끗한 세계' 란 말인데, 성인(聖人)들만이 있는 곳을 의
미한다. 모든 더럽고 흐리고 험하고 슬픈 것이 전혀 없고, 오직 깨끗
하고 아름답고 거룩하기만 한 세계를 가리킴이다. 이런 곳도 하도 많
지마는 서쪽에 있는 극락세계가 으뜸이 된다. 이러 정토에 가서 태어
나는 길에 대하여『유마경』에는 여덟 가지 길이 있다고 하였다. 1.중
생을 도와주되 아무것도 바라지 않고, 또한 중생을 대신하여 모든 고
생을 달게 받는 것. 2.모든 중생에게 대하여 평등하게 겸손한 것.
3.모든 사람을 부처님과 같이 공경하는 것. 4.모든 경전을 의심하지
않고 믿는 것. 5.대승법을 믿는 것. 6.남이 잘되는 것을 시기하지 않
는 것. 7.제 허물만 살피고 남의 잘못을 생각지 않는 것. 8.늘 온갖
공덕을 애써 닦는 것들이라 하였다. 또한 정토의 종류가 열일곱 가지
나 있다고 하여 곧은 마음(眞心), 깊은 마음(深心), 여섯 가지 건너는
법(六波羅蜜), 네 가지 끝없는 마음(四無量心), 네 가지 거두어 건져 가
는 법(四攝法), 십선법(十善法 ; 십선법은 하나로 잡는다.)을 들어서 정신상
의 정토를 말하였다. 그리하여 마음을 닦고 보면 우리의 사바세계가
곧 정토임을 가르쳤다.

19) 무진세계(無盡世界):한 개의 해가 비치는 공간에 퍼져 있는 한 태양계
(太陽系)를 한 사천하(一四天下) 또는 한 세계(一世界)라 하는데, 그런
것 천 개의 모임을 소천세계(小千世界)라 하고, 소천세계 천 개의 모
임을 중천세계(中千世界)라 하고, 중천세계 천 개의 모임을 대천세계
(大千世界) 또는 삼천대천세계라 한다. 이 우주에는 대천세계 같은 것

이 또한 한량없어서 티끌 수효와 같은 세계(微塵數世界)라고도 한다.

20) 규봉(圭峰, 780-841): 법명은 종밀(宗密), 속성은 하(何)씨. 사천성(四川省) 순경부(順慶府) 서충현(西充縣)에서 났다. 젊어서 유교를 배웠고, 스물여덟에 과거보러 가다가 수주(遂州) 도원선사(道圓禪師)를 만나 출가하여 참선하였다. 어떤 날 신도의 재(齋)에 가서 『원각경(圓角經)』을 읽다가 깨쳤다. 그 뒤 징관(澄觀)에게서 『화엄경』의 깊은 이치를 받아 가져 화엄종의 오조(五祖)가 되었으나 항상 선(禪)과 교(敎)의 일치를 주장하였다. 섬서성(陝西省) 서안부(西安府) 종남산 규봉(終南山圭峰)에 많이 있었다. 그의 저술은 『원각경대소(圓覺經大疏)』 3권과 그 『석의초(釋義抄)』 13권, 『〈화엄경윤관(華嚴經綸貫)〉』 15권, 『선원제전집도서(禪源諸詮集都序)』 2권, 『기신론소(起信論疏)』 4권, 『원각도량수증의(圓覺道場修證儀)』 18권 등 모두 이백여 권이 있다. 당나라 회창(會昌) 1년에 예순두 살로써 입적하였다.

21) 공고(貢高): 잘난 체하다. 뽐내다. 자랑하다. 배짱부리다.

22) 마명(馬鳴, 대략 100-160): [범]Aśvaghoṣa 부처님 열반한 뒤 육백 년쯤 되어 중인도 마갈타국에서 났다. 처음에는 바라문교의 논사(論師)이었는데, 협존자(脇尊者, Pārśva)가 북부 인도에서 와서 그를 교화하여 대승(大乘)의 논사가 되었다. 뢰타화라(賴吒和羅, Raṣṭrapāla)라는 가극(歌劇)을 지어 가지고 친히 여러 가지 악기를 울리고 돌아다니면서 널리 교화하였다. 당시 북부 인도의 카니시카왕이 마갈타를 쳐서 이기고, 배상금 대신에 부처님의 발우(鉢盂)와 마명대사와 자심계(慈心鷄) 등 세 가지로써 강화가 성립되었다. 그리하여 그는 북부 인도에서 임금의 보호를 받으며 크게 교화하였다. 어느 날, 카니시카왕이 그의 법력(法力)을 시험하려고 그의 설법하는 자리에 여러 날 굶긴 말을 여러 마리 끌어다 놓고 풀을 주었더니, 말들은 먹지 않고 공손하게 설법을 듣고 나서 슬피 울었다. 그래서 그를 '마명(말이 울었다는

뜻' 대사라고 하게 되었다 한다. 그의 저술로 유명한 것은『대승기신론(大乘起信論)』1권,『대장엄론경(大莊嚴論經)』15권,『불소행찬(佛所行讚)』5권,『대종지현론(大宗地玄論)』20권 등이다. 마명이라는 같은 이름이 많은데『석마하연론(釋摩河衍論)』에서는 여섯 사람의 마명이 있었다고 한다. 주(周)나라 현왕(顯王) 42년에 입적하였다.

23) 용수(龍樹, 대략 150-250): 용수(龍樹) 또는 용맹(龍猛). [범]Nāgārjuna 번역하여 용수(龍樹, 용의 나무) 또는 용맹(龍猛, 용 같이 억세다)이라고 한다. 부처님 열반한 뒤 칠백 년에 남인도에서 났다. 마명(馬鳴)의 제자 가비마라(迦毘摩羅, Kapimala)의 제자이다. 어려서부터 총명하여 모든 학문에 능통하였다. 출가 전에는 인생의 향락은 정욕을 만족하는 데 있다 하고, 두 벗과 함께 주색에 몸을 맡겼다. 마침내는 왕궁에 출입하면서 궁녀들을 희롱하다가 탄로되어 두 사람은 사형되고 그는 위험을 겨우 모면하였다. 욕락(慾樂)이 괴로움의 근본임을 비로소 깨닫고, 가빌마라에게 가서 소승 삼장(三藏)을 배웠으나 만족하지 못하고 설산지방으로 갔다. 거기에서 늙은 비구를 만나 대승 경전을 공부하여 그 깊은 뜻을 통달하였다. 그는 또 용궁에 가서『화엄경』을 외어 내왔다고도 하고, 남인도의 철탑(鐵塔) 속에서 밀교(密教)를 찾아내어서 현밀팔종(顯密八宗)의 조사(祖師)가 되었다. 그는 마명의 뒤에 출세하여 대승 법문을 널리 떨치니, 대승 불교가 이로부터 크게 일어났으므로 후세에 그를 '제2의 석가'라고 일컫게 되었다. 그의 저술 가운데 한문으로 번역된 것은『대지도론(大智度論)』100권,『중론(中論)』4권,『십이문론(十二門論)』1권. 특히『십주비바사론(十住毘婆沙論)』17권 가운데는 정토교(淨土教)에 대한 말씀이 많다. 그의 제자들 가운데 제바(提婆, Deva. 3세기경 세일론 사람)와 용지(龍智, 3세기경 세이론 사람)가 가장 유명하다.

24) 서방(西方): 서방정토(西方淨土). 아미타불의 정토, 곧 극락세계. 서방

에는 다른 여러 나라도 있거니와 『아미타경』에 "여기서 서쪽으로 10
만억 국토를 지나서 한 세계가 있으니, 이름을 극락이라 한다."는 데
서 말미암아 특히 아미타불의 국토를 서방정토라 함.

25) 십만팔천(十萬八千): 『아미타경(阿彌陀經)』에는 십만 억 국토 또는 십만
팔천 국토를 지나가야 극락세계에 이른다고 하였다. 그 국토란 것은
한 부처님의 교화하는 세계, 곧 한 항성계(恒星系)를 말함이다. 그러
나 유형(有形)한 세계만을 말함이 아니라, 마음 가운데 있는 십악(十
惡)과 팔사(八邪)를 없애버리면 곧 극락이 된다는 뜻이다. 십악은 십
선(十善)의 반대로써, 곧 1.살생하는 것. 2.도둑질하는 것. 3.사음(邪
淫)하는 것. 4.거짓말하는 것. 5.이간 붙이는 것. 6.악담하는 것. 7.유
혹하며 속이는 것. 8.탐욕을 부리는 것. 9.성내는 것. 10.망년된 소견
을 가지는 것 등이다. 이 십악을 고치면 곧 십선이 된다. 팔사는 팔
정도(八正道)의 반대인데 1.진리를 그릇 보는 망령된 소견(邪見). 2.망
령된 생각(邪思惟). 3.온갖 바르지 못한 말(邪語). 4.부처님의 계율을
깨뜨리는 그릇된 행동(邪業). 5.그릇된 생활 방법(邪命). 6.그릇된 노
력(邪方便). 7.그릇된 믿음(邪念). 8.그릇된 공부(邪定) 등이다. 이와 같
은 죄업과 망상이 끊어지면 그곳이 곧 극락세계인 것이다. 그러므로
『관무량수불경(觀無量壽佛經)』에는 "여기에서 멀지 않다(去此不遠)."고
가르쳤다.

26) 둔근(鈍根): 우둔한 근기. 지혜와 덕행이 예민하지 못한 이.

27) 이근(利根): 재능이 예리한 이. 지능(智能)이 총명한 근기.

28) 권실(權實): 일시적인 방편으로써 중·하(中下) 근기에 따라 설한 가르
침을 권이라 하는데 소승교를 가리킴이요, 영원한 변함이 없는 구극
적(究極的)인 진리법을 실이라 하는데 대승교를 가리킨다.

29) 어유현밀(語有顯密): 부처님의 가르치신 바를 대체로 현교(顯敎)와 밀
교(密敎)의 두 가지로 나누기도 한다. 현교란 중생의 근기(根機)를 따

라 될 수 있는 대로 자세하고 분명하게 가르치기 위하여 여러 가지 방편으로 이치를 드러내어 보임이니, 모든 경(經), 율(律), 논(論)이 대개 그것이며, 밀교란 부처님의 깨치신바 말할 수 없고 생각할 수 없는 그윽하고 아득한 이치 그대로 가르친 바이니 다라니(眞言) 같은 것들이다. 그러나 현교에도 일과 형상(事相)으로써 이치를 밝히기도 하므로 말 속에 비밀한 뜻이 들어 있는 것이다.

30) 혜원(慧遠, 334-416): 속성은 가(賈)씨. 산서성(山西省) 안문(雁門)에서 났다. 어려서 유교와 도교의 글에 정통하였다. 스물한 살에 도안법사(道安法師, 314-385)가 『반야경(般若經)』을 강설함을 듣고 견성(見性)하여 그 아우 혜지(慧持)와 같이 출가하였다. 뒤에 강서성 구강부(江西省 九江府) 여산(廬山) 동림사(東林寺)에서 승속(僧俗) 백이십삼인과 같이 백련사(白蓮社)를 조직하고 염불하였다. 경전을 구하러 제자들을 서역(西域)에 보내기도 하고, 서역에서 나온 법사들과 긴밀하게 교제하여 경을 유통하기에 힘썼다. 그의 저술은 『법성론(法性論)』 2권, 『대지도론요략(大智度論要略)』 20권, 『사문불배왕자론(沙門不拜王者論)』, 『명보응론(明報應論)』, 『대승대의장(大乘大義章)』 같은 것들이 남아 있다. 동진(東晋), 의희(義熙) 12년에 팔십삼 세로 입적하였다.

31) 주인공(主人公): 우리의 본래 마음. 자기의 본래 마음을 자기 스스로가 부르는 말.

32) 서암(瑞巖): 생몰 연대 알 수 없음. 이름은 사언(師彦)인데, 암두화상(巖頭和尙, 824-887)의 제자이다. 날마다 자문자답하기를, '주인공(主人公)아', "예", "정신 차려라", "예", "뒷날에 남에게 속지 말아라.", "예 예" 하는 것이었다.

염불(念佛)에 대한 이야기이다.

염불이란 '부처님을 생각한다.'는 의미이다. 대개 입으로 외는 것을 염불이라 한다. 입으로 '나무아미타불(阿彌陀佛)'을 연속으로 소리 내어 외우는 것이 염불로 알고 있다. 그러나 마음으로 생각하지 않는다면 참다운 염불이라고 할 수 없다.

염불이란 입에 있어서는 외는 것을 말하고, 마음에 있어서는 생각하는 것을 말한다(念佛者 在口曰誦 在心曰念). 입으로 아미타불을 외우는 것이지만, 입으로만 하고 마음이 없으면 그것은 다만 소리일 뿐이고, 청정일심으로 해야만 비로소 염불이 된다는 말로, 염불은 소리로 하는 것보다 마음으로 하는 것이 더 중요하다는 뜻이다.

염불에는 여러 가지가 있다.

고성염불(高聲念佛)이 있다. 이는 큰 소리를 내어 염불하는 것이다. 염불은 흔히 보통소리로 또는 소리 없이 마음속으로 나무아미타불을 외운다. 잡념이 많이 일어나거나 주위에 시끄러운 소리가 들릴 때에는 큰 소리를 내어 고성염불을 하면 더욱 효과적이다.

또 관념염불(觀念念佛)이 있다. 이는 부처, 특히 아미타불의 모습이나 공덕을 마음속으로 생각하거나 마음속으로 염불하는 것으로, 소리 내어 하는 구칭염불(口稱念佛)에 대해 소리 없이 마음속으로 하는 염불을 말한다.

또 관상염불(觀像念佛)이 있다. 이는 마음속에 아미타불의 화신의 형상을 그려보면서 염불하는 것을 말한다.

또 칭명염불(稱名念佛)이 있다. 이는 부처님의 이름을 부르면서 하는 염불, 대개 아미타불을 부른다. 모든 생각, 모든 소리를 아미타불에 집중하여 하는 염불을 말한다.

또 지혜염불(智慧念佛)이 있다. 이는 나무아미타불이라는 6자의 명호(名號). 나무아미타불이라는 말이 아미타불의 진실하고 원만한 지혜가 되기 때문에 지극한 정성으로 나무아미타불을 염불하는 것을 지혜염불이라 한다.

또 관심염불(觀心念佛)이 있다. 이는 자기 마음을 관조하면서 마음속으로 소리 없이 염불삼매에 들어가는 것으로 나의 마음이 곧 부처라고 관찰하며 염불하는 것을 말한다.

또 즉심염불(卽心念佛)이다. 이는 내 몸이 곧 정토극락이며, 내 마음이 곧 아미타불이라 관(觀)하여 자기 마음속의 부처를 염(念)하는 것을 말한다.

간추려보자면, 결국 사종염불(四種念佛)이다. 네 가지 염불법은 ①입으로 부처님의 이름을 부르는 칭명(稱名) 염불이요, ②자신과 일체만유의 진실한 법신을 보는 실상(實相) 염불이며, ③부처님의 80종호(八十種好)와 32상(三十二相)을 보고 생각하는 관상(觀像)염불이요, ④부처님의 공덕과 정토의 덕익(德益)을 생각하는 관상(觀想)염불이다.

그러나 오조홍인대사나 육조혜능대사는 자기에게 있는 부처를 제쳐두고 다른 부처님을 부르고 생각해서는 생사를 면하기 어렵다 하였으니, 자기 부처를 염송함으로써 업장을 벗어나고 무명을 타파하며 생사를 넘은 열반에 들 수 있다고 하였다.

염불하는 방법을 생각해 보자. 염불을 잘 하는 방법은 ①자세를 바르게 하고 기운을 안정시키며 경거망동하지 않는다. ②음성은 기운에 적당하게 한다. ③염불일념과 음성이 하나가 되게 한다. ④천만 번뇌를 끊어 버리고 마음속에 외불(外佛)을 구하거나 미타색상이나 극락장엄을 생각하지 않는다. ⑤자심미타에 귀의한다. ⑥염불 삼매의 경지에 들어간다. 이상과 같이 해야 염불의 공덕을 얻게 된다. 염불은 비록 입으로 나무아미타불을 염송하는 것이지만, 입으로만 하는 것이 아니라 마음으로 하는 것이다.

그리하여 염불삼매(念佛三昧)에 들어야 한다. 염불삼매란 첫째, 청정일심으로 염불을 계속하여 마침내 부처도 나도 없고 아미타불 소리만 우주에 가득 차게 되는 경지이요.

둘째, 염불에 의하여 사심 잡념을 없애고 영지(靈知)가 열려 부처의 진리를 보게 되는 것이며,

셋째, 생각이 다른 데에 흩어지지 않고 일심불란하게 아미타불의 이름을 부르고 부처만을 생각하는 것을 말한다.

염불은 우리의 본래 마음을 찾아 부처와 하나 되는 수행법이므로 꾸준히 수행하여 마음속에 큰 힘을 얻으면 ①경거망동(輕擧妄動)하는 일이 차차 없어진다. ②육근동작에 순서를 얻게 된다. ③병고가 감소되고 얼굴이 윤활해진다. ④기억력이 좋아진다. ⑤인내력이 생겨난다. ⑥착심(着心)이 없어진다. ⑦사심(邪心)이 정심(正心)으로 변한다. ⑧자성의 혜광(慧光)이 나타난다. ⑨극락을 수용한다. ⑩생사에 자유를 얻는 것이라고 하였으니 부지런히 입으로도 하고 마음으로도 해야 한다.

| **음여일송(吟余一頌)** | 나도 한 송 읊조리니,

阿彌陀佛者 (아미타불자)   나무아미타불이라는 것은

能念自心源 (능념자심원)   능히 자기 마음 근원 생각함이니

但口長聲出 (단구장성출)   다만 입으로 길게 소리만 낸다면

難逾寂滅門 (난유적멸문)   적멸의 문을 넘기가 어려우리라.

염불은 소리와 마음이 상응하여야 한다. 마음은 번뇌에 차 있으면서 소리만 내어 염불하면 별스런 효험이 없다. 사람이 노래 하나 하는데도 입과 마음이 맞아야하듯이, 염불은 마음을 맑혀서 업장을 씻어내는 수행이라 정성스런 마음으로 닦아나가면 생사를 초월하여 열반의 적멸한 경지에 들어서 다시없는 심락을 누리고 한량없는 자재와 지혜를 갖추게 되는 것이니 염불삼매(念佛三昧)에 들도록 꾸준히 노력하자.

53

| 원문(原文) |

^{청경} 聽經은 ^{유경이지연} 有經耳之緣과 ^{수희} 隨喜[1]^{지복} 之福이라, ^{환구} 幻軀[2]는 ^{유진} 有盡이나 ^실 實

^행 行[3]은 ^{불망} 不亡이니라.

경을 들으면 귀를 거쳐 가는 인연과 기쁨을 따르는 복도 있는 것
이라, 허깨비 몸은 다함이 있으나 참다운 행은 없어지지 않느니라.

| 자해원문(自解原文) |

^차 此는 ^{명지학} 明智學은 ^{여식금강} 如食金剛[4]하여 ^{승시칠보} 勝施七寶[5]라. ^{수사} 壽師[6]^운 云「^{문이불} 聞而不

^신 信이라도 ^{상결불종지인} 尙結佛種之因하고 ^{학이불성} 學而不成이라도 ^{유개인천지복} 猶蓋人天之福이라.」

하니라.

이는 슬기롭게 배움은 금강을 먹는 것과 같아서 칠보를 보시함보다 수승한 것이라. 연수선사가 이르기를, "듣고 믿지 않더라도 오히려 부처가 종자의 인이 맺어지고 배워서 이루지 못할지라도 오히려 인간이나 천상의 복을 덮는다." 하시니라.

1) 수희(隨喜): ①다른 사람의 착한 일, 잘 하는 일, 잘 되는 일을 보고 따라서 같이 기뻐하는 것. ②기쁜 마음으로 귀의하는 것. ③마음속으로부터 고맙게 생각하는 것.

2) 환구(幻軀): ①덧없는 몸. ②병으로 인하여 초췌해진 몸. ③남의 초췌한 몸을 조롱하여 이르는 말.

3) 실행(實行): ①육근을 통하여 참답게 만들어낸 행위. ②이론이나 규범 및 신념 따위를 실제의 행동으로 옮김.

4) 여식금강(如食金剛):『화엄경』「여래출현품」에 있는 말. 금강석을 먹으면 소화되지 않고 그대로 몸 밖으로 뚫고 나온다고 한다. 그와 같이 불교에 어떤 작은 인연이라도 맺어 놓으면, 필경은 번뇌와 고통의 무명업신(無明業身)을 뚫고 빛난 해탈 경계에 나오게 된다.

5) 칠보(七寶): [범]Sapta-ratna. ①불교에서 말하는 일곱 가지의 보배.『무량수경』에서는 금·은·유리·파리·마노·차거·산호를 말한다.『법화경』에서는 금·은·유리·마노·차거·진주·매괴를 말한다. ②전륜성왕이 가지고 있는 일곱 가지의 보배. 윤보(輪寶)·상보(象寶)·마보(馬寶)·여의주보·여보(女寶)·장보(將寶)·주장신보(主藏臣寶).

6) 수사(壽師): 영명연수(永明延壽, 914 ~ 975)선사를 말한다. 법안종(法眼宗)

의 제3조인데, 정토종(淨土宗)에서도 그를 제6조로 한다. 법명은 연수(延壽), 속성은 왕(王)씨. 절강성(浙江省) 항주부(杭州府) 여항현(餘杭縣)에서 났다. 28세에 출가하고, 뒤에 천태산에 가서 덕소(德韶)국사의 법을 받았다. 지자선원(智者禪院)에서 『법화경』을 많이 외웠고, 항주 혜일산(慧日山) 영명사(永明寺)에서 날마다 일과(日課)로 백여덟 가지를 정하고 실행하는데, 그 중 염불이 십만 번씩이었다. 그때의 회중이 늘 수천 명이 되었고, 고려의 광종(光宗)과 문필의 거래가 많았는데, 고려의 스님들이 그의 문하에 가서 인가(印可)받은 이가 원공국사(圓空國師) 이외에 삼십육인이 있었다. 그리하여 고려에는 한때 법안종이 성하게 된 것이다. 그의 저서로는 『종경록(宗鏡錄)』100권, 『만선동귀집(萬善同歸集)』6권, 『유심결(唯心訣)』1권, 그밖에 몇 가지를 합하여 60여 부 수백 권이 있다. 송나라 개보(開寶) 8년에 72세로 입적하였다. 시호를 지각선사(智覺禪師)라 하다.

대우탄금(對牛彈琴)이라는 고사가 있다. 이는 소에게 거문고를 들려준다는 말로, 어리석은 사람에게는 참된 도리를 말해 주어도 이해하지 못한다는 뜻이다.

중국 양(梁)나라 때의 승우(僧佑)가 편찬한 『홍명집(弘明集)』 수록의 「이혹론(理惑論)」에 이런 이야기가 나온다.

후한(後漢) 말엽 모융(牟融)이라는 유명한 학자가 있었다. 그는 불경에 밝아 많은 사람이 불경을 공부하러 그를 찾아왔다. 그런데 찾아온 사람이 유학자일 경우에는 불경을 설명하면서 늘 유학의 경서를 인용했다. 이에 대하여 유학자들이 이유를 묻자, 모융은 이렇게 대답하였다.

"당신들은 불경을 읽은 일이 없을 것이오. 그래서 나는 당신들이 잘 알고 있는 유교 경전을 인용하는 것이라오."

그러고는 송(宋)나라 때 목암(睦庵)이 지은 선집 『조정사원(祖庭事苑)』에 보이는 공명의(公明儀)의 일화를 이야기하였다.

"옛날 노(魯)나라에 공명의라고 하는 어진 사람이 있었소. 하루는 소를 보고 그 하는 일에 고마움을 느껴 거문고를 켜 주었다오. 그런데 소는 거들떠보지도 않고 풀만 뜯고 있었다는구료. 가만히 생각하니 이건 소가 듣지 못한 것이 아니라 청각(淸角)이라는 고상한 곡조가 소귀에는 맞지 않기 때문이구나 싶더랍니다. 그래서 이번에는 모기와 등애의 울음소리, 젖을 먹고 있는 송아지 울음소리를 흉내냈답니다. 그러자 소는 발굽소리를 내며 꼬리를 흔들기도 하고, 귀를 세운 채 거문고 소리를 다소곳이 들었답니다. 그 소리가 소의 마음에 맞았기 때문이지요. 이 이야기는 바로 내가 당신들에게 유교 경전을 인용하여 불경을 설명하는 것과 같은 이치 아니겠소?"

대우탄금은 이와 같이 아무리 좋은 말이라도 알아듣지 못하는 사람에게는 소용이 없다는 말로, 오늘날에는 우이독경(牛耳讀經)이나 풍과이(風過耳), 또는 우이송경(牛耳誦經)이나 마이동풍(馬耳東風)과 같은 의미로 사용하고 있다.

귀를 먹지 말자. 귀를 먹으면 소리가 잘 들리지 않는다. 중국 춘추전국시대 진(晉)나라의 음악가인 사광(師曠)은 소리를 들으면 잘 분별하여 길흉을 점쳤으므로 사광지총(師曠之聰)이라 하였으니 이러한 귀도 중요하다.

그러하니 사람의 얼굴 양쪽에 달린 두 귀를 가진 것이 매우 중요
하기 때문에 듣고 굳은 믿음을 가질 것이며, 더 나아가 성경현전(聖經
賢典)을 잘 듣도록 귀를 잘 다듬어 놓음으로서 인천(人天)의 법음(法音)
이 들려 불보살을 이루게 된다.

| 음여일송(吟余一頌) | 나도 한 송 읊조리니,

차 신 난 구 온
此 身 難 久 韞　이 몸 오래도록 갈무리기 어렵고

행 과 절 비 최
行 果 絕 非 摧　행위 결과 절대로 꺾어지지 않네.

통 이 문 경 전
通 耳 聞 經 典　귀를 통해 성경과 현전을 들으면

인 천 불 종 재
人 天 佛 種 栽　인간과 하늘 부처 종자 심어지리라.

사람의 몸이란 일정한 시간이 지나면 시들어진다. 아무리
보약을 먹고 별짓을 다하여도 때가 되면 두말없이 가버린다.
그러나 행위로 쌓여진 결과는 변하거나 바뀌거나 꺾임이 없
이 오래도록 유지한다. 우리가 부처님의 경이나 성인의 전적
을 듣고 귀감을 삼아 간직하면 당장 어떤 열매는 딸 수 없을
지라도 인간 세상이나 진리 세계에 부처의 종자를 뿌리고 심
음이 되어 때가 이르면 자연히 발아하여 좋은 열매를 거두게
된다.

54

| 원문(原文) |

看經_{간경}을 若不向自己上做工夫_{약불향자기상주공부}하면 雖看盡萬卷_{수간진만권}이라도 猶無_{유무}

益也_{익야}니라.

경전 보기를, 만일에 자기를 향해 공부를 지어 가지 아니하면 비록 만 권을 보아 다했을지라도 오히려 이익이 없나니라.

| 자해원문(自解原文) |

此_차는 明愚學_{명우학}이니 如春禽晝啼_{여춘금주제}하고 秋蟲夜鳴_{추충야명}이라. 密師云_{밀사운}「識字_{식자}

看經_{간경}이 元不證悟_{원불증오}요, 銷文[1]釋義_{소문석의}가 唯熾貪[2]瞋[3]邪見_{유치탐진사견}[4]이라.」하니라.

이는 어리석게 배우는 것을 밝힌 것이니, 봄날 새가 낮에 울고 가을에 벌레가 밤에 우는 것과 같음이라. 종밀선사가 이르시되, "글자나 알고 경을 봄은 원래 증득하고 깨달을 수 없는 것이요, 문구나 뒤적여 뜻을 풀어 보는 것은 오직 탐욕과 성냄과 삿된 소견을 치성하게 하는 것이라." 하니라.

1) 소문(銷文):문구나 뒤적이는 것을 말한다.

2) 탐(貪):탐·탐욕·탐애·탐착이라고도 한다. 삼독심의 하나. 오욕 경계에 물들어 지나치게 욕심을 내는 마음.

3) 진(瞋):삼독심의 하나. 진에(瞋恚)라고도 한다. 자기의 마음에 맞지 않는 경계에 대하여 미워하고 분하게 여겨 화를 내어 마음이 편안하지 못한 것.

4) 사견(邪見):①올바르지 못하고 요사스러운 잘못된 의견. 진리를 깨치지 못하여 망령되고 삿된 생각으로 사물을 잘못 보고 판단하는 것. 진리를 깨치지 못하고 무명번뇌에 가리어 잘못된 견해. ②인과보응의 이치와 불생불멸의 진리를 부정하고 무시하는 망령된 견해. 사견을 갖게 되면 그 죄가 크고 악도에 떨어지게 된다.

옛날 중국 당(唐)나라 이발(李渤)이라는 사람은 2만 권의 책을 읽어서 당시 부르는 호칭이 이만권(李萬卷)으로 통했다고 한다.

어느 날 그는 도가 높은 귀종지상선사(歸宗智祥禪師)를 찾아가 물었다.

경전을 읽어보노라니 "수미산을 겨자씨 속에 갈무리를 하여도 겨자씨를 수미산 속에 드린다(須彌藏芥子 芥子納須彌)라 했는데, 이 뜻을 일러 주시오."

선사는 말한다.

"남들이 그대를 일러 2만 권이라고 부르지 않던가요?"

"그렇습니다."

"그대는 어찌하여 야자 열매만한 작은 머릿속에 2만 권의 책을 넣었으며, 또한 얼마나 이해하고 실천을 하였던가요?"

이 말을 들은 이발은 문득 깨닫는다. 우주 삼라만상의 진리는 크고 작음을 초월하여 무량무변(無量無邊)하고, 무궁무진(無窮無盡)한 것이라 천삼라지만상(天森羅地萬象) 어디에도 존재하지 않는 곳이 없는 것으로, 저 작은 꽃씨 속에 우주의 진리는 엄연히 존재하고, 보이지 않는 생명 안에 활활작용(活活作用)이 전개되고 있다.

그러므로 어떤 문자를 통하고 어떤 경전을 통해서 그 이체(理體)의 당처를 이해하고 깨달으려는 것은 별반 이익이 되지 않는 것이니 마치 사막 가운데서 바늘을 찾는 것과 다름이 없다.

청매선사(靑梅禪師)는 말했다.

"마음을 돌이켜 비춰보지 않으면 경을 보아도 이익이 없다(心不返照 看經無益)."

부처님은 『금강경(金剛經)』에서,

"너희 비구는 내가 설한 법을 뗏목에 비유한 것으로 알아서 법도 오히려 응당 놓아야하거늘, 어찌 하물며 법이 아님이겠는가?(汝等比

丘 知我說法 如筏喩者 法尙應捨 何況非法)"라 하였다.

　사실 뗏목이란 강을 건널 때 잠깐 쓰는 것이지 강을 건넌 뒤에까지 짊어지고 다닐 필요는 없다. 아무리 훌륭한 경전이라도 공부하는 과정에서 잠깐 들여다보고 익혀갈 뿐 경전이 들어서 나를 깨우쳐 주지는 않는 것이니 "경상응사(經尙應捨)어든, 하황비경(何況非經)이리요." 즉 "경전도 응당 놓아야 하거늘, 어찌 하물며 경이 아님이겠는가?"

| 음여일송(吟余一頌) | 나도 한 송 읊조리니,

약 인 경 전 적
若 人 經 典 覿　만일 사람이 경전을 보되

부 적 기 심 공
不 適 己 心 功　자기 마음 공력으로 나가지 않으면

서 야 성 유 책
書 也 成 惟 册　책이라도 오직 책만 이루어서

만 장 불 량 통
萬 藏 不 亮 通　팔만 장경도 밝혀 통하지 못하리.

　모든 성인의 경전이란 마음을 다스리는데 주안(主眼)이 주어져 있다 하여도 과언은 아닐 것이니, 모든 행동이나 처사나 이해나 깨달음은 마음에서 나타나는 산물이기 때문이다. 그래서 경전을 읽되 마음의 공력에 계연(啓連)이 되지 않는다면 책은 책이요, 나는 나로 설사 팔만대장경과 오거시서(五車詩書)라 할지라도 무용이요 무취(無取)이다. 왜냐하면 장경이나 시서가 나를 깨우치는 지남(指南)이 아니요 고지(故紙)에 불과하기 때문이다.

55

| 원문(原文) |

^{학 미 지 어 도}
^{현 요 견 문}
^{도 이 구 설 변 리}
^{상 승 자}
學未至於道하고 衒耀¹⁾見聞하여 徒以口說辯利로 相勝者
는 ^{여 측 옥}如廁屋에 ^{도 단 확}塗丹雘²⁾이니라.

배우되 도에 이르지 아니하고 거짓으로 보고 들음을 뽐내어 한갓
입으로 말함을 교묘하고 날카롭게 하여 서로 이기려 한다면 변소 집
에 단청을 바름과 같나니라.

| 자해원문(自解原文) |

^{별 명 말 세}
^{우 학}
^{학 본 수 성}
^{전 습 위 인}
^{시 성 하 심}
別明末世³⁾愚學이라. 學本修性이거늘 全習爲人하니 是誠何心
^재哉아?

특별히 말세에 어리석게 공부하는 것을 밝힘이라. 배움이란 본래
성질을 닦는 것이거늘 온전히 남을 위하여 익힌다 하니, 이는 진실로
어떠한 마음일까?

| 주석(註釋) |

1) 현요(衒耀):명예를 얻으려고 거짓 재능이나 학식을 뽐내고 자랑하는
   것을 말한다.

2) 단확(丹雘):안료를 만드는 광물질인 단사(丹沙)와 청확(靑雘)을 붙여서
   이르는 말로 단확(丹雘)·단벽(丹碧)·단록(丹綠)이라고도 한다. 사찰이
   나 궁궐 등 전통 목조건물의 안팎에 양식화된 무늬를 짙은 채색으로
   그려서 아름답게 장식한 것을 말하는데, 목조건물뿐만 아니라 조각
   품·공예품 등에 단청안료로 채색·장식한 것도 포함된다. 목조건축
   물에 단청을 하는 이유는 목재의 단점을 보강하여 건물의 수명을 늘
   리고, 건물의 기능과 위계성에 맞추어 아름답게 장식하기 위해서이
   다. 즉 우리나라 전통건축에서 주재료로 사용된 소나무는 목질이 강
   한 반면에 표면이 거칠고 건조시에 열상(裂傷)이 크며, 해충과 부식의
   피해가 있으므로 이러한 단점을 보강해주는 도장 방법인 단청이 발달
   했다. 또한 전통시대의 건축은 정치적·종교적·신분적 위계질서에
   따라 건물의 규모와 장엄의 정도가 엄격히 구별되었으므로 건물에 따
   라 무늬와 색상 및 그 화려함의 정도를 다르게 했다. 왕의 거처인 궁
   궐과 부처의 상징적인 거주지인 불전(佛殿)의 안팎은 가장 화려하고
   아름답게 단청을 하여 왕과 부처의 권위와 존귀함을 상징했다.

3) 말세(末世):①정치, 도덕, 풍속 따위가 아주 쇠퇴하여 끝판이 다 된 세
   상. ②기독교 예수가 탄생한 때부터 재림할 때까지의 세상. ③불교

말법(末法)의 세상. ④말세기(末世紀)라는 말이 있다. 이 말은 도덕과 질서가 어지러워지고 향락과 퇴폐적 생활에 도취(陶醉)했던 19세기 말엽의 사조(思潮). 유럽 특히 프랑스에서 일어났는데 향락과 퇴폐의 경향으로 사회가 몰락하여 가는 시기를 말한다.

| 해의(解義) |

『논어(論語)』에 "말을 교묘하게 하고, 얼굴빛을 착한듯이 하면 어진 사람이 드무니라(巧言令色 鮮矣仁)."고 하였다.

사람들은 대개 말하는 것을 듣고 그 사람을 믿게 된다. 속에 참이 쌓여 있으면 별스런 말이 아니라도 참이 묻어 나온다. 그러나 속에 거짓이 쌓여 있으면 말을 잘 꾸밀지라도 그 거짓이 쏟아져 나오게 되어 있으니 공자님의 말씀처럼 이런 부류가 인(仁)을 한다는 것은 처음부터 가망이 없다.

도가에서 공부도 마찬가지이다. 보고 듣고 깨달음이 별것이나 되는 것처럼 요란을 떨고 수다를 떨어서 법력(法力)이 있고 무슨 능력(能力)이 있는 것처럼 꾸미고 뽐내는 것은 아직 제대로 공부를 하는 사람이라고 단정하기가 어렵다.

또 『논어』에 "썩은 나무는 가히 새길 수가 없고, 변소의 흙 담장은 가히 흙손질하지 못 하나니라(朽木 不可雕也 糞土之牆 不可杇也)."고 하였다.

썩은 나무에 아무리 아름다운 조각을 하고자 하지만 불가능한 것이요, 변소의 담장은 흙손으로 곱게 단장을 할 필요가 없는 것처럼 속에 허황(虛荒)이 들고 허풍(虛風)이 들어 있으면 실질의 공부를 이루기가 어려운 것이니 바람을 빼고 황당(荒唐)을 제거하는 것이 공부하는 요제(要諦)가 된다.

다시 말하면, 공부도 자기 자신을 갈고 닦고 깨우치는 위기지학(爲己之學)에 두어야지, 남을 가르치고 보이고 뽐내려는 위인지학(爲人之學)에 두어서는 안될 뿐만 아니라 자칫 외학이나 외도에 흘러 정법이나 정도와 멀어질 수 있으니 조심해야 한다.

| 음여일송(吟余一頌) | 나도 한 송 읊조리니,

대범인학도
大凡人學道　　대범 사람이 도를 배움에

불귀자기심
不歸自己心　　자기의 마음에 돌아가지 아니하고

외긍무소각
外矜無所覺　　밖으로 자랑하다 깨달은 바 없으면

여해실남침
如海失南針　　바다에서 지남침을 잃음과 같으리라.

넓고 넓은 바다에 떠 있는 배에 가장 중요한 것은 아마 방향을 정확하게 가르쳐주는 지남침(指南針)이 아닌가 생각한다. 즉, 사방에 물밖에 안 보이는 바다에서 가늠으로 방향을 잡아 배를 운전한다는 것은 있을 수가 없다. 도를 배우는 데도 자기의 마음에 중심을 잡지 않고 공부를 한다면, 혹 지식은 습득이 될지 몰라도 도가 열리고 진리의 깨달음이 증장되기는 어려운 것이니 대중 잡는 공부가 튼실해야 큰 공부를 이룰 수 있다.

56

외전을 익히면

| 원문(原文) |

出家[1]人이 習外典[2]하면 如以刀割泥하여 泥無所用이요 而
刀自傷焉이니라.

출가한 사람이 외전을 익히는 것은 칼을 가지고 진흙을 베는 것
과 같아서 진흙은 쓸 바가 없는데 칼만 저절로 상하게 되느니라.

| 자해원문(自解原文) |

門外長者子가 還入火宅中[3]이로다.

문밖에 장자의 아이가 도리어 불붙은 집 가운데로 들어감이로다.

| 주석(註釋) |

1) 출가(出家):[범]pravrajita 집에서 나온다는 말이다. 가정생활을 떠나서 수도와 포교를 전문으로 하기 위하여 승려가 되는 것을 말함이다. 그러나 몸 출가(身出家)보다도 탐욕과 분노와 어리석음 등 삼독(三毒)의 불이 늘 붙고 있는 번뇌 망상의 불집에서 뛰어나오는 마음 출가(心出家)를 해야 한다. 출가를 출리(出離)라고도 하는 것은 모든 집착으로부터 벗어났다는 뜻에서다.

2) 외전(外典):①불교의 글을 내전(內典)이라 하고, 그밖에 다른 글들은 모두 외전이라 한다. ②불교의 경·율·론(經律論) 삼장 외에 세속적인 글들을 말한다.

3) 문외장자자 환입화택중(門外長者子 還入火宅中):『법화경(法華經)』「비유품」에 있는 말. 어떤 장자가 어디 나갔다가 돌아와 보니 집에 불이 났는데, 어린아이들은 철모르고 그 집안에 놀고만 있었다. 아무리 나오라고 불러도 듣지 않으므로 양의 수레(羊車)와 사슴의 수레(鹿車) 같은 장난감으로 꾀어 대문 밖으로 이끌어 내고는, 온갖 보배를 실은 흰 황소의 큰 수레(白牛大車)에 태워 가지고 좋은 곳으로 이사를 시켰다는 말이 있다. 그것은 부처님께서 번뇌의 불집 속에 있는 중생을 이끌어 내기 위하여 처음에는 이승(二乘=두 가지 수레), 곧 소승(小乘=작은 수레) 법을 보이다가 나중에는 대승(大乘=큰 수레) 법으로 가르쳐서 열반의 저쪽 언덕에 인도함을 비유한 것이다.

| 해의(解義) |

출가의 의미가 여러 가지를 내포하고 있다.

자기 한 몸의 부귀영화를 버리고 세상에 헌신 봉공하여 중생제도 하기 위해 집을 떠나서 수행자가 되는 것이요,

또는 소아(小我)나 가아(假我)를 버리고 대아(大我)·진아(眞我)를
실현하기 위한 길에 들어선 것이라 할 수 있다.

또한 출가는 스스로 부처가 되고 도인이 되어 일생을 중생 교화
에 헌신하며 사는 삶이요, 더욱 큰 출가는 석가모니 부처님이 실달태
자의 몸으로 왕국의 부귀영화를 헌신처럼 버리고 왕성을 넘어 입산
수도를 한 것이라고 할 수 있다.

이 출가에는 네 가지로 구분을 할 수가 있다.

첫째, 몸은 출가를 하였으나 마음은 출가를 못함이요(身出家心不出家),

둘째, 마음은 출가를 하였으나 몸은 출가를 못함이며(心出家身不出家),

셋째, 몸과 마음이 모두 출가를 못함이요(身心俱不出家),

넷째, 몸과 마음이 모두 출가를 함이다(身心俱出家).

이런 의미에서 볼 때 비록 출가를 하였을지라도 부처님 공부에
소홀하여 탐명구리(貪名求利)에 힘쓰고 진리 깨침에 등한하여 축재건
찰(蓄財建刹)에 재미를 붙인다면 진정으로 출가한 사람이라고 할 수
없을 것이니 정말 백번 천 번 잘 생각하고 출가를 단행하여야 한다.

옛날 동산양개(洞山良价) 화상의 사친서(辭親書)에 출가한 사람의
심금(心襟)을 울려주는 시구가 있으니 눈여겨보아야 한다.

불 구 명 리 불 구 유 　 원 락 공 문 사 속 도
不求名利不求儒　願樂空門捨俗途

번 뇌 진 시 수 화 멸 　 은 정 단 처 애 하 고
煩惱盡時愁火滅　恩情斷處愛河枯

육 근 공 혜 향 풍 인 　 일 념 재 생 혜 력 부
六根空慧香風引　一念纔生慧力扶

위 보 북 당 휴 창 망 　 비 여 사 자 비 여 무
爲報北堂休悵望　比如死子比如無

"명리를 구하지 않고 선비 되기도 구하지 않으며
소원은 빈 문을 즐겨서 세속 길을 놓았으니
번뇌가 다할 때 근심의 불도 꺼질 것이요,
은정이 끊어진 곳에 애착의 강물 마를 것이라.
육근의 빈 지혜 향기로운 바람을 끌어오고
한 생각이 생기려 하면 지혜의 힘이 붙들어 주나니
북당의 은혜를 갚기 위함이니 슬픔의 바람을 쉬고
죽은 자식에 비유하고 애초에 없었음에 비하소서."

| 음여일송(吟余一頌) | 나도 한 송 읊조리니,

大凡修道者　대범 도를 닦는 사람은

目的佛陀成　목적이 부처를 이루는 것이라.

外學身心奪　바깥 배움에 몸과 마음 빼앗기면

實難所願盈　사실 원하는 바를 채우기 어려우리.

우리가 도를 닦는다는 것은 부귀나 영화를 누리자는 것이 아니라, 궁극의 목적은 부처를 이루어 고해에 들어있는 일체 생령을 건져서 극락으로 인도하자는데 있다. 이러한 큰 목적을 이루기 위해서는 몸과 마음을 오로지 도 닦는데 쏟아야지 이것저것 섭렵하여 이루고자 한다면 주객이 전도되어 정말로 원하는 바를 이루지 못하고 결국 허송세월하고 말 것이니 삼가야 한다.

57

| 원문(原文) |

출가위승　기세사　호　비구안일　야　비구온포　야
出家爲僧이 豈細事[1]乎아! 非求安逸[2]也며 非求溫飽[3]也
비구이명　야　위생사야　위단번뇌야　위속불혜명
며 非求利名[4]也라 爲生死也며 爲斷煩惱也며 爲續佛慧命
야　위출삼계　도중생　야
也며 爲出三界[5]度衆生也니라.

　　출가하여 중이 됨이 어찌 작은 일이랴! 안일을 구하려는 것이 아
니며, 따뜻하고 배부름을 구하려는 것도 아니며, 이익과 명예를 구하
려는 것도 아니라 나고 죽음을 위함이며, 번뇌를 끊고자 함이며, 부
처님의 혜명을 이으려는 것이며, 삼계에 뛰어나 중생을 제도하려는
것이니라.

<ruby>可謂衝天大丈夫<rt>가 위 충 천 대 장 부</rt></ruby>⁶⁾로다.

가히 하늘을 찌를 대장부라 이를지로다.

| 주석(註釋) |

1) 세사(細事): 대수롭지 않은 자질구레한 일.

2) 안일(安逸): ① 편안하고 한가함, 편안하고 한가하다. ② 무엇을 너무 쉽고 편하게 생각하여 적당히 처리하려는 태도.

3) 온포(溫飽): 따뜻하게 입고 배부르게 먹는다는 뜻으로, 의식(衣食)이 아쉬움 없이 충분하고 풍족함을 이르는 말.

4) 이명(利名): ① 곧 명리(名利)로 명예와 이익을 이르는 말. ② 세상에서 얻은 명성과 이득.

5) 삼계(三界): [범]trayo-dhātavaḥ 중생들이 살고 있는 세계를 세 가지로 나누는데, 첫째는 음욕(婬欲), 식욕(食欲), 재욕(財欲) 같은 탐욕이 많아서 정신이 흐리고 마음이 험악하며, 순전히 물질에 속박되어 가장 둔탁한 중생들이 사는 낮은 세계를 욕계(欲界, Kāma-dhātu)라 하고, 그 위로 욕심은 매우 적으나 성내는 버릇이 남아 있어 물질의 지배를 아주 벗어나지 못한 중생들이 사는 비교적 맑은 세계를 색계(色界, rūpadhātu)라 하니, 색(色)은 곧 물질이란 뜻이다. 맨 위층으로 탐욕과 성냄은 떨어져서 물질의 영향은 받지 않으나 '나(我)'를 버리지 못하여 정신상으로 걸림이 남아 있는 깨끗한 중생들이 사는 높은 세계를 무색계(無色界, ārūpyadhātu)라 한다. 이것을 흔히 땅으로부터 하늘까지 올라가면서 유형(有形)한 계층으로만 말하지마는, 실상은 입체적 공간이

아니라 정신적인 세계의 구분을 의미하는 것이다. 그러므로 지상세계
의 어떤 곳에도 탐(貪)·진(瞋)·치(癡) 등 삼독심(三毒心)의 경중(輕重)
에 따라 삼계가 벌어지게 된다.

6) 충천대장부(衝天大丈夫): 기개가 하늘을 찌를 것 같은 대장부라는 뜻으
로, 출가 수행자가 세속의 부귀영화에 마음을 빼앗기지 않고 생사를
해탈하고 무명번뇌를 끊어 버리는 것을 찬탄하는 말.

│ **해의(解義)** │

출가하여 중노릇이 그렇게 쉬운 것인가? 절대로 쉬운 것이 아니
다. 가사장삼 걸쳐 입고 머리를 깎으며 발우를 들어 동령(動鈴)을 하
고 교묘한 말로 법을 설한다 하여 모두 중이라고 단정할 수 없다.

그런데 자칫 중노릇을 하면서 명리를 추구하고 평안을 추구하며,
놀기를 추구하고 재물을 추구하며, 의식을 추구하고 가람(伽藍)을 추
구하며, 인맥(人脈)을 추구하고 계작(鷄爵)을 추구하는 등등, 구도자요
불제자며 각리자(覺理者)임을 망각하고 뜻한 대로 되고 마음대로 이
루어진다 하여 교만이 생겨 상사(上士)가 없고 능력이 생겨 안하무인
(眼下無人)이 되며, 중위(重位)에 있어 하시(下視) 한다면 올바른 중노릇
은 아닐 것이니 정말 삼가고 또 삼가며 생각하고 또 생각해야 한다.

오직 중노릇은 자기 생사(生死)에 자유를 이루어야 한다. 삶에 애
착이 없고(生無愛着), 죽음에 공포가 없는(死無恐怖) 해탈의 극치를 얻
어야 한다.

또 중노릇은 부처님의 가르침에 철저해야 한다. 계율을 지키는
것은 물론이어니와 불경(佛經)을 해득(解得)하고 깨우침을 얻어 설법

으로 중생의 업력을 녹이고 무명을 밝혀주어야 한다.

또 중노릇은 중생제도를 이루어야 한다. 저 고해(苦海)에 빠져서 허우적거리는 상황을 알고도 모른 체한다면 결코 올바른 처사라고 볼 수 없다.

또 중노릇은 안으로 일어나는 번뇌를 소멸시켜야 한다. 마음에서 일어나는 불길처럼 치성(熾盛)한 번뇌가 있고는 자기불(自己佛), 자기각(自己覺)을 이룰 수 없기 때문이다.

또 중노릇은 남의 복전(福田)이 되어 주어야 한다. 신도들이 복을 빌기 위하여 불전에 바치는 음식을 두꺼비가 파리 채먹듯이 받아만 먹고 공부가 없다면 오히려 중업(重業)이 되어 금사망보(金絲網報)를 면할 수 없게 된다.

또 중노릇은 삼계(三界)를 벗어나야 한다. 삼계란 탐(貪)·진(瞋)·치(癡)의 삼독심(三毒心)을 말하는 것으로, 이 삼독심이 있으면 청정 자성을 열어갈 수 없다.

또 중노릇은 우주를 담아야 한다. 조롱박이 아니라 우주 같은 심량을 가지고 허공법계를 마음에 담아 일체 흔적을 나투지 않고 살아가야 한다.

또 중노릇은 부처님의 법맥(法脈)을 이어야 한다. 부처님의 법맥이란 바로 혜명(慧命)으로 세상에 두루 전하고 펴서 불은(佛恩)의 세상, 불국(佛國)의 세계를 만들어야 한다.

옛날 중국의 송나라 때에 희안수좌(希顔首座)라는 분이 있었다. 그는 계행이 철저하고 성품이 굳세고 바르며 내외의 학문에 통달하고 절조가 있었다. 어느 날 밭을 갈다가 벌레가 밟혀 죽는 것을 보고 하루에 미역 한 근과 죽만 먹고 살았다 한다.

참기(參己)라는 동자가 중이 되고자 하여 시봉을 하는데, 이는 중 노릇 할 그릇이 아님을 알고 석난문(釋難文)을 지어서 주며 경책을 하였으니 그 글에

"아들 알기로는 아비만한 자가 없으며 아비 알기로는 아들만한 자가 없다 하였으니, 우리 참기는 승려가 될 그릇이 아니라 대저 출가하여 승려가 되는 일이 어찌 세세한 일이겠는가. 이는 안락하고 편안함을 구하는 것도 아니요, 따뜻하고 배부름을 구하는 것도 아니며, 달팽이 뿔 위에서 이익이나 명예를 구하는 것도 아니라 삶과 죽음을 위함이고 중생을 위함이며, 번뇌를 끊고 삼계의 바다를 벗어나 부처님의 혜명을 잇고자 함이라. 성인이 계셨던 때는 멀어지고 불법은 크게 무너졌음에 네가 감히 바라겠느냐?(知子莫若父 知父莫若子 若子之 參已非爲僧器 蓋出家爲僧 豈細事乎 非求安逸也 非求溫飽也 非求蝸角利名也 爲生死也 爲衆生也 爲斷煩惱 出三界海 續佛慧命也 去聖時遙 佛法大壞 汝敢望爲爾)"

| 음여일송(吟余一頌) | 나도 한 송 읊조리니,

출　가　성　도　업
出 家 成 道 業　출가하여 도업을 이루는 것은

부　재　포　안　명
不 在 飽 安 名　배부르고 평안하고 명성에 있는 게 아니네.

능　월　도　삼　계
能 越 跳 三 界　능히 욕계와 색계와 무색계를 뛰어넘어서

濟 生 脫 死 生　생령 건지고 삶과 죽음을 벗어남이리.

　　출가를 쉽게 생각해서는 안 된다. 세상이 싫고 일이 안 되며 돈이 없고 알아주지 않으니, 차라리 산중에 묻혀 일신이나 편안하게 살아야겠다 생각하고 집을 뛰쳐나와 중이 되고자 한다면 오산(誤算) 중에서도 가장 큰 오산이라고 할 수 있다. 자칫 노적에다가 불을 질러놓고 튀밥을 주워먹는 꼴이 되고 말 것이니, 어찌 쉽게 생각해서 곧바로 단행을 하려는가?

58

무상의 불길

佛云「無常之火가 燒諸世間이라.」하시고 又云「眾生苦火[1]가 四面俱焚이라.」하시고 又云「諸煩惱賊이 常伺殺人이라.」하시니 道人은 宜自警悟하여 如救頭燃[2]이니라.

부처님께서 이르시기를,

"덧없는 불꽃이 온 세간을 태워버린다." 하시고,

또 이르시기를,

"중생들의 고뇌의 불이 사면에서 모두 불탐이라." 하시고,

또 이르시기를,

"모든 번뇌의 도적이 항상 사람을 죽이려고 엿보나니라." 하시니, 수도인은 마땅히 스스로 깨어나고 깨쳐서 머리에 불붙음을 구원하듯 할지니라.

身有生老病死[3]하고 界有成住壞空[4]하고 心有生住異滅[5]하니
此無常苦火가 四面俱焚者也니라.

謹白叅玄人하노니 「光陰을 莫虛度하라.」

몸에는 남과 늙음과 병듦과 죽음이 있고, 우주세계에는 이뤄짐과 머묾과 달라짐과 없어짐이 있으며, 마음에는 나옴과 머묾과 달라짐과 소멸함이 있으니, 이것이 덧없는 고뇌의 불이 사면에서 모두 불타고 있는 것이니라.

삼가 현묘함을 참구하는 사람들에게 말하노니,

"세월을 헛되게 지내지 말라."

| 주석(註釋) |

1) 고화(苦火): '나고, 늙고, 병들고, 죽음(生老病死)'을 사고(四苦)라고 하고, '사랑하는 사람과 헤어지는 고통(愛別離苦), 원망스럽고 미운 사람과 만나게 되는 고통(怨憎會苦), 구하고 싶은 것을 얻지 못하는 고통(求不得苦), 색·수·상·행·식의 오온(五蘊) 또는 오음(五陰)이 성하는 고통(五陰盛苦)'을 합해서 사고(四苦)라 하는데, 이 둘을 합하여 팔고(八苦)라고 한다. 이러한 고통은 늘 불길처럼 우리의 주위에서 타고 있는 것이니, 이를 일러 '불(苦火)'이라고 한다.

2) 여구두연(如救頭燃): 머리에 붙은 불을 끄듯이 다급한 마음으로 의두를 참구하고 진리를 연마하는 공부를 하라는 뜻이다.

3) 생로병사(生老病死):① 일체생명, 우주만물, 모든 사람의 한평생을 시
간적으로 넷으로 분류해서 설명하는 말. ② 사람이라면 누구나 반드시
받아야 할 네 가지 고통. 태어나고, 늙어가고, 병들고, 죽고 하는 모든
일이 고통이라는 말.

4) 성주괴공(成住壞空):이 우주 세계가 성립하여 파멸에 이르기까지의 사
대기(四大期). 불교의 세계관에서는 삼천대천세계(三千大千世界)는 항상
성겁(成劫) · 주겁(住劫) · 괴겁(壞劫) · 공겁(空劫)의 네 시기를 되풀이하
고 있다고 말한다. 불교의 시간 단위로서 가장 짧은 것은 찰나(刹那),
즉 75분의 1초이며, 계산할 수 없는 무한한 시간을 겁(劫)이라고 한다.
사겁은 우주의 생성 · 소멸의 과정을 시간의 단위로 설명하는 것이다.
우주는 네 단계를 1주기로 하는 변화를 영원히 되풀이한다. 어떠한
단계도 20소겁(小劫)으로 되어 있어 네 단계를 일주하는 데는 80겁이
걸린다. 그 네 단계는 인류가 생성하여 번성해 가는 시기(성겁), 생성
되어 안주하는 시기(주겁), 온 세계가 괴멸해 가는 시기(괴겁), 소멸되
어 공허로 돌아가는 시기(공겁)를 말한다. 이렇게 하여 우주의 성 ·
주 · 괴 · 공의 1주기가 끝난다. 이 1주기에 필요한 시간을 1대겁이라
고 한다. 이와 같이 성겁으로부터 시작하는 것은 극히 인도적이라 하
겠다.

5) 생주이멸(生住異滅):우주만유의 온갖 법이 생멸 변이하는 모양을 네
가지로 분류해서 설명하는 말. ① 생상(生相);만유가 생성하는 모양. ②
주상(住相);만유가 유지 존속하는 모양. ③ 이상(異相);만유가 변화하여
달라지는 모양. ④ 멸상(滅相);만유가 없어지는 모양. 생주이멸은 유위
법(有爲法)을 설명하는 말이다.

이 세상에 변하지 않는 것이 무엇이 있을까? 이 하늘과 땅에 변하지 않는 것이 무엇이 있을까? 이 우주에 변하지 않는 것이 무엇이 있을까?

일단 없다. 찰나(刹那)로 변화하고 찰나-찰나로 변화하며, 찰나-찰나-찰나로 변화를 이루며 존재하다가 없어질 뿐, 온전한 그 상태를 가지고 영항불변(永恒不變)으로 존재하는 것은 하나도 없다. 육신이 되었든, 물질이 되었든, 땅이 되었든, 하늘이 되었든, 마음이 되었든 간에 변화의 연속이지 멈추어 있는 것은 없는 것이요, 결국 변화의 끝은 없어지고 마는 것이라 할 수 있다.

이러한 현상이 무상(無常)이다. 찰나를 멈추어 있지 않고 삼켜버린다. 마치 물이 거세게 몰아쳐 흔적을 남기지 않고 일체를 쓸어가버리는 것과 같이 이 무상은 물질을 삼키고 세상을 삼키며, 땅을 삼키고 하늘을 삼키며, 중생을 삼키고 우주를 삼켜버린다.

부처님은 제행무상(諸行無常)을 설파하셨다.

이 제행무상이란 이 세상에 존재하는 것은 모두가 떳떳함이 없다는 뜻이다. 곧 변하지 않는 것은 절대 없다는 뜻이다. 제행이란 정신계와 물질계의 현상을 총칭하는 말이라면, 무상이란 영원한 존재란 있을 수가 없고 모든 존재 또한 일찰나에 900번이나 생멸을 거듭한다는 뜻이다.

이 제행무상은 인생만이 무상하지 않고, 산과 나무와 바위와 구름도 무상하며, 모든 존재는 무상하다. 우주 만물은 항상 돌고 변하여 잠시도 한 모양으로 머무르지 않는다. 모든 현상들은 잠시도 정지하지 않고 생멸 변화한다. 이처럼 세상에 존재하는 것은 모든 것이 시시각각으로 변한다.

또한 제행무상은 세상을 살아감에 영원한 슬픔도, 영원한 고통도, 영원한 즐거움도 없는 법이니 담담한 자세로 살아가야 한다는 뜻이다.

또한 제행무상은 사람도 늙으면 죽는다. 부모, 형제, 자식들과도 병들거나 늙으면 이별을 한다. 인(因)과 연(緣)이 모여 생겨난 것은 모두 영원하지 않고 자연 해체가 된다. 인연이 모여 생겼다가, 인연 따라 변했다가, 인연이 다하면 사라지는 게 우리의 삶이다.

또한 제행무상이란 어느 누구도 막을 수 없고 되돌릴 수 없으며 늦출 수 없고 대신할 수 없이 두두물물이 절대로 오역(忤逆)할 수 없고 오직 순응하면서 먹힐 뿐이다.

우주에 나타난 삼라만상은 제행무상 아님이 없다. 따라서 이 제행무상을 통해 새로운 것이 탄생하여 돌고 또 돌아 항상 지금을 이룬다.

| 음여일송(吟余一頌) | 나도 한 송 읊조리니,

만 물 무 상 괴
萬 物 無 常 壞　만물이 떳떳함이 없이 무너짐은

흡 여 치 화 연
恰 如 熾 火 燃　흡사 치성한 불로 태움과 같아라.

중 생 심 고 뇌
衆 生 心 苦 惱　뭇 생령 마음 괴롭고 번거로움은

不 得 大 醒 然 _{부 득 대 성 연} 큰 깨달음을 얻지 못하여 그러네.

어떤 물건이든 형상을 가지고 존재하는 것은 시간의 차이
는 있을지언정 무너지고 없어지지 않는 것은 하나도 없으니,
불로 태우면 재가 되어 흩어지는 것과 같다. 중생의 마음도
불처럼 일어나는 괴로움이나 번뇌로 인하여 안정을 얻지 못
하고 흔들리는 것이니, 이는 본래 각자의 자성을 완전히 회복
하지 못하고 진리를 깨닫지 못한 데서 기인한 것이라. 수행하
는 사람은 안으로 자성을 회복하고 밖으로 진리를 깨쳐야 고
통을 벗어나 자유자재 할 수 있다.

59

명리(名利)를 버리자

| 원문(原文) |

貪世浮名[1]하면 枉功勞形이요, 營求世利[2]하면 業火[3]加薪
이니라.

세상의 뜬 이름을 탐하는 것은 공력을 굽혀 몸만 피로하게 하는
것이요, 세상 잇속을 재고 구하는 것은 업의 불에 섶을 더하는 것이
니라.

| 자해원문(自解原文) |

貪世浮名者는 有人詩云「鴻飛天末迹留沙요, 人去黃泉[4]名
在家라.」 營求世利者는 有人詩云「探得百花成蜜後에 不知辛

고 위 수 첨　　　왕 공 노 형 자　　착 빙 조 각　　불 용 지 교 야　　업 화
苦爲誰恬고.」枉功勞形者는 鑿氷雕刻이니 不用之巧也요, 業火
가 신 자　　추 폐 색 향　　치 화 지 구　 야
加薪者는 麤弊色香이 致火之具[5]也라.

　　세상의 뜬 이름을 탐한다는 것은 어떤 사람의 시에 이르기를,
"기러기는 하늘 끝으로 날아갔는데 발자취 모래에 머물고, 사람은
저승으로 갔는데 이름은 집에 있어라."고 하였고,

　　또 세상 잇속을 재고 구하는 것은 어떤 사람의 시에 이르기를,
"꽃마다 채집하고 얻어 꿀을 이룬 뒤에, 쓰고 괴로움 알지 못하고 누
가 맛을 보았는고." 하였다. 공력을 굽혀 몸만 피로하게 한다는 것은
얼음을 파서 조각을 새기려는 것이니 기교를 쓸 수 없는 것이요, 업
의 불에 섶을 더한다는 것은 거칠고 해진 빛깔이나 향기가 불을 이루
는 도구니라.

| 주석(註釋) |

　1) 탐세부명(貪世浮名):세속 세상의 뜬 이름을 탐하는 것. 이는 마치 뜬
　　구름 잡고 안개 잡기 같아서 허망한 것이니 결국 수행자의 마음을 고
　　뇌케 하고 몸을 피곤하게 한다.

　2) 영구세리(營求世利):세상의 명예와 이익을 탐하는 것. 수행인이 세상
　　의 명예와 이익을 부질없이 탐하는 것은 나무를 지고 불에 뛰어드는
　　것처럼 위험한 일이다.

　3) 업화(業火):①악업이 사람의 몸을 해치는 것이 마치 사나운 불길이 사
　　방을 태우는 것과 같다는 말. ②범부 중생이 짓는 악업의 힘이 맹렬함

을 불에 비유하는 말. ③불같이 일어나는 노여움.

4) 황천(黃泉)：옛사람들이 상상했던 사람이 죽어서 간다는 저승세계. 천
지의 중앙에 있고, 새로운 생명도 여기에서 나온다고 생각하였다. 구
천(九泉)·황토(黃土)·명도(冥途)·저승이라고도 한다. 황천이라고 한
것은 중국의 오행설(五行說)에서 땅 빛이 노란 데에서 나온 것으로 보
인다.

5) 추폐색향 치화지구(麤弊色香 致火之具)：『법화경』「비유품」에 "추잡하고
탈색한 빛깔·소리·냄새·맛·접촉(色聲香味觸法；감각의 대상)에 탐착
하지 말라. 만일 탐하면 애착이 생겨 곧 그것 때문에 불사르게 되리
라."고 한바, 여기서 "거칠고 더러운 빛깔과 향기는 불을 일으키는 재
료밖에 되지 않는다(麤弊色香 致火之具)."고 한 것은 바로 이 『법화경』
의 말씀을 인증한 것이라 할 수 있다.

| 해의(解義) |

　중국 양나라 때 스님인 지공화상(誌公和尙)의 시에

　　"명예 탐하고 이익 구함이 세간에 가득하지만
　　누더기 옷 입은 한가로운 도인만 못하누나.
　　우리의 닭은 모이 있으나 끓는 냄비 가깝고
　　들판의 학은 먹이 없어도 하늘과 땅 넓어라."
　　(貪名求利滿世間 不如破衲閑道人 籠鷄有食湯鍋近 野鶴無糧天地寬)

　우리에 넣어서 기르는 닭은 예뻐서 기르는 수도 있지만 결국 잡
아먹자는데 그 목적이 있다. 어서 모이를 많이 먹고 살찌기만 바라며
볼 때마다 입맛을 다시게 된다. 반면에 저 들판과 하늘을 마음대로

나는 학은 비록 먹이가 없어서 어려움이 있을지라도 허공과 땅이 모두 내 집인지라 날아다니는데 아무런 걸리고 막힘이 없다.

세상에서 명예를 탐하고 이익을 구하여 아침부터 저녁까지 앵앵거리며 다니는 모습을 진리를 깨달은 도인들이 보고 불쌍히 여기며 구제의 손길을 뻗히게 된다.

도를 닦는 사람에게 화살이 되고 독약이 되며, 칼이 되고 청산가리가 되는 것은 과연 무엇일까?

여러 가지가 있을 수 있지만 아마 재색(財色)이 아닐까 한다. 즉 재물과 음욕(淫慾)이다. 이 두 가지는 아무리 가져도 더 더 할지언정 멈춰지는 게 아니요 만족하는 것도 아니다.

고기는 왜 낚시에 걸리는 것일까? 다름 아닌 먹이를 탐하다가 주둥이가 꿰어지는 아픔을 당하게 된다. 지혜가 많고 노련한 고기는 항상 밑으로 다니기 때문에 낚시에 걸릴 염려가 없다.

이와 같이 공부하는 사람은 최소한 재물과 음욕에 무관심 하다면 마음에 흔들림이 없을 것이요, 남에게 손가락질도 받지 않게 된다.

| 음여일송(吟余一頌) | 나도 한 송 읊조리니,

세 간 명 리 물
世 間 名 利 物　　세간의 명예와 이익이라는 물건

견 중 업 여 차
牽 重 業 如 車　　무거운 업장으로 끄는 수레와 같아

영 겁 무 유 식
永 劫 無 攸 息　　긴긴 세월 쉬는 바가 없으리니

돈 단 막 개 차
頓 剉 莫 蓋 遮 단번에 끊어서 덮고 가리지 말지라.

재(財)·색(色)·명(名)·리(利)가 무거운 업장을 만들어내는 안내자요 인도자이다. 마치 수레를 소에 채우면 끌려가기 싫어도 저절로 끌려갈 수밖에 없다. 이 네 가지를 끊지 못하고는 수도를 할 수가 없고, 따라서 맑고 밝은 선업을 짓거나 쌓을 수도 없는 것임을 알아서 절대로 덮는다거나 가리지 말고 들춰내어 끊고 녹이고 버려야 한다.

60

명리를 구하는 중

명 리 납 자　　　불 여 초 의 야 인
名利衲子[1]**는 不如草衣野人이니라.**

명예와 잇속의 납자는 초의를 걸친 야인만 같지 못하니라.

| 자해원문(自解原文) |

타 금 륜　　입 설 산　　　천 세 존　　　불 역 지 궤 칙　　　　　말 세 양 질 호 피
唾金輪[2]**入雪山은 千世尊의 不易之軌則이니 末世羊質虎皮**[3]

지 배　　　불 식 염 치　　　망 풍 수 세　　　음 미 취 총　　　희　　기 징 야
之輩가 不識廉恥하고 望風隨勢하며 陰媚取寵하니 噫라! 其懲也

부　　　심 염 세 리 자　　　아 부 권 문　　　추 주 풍 진　　　　반 취 소 어
夫[4]**인저 心染世利者는 阿附權門하여 趨走風塵**[5]**타가 返取笑於**

속 인　　　차 납 자　　이 양 질　　증 차 다 행　　　　이 징 야 부 삼 자
俗人하나니 此衲子를 以羊質로 證此多行이니라. 以懲也夫三字로

結之하니 此三字가 文出莊子[6]하니라.

　　제왕의 자리도 침 뱉고 설산에 들어간 것은 천 분 부처님도 바꾸지 않을 법칙인데, 말세에 양의 바탕에 범의 껍질을 쓴 무리들이 염치도 알지 못하고 바람을 향하고 세력을 따르며, 아첨하여 가리고 총애만 취하니 아! 그것을 증명하는 것이라, 마음이 세상 명예와 이익에 물든 자는 권세의 문에 아부하여 풍진을 쫓아다니다가, 도리어 세속 사람의 웃음을 취하게 되나니 이런 납자를 양의 바탕이라 한 것은 이에 여러 가지 행동으로 증명하는 것이라. 그 '증야부' 세 글자로써 맺었으니, 이 세 글은 장자의 글에 나오니라.

| **주석(註釋)** |

1) 납자(衲子):① '납' 은 누더기 옷이란 말로 납승(衲僧)이라고도 한다. 선종(禪宗)에서 수행승을 말한다. 납은 기웠다는 뜻이고, 세상 사람들이 입다가 버린 낡은 헝겊으로 누덕누덕 기워 만든 옷을 납의(衲衣)라고 하는데, 수행승은 이런 납의를 입기 때문에 납자·납승이라고도 한다. 여기에서 출가 수행자의 무소유 정신이 잘 나타나 있다. ② '백납노승(百衲老僧)' 이라는 말이 있으니, 곧 '백 번 꿰맨 누더기 옷을 입은 늙은 중' 이라는 뜻이다.

2) 금륜(金輪): 전 세계를 지배할 성왕(聖王)인 금륜왕(金輪王)이 즉위할 때 동방에 나타나 광명을 놓고 왕에게로 온다고 하는 보물.

3) 양질호피(羊質虎皮): '양의 몸에 호랑이 가죽을 걸치다' 라는 뜻으로, 겉모습은 화려하지만 내실이 빈약함. 또는 본질이 바뀌지 않는 한 변하

지 않음을 비유하는 고사성어(故事成語)이다. 중국 한(漢)나라 때 양웅(揚雄)이 지은 『법언(法言)』에서 유래되었다.

4) **징야부**(懲也夫): 『장자(莊子)』「산목편(山木篇)」에 나오는 말. 징야부는 '실증한다', '증명한다' 는 뜻. 충신 비간(比干)이 상(商)의 주왕(紂王)을 충간하다가 주왕에게 가슴을 찢긴 것은 지금의 어리석은 군주와 어지러운 신하가 있는 혼란한 세상에서는 병들고 지치지 않으려 해도 안 되는 현실과 서로 증명된다는 뜻.

5) **풍진**(風塵): ①세상의 어지러운 일을 비유적으로 이르는 말. ②바람에 날리는 티끌. ③전쟁터에서 일어나는 티끌이라는 뜻으로, 전쟁으로 인한 어수선하고 어지러운 일이나 분위기를 이르는 말.

6) **장자**(莊子): ①[책명] 중국 전국시대(戰國時代)에 완성된 것으로 추정되는 도가(道家) 사상을 담은 책. 10권 33편으로 되어 있으며, 장자의 근본 사상이 담긴 「내편(內編)」은 장자가, 나머지 「외편(外編)」과 「잡편(雜編)」은 그의 제자들이 지은 것으로 추측된다. 우화(寓話)를 많이 사용하였으며, 종횡무진한 상상과 표현으로 우주의 본체와 근원을 설명하였다. 일명 『남화진경(南華眞經)』 또는 『남화경(南華經)』. ②장자(莊子, B.C. 365?~B.C. 290?), 중국 전국시대(戰國時代) 사상가. 제자백가(諸子百家) 가운데 도가(道家)의 대표자이다. 성은 장(莊), 이름은 주(周). 송(宋)나라의 몽(蒙, 河南省 商邱縣) 출신. 전국시대인 B.C. 300년 무렵 활동한 것으로 여겨지며, 칠원(漆園)의 말단관리가 된 적이 있을 뿐 대개는 자유로운 생활을 했다. 그를 가리켜 노자(老子)의 사상을 이어받고 도가사상(道家思想)을 대성시킨 사람이라고 하여 노장사상가(老莊思想家)라고 일컫기도 하나, 노자의 사적(事績)과 연대(年代)가 애매하다는 사실과 두 사상의 차이 등에서 그 전후관계에는 의문점이 많다. 노자의 현실적인 성공주의와는 달리 장자에서는 양주(楊朱)의 위아설(爲我說, 自己中心說)과 전병(田騈)의 귀제설(貴齊說, 萬物平等說)의 영향을 받은 사

변적(思辨的) 경향이 강하다. 춘추시대의 송(宋)나라 사람. 이름은 주(周)인데 보통 장자라고 존칭함. 그의 주장이 노자(老子)의 사상에 기초를 두었으므로 노장(老莊)이라 병칭(並稱)하고 있다.

| 해의(解義) |

『선림보훈(禪林寶訓)』에 이런 이야기가 있다.

산당도진(山堂道震, 1079－1162) 스님이 처음 조산(曹山)에 주지를 하라는 명령을 물리치자 군수가 글을 보내 권하였다. 스님은 이에 대하여 이렇게 사양을 하였다.

"만일 좋은 음식을 먹고 명예나 탐하는 납자가 되려 한다면 풀옷을 입고 나무 열매를 먹으며 산에 숨은 야인이 되는 것만 못 하니라(若使飯囓肥 作貪名之衲子 不若草衣木食 爲隱山之野人)."고 하였다.

출가를 하여 수행하는 사람으로서 명예나 이익을 추구한다면 풀속에 묻히고 산속에 숨어 사는 저 시골사람보다 못하다는 말로 출가수행하는 뜻은 재색명리와 세속에 대한 착심을 끊고 무소유의 정신으로 살아가는데 있다.

출가를 하여 모두를 버리고 나온 사람이 세상에서 취할 수 있는 것이 무엇이 있을까? 혹시 옷감 좀 취하고 쌀(음식이나 쌀, 자급자족할 수도 있다) 좀 취하며, 신(鞋 ; 짚신을 삼아 신을 수 없음으로) 재료 조금 취하면 되지 않을까?

부처님은 온 천하를 통일하여 '금륜성왕(金輪聖王)'이 될 것이라는 제왕의 자리도 박차버리고 유성출가(逾城出家)를 단행하여 히말라

야 산기슭에 들어가 얼굴에 거미줄이 쳐지고 머리에 새가 둥지를 틀
지라도 모두 잊어버리고 고행을 하신 이유가 분명히 있을 것이니 후
세에 수도를 하는 사람은 쉽게 생각하고 쉽게 간과(看過)해서는 안
된다.

그런데 말세에 수도를 하는 사람들이 세속의 달콤한 5욕을 구하
고 현신(現身)하는 명리를 탐하며 곳간을 채우는 재물에 눈독을 들이
고, 또는 권문(權門)이나 세가(勢家)나 왕가(王家)에 기대어 아첨을 떨
고 어깨를 으쓱거리는 등 정말로 출가를 한 자신이 청풍납자(淸風衲
子)요 운수도인(雲水道人)임을 잊어버린다면 부처님의 슬퍼하심이 적
지 않을 것이니, 출가를 해서 수도문에 들어온 사람으로 양의 바탕에
범의 가죽을 둘러 쓴 치배(癡輩)는 되지 말 것이며, 더 나아가 세속인
의 손가락질을 받고 조롱거리가 되는 일은 절대로 해서는 안 된다.

| 음여일송(吟余一頌) | 나도 한 송 읊조리니,

석 죽 조 손 식
夕粥朝飧食　저녁 죽과 아침밥을 먹을지라도

위 기 활 야 인
慰饑活野人　주림 위로하며 들사람으로 살리라.

구 명 종 세 물
求名從勢物　명예를 구하고 형세와 물을 쫓는다면

난 면 출 가 신
難免出家身　몸만 집에서 나옴을 면하기 어려우리.

폼만 중이요, 무늬만 중이라면 참 중이 아니다. 비결에 '진
승하야 가승입산(眞僧下野 假僧入山)'이라는 말이 있다. 이 말은

"진짜 중은 세속에 내려오고 가짜 중은 산으로 들어간다"는 뜻이다. 즉 도를 깨친 스님들은 중생제도를 위하여 세속으로 내려오고, 진리를 모르는 중들은 산속에 들어가 수도를 한다는 의미이다. 그런데 지금은 오히려 반대로 가짜 중들이 세물(世物)을 구하고 찾기 위하여 세속으로 내려오고, 진짜 중들은 숨어들고 있으니 몸 출가보다는 마음 출가가 되어야 한다.

61

| 원문(原文) |

佛_불이 云_운하사대 「云何賊人_{운하적인}이 假我衣服_{가아의복}하고 稗販_{패판}[1]如來_{여래}하야 造種種業_{조종종업}고?」 하시니라.

부처님께서 이르시기를, "어떤 도둑놈들이 나의 옷을 빌려 입고 부처를 팔아서 가지가지 업을 짓느냐?" 하시니라.

| 자해원문(自解原文) |

末法比丘_{말법비구}[2]가 有多般名字_{유다반명자}하니 或烏鼠僧_{혹오서승}[3]이며 或啞羊僧_{혹아양승}[4]이며 或禿居士_{혹독거사}[5]며 或地獄滓_{혹지옥재}[6]며 或袈裟_{혹가사}[7]賊_적이라 하나니 噫_희라! 其所以_{기소이} 以此_{이차}[8]니라. 稗販如來者_{패판여래자}는 撥因果_{발인과}[9]排罪福_{배죄복}하고 比等身口_{비등신구}하야 迭_질

起^기愛^애憎^증하니 可^가謂^위愍^민也^야라. 避^피僧^승避^피俗^속曰^왈 「鳥^조鼠^서」요, 舌^설不^불說^설法^법曰^왈

「啞^아羊^양」이요, 僧^승形^형俗^속心^심曰^왈 「禿^독居^거士^사」요, 罪^죄重^중不^불遷^천曰^왈 「地^지獄^옥滓^재」요,

賣^매佛^불營^영生^생曰^왈 「被^피袈^가裟^사賊^적」이니 以^이被^피袈^가裟^사賊^적으로 證^증此^차多^다名^명이니라.

以^이此^차二^이字^자로 結^결之^지하니 此^차二^이字^자가 文^문出^출老^노子^자하니라.

말법의 비구가 많은 이름자가 있으니 혹 '박쥐 중'이라 하며, 또는 '벙어리 염소 중'이라 하며, 또는 '머리 깎은 거사'라 하며, 또는 '지옥 찌꺼기'라 하며, 또는 '가사 입은 도적'이라 하나니 슬프다! 그 까닭이 이것으로써 이니라.

부처님을 판다는 것은 인과 과가 없다 하고, 죄와 복도 없다 하며, 몸과 입으로 물 끓듯 해서 번갈아 사랑과 미움을 일으키니, 가히 불쌍함이라. 중도 피하고 속도 피함을 말하여 '박쥐'이요, 입으로 법을 설하지 못함을 '벙어리 염소'이요, 중의 형상에 마음은 세속임을 말하여 '머리 깎은 거사'이요, 죄가 중하여 옮기지 못함을 말하여 '지옥 찌꺼기'요, 부처님을 팔아 생의 삶을 경영함을 말하여 '가사 입은 도둑'이라 하나니, 가사 입은 도둑으로서 이것으로 많은 이름을 증명하나니라. 이차(以此) 두 글자로 맺으니 이 두 자 글이 노자에 나오니라.

| 주석(註釋) |

1) 패판(稗販):①아주 작은 상거래나 그것을 업으로 하는 사람. ②(기성

의 재료·다른 사람의 학설·기술·지식을) 그대로 옮기다.

2) 비구(比丘): [범]bhikṣu [파]bhikkhu. 파리어(巴利語)를 음대로 쓴 것이다. 걸사(乞士)·포마(怖魔)·파악(破惡)·제근(除饉) 등으로 번역한다. 남자가 출가하여 중이 되어 20세 이상 된 때에 250계 되는 비구계(比丘戒)를 받은 뒤에라야 비구라고 부른다. 비구에 다섯 가지 뜻이 있는데 ①사유 재산을 모아 두지 않고 걸식하며 지내는 것. ②번뇌 망상을 깨뜨려 버리는 것. ③탐욕과 분노와 우치가 불붙는 번뇌의 집에서 뛰어나는 것. ④부처님의 계율을 깨끗하게 지키는 것. ⑤외도와 악마가 무서워하는 것 등이다. 여승(女僧)은 비구니(比丘尼, bhikṣuṇī)라고 하는데, 모든 것이 남승과 같고 오직 348계 되는 비구니계를 지켜야 한다.

3) 오서승(烏鼠僧): 박쥐는 굴속에 산다는 점에서 까마귀와 다르고, 공중을 날아다닌다는 점에서 쥐와 다르다는 뜻으로, 승려도 아니고 속인도 아닌 사람을 말한다. 말법시대가 되어 승려가 타락한 모습을 풍자하는 말.

4) 아양승(啞羊僧): 아양(啞羊)은 벙어리 염소라는 뜻. ①어리석은 중이 선악의 계율을 분별치 못하여 범하고도 참회하지 못하는 것을 벙어리 염소가 죽어도 소리를 내지 못하는 것에 비유하는 말. ②수행에는 마음이 없는 중이 수십 년간 중노릇을 하고서도 설법을 하지 못하는 것을 벙어리 염소에 비유하는 말.

5) 독거사(禿居士): 독(禿)은 대머리 또는 머리 깎은 사람, 거사(居士)는 재가의 남자 신도. 겉모양은 수행승처럼 머리를 깎고 가사를 입었으나 행실은 계문을 잘 지키지 않는 거짓 비구승을 독거사라 한다. 또는 옷이나 밥 등 의식주 생활을 해결하기 위하여 머리를 깎고 승려가 된 사람을 독거사라 한다. 말세가 되면 이러한 독거사들이 많이 나와서 불교를 더욱 타락시킨다고 한다.

6) 지옥재(地獄滓): 지옥의 찌꺼기라는 의미로 출가하여 중이 된 사람이

수행은 아니하고 헛짓을 함으로써 천당이나 극락은 갈 수가 없고 죽은 뒤에 지옥에 떨어지게 된다.

7) 가사(袈裟):[범]kāṣāya 범어를 음대로 쓴 것인데, 뜻대로 번역하면 잡색(雜色), 염색(染色), 곧 순색이 아닌 옷을 말한다. 인도는 더운 곳이므로 속인(俗人)들은 모두 흰옷을 입는데, 크고 작은 세 가지(三衣)가 있어서 다섯 폭으로 된 것(五條)은 일할 때에 입고, 일곱 폭으로 된 것(七條)은 보통 때에 입고, 아홉 폭(九條)으로부터 스물다섯 폭(二十五條)까지는 법회와 예식에 입게 된다. 그러므로 인도의 승려들은 이 세 가지밖에 다른 옷이 별로 없다고 한다. 그러나 불교가 기후 풍토와 인정 풍속이 같지 아니한 여러 지방에 전파되면서 가사의 빛도 황색 또는 적색의 보기 좋은 빛으로 변하게 되고 바탕도 비단으로 하게 되었다. 그 모양도 온갖 복덕이 이 법복(法服)으로 말미암아 심어지고 성숙(成熟)되는 것이라 하여 복을 심는 밭(福田)을 상징(象徵)해서 규모가 반듯하고 법다운 밭두렁과 같은 것으로 하게 되었는데, 지금에 와서는 불교를 신앙하는 여러 나라와 그 종파에 따라 모양도 달리 한다. 또한 북방의 여러 나라에서는 추운 곳이기 때문에 보통 입는 의복 위에 장삼(長衫)을 입고, 그 위에 다시 가사를 입게 되므로 가사와 장삼이 함께 법복이 된다.

8) 이차(以此):『노자(老子)』21장과 54장에 나오는 말. 이차(以此)는 '이때문이다' 라는 뜻으로 21장에서는 차(此)가 도(道)를 뜻하고, 54장에서는 차(此)가 '이러한 도리' 라는 뜻으로 쓰였다. 여기서는 차(此)가 가사 입은 도둑임.

※ 노자(老子, B.C. 561－467): 도교의 시조. 그에 대한 기록은 분명하지가 않다. 그러나 성은 이(李), 이름은 이(耳), 자는 백양(伯陽), 호는 담(聃)으로 알려져 있다. 공자와 더불어 중국의 대사상가로 쌍벽을 이룬다. 초(楚)나라 고현(苦縣) 여향(厲鄕) 곡인리(曲仁里) 사람이라고 전해온다.

처음 주(周)나라 수장실(守藏室)의 관리로 근무하다가 주나라가 쇠퇴해 가는 것을 보고 난세를 피해 함곡관에 이르러 관령(關令) 윤희(尹喜)의 청에 따라 오천언(五千言)의 저서를 남겼다. 이를 『노자도덕경(老子道德經)』이라 한다. 노자와 거의 같은 시대에 살았던 공자에 대해서는 그의 사상·생애·인물이 분명한데, 노자는 그의 사상·생애·인물이 분명하지 않다. 그래서 『도덕경』은 노자의 저서가 아니라 훨씬 후세의 저작이라고 보는 견해도 있고, 노자의 생애에 대해서도 상당히 신비화 되어 전해오는 것도 있다. 『도덕경』에 나타난 노자의 사상은 춘추 전국시대의 혼란한 사회에 있어서 상식적인 인위도덕에 의하여 질서를 회복하려는 유가들의 인위적 방법을 반대하고 무위자연을 주장하고 있다. 우주의 본체를 도(道)·무(無)·일(一)·대(大)라고 이름 지어 유(有)의 세계는 무(無)로부터 나온다고 하였다. 따라서 무위자연의 상태로 돌아갈 것을 주장하고, 유가의 대통일 국가 이상에 대해 소국과민(小國寡民)의 이상사회를 그리고 있다. 노자사상은 장자에 의해서도 계승 전개되어 유가사상과 함께 중국 사상계의 양대 산맥을 이루었다.

9) 인과(因果):무엇이나 원인 없는 결과가 없고, 결과 없는 원인이 없다. 콩 심은 데 콩이 나고, 팥 심은 데 팥이 나서 이 세상의 온갖 일과 모든 물건이 반드시 인과의 법칙대로 되어 간다. 사람의 일도 착한 일을 하면 복을 받고, 악한 짓을 하면 재앙을 받아서 길(吉)·흉(凶)·화(禍)·복(福)이 하나도 우연한 것이 없다. 그러나 그 보응(報應)의 나타남이 원인을 짓는 그 즉시로 곧 볼 수 있는 것은 아니다. 사람의 환경이 복잡하고, 마음 쓰는 것이 또한 한결같지 않기 때문에 무거운 쪽부터 먼저 실현되어 짓는 그 당장에 받게 되는 순현보(順現報)와, 짓는 그 즉시에 받지 않고 그 다음 시기에 받는 순생보(順生報)와, 받기는 반드시 받되 언제 받게 될지 일정하지 않는 순후보(順後報)가 있다. 이

세 가지 과보(果報)는 금생(今生) 안에 실현되기도 하고, 여러 생(多生)을 통하여 되기도 한다. 그러므로 착한 사람이 빈천하거나 악한 사람이 잘되는 것은 일시적인 현상일 따름이다.

| 해의(解義) |

절집에서 밥을 먹고 산다는 것이 절대 쉬운 일은 아니다. 내가 벌어 내가 죽이든 밥이든 먹고 사는 것이 낫지, 부처님 집에서 부처님이나 신도들에게 밥을 얻어먹고, 부처님이나 신도들에게 옷을 얻어 입고 산다는 것이 자칫 가시방석에 앉는 것과 다름이 없고, 노적에 불 질러놓고 튀밥을 주워 먹는 꼴이 될 수 있는 것이니 조심해야 한다.

옛 성인의 말씀에 "많은 생(生)을 통해서 금사망(金絲網)의 과보를 받을 죄인은 속인에게 보다도 말세 수도인에게 많은 것이니 그 이유는, 첫째는 속인들의 죄악은 대개 그 죄의 영향이 개인이나 가정에만 미치지마는, 수도인들의 잘못은 정법(正法)을 모르고 남을 그릇 인도하면 여러 사람의 다생을 그르치게 되는 까닭이요, 둘째는 옷 한 벌, 밥 한 그릇이 다 농부의 피와 직녀(織女)의 땀으로 된 것인데 그만한 사업이 없이 무위도식(無爲徒食) 한다면 여러 사람의 고혈(膏血)을 빨아 먹음이 되는 연고이며, 셋째는 모든 은혜를 받아 살아가고 또 알지만 그 은혜에 보답하지 못하므로 가정·사회·국가·세계에 배은이 되기 때문이라." 하였으니, 새겨 볼 말씀이라고 하겠다.

가짜 중노릇 하지 말자. 진짜 중노릇을 하여도 시간이 없고 세월이 아까운데 출가를 한 스님 되어 부처님의 가르침을 벗어나고 부처님의 계율을 어겨서 제멋대로 살아간다면 어찌 참된 스님이라 할 수 있겠는가? 실로 통탄할 일이요 안타까운 일이라, 또한 부처님의 꾸중을 면치 못하게 될 것이니, 어찌 한가로운 자세로 놀고 무위(無爲)로 지낼 수 있는가? 그러하니 정말 중노릇에 일거수일투족(一擧手一投足)을 삼가며 살고, 챙겨가며 살아서 원하지 않은 죄업이 내 앞에 가득 쌓여 꼼짝 할 수 없는 짐을 잔뜩 진 인생이 되어서는 안 된다.

| 음여일송(吟余一頌) | 나도 한 송 읊조리니,

出家修道者　출가하여 도를 닦는 자가

每不佛言回　매양 부처님 말씀으로 돌아가지 아니하고

造業勤無已　업을 짓는데 부지런하여 그침이 없으면

僧衣販寺財　중 옷 입고 절집 재물까지 팔게 되리라.

출가를 한 수도자는 첫째, 부처님의 말씀을 잘 들어야 한다. 부처님께서 하라고 한 것은 죽음을 무릅쓰고 실행하고, 하지 말라고 한 것은 역시 죽음을 무릅쓰고 하지 말아야 한다. 만일 그렇지 않고 절집에서 엉뚱한 짓을 한다거나, 혹 임자 없는 절집의 재산을 팔아먹는 등 온갖 짓을 다하여 죄업을 쌓게 되면, 자신의 앞길에 먹구름이 드리우고 절집도 수호가 안 되어 앞길이 막히리니 어쩌면 좋다는 말인가?

62

한 벌 옷, 한 그릇 밥

| 원문(原文) |

於噫라 佛子[1]야! 一衣一食이 莫非農夫之血이요, 織女之苦어늘 道眼[2]이 未明하고서 如何消得[3]이리오?

아~ 불자야! 한 벌 옷과 한 그릇 밥이 농부의 피요, 직녀의 수고로움 아님이 없거늘, 도의 눈이 밝지 아니하고서 어떻게 소화를 하리요?

| 자해원문(自解原文) |

傳燈[4]에 「一道人이 道眼이 未明故로 身爲木菌[5]하여 以還信施이라.」고 하니라.

전등에 "한 도를 닦는 사람이 도의 눈이 밝지 못한 탓으로 몸이
나무의 버섯이 되어 시주의 베풂을 돌려주었다."고 하니라.

1) **불자**(佛子):부처님의 아들이란 말이다. 불법을 믿는 이면 모두 불자가
   된다. 그것은 부처님 법에서 새로운 생명을 얻었기 때문이며 부처님
   의 지혜 목숨(慧命)을 이어 가고, 법의 집과 법의 재산을 상속받게 되
   는 까닭이다. 또한 모든 중생을 다 불자라고 하는데, 그것은 어떤 중
   생이나 모두 부처의 성품(佛性)이 있어서 그것이 부처의 씨가 되고, 지
   혜는 어머니가 되며, 부처님은 아버지가 되어 필경에는 반드시 성불
   (成佛)하게 된다.『섭대승론석(攝大乘論釋)』에는 불자에 다섯 가지 뜻이
   있다고 하였다. 첫째, 믿음이 종자가 되고, 둘째, 지혜는 어머니가 되
   며, 셋째, 선정은 태(胎)가 되고, 넷째, 자비심(慈悲心)은 유모가 되며,
   다섯째, 부처님은 아버지가 된다 하였다.

2) **도안**(道眼):진리를 깨달아 체득한 안목. 인과보응의 진리와 불생불멸
   의 이치를 한눈에 꿰뚫어 보는 지혜.

3) **소득**(消得):득(得)은 허사, 소(消)는 지우다, 소화하다, 누리다, 사용하
   다 등의 의미이다.

4) **전등**(傳燈):곧『전등록(傳燈錄)』으로 송(宋)나라 도원(道源)이 1004년에
   지은 불서(佛書)이다. 원 이름은『경덕전등록(景德傳燈錄)』으로 30권이
   다. 과거칠불(過去七佛)에서 석가모니불을 거쳐 달마(達磨)에 이르는 인
   도 선종(禪宗)의 조사(祖師)들과 달마 이후 법안(法眼)의 법제자들에 이
   르기까지의 중국의 전등법계(傳燈法系)를 밝혔다. 저자로 알려진 도원
   은 생몰연대·경력 등이 모두 미상이지만, 여러 방면에서 문헌을 찾
   아 대단히 상세한 승전(僧傳)을 기술하고 있어 선종(禪宗) 승전으로 매

우 높은 평가를 받고 있다. 권1에서 권3까지는 과거칠불로부터 인도·중국의 33조사를 서술했고, 권1에서 권26까지는 육조(六祖) 혜능(慧能)에서 분파된 5가(家) 52세(世)에 관하여 서술하였다. 이상에서 1,712명을 기록하였는데, 이 중 954명은 어록(語錄)이 있고, 다른 758명은 이름만 남아 있다. 권27에는 보지(寶誌)·선혜(善慧)·혜사(慧思)·지의(智顗) 등 10명과 제방(諸方)의 잡거(雜擧)·징(徵)·염(拈)·대(代)·별(別)을, 권28에는 혜충(慧忠)에서 법안 문익(文益)까지 12명의 광어(廣語)를, 권29에는 찬(讚)·송(頌)·시(詩)를, 권30에는 명(銘)·기(記)·잠(箴)·가(歌)를 실었다. 본서가 완성되어 송나라의 진종(眞宗)에게 봉정(奉呈)되었는데, 칙명에 따라 양억(楊億) 등이 간삭(刊削)을 가한 후 대장경에 편입시켜 간행하였다.

5) **목균**(木菌):①말려서 꼬챙이에 꿴 버섯. ②산야에 널리 여러 가지 빛깔과 모양으로 발생하는 버섯들은 갑자기 나타났다가 쉽게 사라지기 때문에 옛날부터 사람의 눈길을 끌어 고대 사람들은 땅을 비옥하게 하는 '대지의 음식물' 또는 '요정(妖精)의 화신(化身)'으로 생각하였으며 수많은 민속학적 전설이 남아 있다. 또한 버섯은 그 독특한 향미로 널리 식용되거나 또는 약용으로 하는가 하면 목숨을 앗아가는 독버섯으로 두려움을 받기도 하였다. 고대 그리스와 로마인들은 버섯의 맛을 즐겨 '신(神)의 식품'이라고 극찬하였다 하며, 중국인들은 불로장수(不老長壽)의 영약(靈藥)으로 진중하게 이용하여 왔다. 한편 『삼국사기』에 의하면 신라 성덕왕 시대에 이미 목균(木菌:金芝)과 지상균(地上菌:瑞芝)을 이용한 사적을 찾아볼 수 있고, 『세종실록(世宗實錄)』을 보면 세종대왕 시대에 식용버섯으로 송이·표고·진이(眞耳)·조족이(鳥足耳), 약용버섯으로 복령·복신(茯神)의 주산지까지 기록하고 있는 것으로 보아 아주 오래 전부터 버섯을 많이 이용하였음을 알 수 있다. 근래에는 버섯의 순수배양종균(純粹培養種菌)의 생산을 계기로 양송

이·표고·느타리·목이·풀 버섯 등 식용버섯의 인공재배가 크게
발달하고 있으며, 버섯의 영양가와 약용가치가 점차 밝혀짐에 따라
그 수요도 증가하고 있다.

| 해의(解義) |

『자경문(自警文)』은 불가에서 초심문(初心文)·발심문(發心文)과 함
께 사미(沙彌) 동승(童僧)이 처음에 공부하는 책으로 야운각우(野雲覺
友)가 쓴 1권의 책이다. 이 책에서는 수도하는 자는 먼저 배워야 하니
어리석은 생각에서 배우지 않으면 교만이 더할 뿐이라 하고, 또 공복
고심(空腹高心)은 주린 범과 같고, 무지방일(無知放逸)은 엎어진 원숭
이와 같다고도 하였다.

이 가운데 열 가지를 제시하였는데 첫째에

“좋은 의복이나 맛있는 음식을 간절히 받아쓰지 말라(軟衣美食
切莫受用).”고 하였다. 그러면서 이를 설명하는 글에

“갈고 씨 뿌림으로부터 입과 몸에 이르기까지 한갓 사람과 소의
공력이 많고 무거울 뿐만 아니라, 또한 이에 곁에 사는 손해도 다함
이 없거늘, 저 공력을 수고롭게 하여 나를 이롭게 할지라도 오히려
그렇게 아니 하려거든 하물며 다른 목숨을 죽여 나 살림을 어찌 가히
차마 하리요? 농부도 매양 배고프고 차가운 괴로움이 있고, 베 짜는
여인도 몸 가릴 옷이 없을 텐데, 하물며 나는 길이 손을 놀렸으니 배
고프고 차가움을 어찌 마음에 싫어 하리요? 좋은 의복이나 맛있는
음식은 당연히 은혜가 무겁고 도에 손해되는 것이요, 기운 옷이나 나

물밥은 반드시 베풀기도 가볍고 음덕도 쌓임이라. 금생에 마음을 밝히지 못한다면 한 방울 물도 소비하기 어려우리라(自從耕種, 至于口身, 非徒人牛功力多重, 亦乃傍生損害無窮. 勞彼功而利我, 尙不然也, 殺他命而活己, 奚可忍乎? 農夫每有飢寒之苦, 織女連無遮身之衣, 我長遊手, 飢寒何厭心? 軟衣美食, 當恩重而損道, 破衲蔬食, 必施輕而積陰. 今生未明心, 滴水也難消)."

송하기를,

채 근 목 과 위 기 장　　송 락 초 의 차 색 신
菜根木果慰饑腸　　松落草衣遮色身
야 학 청 운 위 반 려　　고 잠 유 곡 도 잔 년
野鶴靑雲爲伴侶　　高岑幽谷度殘年

"나물뿌리 나무 과일로 주린 창자 위로하고
송락이나 풀잎으로 몸을 가릴지어다.
들에 학과 푸른 구름으로 벗을 삼고
높은 뫼 깊은 골에 남은 해를 지낼지어다."

이 이상 무슨 이야기가 더 필요하겠는가?
출가한 스님이 중노릇 잘해야지, 그렇지 않으면 본전도 간추리기가 여간 어려운 것이 아니다.

『전등록(傳燈錄)』에 나오는 나무 버섯 이야기는 다음과 같다.
제15조 가나제바(迦那提婆) 존자가 용수의 법을 받은 후 비라국(毘羅國)에 이르니, 그곳에 장자가 있었는데 범마정덕이라. 하루는 동산 나무에 큰 귀 같은 버섯이 돋았는데 맛이 매우 좋았으나 장자와 둘째 아들인 라후라다만 취하여다 먹었다. 취함에 이미 따라 자라서 다하

면 다시 나고 하였으나 나머지 친속들은 다 능히 보지 못하였다.

이때에 존자가 그 전생 인연을 알고 드디어 집에 이르는지라 장자가 그 까닭을 물으니, 존자가 대답했다.

"너희 집안에서 옛적에 일찍이 한 비구를 공양하였다. 그러나 이 비구는 도의 눈이 밝지도 않았으면서 헛되이 남의 시주에 젖었음으로 나무 버섯이 되어 갚는 것인데, 오직 너와 네 아들은 정성껏 공양하였으므로 얻어서 누리지만 나머지는 아니다."

또 묻기를,

"장자의 나이가 얼마인가?"

대답하기를,

"79세라"고 하였다.

존자가 이에 게송으로 설하여 말하기를,

"도에 들어 진리 통달하지 못해

　다시 몸 되어 신자 시주 돌려주네.

　그대의 나이 여든한 살이 되면

　이 나무에 (버섯이) 나지 않으리라." 하였다.

(尊者旣得法. 後至毘羅國, 彼有長者曰梵摩淨德. 一日園樹生大耳如菌, 味甚美, 唯長者與第二子羅睺羅多取而食之. 取已隨長盡而復生, 自餘親屬皆不能見. 時尊者知其宿因遂至其家, 長者問其故, 尊者曰. 汝家昔曾供養一比丘. 然此比丘道眼未明, 以虛霑信施故報爲木菌, 惟汝與子 (正宗云與次子) 精誠供養, 得以享之, 餘卽否矣. 又問, 長者年多少? 答曰, 七十有九. 尊者乃說偈曰, 入道不通理, 復身還信施. 汝年八十一, 此樹不生耳.)

| 음여일송(吟余一頌) | 나도 한 송 읊조리니,

농 부 미 맥 산
農 夫 米 麥 産　농부는 쌀과 보리 생산하고

직 녀 난 의 생
織 女 暖 衣 生　직녀는 따뜻한 옷을 내나니

도 안 비 명 향
道 眼 非 明 享　도의 눈이 밝지 않고 누리면

난 면 고 갱 경
難 免 苦 坑 傾　괴로운 지옥 구덩이 기욺 면키 어려우리.

　도의 눈, 곧 진리를 깨닫지 못하고 신도가 가져다주는 의식으로 편안하게 산 결과는 과연 어떠할까? 아마 죽은 뒤에는 괴로움이 가득한 지옥으로 직행을 하게 되리라. 그러므로 공부가 없이 농부의 쌀을 받아먹고, 직녀의 옷을 받아 입는 것은 섶을 짊어지고 불속으로 들어가는 것과 같아서 먹고 입을 때는 좋을지 몰라도 뒷날 받을 과보를 생각한다면 결코 편안하지만은 않을 것이니 잘 생각하여 받아먹고 받아 입자.

63

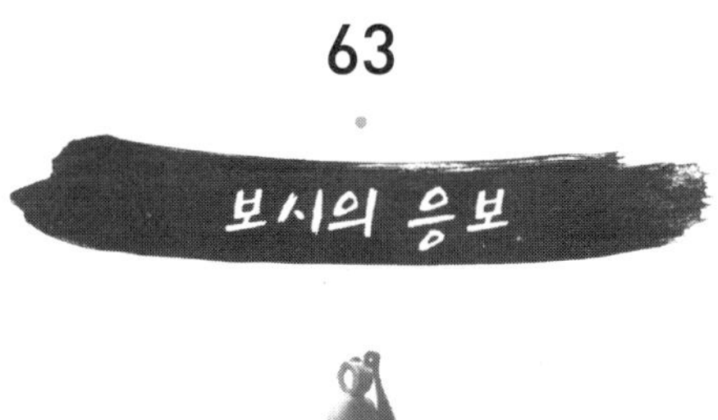

| 원문(原文) |

故로 曰「要識披毛戴角[1]底麼야? 卽今虛受信施者是니라.
有人이 未飢而食하며 未寒而衣하니 是誠何心哉아? 都不思
目前之樂이 便是身後之苦也니라!」하니라.

그러므로 말씀하시되, "털을 입고 뿔을 이고 있는 것이 무엇인지
알려 하느냐? 곧 지금 신도들이 베푸는 것을 헛되이 받은 자가 이것
이니라. 어떤 사람이 배고프지 않는데 먹으며, 춥지 않는데 입으니,
이는 진실로 무슨 마음일까? 눈앞의 즐거움이 문득 이에 몸 뒤의 괴
로움임을 도무지 생각지 아니하는구나!" 하니라.

智論²⁾에 「一道人이 五粒粟으로 受牛身하야 生償筋骨하고 死
還皮肉이라.」 하니 虛受信施라, 報應³⁾如響이니라.

『지도론』에 "한 도를 닦는 사람이 다섯 낱알 좁쌀로 소의 몸을 받
아서 살아서는 힘줄과 뼈로 보상해주고, 죽어서는 가죽과 살로 돌려
주었나니라." 하니, 헛되이 신도의 베풂을 받음이라, 응보가 메아리
와 같나니라.

1) 피모대각(披毛戴角):『경덕전등록(景德傳燈錄)』20권에 나오는 이야기이
   다. 영각화상에게 물었다. "학인이 스승님의 인격을 저버리지 않았는
   데 도리어 털을 헤치고 뿔을 이게 됨을 면하겠습니까?" 스승은 말한
   다. "그대는 두려워하여 얼굴을 대하면서 알지 못하는구나." 말한다.
   "그러면 일백 내의 물을 다 삼켜야 바야흐로 한 점의 마음을 밝히겠습
   니다." 스승은 말한다. "비록 털옷은 벗었지만 오히려 비늘 갑옷을 입
   음이라." 말하기를, "좋으신 화상께서 큰 자비를 갖추셨습니다." 하니
   라(玲玨和尙. 問 學人不負師機. 還免披毛戴角也無 師曰 闍梨也可畏 對面
   不相識 曰 恁麽卽吞盡百川水 方明一點心 師曰 雖脫毛衣猶披鱗甲 曰 好來
   和尙 具大慈悲).

2) 지론(智論):『지도론(智度論)』혹은 『대지도경론(大智道經論)』, 『대지석론
   (大智釋論)』, 『대지도론(大智度論)』, 『대지론(大智論)』 또는 『대론(大論)』,
   『석론(釋論)』이라고도 한다. 용수(龍樹) 보살이 지은 것으로 『대품반야

경(大品般若經)』을 해석한 것인데, 후진(後秦) 때에 구마라집(鳩摩羅什)
이 번역하면서 제일「서품(序品)」만은 원문대로 번역하여 34권을 만들
고, 그 나머지 제90「촉루품(囑累品)」까지를 간단하게 추려서 전부 백
권으로 만들었다. 그러나 온전히 번역한다면 천여 권이 되었으리라고
구라마집의 제자인 승예(僧叡)는 말하였다.

3) 보응(報應):①인과의 법칙에 따라서 은혜를 입으면 갚고, 은혜를 베풀
면 보답 받게 되는 것. ②진리에 대한 기도의 정성을 쏟으면 쏟는 만
큼 진리의 응답이 있는 것(感應). ③법신·보신·응신의 삼신 가운데
보신과 응신을 말한다. ④선인선과(善因善果), 악인악과(惡因惡果)가 호
리도 틀림없이 되갚아지는 것을 말한다.

| 해의(解義) |

세상의 온갖 만물에 원인이 없는 결과는 없다. 원인이 없다면 결
과도 자연 없게 된다. 즉 유인유과(有因有果)요, 무인무과(無因無果)이
다. 만일 어두운 밤, 아무도 보지 않는 깜깜한 밤중에 콩과 외를 심었
을 경우 콩을 심은 자리에는 틀림없이 콩의 싹이 나오고, 외를 심었
을 경우 외를 심은 자리에서는 틀림없이 외의 싹이 나온다. 이것이
종두득두(種豆得豆)이요, 종과득과(種瓜得瓜)이다.

부자와 가난, 즐거움과 괴로움, 옳음과 그름, 귀함과 천함 등등
어떤 원인이 있어서 어떤 결과를 가져오게 된다. 즉 선인선과(善因善
果)이요 악인악과(惡因惡果)이다. 잘 지었으면 잘되게 되어 있고, 잘못
지었으면 잘못되게 되어 있는 것이 호리(毫釐)도 틀림없는 절대 불변
의 원칙이다. 이 법칙은 어느 누구도 거슬릴 수 없고 막을 수 없는 우

주자연의 준칙(準則)이다.

그러므로 소가 되기 싫으면 소가 되는 원인을 만들지 않으면 되는 것이요, 개가 되고 싶으면 개가 될 인자(因子)를 많이 쌓으면 틀림없이 개가 되어지는 것이 만고불역(萬古不易)의 원리이다.

나는 소가 안 되고 개가 되고 싶은데, 왜 나를 소로 만들어 주었고, 또는 나는 개가 되고 소는 안 되고 싶었는데, 왜 나를 개로 만들어 주었냐고 부처님을 탓하고 하느님을 탓하며, 조상을 탓하고 진리를 탓할 이유가 하나도 없다.

경전에 보면 어떤 성인은 이런 이야기를 하였다.

"우주의 진리는 원래 생멸(生滅)이 없이 길이길이 돌고 도는지라, 가는 것이 곧 오는 것이 되고, 오는 것이 곧 가는 것이 되며, 주는 사람이 곧 받는 사람이 되고, 받는 사람이 곧 주는 사람이 되나니, 이것이 만고에 변함없는 상도(常道)라."고 하여 우주의 떳떳한 도리(道理)는 인위적이 아니요 천리(天理)의 원칙이며 자연의 움직여가는 기틀이라 하였다.

| 음여일송(吟余一頌) | 나도 한 송 읊조리니,

　　대　각　황　우　수
　　戴 角 黃 牛 獸　　뿔을 인 누런 소 짐승

　　현　한　미　색　금
　　懸 翰 美 色 禽　　날개를 단 아름다운 색깔 새

　　신　시　허　소　수
　　信 施 虛 所 受　　신자의 베풂 헛되게 받은 바이니

天 理 自 然 任 하늘 이치 자연의 맡음이라네.

공작새가 꼬리를 펴면 참 아름답다. 어떤 장인이 그렇게 만들고 싶어도 좀처럼 만들어내기가 어렵다. 이런 아름다운 꼬리를 과연 공작새가 만들었을까? 보통은 그렇다고 할지 몰라도 그렇지 않다. 자연의 이치가 만들었다. 그런 원인을 자신이 만들어 놓았기에 천리가 그렇게 부여하였다. 뿐만 아니라 세상의 부귀빈천도 원인을 만듦은 나요, 그렇게 부여하는 것은 하늘의 이치이니, 이 이치는 절대불변으로 전개되어 우주를 형성한다.

64

뜨거운 철판

| 원문(原文) |

故로 日「寧以熱鐵로 纏身이언정 不受信心人衣요, 寧以洋
銅灌口언정 不受信心人食이며 寧以鐵鑊投身이언정 不受信
心人房舍等이라.」하시니라.

   그러므로 이르기를, "차라리 뜨거운 철판으로 몸을 두를지언정 신심 있는 사람의 옷을 받지 말 것이요, 차라리 구리 물을 입에 부을지언정 신심 있는 사람의 음식을 받지 말 것이며, 차라리 쇠 가마솥에 몸을 던질지언정 신심 있는 사람의 집 등을 받지 말라." 하시니라.

梵網經¹⁾에 云「不以破戒²⁾之身으로 受信心人의 種種供養³⁾과 及種種施物이니 菩薩이 若不發是願則得輕垢罪⁴⁾라.」하니라.

『범망경』에 이르기를, "파계한 몸으로는 신심 있는 사람의 갖가지 공양 및 온갖 베푸는 물건을 받지 아니할지니, 보살이 만약 이런 원을 발하지 않으면 경구죄를 범하게 되니라." 하니라.

| 주석(註釋) |

1) 『범망경(梵網經)』: 이 경은 범어나 파리어(巴利語, pāli)로 된 것이 남아 있지 않다. 그러나 기록대로 본다면, 본래 61품, 120권 되는 원문을 구마라집이 번역하면서 그 중 열째 권인 '노사나불이 말씀하신 보살의 심지계품(盧舍那佛說菩薩心地戒品)'만을 번역하여 상·하 두 권으로 만들었다. 상권에는 심지법문(心地法問)을 말하였고, 하권에는 보살의 십중대계(十重大戒)와 '48 경구죄(輕垢罪)'를 말하였는데, '경구죄'란 중대한 죄악은 아니나 깨끗하지 못한 허물이 된다는 뜻이다. 보살계는 심지법문을 주장하는 대승계이며 성계(性戒)이다. 그러므로 이 경은 율부(律部)에 속하지 않고 『화엄경』과 같은 부류에 들게 된다. 이 경을 해석한 글이 많지마는 신라의 대현(大賢)이 지은 『범망경고적기(梵網經古迹記)』상·하권 같은 것들이 가장 유명하다.

'십중대계(十重大戒)'는 다음과 같다.

① 불살계(不殺戒): 살생하지 말라. ② 부도계(不盜戒): 타인의 소유물을 훔치지 말라. ③ 불음계(不婬戒): 음욕을 품지 말고 음행하지 말라.

④불망어계(不妄語戒):거짓말(망령된 말)을 하지 말라. ⑤불고주계(不酤酒戒):술을 사거나 팔지 말라. ⑥불설사중과계(不說四衆過戒):재가신도와 출가한 비구, 비구니의 죄과를 들추어 말하지 말라. ⑦부자찬훼타계(不自讚毁他戒):자기를 높이고 타인을 비방하지 말라. ⑧불간계(不慳戒):베푸는 데 인색하지 말라. ⑨부진계(不瞋戒):화내지 말고 타인의 사죄를 받아들이라. ⑩불방삼보계(不謗三寶戒):불·법·승의 삼보를 비방하지 말라.

2) 파계(破戒):한 번 계문을 받은 사람이 몸·입·뜻의 삼업을 청정히 지키지 못하고 계문을 깨뜨리는 것, 범계(犯戒)라고도 한다. 일반 신도의 경우에 파계는 크게 문제되지 않으나 출가 수행자의 경우에 파계는 큰 죄악이 된다. 특히 정남정녀, 비구·비구니, 신부·수녀 등의 파계는 매우 중대한 문제가 된다.

3) 공양(供養):①공경하는 마음과 정성스런 마음을 다하여 불·법·승 삼보나 스승·조상·위 어른들에게 음식·재물·향화(香華)·등명(燈明) 등을 바치는 일. 공시(供施)·공급(供給)이라고도 한다. 물건을 주로 바치는 것을 재시(財施)라 하고, 정신적인 공양을 법시(法施)라 한다. ②각종 의식 행사를 거행한 후에 참석자들이 음식을 나누어 먹는 일.

4) 경구죄(輕垢罪):①중대한 죄는 아니지만 청정하지 못한 허물이 된다는 뜻이다. ②10대 중계(重戒)에서는 '살생·도적·음행·거짓말'의 큰 계목을 말하였고, '경구죄'는 '10대 중대계'보다 가벼운 죄목으로서 '스승을 공경하지 않는 것, 술을 마시는 것, 고기를 먹는 것, 오신채(五辛菜)를 먹는 것' 등 가볍고 깨끗하지 못한 죄라는 뜻이다.

| 해의(解義) |

무릇 출가하여 수행하는 사람의 삶이란 신도들의 시물(施物)에 의

지하여 옷을 잘 입고 밥을 잘 먹기 위해서 사는 삶은 절대 아니다. 오직 큰 깨달음을 위해 전심전력하여 수행정진하는 것이 그 목적이라고 할 수 있으니, 어찌 시물에 연연하여 뒷날 과보를 받으려 하겠는가.

부처님께서 비구들에게 가르침을 내리신 『중아함목적유경(中阿含木積喻經)』을 보면 더 자세한 이야기가 나온다.

"비구들이여! 시뻘겋게 달군 철판이나 쇳덩어리로 육체에 고통을 주는 일은 죽거나 죽을뻔한 고통을 받을 뿐 그 과보로 죽은 뒤에 지옥에 떨어지지는 않는다. 그러나 계법을 파계한 수행자가 욕심 때문에 부잣집이나 명문대가의 예배와 공경, 공양을 받는 일은 영원히 지옥에 떨어져 거기에서 벗어날 기약이 없게 된다."고 하시고, 또

"그러므로 그대들은 인과를 알고 언제나 이렇게 생각해야 한다. 우리가 출가하여 도를 닦는 것은 결코 헛되거나 쓸데없는 일이 아니니, 반드시 그 과보로 커다란 즐거움과 행복을 가져다주는 깨달음을 얻게 될 것이다. 이 깨달음으로 모든 중생을 제도하여 이 세상을 부처님의 세상으로 만들 것이다. 깨달음을 얻지 못한다면 온갖 시물(施物)이 다 커다란 빚이 될 것이니 축생의 몸으로 되갚아야 할 것이다. 이것이 세상의 이치로서 인과법(因果法)이니라." 하시었다.

"사람 몸 얻기 어렵다(人生難得)." 하였고, "부처님 법 만나기 어렵다(佛法難逢)." 하였다. 육도 가운데서 사람의 몸을 받아 세상에 태어나기가 어렵고, 더욱 부처님은 물론이지만 부처님의 법도 사실 만나기가 대단히 어렵다는 말이다.

우리는 이렇게 받기 어렵다는 사람의 몸을 받았고, 그렇게 만나

기 어렵다는 불법을 만났는데, 수행을 하는 자가 도리어 계율을 벗어나 파계(破戒)하고 더욱이 사람의 몸까지 잃게 된다면 그 과보가 얼마나 무섭겠는가? 이렇게 되면 영겁을 통해서 다시 불법을 만날 기약이 없을 것이니, 그것이 정말로 인간에 있어서 애달프고 서글픈 일이 아닐 수 없다.

해동사문(海東沙門) 원효대사(元曉大師, 617~686)가 저술한 『발심수행장(發心修行章)』에 보면 이런 글이 있다.

"대저 모든 부처님이 적멸궁을 장엄하신 것은 헤아릴 수 없는 오랜 세월에 욕망을 버리고 고행을 하셨기 때문이요, 온갖 중생들이 화택문에 끝없이 윤회함은 한없는 세상에 탐욕을 버리지 못했기 때문이니라. 막음이 없는 천당에 가 이르는 자가 적은 것은 삼독의 번뇌로 자기 집의 재물을 삼음이요, 유혹이 없는 악도지만 들어가는 자 많음은 사사(地水火風)와 오욕(財色食名睡)으로 망령되게 마음의 보배로 삼음이니라(夫諸佛諸佛, 莊嚴寂滅宮, 於多劫海, 捨欲苦行, 衆生衆生, 輪廻火宅門, 於無量世, 貪慾不捨. 無防天堂, 少往至者, 三毒煩惱, 爲自家財. 無誘惡道, 多往入者, 四蛇五欲, 爲妄心寶.)."

아무리 좋은 옷을 입혀주고 또 맛있는 음식을 먹여서 보호하고 길러줄지라도 깨달음을 얻지 못한다면 허망하다 아니할 수 없다. 정말 수행에는 이 몸이 절대 필요한 것이니, 금생에 이 몸을 가지고 진리를 깨닫고 성품을 회복한다면 이 몸이 바로 보금지신(寶金之身)이 되지만, 이 몸으로 온갖 악업을 짓게 된다면 지옥으로 직행하는 초고속 비행기가 될 것이니 삼가야 한다.

| 음여일송(吟余一頌) | 나도 한 송 읊조리니,

신 인 시 물 자
信 人 施 物 者　신심 있는 사람이 베푼 물건은

여 중 악 무 수
與 重 嶽 無 殊　무거운 뫼로 더불어 다름없네.

약 수 공 부 열
若 受 功 夫 劣　만일 공부가 용열한데 받으면

난 개 철 옥 우
難 開 鐵 獄 紆　쇠 감옥 얽힘에 열기 어려우리.

출가를 한 사람으로서 공부가 부족하면 먹고, 입고, 받을
물질이 없다 하여도 과언이 아니다. 이런 사람은 받으면 받을
수록 업력만 쌓여서 벗어날 길이 갈수록 그만큼 무거워지기
때문이다. 그러나 공부가 수승한 사람을 다다익선(多多益善)으
로 받아 어려운 사람들을 위해 널리 베풀어 쓰기 때문에 업
력과는 관계가 없이 은혜와 자비와 사랑이 날로 달로 넓혀지
게 된다.

65

베풂이 독이요 화살

| 원문(原文) |

故^고로 曰^왈 「道人^{도인}은 進食^{진식}을 如進毒^{여진독}하며 受施^{수시}를 如受箭^{여수전}이니 幣^폐
厚言甘^{후언감}[1]은 道人所畏^{도인소외}니라.」 하니라.

그러므로 말하기를, "도 닦는 사람은 음식에 나가기를 독약에 나
감같이 하며, 베풂 받음을 화살을 받음과 같이 할지니, 폐백의 두터
움과 말의 달콤함은 도 닦는 사람의 두려워할 바라." 하니라.

| 자해원문(自解原文) |

進食^{진식}을 如進毒者^{여진독자}는 畏喪其道眼也^{외상기도안야}요, 受施^{수시}를 如受箭者^{여수전자}는 畏失^{외실}
其道果^{기도과}[2]也^야니라.

　음식에 나가기를 독약에 나감같이 하라는 것은 그 도의 눈을 잃을까 두려워해서요, 베풂 받기를 화살 받음같이 하라는 것은 그 도의 열매를 잃을까 두려워해서이니라.

| 주석(註釋) |

1) 폐후언감(幣厚言甘):『사기』 39권. 진세가제 9. 진나라의 비정이 진나라에 사신을 갔는데 이극이 주살(誅殺) 되었음을 듣고 이에 진나라 목공을 달래어 말하기를, "여성, 극칭, 기예가 사실 (하서의 땅을 줌을) 따르지 않도록 했는데, 만약에 뇌물을 후하게 주어 공모하여 진나라의 임금을 내치고 중이가 들어오게 한다면 일은 반드시 성취될 것입니다." 하니, 진나라 목공이 허락하고 사람을 시켜 함께 돌아가 진나라에 보고하도록 하고 세 대부에게 뇌물을 후하게 주었다. 세 대부가 말하기를, "뇌물은 후하고 말은 달콤하다. 이는 반드시 비정이 우리를 진나라에 팔았을 것이다." 하고, 드디어 비정 및 이극과 비정의 일당인 일곱 대부를 죽였다(『史記』卷三十九. 晉世家, 第九. 晉國 邳鄭使秦, 聞裏克誅, 乃說秦繆公曰,「呂省, 郤稱, 冀芮實爲不從, 若重賂與謀, 出晉君, 入重耳, 事必就.」秦繆公許之, 使人與歸報晉, 厚賂三子. 三子曰,「幣厚言甘. 此必邳鄭賣我於秦.」遂殺邳鄭及裏克, 邳鄭之党七與大夫.).
2) 도과(道果):도는 보리(菩提)요, 과는 열반이니, 열반은 보리의 도(道)로 말미암아 증득하는 것이므로 도과라 한다.

| 해의(解義) |

　출가를 한 사람이 공부를 하지 않으면 결과적으로 도안과 도과를 잃어버리게 된다. 수행자가 도안을 잃고 도과를 잃는 것은 망망한 대해(大海)에 떠있는 일엽편주(一葉片舟)에 지남침(指南針)이 없이 표류하는 것과 같아서, 곧 전복되리라는 것은 불문가지(不問可知)이다.

그러므로 공부가 순숙됨이 없이 밥을 받아먹는 것은 독약을 먹는 것과 다름없어서 당장은 괜찮을지 몰라도 서서히 죽어가는 꼴이 되는 것이지만, 반면에 공부를 잘하여 깨달은 바가 있다면 날마다 황금 만 냥을 소비하여도 오히려 부족함이 된다.

또 옷을 받아 입는 것은 가시 옷을 입은 것과 같아서 당장은 괜찮을지 몰라도 찔려서 서서히 죽어가는 꼴이 되는 것이지만, 반면에 공부를 잘하여 깨달음을 이룬다면 황금의 가사를 입음이 되어 도복(道服)이 되고 법복이 된다.

다시 말하면, 공부의 성취(成就)와 미성취(未成就)에 따라서 독약도 되고 도복도 되는 것이니, 얼마만큼 노력하여 공부를 이루느냐가 관건(關鍵)이 되고 지침(指針)이 된다고 할 수 있다.

| 음여일송(吟余一頌) | 나도 한 송 읊조리니,

의 식 원 진 독
衣 食 爰 眞 毒　옷과 밥이 이에 진짜 독이요

비 전 불 피 신
飛 箭 不 避 身　나는 화살에 몸을 피하지 못하리.

신 인 시 여 물
信 人 施 與 物　신심 있는 사람이 베풀어주는 물건을

섬 제 막 추 순
蟾 諸 莫 推 脣　두꺼비처럼 입술만 내밀지 말지라.

옷과 음식이 독이라고 볼 수는 없다. 몸을 가졌으니 먹어야 하고, 추위를 막으려면 옷을 입어야 한다. 다만 출가를 한 사람은 자신이 농사를 짓고 베를 짜서 먹고 입는 것이 아니라, 신도들이 가져다주는 옷과 음식으로 몸을 보전해야하기 때문에 입고 먹는 것을 삼가서 공부를 잘 해야 한다. 그렇지 않으면 두꺼비가 입만 내밀고 먹이만 채 먹는 꼴이 되고 만다.

66

칼 가는 숫돌

| 원문(原文) |

故로 曰「修道之人은 如一塊磨刀之石이니 張三也來磨하며 李四[1]也來磨하야 磨來磨去에 別人刀는 快하되 而自家石은 漸消라. 然이나 有人은 更嫌他人이 不來我石上磨하나니 實爲可惜이로다.」 하니라.

그러므로 말씀하기를, "도를 닦는 사람은 한 덩어리 칼을 가는 돌과 같아서 장씨의 셋째가 와서 갈며, 이씨의 넷째가 와서 갈아서, 갈러 오고 갈아감에 다른 사람의 칼은 잘 들겠지만 내 집의 돌은 점점 소멸하는 것이라. 그러나 어떤 사람은 다시 다른 사람이 나의 돌에 칼을 갈러 오지 않는 것을 걱정하나니 사실 가히 안타까운 일이로다." 하니라.

여 차 도 인　　평 생 소 향　　지 재 온 포
如此道人은 平生所向이 只在溫飽[2]라.

이와 같이 도를 닦는 사람은 평생의 향하는 바가 다만 따뜻하고 배부름에 있음이라.

| 주석(註釋) |

1) 장삼이사(張三李四):장씨의 셋째 아들과, 이씨의 넷째 아들이란 뜻으로 평범한 사람들을 지칭한다. 아마 장씨와 이씨가 옛날에 중국에 가장 흔한 성씨였던 것에서 유래한 것이 아닌가 보여진다.
2) 온포(溫飽):①따뜻하게 입고 배부르게 먹는다는 뜻으로 의식이 아쉬움 없이 충분함을 이르는 말. ②가슴속에 깊이 품은 재주나 포부.

| 해의(解義) |

숫돌 법문이 참으로 무섭다. 공부가 없이 남의 시물(施物)을 받는 것 또한 무섭다 아니할 수 없다.

『산해경(山海經)』「서산경」에 보면 "서남쪽 360리를 말해서 '엄자산'이라 하고……초수가 나와 서쪽으로 바다에 흐르는데 그 가운데 숫돌이 많다(『山海經』「西山經」西南三百六十里 日 崦嵫之山……苕水 出焉 而西流注于海 其中多砥礪)."고 하였다.

곽박(郭璞, 277-324)은 주석에서 "가는 돌이다. 정밀한 것을 '지'

라 하고, 거친 것을 '여'라 한다(郭璞注 磨石也 精爲砥 粗爲礪)."고 하였다. 숫돌이란 칼을 갈든, 도끼를 갈든 간에 갈면 닳아 엷어지기 마련이다.

수도하는 사람을 한 덩어리 숫돌에 비유를 한다. 신도들은 그 도 닦는 사람을 공양한다고 음식·의복·일상용품·의약 등을 공급해 준다. 신자의 입장에서는 복덕을 짓는 것이기 때문에 좋은 일일지 몰라도, 그것을 받아쓰는 도인의 입장에서는 자신의 숫돌이 얄팍해가는 현상이니 자칫 받아 쓴 물건에 대한 빚을 갚다가 정작 이루어야 할 자신의 도전(道田), 자기의 법전(法田)은 묵히고 말 것이니 조심하지 않을 수 없다.

『범망경(梵網經)』에도 "선행을 닦는 것은 봄날 풀과 같아서 그 자라남은 보지 못할지라도 증장하는 바가 있고, 악행을 행함은 칼을 가는 돌과 같아서 그 소멸함은 보지 못할지라도 덜어지는 바가 있다(修善如春日之草 未見其長而有所增 行惡如磨刀之石 未見其滅而有所損)."고 하였다.

어찌 되었든 공부가 없이 시주를 받아먹고 사는 것은 결코 바람직한 일이 아니기에 옛 선사들도 될 수 있으면 자력으로 해결하고 가져다주는 물품들을 멀리하였다. 그 좋은 예가 백장회해(百丈懷海, 720-814) 선사의 '일일부작 일일불식(一日不作 一日不食)'으로 '하루 일 하지 않으면, 하루 먹지 않는다.'는 백장청규의 작무(作務)정신이니, 바로 선가(禪家)의 자립기반을 선농일치(禪農一致;선과 일이 하나)에 두어 주경야선(晝耕夜禪)의 수행생활을 하였다.

| 음여일송(吟余一頌) | 나도 한 송 읊조리니,

무 중 의 습 이
霧 中 衣 濕 易　안개 가운데는 옷이 젖기 쉽고

사 상 옥 기 난
砂 上 屋 基 難　모래 위는 집을 기초하기 어렵네.

지 려 마 마 박
砥 礪 磨 磨 薄　숫돌은 갈고 갈면 엷어지나니

수 인 주 야 탄
修 人 晝 夜 歎　수도하는 낮밤으로 탄식할지라.

안개 가운데를 오래 걷다 보면 자신도 모르는 사이에 옷이 젖어 있다. 또한 모래 위에는 집을 짓는 기초를 하기가 어렵다. 숫돌은 갈면 갈수록 엷어진다. 수행하는 사람이 자칫 자신이 크게 수도를 해서 진리를 깨친 것처럼 뻐기기가 쉬운데 아주 조심해야 한다. 수도인이 만일 날마다 자신을 향해서 탄식하지 않으면 공부에 진전을 보기가 대단히 어려운 것이니 항상 주탄야회(晝歎夜悔)의 심정을 가져야 한다. 즉 "낮에는 공부 잘못할까 늘 탄식하고, 저녁에는 공부에 게으름 피웠음을 뉘우쳐야 한다."는 의미이다.

67

가사 밑에 잃은 사람 몸

| 원문(原文) |

故로 古語에 亦有之曰「三途[1]苦가 未是苦라, 袈裟[2]下失
人身이 始是苦也라.」하니라.

그러므로 옛 말씀에 또한 있었으니 "삼악도의 괴로움이 이것이
괴로움이 아니라, 가사의 아래에서 사람의 몸을 잃음이 비로소 이에
괴로움이라." 하니라.

| 자해원문(自解原文) |

古人이 云「今生에 未明心하면 滴水도 也難消라.」하니 此所以
袈裟下失人身也라 佛子佛子야! 憤之激之어다.(此章은 始起於

_{일 어 희}   _{종 결 어 일 고 어}   _{중 간 주 역 허 다 고 왈 자}   _{역 일 단}
一於戱하고 終結於一古語하야 中間紬繹許多故曰字하니 亦一段

_{문 법 야}
文法也라.)

옛사람이 이르기를, "지금 생애에 마음을 밝히지 못하면 한 방울 물도 소화하기 어렵게 되리라." 하니, 이것은 가사의 아래에서 사람의 몸을 잃었기 때문이라 불자여! 불자여! 분발하고 격분할지어다. (이 글은 한 어희(於戱)에서 시작하여 한 고어(古語)에서 끝을 맺고 중간에 허다한 고왈(故曰)의 글자를 늘어놓았으니, 또한 일단의 문법이라.)

| 주석(註釋) |

1) **삼도**(三途): 삼악도(三惡道)를 말한다. 육도세계 중에서 지옥·축생·아귀의 세계를 이른다. 죄악을 많이 범한 과보로 태어나서 온갖 고통을 받는 세계. 삼악취(三惡趣)라고도 한다. 지옥은 광명이 없이 춥고, 덥고, 배고프고 괴로운 지하세계. 축생은 예의염치를 모르는 짐승세계. 아귀는 귀신이나 도깨비 세계. 사람의 마음속에 번뇌 망상이 뒤끓을 때가 지옥세계. 무명심·파렴치·치심에 사로잡혀 있을 때가 축생세계. 삼독 오욕심에 빠져 있을 때가 아귀세계이다.

2) **가사**(袈裟): 승려들이 장삼 위에 왼쪽 어깨에서 오른쪽 겨드랑이 밑으로 걸쳐 입는 법복. 무구의(無垢衣)·공덕의(功德衣)·자비의·복전의·해탈복·연화복·이진복(離塵服) 등 여러 가지 이름이 있다. 종파와 계급에 따라 그 빛깔과 형식에 엄밀한 규정이 있었으나 후세에 와서 규격과 모양이 다양해져 혼란해졌다. 흔히 승려들이 입는 옷을 가사라고 통칭하기도 한다. 원래 불교 승려의 법의는 속념(俗念)을 떨쳐

버리고 수행에 전념하기 위해 사람들이 오염된 옷감으로 만들었기 때문에 이를 분소의(糞掃衣)라고도 한다.

사람이 세상을 살면서 집에서 키우는 닭이나 강아지를 잃어도 속이 상할 수 있고, 주머니에서 동전을 잃어버려도 언짢은 생각이 들기 마련이다. 이보다 더 권세를 잃는다거나, 재물을 잃는다거나, 명예를 잃는다거나, 가정을 잃는다면 그 괴로움이 훨씬 더할 것이며, 더 나아가 부모를 잃고 형제를 잃으며, 자녀를 잃는다면 어떠하겠는가? 자칫 광인이 될 수 있고, 부랑자가 될 수 있으며 극도에 이르러서는 자살을 택하기도 한다.

그러나 이러한 일은 거의 자기가 살아있는 동안의 현생에서 이루어지는 일이라 할 수 있다. 물론 후세로 넘길 것도 있지만 마음을 추어 잡아 한 고비를 넘기면 다잡을 수 있는 상황이 될 수도 있다.

그렇지만 진짜 큰일이 하나 있다. 출가를 해서 부처님 공부를 하다가 부처가 못되고, 도리어 사람이 아닌 다른 중생의 세계로 전락되어버린다면 이 하늘땅, 아니 이 우주에 이보다 더 슬픈 일이 어디 있으며, 이보다 더 괴로움이 어디 있겠는가? 이것이 정말 괴로움 가운데 제일 큰 괴로움이라고 하지 않을 수 없다.

그러므로 출가를 해서 공부를 하는 사람은 목표야 부처를 이루는 데 있다고 하지만 세세생생에 사람의 몸을 잃지 않는 것도 대단히 중요한 일이다. 왜냐하면 호랑이가 부처되고 고양이가 부처되기란 하늘에서 별 따기보다 어렵고, 오직 사람이라야 부처님의 공부를 하여 부처를 이룰 수 있는 가능성이 많기 때문이다.

동산양개(洞山良价) 화상이 제자에게 물었다.

"이 세상에서 무엇이 가장 괴로운 것이냐?"

제자가 대답을 한다.

"지옥이 가장 괴롭습니다."

"그렇지 않다. 가사를 입고 큰일을 밝히지 못하면 비로소 괴로운 것이니라."

옛 시에 보면,

삼 계 유 여 급 정 륜　백 천 만 겁 역 미 진
三界猶如汲井輪　百千萬劫歷未盡

차 신 부 향 금 생 도　갱 대 하 생 도 차 신
此身不向今生度　更待何生度此身

"삼계의 윤회가 물 긷는 두레박과 같으니
백천만겁을 지나도 다함이 없어라.
이 몸을 금생에 제도하지 못하면
다시 어느 생을 기다려 이 몸 제도하리오."

라 하였다.

｜음여일송(吟余一頌)｜ 나도 한 송 읊조리니,

혹 한 천 지 복
酷寒天地覆　혹독한 추위가 하늘땅을 덮을지라도

厚 被 自 然 溫　두텁게 입으면 저절로 따뜻하리라.

三 道 非 眞 苦　삼악도가 진짜로 괴로움이 아니요

僧 人 失 實 煩　중 되어 사람 잃음이 사실 괴로움이네.

　아무리 혹독한 추위가 기승을 부린다 할지라도 옷을 두껍게 입고 따뜻한 불을 가까이 하면 견뎌낼 수가 있다. 사람이 아귀와 축생과 지옥에 들어가서 겪는 고통이란 우리의 상상을 초월하여 벌어지는 상황이라고 볼 수 있을 것이지만 이도 오히려 괴로움이 아니다. 진짜 괴로움이 되는 것은 중이 되어 가사를 입고, 공부는 않고 엉뚱한 짓을 하다가 다음 생애에 사람의 몸을 잃고 삼악도를 떠도는 그 모습이 참으로 괴로움이 된다는 사실을 깊이 명심하여야 한다.

<h1 style="text-align:center">68</h1>

<h2 style="text-align:center">애달프다 이 몸이여!</h2>

│ 원문(原文) │

「咄哉라, 此身이여! 九孔[1] 常流하고 百千癰疽[2]에 一片薄皮라.」 하니라. 又云「革囊盛糞[3]이요, 膿血之聚라 臭穢可鄙니 無貪惜之어다. 何況百年을 將養한들 一息背恩이리오.」

"애달프다, 이 몸이여! 아홉 구멍에서는 항상 흘러나오고 백 천 부스럼에 한 조각 엷은 가죽이라." 하니라. 또 이르기를, "가죽 주머니에 똥이 담긴 것이요, 고름 피의 뭉침이라 냄새나고 더러워 가히 어리석은 것이니 탐하고 아낌이 없을지어다. 어찌 하물며 백 년을 잘 기른들 한 번의 숨에 은혜를 등지게 됨이리요."

上來諸業이 皆由此身이니 發聲叱咄하야 深有警也니라. 此身은
諸愛根本이니 了之虛妄則諸愛自除요, 如其貪着則起無量過患
이라. 故로 於此에 特明之하야 以開修道之眼也니라.

위에 말한 모든 업이 다 이 몸으로 말미암은 것이니, 소리치고 꾸
짖어서 깊이 깨우침이 있을지라. 이 몸은 온갖 애욕의 근본이니 허망
한 줄 깨닫게 되면 온갖 애욕이 저절로 제거되는 것이요, 만일 그것
을 탐착하고 즐긴다면 한량없는 허물과 걱정이 일어날 것이라. 그러
므로 여기에 특별히 밝혀 수도하는 사람의 눈이 열려지게 함이니라.

評

評曰 四大無主故로 一爲假四冤이요, 四大背恩故로 一爲養四
蛇라. 我不了虛妄故로 爲他人也하여 瞋之慢之하고 他人이 亦不
了虛妄故로 爲我也하야 瞋之慢之하나니 若二鬼之爭一屍也라.
一屍之爲體也는 一日泡聚요, 一日夢聚요, 一日苦聚요, 一日糞
聚니 非徒連朽라 亦甚鄙陋로다. 上七孔은 常流涕唾하고 下二孔
은 常流屎尿라. 故로 須十二時中에 潔淨身器하야 以叅衆數니라.

凡行麤不淨者는 善神이 必背去니라. 因果經[4]에 云「將不淨手
하야 執經卷하거나 在佛前涕唾者는 必當獲厠蟲報라.」하니라. 文
殊經[5]에 云「大小便時에 狀如木石하여 愼勿語言作聲하여 又勿
畵壁書字하며 又勿吐痰入厠中하라.」又云「登厠하여 不洗淨者
는 不得坐禪上하며 不得登寶殿하라.」하니라.

律에 云「初入厠時에 先須彈指三下하여 以警在穢之鬼하고 默
誦神呪各七遍하라.」初誦入厠呪曰「옴 하로다야 사바하」次
誦洗淨呪曰「옴 하나마리제 사바하」右手로 執瓶하고 左手로
洗之하되 淨水를 旋旋[6]傾之하야 着實洗淨하라. 次誦洗手呪曰
「옴 주가라야 사바하」次誦去穢呪曰「옴 시리에 바헤 사바
하」次誦淨身呪曰「옴 바아라 놔가닥 사바하」此五神呪는
有大威德하여 諸惡鬼神이 聞必拱手하리라. 若不如法誦持則雖
用七恒河水하야 洗至金剛際[7]라도 亦不得身器淸器이니라. 又云
「洗淨은 須用冷水하며 洗手에 須用皂角[8]하며 又木屑[9]灰泥하라
하니 亦通이라. 若不用灰泥則觸水淋其手背하여 垢穢尙存이라

禮佛誦經에 必得罪云云하라.」 하니라. 此登厠洗淨之法은 亦是
道人의 日用行實故로 略引經語하여 幷附于此하노라.

　　평해 가로되, 네 가지가 주인이 없음으로 한편으론 네 가지 원수를 빌려서 되었다 하고, 네 가지가 은혜를 등짐으로 한편으론 네 마리의 뱀을 기른다고 하는 것이라. 내가 허망한 것을 깨닫지 못하므로 다른 사람이 되어 성내며 거만하고, 다른 사람이 또한 허망함을 깨닫지 못함으로 내가 되어 성내며 업신여기나니 두 귀신이 한 송장을 가지고 싸우는 것과 같음이라. 한 송장의 몸이라는 것은 한편으로 말하자면 물거품이 모인 것이요, 꿈이 모인 것이며, 괴로움이 모인 것이요, 똥 덩어리가 모인 것이니, 이어 썩을 뿐만 아니라 또한 어리석고 미천한 것이라. 위쪽의 일곱 구멍은 항상 눈물과 침이 흐르고, 아래 두 구멍은 똥과 오줌이 흐름이라. 그러므로 모름지기 열두시 가운데에 몸 그릇을 깨끗하고 맑게 하여 대중에 참여할지니라. 무릇 행동이 거칠고 맑지 못한 사람은 착한 신장들이 반드시 등지고 가나니라. 『인과경』에 이르기를, “장차 깨끗하지 못한 손으로 경을 잡거나 부처님 앞에 있으면서 침을 뱉는 자는 반드시 응당 뒷간 벌레의 과보를 얻게 됨이라.” 하니라. 『문수경』에 이르기를, “대소변을 볼 때에 형상을 나무와 돌같이 하여 삼가 말하거나 소리 내지 말고, 또 벽에다 그림 그리거나 글씨 쓰지 말며, 또 가래를 뒷간 가운데 들어가 토하지 말지라.” 또 이르기를, “변소에 올라왔다가 깨끗이 씻지 않는 자는 좌선의 자리에 앉지 아니하며 법당에 오르지도 말지라.” 하니라.

율에 이르기를, "처음 뒷간에 들어갔을 때 먼저 모름지기 손가락을 세 번 튕김으로써 더러운 귀신이 있음을 일깨우고 묵묵히 신주(神呪)를 각각 칠 편씩 욀지니라."

처음에 입측주(入厠呪)를 외어 가로되

"옴 하로다야 사바하"

다음에 세정주(洗淨呪)를 외어 가로되

"옴 하나마리제 사바하"

오른손으로 병을 잡고 왼손으로 무명지를 써서 씻되 정수를 졸졸 부어서 착실하게 깨끗이 씻으라.

다음에는 세수주(洗手呪)를 외어 가로되

"옴 주가라야 사바하"

다음에는 거예주(去穢呪)를 외어 가로되

"옴 시리에 바헤 사바하"

다음에는 정신주(淨身呪)를 외어 가로되

"옴 바아라 놔가닥 사바하"

이 다섯 신주는 큰 위덕이 있어서 모든 악한 귀신이 듣고 반드시 손을 공손하게 하리라. 만약 여법하게 지송하지 아니하면 비록 일곱 항하수의 물을 써서 씻어 금강의 세계에 이를지라도, 또한 몸 그릇이 깨끗한 그릇을 얻지 못하리라 하니라. 또 이르기를, "깨끗이 씻음은 모름지기 냉수를 사용할 것이며, 손을 씻음에 모름지기 조각을 사용하고, 또 나무를 태운 잿물도 또한 통하니라. 만약 잿물을 사용하지 아니하면 손에 접촉하여 손등까지 뿌릴지라도 때와 더러움이 오히려 남아 있음이라 예불하거나 송경(誦經)을 하면 반드시 죄를 얻으리라.”하니라. 이에 뒷간에 올라 깨끗이 씻는 법은 또한 이에 수도하는 사람의 일용행실임으로 대략 경의 말씀을 인용하여 아울러 여기에 붙이노라.

| 주석(註釋) |

1) 구공(九孔):아홉 개의 구멍. 곧 사람의 신체 중에서 액체류가 새어나올 수 있는 두 눈, 두 귀, 두 콧구멍, 입, 항문, 오줌 구멍을 아울러 이르는 말이다.

2) 옹저(癰疽):크게 번지는 악성 종기를 통틀어 이르는 말.

3) 혁낭성분(革囊盛糞):인간의 육신을 물리적으로 보았을 때의 모습. 온 몸은 얇은 살갗으로 싸고 있는 주머니이며 더러운 배설물을 담고 있는 가죽 포대일 뿐이다.

4) 인과경(因果經):유송(劉宋) 때에 인도에서 온 삼장법사 구나발타라(求那跋陀羅, Guṇabhadra 393-468)가 번역하여 네 권으로 된『과거현재인과경(過去現在因果經)』을 말한다. 부처님께서 아득하게 먼 전생에 선혜 선인(善慧 仙人)으로 지낼 때의 일로부터 금생에 팔상 성도(八相 成道)하여 제자들을 가르친 사연까지 말씀하신 경인데, 소승부(小乘部)에 속한다.

5) 문수경(文殊經):문수보살에게 관계된 경이 하도 많지마는, 여기서 말한 것은 양(梁)나라 때에 승가바라(乘伽婆羅, Saṃghapāla 479-524) 법사가 번역한『문수사리문경(文殊師利問經)』을 이름이니, 2권 17품으로 된 대승 율부(大乘 律部)의 경이다. 이 경에는 소승 20부가 나누어진 사연과 사미(沙彌) 십계(十戒)와 24종 번뇌의 여습(餘習), 세간 계품(世間 戒品) 출세간 계품, 보살계 받는 법과 실담(悉曇, Siddham) 50음의 글자도 말하였다.

6) 선선(旋旋): 조금. 약간.

7) 금강제(金剛際): 금강의 세계.

8) 조각(皁角): 조협(皁莢)이라고도 하는데, 차풀과에 속하는 낙엽교목(落葉
喬木), 쥐엄나무.

9) 목설(木屑): 톱으로 나무 따위를 켜거나 자를 때에 쓸려 나오는 가루.

| 해의(解義) |

옛 성인의 말씀에 "참 자유는 방종(放縱)을 절제(節制)하는 데에서
오는 것이라, 정말로 참 자유를 원한다면 먼저 계율(戒律)을 잘 지켜
야 한다."고 하였다.

사람이 제일 싫어하는 것이 무엇일까? 아마 구속으로 자유를 억
압하는 것이라 하여도 지나친 말은 아니다. 저 송아지나 강아지도 묶
어놓으면 얼마나 몸부림을 치는지 모른다. 그런데 사람을 법이나 계
율이나 윤리나 도덕으로 묶어놓았을 때 지켜 가기란 여간 괴로운 것
이 아니다.

그런데 사람이 일정한 억제의 수단이나 절제의 방법이 없으면 자
칫 방종(放縱)이나 유랑(流浪)으로 흘러 허랑방탕(虛浪放蕩)이 되기 쉽
다. 그래서 국가에도 일정한 법이 있고 종교를 만든 성자들도 반드시
계율이나 수훈(垂訓)을 두어서 일정한 억압과 절제를 강요하였다. 만
일에 날뛰는 송아지나 망아지를 그대로 두면 남의 곡식밭으로 뛰어
들어 곡식을 망가뜨릴 염려가 있지만, 어떤 절제나 억압을 통해 길을
들이고 길이 들여지면 비로소 자유롭게 놓아두었으니 이쯤 되면 해
를 끼칠 염려는 없다.

영가선사(永嘉禪師)와 육조대사(六祖大師)가 만나는 일화 중에 '삼천위의(三千威儀)와 팔만세행(八萬細行)'이라는 말이 있다.

육조스님은 자기를 찾아 온 영가스님에게,

"사문은 응당 3천 가지 위의와 8만 가지 세밀한 행을 갖추어서 행동마다 이지러짐이 없어야 사문이라 이르는데, 대덕은 어느 곳으로 좇아 왔기에 크게 아만을 내는가?(沙門應具三千威儀 八萬細行 行行無虧 名爲沙門 大德從何方而來 生大我慢)"하고 질책하듯이 물었다.

출가를 한 스님은 삼천 가지로 위의를 갖추어야 하고 팔만 가지로 자신을 살펴야 하는데 확실한 깨달음이나 자유자재를 얻지도 못하고 무애행(無礙行)을 하는 것은 방종이요 허랑(虛浪)이라 할 수 있으니 조심해야 한다.

종교에는 계율이 있어서 출가를 한 사람이나 신도들을 적정한 범위 안에서 위의를 갖추도록 한 것처럼 인간 사회에도 예(禮)를 깔아 상호 삶의 본질을 벗어나지 않도록 하였다. 그러므로 예란,

첫째, "예가 있으면 편안하고, 예가 없으면 위태롭다(有禮則安 無禮則危)."고 하였다.

예란, 사람이 서는 근본으로 이 예를 실행하는 것이 자기로부터 말미암아 천리에 합하기 때문에 금수와 구별될 뿐만 아니라 정욕(情慾)과 폭노(暴怒)를 절제하고 불안한 일이 일어나지 않도록 미리 방지하는 것이라 하였다.

둘째, "예가 있으면 소통이 되고, 예가 없으면 막힌다(有禮則通, 無禮則滯)."고 하였다.

예란, 천하에 두루하는 것으로, 만일 예가 없다면 촌보도 행하기

어렵나니 예가 있어야 사람과 화합을 이루게 된다. 마치 자동차가 통로가 있어야 교통이 유지되고, 처사에 예가 있어야 사람의 환영을 받는 것과 같다.

셋째, "예가 있으면 다스려지고, 예가 없으면 어지러워진다(有禮則治, 無禮則亂)."고 하였다.

예란, 사회의 안정과 번영을 이루는 것으로 사람과 사람사이뿐만 아니라 사람과 만물 사이에 예의염치(禮義廉恥)의 사유(四維)가 있음으로 서로 공경을 이루고 상도를 지켜서 약육강식(弱肉强食)의 무례가 이루어지지 않고 성장을 이루며 걱정근심 없이 살아가게 된다.

계율이란, 지킴으로써 이익이 되고 범함으로써 불이익이 되는 것은 사실이지만 사람이 살아나가는 사회에 있어서 계율을 따지고 또 얽어매서 꼼짝 못하게 만들고, 혹 범한 자가 있으면 대중의 이름으로 매장시켜 진취가 없도록 한다면 이것도 병통이 될 수 있다. 따라서 너무 계리(戒理)만 따져서 융통성을 발휘하지 못하는 것도 병통이라고 보아야 한다.

| 음여일송(吟余一頌) | 나도 한 송 읊조리니,

犯戒如儲罪　계율을 범하여 죄를 쌓을 것 같으면

正行邁進難　바른 수행으로 매진하기 어렵다네.

自佛心中寤　자기 부처를 마음 가운데 깨우면

^{건 곤 대 업 완}
乾 坤 大 業 完 하늘과 땅에 큰 사업을 완수하리라.

계를 범하는 것 자체가 바로 죄로 이어진다고 할 수 있다. 따라서 바르게 수행을 하는데도 영향을 받아 진취의 정진을 하기가 어렵고 더디다. 그러나 우리가 수도를 한다는 것은 결국 자기 부처를 마음 가운데서 깨어나게 하자는 것이니, 이 부처만 깨어나면 능히 계율을 넘어서서 하늘과 땅과 우주와 세상에서 가장 위대한 사업을 완수한 것이라고 할 수 있다.

69

| 원문(原文) |

유 죄 즉 참 회　　　발 업 즉 참 괴　　　유 장 부 기 상　　　우
有罪則懺悔[1]하고 發業[2]則慚愧[3]하면 有丈夫氣象이요, 又

개 과 자 신　　　죄 수 심 멸
改過自新하면 罪隨心滅이니라.

　　허물이 있으면 참회하고, 업장이 발함에 저지름을 부끄러워하면
대장부의 기상이 있다 할 것이요, 또한 허물을 고쳐 스스로 새롭게
하면 그 죄업은 마음을 따라 소멸하나니라.

| 자해원문(自解原文) |

참 회 자　　참 기 전 건　　　회 기 후 과　　　참 괴 자　　참 책 어 내
懺悔者는 懺其前愆이요, 悔其後過[4]라. 慚愧者는 慚責於內하고

괴 발 어 외　　연　　심 본 공 적　　죄 업　　무 기
愧發於外나 然이나 心本空寂하니 罪業[5]이 無寄니라.

참회란 그 앞에 지은 허물을 뉘우치는 것이요, 그 뒷날의 허물도 뉘우치는 것이라. 저지름을 부끄러워한다는 것은 저지름을 안에서 꾸짖고 부끄러움을 밖으로 드러내는 것이나, 그러나 마음은 본래 비어 고요한 것이니 죄업이 붙을 게 없나니라.

| 주석(註釋) |

1) **참회**(懺悔):과거에 지은 죄업을 진정으로 뉘우쳐 부처님 앞에 그 잘못을 고백하고 또다시 죄악을 범하지 않겠다고 엄숙히 맹세하는 것. 참회는 일반적으로 종교적인 의미로 많이 사용되며 매우 중요한 의미를 갖고 있다. 참(懺)은 이미 지은 죄업을 진심으로 뉘우치는 것, 회(悔)는 앞으로 죄업을 또다시 짓지 않겠다고 부처님 앞에서 맹세하고 약속하는 것이다. 참회의 방법에 이참(理懺)과 사참(事懺)의 두 가지 방법이 있다. 사참은 부처님 앞에서 진심으로 과거의 잘못을 뉘우치고 날로 선업을 쌓아가는 것이요, 사참을 잘 하기 위해서는 큰 서원을 세워 작은 욕심을 끊고 현실생활 속에서 바른 지혜로 선악을 잘 판단하며, 거짓 없는 마음으로 진리 전에 참회개과의 기도를 올리고, 날마다 새로운 마음으로 악업을 끊고 선업을 지어감을 말한다. 이참은 원래 죄성(罪性)이 텅 빈 자리를 깨쳐 안으로 모든 번뇌 망상·삼독오욕·사심 잡념을 제거해 가는 것을 말한다.
2) **발업**(發業):번뇌로 인하여 언어나 동작 등 여러 가지 행동작용을 일으켜 업을 짓는 것을 말한다.
3) **참괴**(懺愧):자기의 허물을 부끄러워하는 것. 참(懺)은 자기가 지은 죄를 스스로 부끄러워하는 것. 괴(愧)는 다른 사람들에 대하여 부끄럽게 생각하는 것.

4) 참기전건 회기후과(懺其前愆 悔其後過): 참(懺)이란 것은 그 전에 지은 잘못을 고쳐가는 것이요, 회(悔)란 것은 앞으로 짓게 되는 잘못을 고쳐가는 것이라는 뜻. 참회에 대한 육조 혜능대사의 해석인데, 이미 지은 죄업도 고쳐가고, 장차 또다시 짓게 되는 죄업도 끊임없이 고쳐가는 것이 진정한 참회가 된다는 말. 이렇게 보면 중생은 끊임없이 참회를 계속해야 한다.

5) 죄업(罪業): ① 몸 · 입 · 뜻의 삼업으로 저지른 죄가 될 만한 악행. ② 죄의 과보. 사람은 청정한 자성에서 경계 따라 습관과 업력에 끌려 죄업을 짓게 된다.

| 해의(解義) |

참회란 과연 무엇을 이르는 것인가?

옛 성인은 이런 이야기를 하였다.

"대범 참회라 하는 것은 옛 생활을 버리고 새 생활을 개척하는 초보(初步)이며, 악도(惡道)를 놓고 선도(善道)에 들어오는 초문(初門)이라 사람이 과거의 잘못을 참회하여 날로 선도를 행하게 된다면 구업(舊業)은 점점 사라지고, 신업은 다시 짓지 아니하여 선도는 날로 가까워지고, 악도는 스스로 멀어진다."고 하였다.

이런 말씀에서 본다면, 우리가 일상의 생활에서 과거에 지은 죄업이 되었든, 현재 지은 죄업이 되었든, 미래에 짓게 되는 죄업이 되었든 간에 참회를 해야 악도가 멀어지고 선도가 가까워진다.

『불설미증유인연경(佛說未曾有因緣經)』이 있다. 이 경은 단권으로 중국 후한(後漢, A.D. 220) 시대에 번역이 되었는데 역자는 알려지지 않고 있다. 대개 그 내용은 아무리 작은 불탑(佛塔)이나 불상(佛像)을 조성하더라도 그 공덕이 매우 커서 무엇과도 견줄 수 없다는 사실을 설파한 경전이다.

이 경전에 이런 문구가 실려 있다.

"앞의 마음으로 죄를 지음은 구름이 달을 덮은 것과 같은 것이요, 뒤에 마음으로 선을 일으킴은 횃불이 어둠을 사라지게 하는 것과 같나니라(前心作惡 如雲覆月 後心起善 如炬消闇)."고 하였다.

사람이 세상을 살면서 죄를 짓지 않는 사람은 없다고 보아야 한다. 자의(自意)가 되었든 타의(他意)가 되었든, 의식적이든 무의식적이든, 직접적이든 간접적이든, 알든 모르든 간에 허물을 범하게 되는 것은 피할 수 없는 사실이다. 다만 이 허물, 곧 죄 지음을 알고 고쳐가며 참회하는 것이 공부하는 사람이요, 모르고 넘어가는 사람이 어리석은 사람으로 다름이 있을 뿐이다.

그래서 일체 성현들이 이구동음(異口同音)으로 참회의 문로를 개설하여 죄업을 덜어내도록 하였다. 곧 구름이 달을 덮으면 악을 지음과 같고, 반면에 선한 마음을 일으키면 밝은 횃불이 어둠을 물리치는 것과 같다 하여 아무리 쌓인 죄업이라도 참회를 하면 다 녹여지게 된다고 가르쳐 죄악에 헤매는 생령들에게 희망을 심어주었다.

참회는 두 가지 방법이 있다. 하나는 사참(事懺)이니 정성스러운 마음으로 불·법·승(佛法僧) 삼보(三寶) 앞에 죄과(罪過)를 진정으로 뉘우치고 날로 모든 선을 행하는 것이요, 둘은 이참(理懺)이니 죄의 성품이 원래 텅 빈 자리를 깨쳐 안으로 모든 번뇌 망상을 제거해 가는 것을 말한다. 이 두 가지 방법이라야 깨달음을 이루지 못한 중생들이 죄악에서 벗어날 수 있다고 가르쳤다.

| 음여일송(吟余一頌) | 나도 한 송 읊조리니,

罪業消因懺　죄업은 참회로 인하여 소멸되고

改過活自明　허물 고치면 삶이 저절로 밝으리.

心空無所作　마음 비어 지은 바가 없는지라

住此永淸成　여기에 머물러 길이 맑음 이루리라.

아무리 두꺼운 얼음이라도 햇빛이 비추면 결국 녹아진다. 이처럼 아무리 두터운 죄고(罪苦)요 업장(業障)이라 할지라도 참회를 하면 녹게 되어 있다. 그러나 과연 죄업이라는 것이 있는가? 없다고 보는 것이 정설(定說)이다. 짓기 전에 죄업의 종자가 과연 어디 따로 있는가? 없다 절대로 없다, 없는데 중생이 만들어서 죄업을 쌓았으니 결국 스스로 해결하지 않으면 다른 길은 없다. 그러므로 본래 죄업이 없는 자리에 머물러 살아간다면 맑고 밝은 생활이 될 것이요, 이도 안 되면 참회를 통해서 해결해야 한다.

70

| 원문(原文) |

道人은 宜應端心하야 以質直爲本하야 一瓢一衲으로 旅泊[1]
無累니라.

　　도를 닦는 사람은 마땅히 마음을 단정히 하여 검박함으로써 근본을 삼아 한 개의 표주박과 한 벌의 누더기 옷으로 어디를 가나 걸릴 것이 없나니라.

| 자해원문(自解原文) |

佛云「心如直絃[2]이라.」하시고 又云「直心이 是道場[3]이라.」하시니 若不耽着此身則必旅泊無累니라.

부처님께서 이르시기를, "마음이 곧은 거문고 줄 같아야 한다." 하시고, 또 이르시기를, "곧은 마음이 곧 도량이라." 하시니, 만약 이 몸에 대하여 탐착하지 아니하면 반드시 어디를 가나 걸림이 없을지니라.

| **주석(註釋)** |

1) 여박(旅泊): ①여행 도중에 머무름. ②정처가 없이 떠돌아다님.

2) 심여직현(心如直絃): '마음이 곧은 거문고 줄 같아야 한다'는 의미로 『수능엄경(首楞嚴經)』에 실려 있는 말이다. 부처님께서 "너희 모든 비구가 마음이 곧은 거문고 줄 같으면 일체가 진실 되고 정정에 들어 길이 마군의 일이 없으리니, 나는 이 사람은 보살로 위가 없는 지각을 성취하리라 인증하노라(若諸比丘, 心如直絃, 一切眞實, 入三摩提, 永無魔事, 我印是人成就菩薩無上知覺.)."고 하였다.

3) 직심시도량(直心是道場): '곧은 마음이 이에 도량이라'는 의미이다. 『유마경(維摩經)』에 나온 말이다. 직심(直心)이란, ①곧은 마음. ②한결 같이 굳게 지켜 나가는 마음. ③진여(眞如)를 바로 헤아려 생각하는 마음을 이름이요. 도량(道場)이란, 범어로 bodhimaṇḍala인데 '도를 닦는 곳'이라는 말이다. 관습상 '도량'으로 발음하여 왔다. 청정수행을 하는 곳이요, 기도하는 장소이며 보리도량(菩提道場)이라는 뜻이다. 도량에는 다섯 가지 뜻이 있다.

1) 석가모니 부처님이 인도의 보리수 아래서 도를 이룬 곳을 말하여 도량이라 한다(釋尊於印度菩提樹下成道之處 名曰道場).

2) 득도의 행법으로 『유마경』에서 말하는 "곧은 마음이 이에 도량이다(得道之行法 如維摩經曰 直心是道場)."

3) 불공하는 곳을 도량이라 칭한다(供佛之處 稱爲道場).

4) 도를 배우는 곳이다. 『유마경조주』에 "한가롭고 편안하게 도를 닦
   는 곳을 일러서 도량이라(閑宴修道之處 謂之道場也)." 하였다.

5) 수양제 때에 사원의 이름으로 조서를 내려 천하의 모든 절을 고쳐
   서 다 도량이라 이름 하였다(隋煬帝時以爲寺院之名 詔改天下諸寺 皆
   名道場).

사실 사람이 세상을 살아가면서 가장 바람이 있다면, 아마 구름
이 되고 바람이 되어 걸리고 막힘이 없이 살아가는 것이라고 할 수
있다.

다시 말하면, 안이든 밖이든 끌리고 매임이 없이 자유의 무애가
(無礙歌)를 부르며 사는 것이요, 중국의 요임금 때 한 노인이 배를 두
드리고 땅을 치면서 요임금의 덕을 찬양하고 태평성대를 즐겼다는
데서 나온 고복격양(鼓腹擊壤)하며 사는 것이라 할 수도 있다.

『논어(論語)』 옹야(雍也)에 보면 공자께서 그의 수제자인 안연(顔
淵)을 칭찬하는 말씀에 "한 주먹 도시락밥과 표주박 한 바가지 물로
누추하고 좁은 마을에 있음을 사람들은 그 근심을 견딜 수 없거늘 안
자는 그 즐거움을 고지치 아니하니 어질구나 안자여!(一簞食 一瓢飮
在陋巷 人不堪其憂 回也不改其樂 賢哉回也)"라 하였다.

안자는 매우 가난하였다 한다. 정말 먹을거리, 마실 거리, 입을
거리가 없어서 굶기를 다반사(茶飯事)처럼 하였지만 그 마음은 항상
즐거움으로 가득차서 스승인 공자를 따르는 일직심(一直心)과 구학지

(求學志)로 끝까지 그 즐거움을 지키며 살았다.

우리가 잘 아는 진묵조사(震默祖師, 1562-1633)의 이름은 일옥(一玉)으로 만경 불거촌(萬頃 佛居村)에서 태어나 7살 때에 전주 봉서사(鳳棲寺)에 출가하여 72년 살다 세상을 떠난 도력이 높은 스님으로 부처님의 소화신(小化身)이라 불리었는데 남긴 시가 있다.

천 금 지 석 산 위 침　월 촉 운 병 해 작 준
天衾地席山爲枕　月燭雲屏海作樽
대 취 거 연 잉 기 무　각 혐 장 수 괘 곤 륜
大醉居然仍起舞　却嫌長袖掛崑崙

> "하늘은 이불, 땅은 자리, 산을 베개 삼아
> 　달은 촛불, 구름은 병풍, 바다는 술통,
> 　크게 취해 거연히 일어나 춤을 추니
> 　도리어 장삼자락 곤륜산에 걸릴까봐."

진정으로 해탈의 자유를 누리는 도인의 모습이다.

대지선사(大智禪師)는 200여 년 전의 일본 스님이다. 역대 일본 승려 가운데 게송을 제일 잘하는 분이라 한다. 이런 시가 있다.

행 작 복 전 의 하 신　건 곤 영 득 일 한 인
幸作福田衣下身　乾坤贏得一閑人
유 연 즉 주 무 연 거　일 임 청 풍 송 백 운
有緣即住無緣去　一任淸風送白雲

> "다행히 복전의 가사를 입는 몸 되어
> 　천지에 남겨진 한가로운 사람이어라.
> 　인연 있으면 머물고 인연 없으면 가나니

"임의대로 맑은 바람이 흰 구름 보내누나."

역시 걸림이 없이 살아가는 도인의 모습이다.

| 음여일송(吟余一頌) | 나도 한 송 읊조리니,

修 道 之 人 者　도를 닦는 자는

本 心 做 直 端　본래 마음 곧고 단정하다네.

十 方 三 大 界　시방과 삼천대천세계가

無 礙 自 由 寬　걸림 없이 자유롭고 넓어라.

　도를 닦는다는 것은 본래 마음으로 돌아가자는데 있다. 물론 우리가 일상에서 쓰는 마음이 바로 본심일 수도 있지만 때로는 먼지가 끼고 때가 묻어서 더럽혀지고 물이 들었으니 곧은 마음과 단정한 마음으로 돌려놓자는 것이 수행이다. 이렇게 수행을 잘하여 마음의 근원을 오득(悟得)하면 삼천대천세계와 시방삼계가 조금도 걸림이 없는 내 집 아님이 없고, 내 땅 아님이 없어서 자유자재를 누리니 이것이 수도자의 궁극목적이라 하여도 과언이 아니다.

71

| 원문(原文) |

凡夫는 取境하고 道人은 取心이니 心境[1]을 兩忘하야사 乃是
眞法[2]이니라.

범부는 경계를 취하고, 도인은 마음을 취하나니 마음과 경계를
둘 다 잊어야 이에 참다운 법이니라.

| 자해원문(自解原文) |

取境者는 如鹿之趁空花[3]也요, 取心者는 如猿之捉水月也라.

境心이 雖殊나 取病則一也라. 此는 合論凡夫[4]二乘이니라.

天地尚空秦[5]日月이요, 山河不見漢[6]君臣이로다.

경계를 취하려는 것은 사슴이 허공 꽃을 쫓는 것과 같고, 마음을 취하려는 것은 원숭이가 물에 달을 잡으려는 것과 같음이라. 경계와 마음이 비록 다르지만 취함에 병이 됨은 한가지이라. 이것은 범부와 이승을 합쳐서 말한 것이니라.

천지에는 오히려 진나라 해와 달이 없는 것이요,

산하에는 한나라 임금 신하가 보이지 아니함이로다.

1) 심경(心境): ①마음과 경계. 마음은 나의 정신작용, 곧 주관. 경은 마음과 상대하는 경계·대상, 곧 객관. ②마음의 상태·기분.

2) 진법(眞法): ①참된 법. ②대승 불교의 이상 개념인 진여(眞如)의 정법(正法).

3) 공화(空花): ①허공화(虛空花)의 약칭. 허공에 핀 꽃이란 뜻으로, 허공 중에는 원래 꽃이 없는 것이지만, 눈병에 걸린 사람이 바라보면 허공에 꽃이 피어있는 것처럼 착각할 수도 있다. 이처럼 실체가 없는 것을 있는 것으로 관념 세계에 그려놓은 꽃을 말한다. 현실세계의 일체 사물은 실체가 없는 것인데도 그것을 바로 깨닫지 못하고, 실제로 있는 것인 줄로 잘못 알고 있는 사람을 비유하는 말. ②번뇌 망상으로 말미암아 떠오르는 여러 가지 사심 잡념. ③헛된 생각.

4) 범부(凡夫): ①번뇌에 얽매어서 생사고해를 벗어나지 못하는 평범한 보통사람. 지혜가 얕고 우둔한 사람. 오욕의 경계에 집착하여 갖가지 죄업을 짓고 살아가는 사람. ②도교에서 세속사람을 범부라 한다.

5) 진(秦, B.C. 221–B.C. 206): 통일제국 진은 B.C. 771–221년 중국에 분립한 여러 소제후국들 중 하나인 진(秦)에서 발전한 나라였다. 진은 이 소제

후국들 가운데 비교적 한화(漢化)되지 않은 나라였으며 매우 호전적이었다. 진은 전략적 요지인 웨이수이 강[渭水] 유역을 점령했다. B.C. 3세기 중반에서 B.C. 2세기 말 사이에 진국공(秦國公)은 전국 어디서나 똑같이 적용되는 엄격한 법률체계를 만들고 전국에 중앙에서 파견된 관리가 다스리는 군·현을 설치하는 등 권력을 집중화시키기 시작했다. 이러한 개혁을 바탕으로 서서히 주변 국가들을 정복하고 강국으로 부상하기 시작했다. B.C. 247년 어린 영정(嬴正)이 왕위에 올랐다. 그는 재상인 이사(李斯)와 함께 정복사업을 완성하고 B.C. 221년 진 제국을 세웠다. 또한 스스로를 시황제(始皇帝)라고 칭하고, 거대한 영토를 다스리기 위해 엄격하고 권위주의적인 정치를 폈다. 서체와 도량형을 통일하고 도로를 정비했다. 또한 봉건적인 모든 특권을 철폐하고 만리장성을 쌓았다. B.C. 213년 국가에 대한 비판적인 사상들을 없애기 위해 의서(醫書)와 같은 실용적인 서적들을 제외한 모든 서적을 불사르게 했다. 이러한 가혹한 조치에다 전쟁과 건설에 드는 비용을 조달하기 위해 과중한 세금이 부과되었기 때문에 백성들은 피폐해졌다. 결국 B.C. 210년 시황제가 죽은 후 반란이 일어났다. B.C. 206년 진은 멸망하고, 한(B.C. 206-A.D. 220)이 섰다.

6) 한(漢): 중국 역사상 2번째 통일 국가(B.C. 206-A.D. 220). 한은 유방(劉邦: B.C. 256-195)이 창건했다. 그는 평민 출신으로서, 단명했던 진(秦, B.C. 221-206)의 강압적인 통치에 반기를 들고 일어선 반란군 두목이었다. 한은 고도로 중앙집권적인 진의 행정제도를 답습해서 전국을 군·현(郡縣)으로 나누고 중앙에서 그곳에 관리를 파견했으며, 관료제를 발전시켜 업적에 따라 관료를 승진시키고 급료를 지불했다. 그러나 진과는 달리 중용과 덕을 강조하는 유교이념을 채택해서 국가의 전제적인 정책을 은폐했다. 이 정책은 매우 성공적이어서 한은 다른 어떤 나라보다도 오래 지속되었다. 왕망(王莽)이 제위를 찬탈해서 신

(新, 9-25)을 세웠던 시기를 포함해서 한은 400년 이상이나 중국을 지배했다. 한을 2부분으로 나누어 왕망의 찬탈 이전에 서부의 도시인 장안(長安)에 도읍을 두고 있던 시기를 전한(前漢) 또는 서한(西漢, B.C. 206-A.D. 25), 왕망의 신왕조 이후에 동쪽의 뤄양[洛陽]으로 도읍을 옮긴 시기를 후한(後漢) 또는 동한(東漢, 25-220)으로 구분하기도 한다.

| 해의(解義) |

세상의 구조는 단적(單的)인 것은 없고 모두 복수(複數)로 되어 있다고 할 수 있다. 내외(內外), 주객(主客), 신물(神物), 천지(天地) 등등 하나로는 존재하는 것은 거의 없고 최소 둘 이상이 되어야 맞대어 설 수 있다.

마음과 경계라는 것도 이원적(二元的)이다. 외형의 경계가 주체가 되어 세상을 운전할 수 없고 역시 내면의 마음이 주체가 되어 세상을 굴러가게 할 수 없다. 그래서 경계와 마음, 마음과 경계가 수레의 두 바퀴처럼 고르게 움직여야 세상이 조화를 이루며 전진을 한다.

"경계가 마음을 따라 구를지언정(境隨心轉), 마음이 경계를 따라 굴러서는(心隨境轉) 안 된다." 마음이 주체가 되어 경계를 활용해야 한다는 의미이다(主心用境).

불교의 제22조인 마나라존자(摩拏羅尊者) 게송은 다음과 같이 읊었다.

심 수 만 경 전　　전 처 실 능 유
心 隨 萬 境 轉　　轉 處 悉 能 幽

수 류 인 득 성　무 희 역 무 우
隨流認得性　無喜亦無憂

"마음 만 가지 경계 따라 구르나니
마음 구르는 곳 다 능히 그윽하네.
흐름 따라서 성품 깨달아 얻으면
기쁨도 없고 또한 근심도 없어라."

마음이란 사실 본래 실체가 없다. 경계가 이르면 일어난다. 그러나 그 일어남을 살펴보면 그것도 결국은 없다. 이렇게 본다면 마음이란 경계가 있든 없든 상관없이 없다고 보아야 한다. 그래서 없는 이 마음을 가진다면 세상의 어떤 경계를 대한다 할지라도 근심걱정 없이 고요하고 그윽한 원심(原心)을 가질 수 있다.

경계라는 것도 원래 없다. 고정된 실체(實體)가 없음으로 세상의 어떤 사물도 있는 것이라 보기 어렵다. 다만 어떤 영자(影子)가 비춰져서 우리가 인지(認知)하는 대상으로 삼았을 때 이를 경계라고 하지만 그 상태나 상황을 지나면 용해(鎔解)되어 실마리를 건지기가 어렵다.

그러므로 객관적인 경계와 주관적인 마음을 다 잊어버렸을 때 실상(實相)이라고 할 수 있을지라도 사실 그 실상도 참된 실체는 아니다.

진나라 때는 해와 달이 진나라 것인 것 같지만 한나라가 들어서면서 한나라 것이 되었다. 그러면 한나라는 영원히 한나라 것이었는가? 아니다. 왕조가 바뀌고 국가가 바뀔 때마다 그 왕조, 그 국가의 해와 달이었던 것처럼 우리가 주관과 객관을 다 버리고 놓으며 버리

고 놓았다는 그것도 마저 버리고 놓을 때 본연의 실체가 완연하리라
고 할 수 있다.

| 음여일송(吟余一頌) | 나도 한 송 읊조리니,

本來無境界 본래 경계가 없고

亦是靡心源 또한 마음근원 없어라.

主客同時放 주관 객관 동시에 놓으면

實相顯獨尊 실상 드러나 홀로 높으리라.

경계 없다. 마음도 또한 없다. 없는 것을 있다고 인식하는
그것도 없다. 그러니 객관적인 경계를 놓고 주관적인 마음도
놓아야 한다. 가지거나 짊어질 필요가 없다. 주객을 동시에
놓아야 한다. 그래야 실상이 홀로 드러난다. 그러나 드러나는
그 실상도 영상(影像)에 지나지 않는 것이니 끌리지 말고 속지
말아야 한다.

72

聲聞[1]은 宴坐林中이나 被魔王[2]捉하고 菩薩은 遊戲世間이나 外魔[3]不見이니라.

성문은 편안하게 숲 속에 앉아 있으나 마왕에 붙잡힘을 입고, 보살은 세간에 노닐지만 외도들과 마군이 찾지 못하느니라.

聲聞은 取諍爲行故로 心動이요, 心動則鬼見也라. 菩薩은 性自空寂故로 無迹이요, 無迹則外魔不見이라. 此는 合論二乘菩薩이니라.

삼 월 나 유 화 하 로　　일 가 수 폐 우 중 문
三月懶遊花下路에 一家愁閉雨中門이로다.

　성문은 다툼을 취하여 행동을 하므로 마음이 움직이는 것이요, 마음이 움직이면 귀신이 보는 것이라. 보살은 성품이 저절로 비고 고요하므로 자취가 없는 것이요, 자취가 없으면 외도와 마군도 보지 못하는 것이라. 이것은 이승과 보살을 합쳐서 말한 것이니라.

　3월에 꽃길에서 나른하게 노니는데,
　한 집은 빗속에 문을 닫고 근심하네.

▎주석(註釋) ▎

1) **성문**(聲聞): 범어로 Śrāvaka, '가르침을 듣는 자'를 뜻하며, 원시불교 성전에서는 출가와 재가의 구별 없이 불제자(佛弟子)를 의미했으나, 나중에는 출가한 수행승만을 의미하게 되었다. 특히 대승불교에서는 깨달음을 구하는 불제자들의 태도에 가치를 개입시켜 자기의 깨달음만을 얻는 데 전념하여 이타행(利他行)이 결여된 출가수행승을 성문이라고 하여 소승(小乘)의 무리에 속하는 것으로 폄하한다. 즉 자기의 깨달음밖에 생각하지 않는 성자, 자기의 완성만을 구하여 노력하는 출가승을 가리킨다. 보다 넓은 의미로는 가르침의 음성을 듣고서야 비로소 수행할 수 있는 제자를 가리킨다. 이런 성문은 부처의 가르침을 듣고 무한히 오랜 시간에 걸쳐 수행한 결과로서 아라한의 지위에 도달한다. 이들이 수행에서 주로 힘쓰는 것은 4제(四諦)를 관찰하는 것이다.

2) **마왕**(魔王): ① 대도 정법을 방해하는 온갖 번뇌망상·사심잡념·삼독

오욕의 왕. 마군의 우두머리. 외부의 마왕은 세상 경계, 내부의 마왕은 무명 번뇌이다. ②파순(波旬)으로 불법의 수행 정진을 방해하는 흉악한 마왕. 항상 악한 뜻을 품고 나쁜 법을 만들어 수행인을 괴롭히고 사람의 혜명(慧命)을 끊는다고 한다.

3) 외마(外魔): 바깥 경계로부터 내 마음속으로 들어와서 수양을 방해하는 마군. 바깥 경계, 곧 외계 또는 외경이 마음을 어지럽게 하고 빼앗아가는 마군이라는 뜻에서 외마라 한다. 그러므로 외불방입(外不放入)의 수행을 통해서 바깥세상의 온갖 복잡한 경계가 내 마음속으로 들어오지 못하게 해야 한다. 수양력이 없으면 바깥 세계의 천만 경계는 모두 백 천 마군이 된다.

| 해의(解義) |

소승의 성문(聲聞)과 보살의 차이점이란 성문이 아무리 고요한 나무 밑에 앉아 선정을 닦는다 할지라도 외도나 마왕에게 잡혀가는 신세가 되는 것이요, 보살은 세속이나 시장에서 자유롭게 노닐지라도 외도와 마군이 함부로 덤비지 못한다.

왜냐하면 성문이 아무리 외경(外境)의 시끄러운 것을 피한다 할지라도 그 본마음이 요란한 그 자체를 어떻게 피할 수가 있겠는가? 그러나 보살은 그 마음이 원래 요란함이 없이 고요하기 때문에 어디에 있을지라도 흔들림이 없다.

다시 말하면, 성문은 피경(避境)을 할지라도 적정(寂靜)에 들기가 어렵고, 보살은 접경(接境)을 하더라도 그대로 적정에 들게 된다.

『유마경(維摩經)』에 보면 이런 이야기가 있다.

부처님이 유마거사가 병중에 있음을 알고 사리불(舍利弗)을 보내 문병(問病)하려 하였는데 사리불이 갈 수 없다고 하였다. 왜냐하면 사리불이 유마거사에게 혼난 일이 있기 때문이다.

유마거사는 사리불에게 이렇게 말씀한다.

"반드시 앉는다 하여 편안한 앉음이 아니다. 대범 앉는다는 것은 삼계에 몸과 마음을 나타내지 않음이 편안한 앉음이며, 적멸한 선정에서 머물러 있으면서 온갖 거동을 나타내는 것이 편안한 앉음이며, 도나 법을 버리지 않고 범부의 일을 나타내는 것이 편안한 앉음이며, 마음이 안에 있는 것도 아니요, 밖에 있는 것도 아닌 것이 편안한 앉음이며……번뇌를 끊는 것 없이 열반에 드는 것이 편안한 앉음이니라(不必是坐, 爲宴坐也. 夫宴坐者, 不于三界現身意, 是爲宴坐, 不起滅定而現諸威儀, 是爲宴坐, 不舍道法而現凡夫事, 是爲宴坐, 心不住內, 亦不在外, 是爲宴坐……不斷煩惱而入涅盤, 是爲宴坐.)."고 하였다.

결국 고요하고 편안하다는 것은 마음의 문제요, 현실의 바깥 문제가 아니기 때문에 마음이 고요하면 외경이 함부로 덤빌 수 없을 뿐만 아니라 그대로 적정이 된다.

『경덕전등록(景德傳燈錄)』 13권에 어떤 중이 풍혈연소(風穴延沼, 896-973) 선사에게 묻기를, "있다 없다는 것이 모두 간 곳이 없을 때는 어떠합니까?(有無俱無去處時如何)"함에 풍혈선사가 대답하기를, "3월에 꽃길에 나른하게 노니는데, 한 집은 빗속에 문을 닫고 근심하누나(三月懶遊花下路 一家愁閉雨中門)."라고 하였다.

첫 구는 밝은 풍경을 나타내는 것이고, 다음 구는 어두운 장면을 나타낸다. 즉 선문(禪門)에서 '밝다'거나 '어둡다'고 한 것은 말 길이

나 뜻 길이 끊긴 절대의 경지를 바로 체득한 경위를 '어둡다' 한 것
이요, 산은 산이요 물은 물이라는 차별의 현상을 그대로 두고 한 마
음의 참모습을 드러내 보이는 경위를 '밝다'고 하였지만, 여기에서
말하는 밝은 것은 '보살의 경지'를 가리킴이요, '어둡다' 한 것은 '성
문의 경지'를 가리킴이다.

| 음여일송(吟余一頌) | 나도 한 송 읊조리니,

성 문 삼 수 좌
聲 聞 森 藪 坐　성문은 수풀 속에 앉았으되

난 탈 중 마 성
難 脫 衆 魔 城　뭇 마군의 성채를 벗어나기 어렵고

보 살 거 진 세
菩 薩 居 塵 世　보살은 티끌 세상에 살지라도

무 영 자 재 성
無 縈 自 在 成　매임이 없어서 자재를 이루네.

보살과 성문의 마음 깊이는 비교할 수가 없다. 성문이 아무
리 깊은 산골 숲 속에 앉아 있다 할지라도 마음의 정정(定靜)
을 이루지 않았기 때문에 흔들리고 흩어지지만, 보살은 세간
에 살며 온갖 일을 한다 할지라도 마음이 이미 정정하기 때
문에 흔들리거나 흩어짐이 없이 바로 극락이요 정토이다. 그
러니 수양의 문제가 외경에 있는 것이 아니라 내면에 있음을
알아서 마음을 잡아 앉히는 데 노력해야 한다.

73

죽음에 다달아

凡人이 臨命終[1]時에 但觀五蘊[2]皆空하여 四大無我하고 眞
心은 無相하여 不去不來어다. 生時에 性亦不生하며 死時에 性
亦不去라 湛然圓寂[3]하여 心境이 一如라. 但能如是하여 直下
頓了하면 不爲三世所拘繫니 便是出世自由人也라. 若見論
佛이라도 無心隨去하고 若見地獄이라도 無心怖畏하여 但自無
心하면 同於法界[4]니 此則是要節[5]也라. 然則平常은 是因이요,
臨終[6]은 是果라 須着眼看하라.

대범 사람이 명을 마칠 때를 다다름에 다만 오온이 다 공하여 네

가지가 나라고 할 것이 없고, 참 마음은 모양이 없어 가는 것도 아니요 오는 것도 아님을 관할지어다. 날 때 성품은 또한 낳는 게 아니며, 죽을 때 성품은 또한 가는 게 아니라 맑고 두렷하고 고요하여 마음과 경계가 하나이라. 다만 능히 이와 같이 바로 몰록 요달하면 삼세에 얽히고 매인 바가 되지 않으리니, 문득 이가 세상에 뛰어난 자유로운 사람이라. 만일 부처님 논함을 볼지라도 따라갈 마음이 없고, 만일 지옥을 볼지라도 두려운 마음이 없이 다만 스스로 마음 없다면 법계와 같을 것이니 이것이 바로 요긴한 마디이라. 그런즉 평상은 이에 씨이요, 마침에 다다름은 이에 열매라 모름지기 눈여겨볼지니라.

| 자해원문(自解原文) |

怕死老年에 親釋迦로다.

好向此時明自己하라, 百年光陰이 轉頭非로다.

　　죽음이 두려워진 늙음에 부처님을 친근함이로다.

　　이때를 향해 마음을 밝히길 좋아하라, 백 년 세월을 머리 굴리다 그르쳐지리로다.

| 주석(註釋) |

1) 명종(命終) : 목숨이 다함. 곧 목숨이 끊어짐.

2) 오온(五蘊):[범]psñca-skandha 또는 오음(五陰)·오취(五聚)라고도 한
다. 범어 psñca는 다섯이란 말이고, skandha는 덮인다·쌓인다·뭉
친다는 여러 가지 뜻이 있다. 곧 인연으로 화합한 모임을 말한다. ①
빛(色)은 물질인데, 우리의 육신과 우리를 싸고 있는 환경을 가리킨
다. ②받음(受)은 우리가 환경에서 받는 촉감. ③생각(想)은 우리에게
접촉되는 대상에 대하여 분별하며 생각하는 것. ④움직임(行)은 접촉
되는 대상에 대하여 미워하고, 사랑하고, 가지고, 버리고, 기뻐하고,
골내는 것같이 착하고 악한 것은 물론하고 마음의 활동을 말한다. ⑤
알음알이(識)는 모든 일이나 물건에 대하여 생각하고, 기억하고, 판단
하고, 집행하게 하는 마음의 주체이므로 마음 임금(心王)이라고도 한
다. 이와 같은 다섯 가지는 물질과 정신의 전체를 통괄하여 말하는 것
이다. 그러나 이것들은 모두 우리의 망상으로 실다운 것인 줄 착각한
것일 뿐이다. 실지는 다 인연 따라 꿈같이 나타나는 빈 것이다.

3) 원적(圓寂):열반의 다른 이름. 원만한 적정(寂靜)이라는 뜻. 번뇌 망상
의 세계를 떠나 청정한 열반의 세계에 들어가는 것. 부처님의 열반을
원적이라 하고, 스님의 열반을 귀적(歸寂)·입적(入寂)·시적(示寂)이라
고 한다.

4) 법계(法界):[범]dharmadhātu 곧 법은 온갖 유형무형의 물질과 모든 일
과 어떤 이치이거나를 다 들어 말하고, dhātu는 경계(境界) 또는 범위
(範圍)란 말이다. 그러므로 온갖 것(萬有)을 총괄하여 하는 말이니, 우
주의 전체와 진리의 전체, 법 성품(法性)의 전체를 가리키는 말로 쓰인
다.

5) 요절(要節):문장에 있어서 요긴(要緊)한 마디.

6) 임종(臨終):①사람의 목숨이 끊어지려 할 때. ②부모가 돌아갈 때에
모시고 있음.

사람이 세상에서 제일 싫어하는 상황이 있다면 아마 '죽음'이라 하여도 과언은 아니다. 이 죽음은 생명을 가진 모든 것들이 가장 싫어하는 상황이다. 내가 당하든, 이웃이 당하든 관계가 없이 두려움의 대상이 되고 기피의 조건이 된다고 할 수 있다.

그래서 이를 벗어나는 방법으로 해탈(解脫)을 제시하고 열반(涅槃)을 가르치며 오온(五蘊)이 비었다고 이르고 사대(四大)가 무주(無主)라고 설파하지만 이런 경지에 이르지 못한 사람에게는 역시 공포의 대상이 되지 않을 수 없다.

어느 성인은 이렇게 가르쳤다.

"저 해가 오늘 비록 서천(西天)에 진다 할지라도 내일 다시 동천에 솟아오르는 것과 같이, 만물이 이 생에 비록 죽어간다 할지라도 죽을 때에 떠나는 그 영식(靈識)이 다시 이 세상에 새 몸을 받아 나타나게 된다."고 하였다.

이런 가르침에서 보면 육신은 비록 낳고 죽음이 있을지 몰라도 영혼(靈魂)이니, 영성(靈性)이니, 성품(性稟)이니 하는 그 하나, 한 물건은 영원히 없어지지 않는다.

그러므로 삶과 죽음, 곧 생사에 초연할 수 있는 마음을 가지고 끌리거나 매임 없이 사는 것이 중요하다. 누구나 형상으로 나왔으면 사라지는 것이 엄연한 절대 진리라고 할 때 벗어나려는 몸부림이 오히려 어리석음이요 무지(無知)라고 말할 수 있다.

공자도 『논어(論語)』에서 '조문도 석사가의(朝聞道 夕死可矣)'라 하였다. 즉 "아침에 도를 들으면 저녁에 죽어도 괜찮다"는 이야기이다.

다시 말하면, 아침에 도를 깨닫고 체득하고 확실하게 알았다면 죽음이라는 개념이나 시간과 아무런 관계없이 가게 된다 할지라도 털끝만큼의 여한이 남지 않고 오히려 웃으며 갈 수 있다는 의미이다.

동진(東晉) 때에 승조(僧肇, 383-414)라는 걸출한 스님이 있었다. 그는 삼론(三論)의 공리(空理)를 터득하고 『열반무명론(涅槃無名論)』, 『부진공론(不眞空論)』, 『물불천론(勿不遷論)』 등을 지은 사람으로 당시 오호(五胡)의 병란에 적에게 잡혀 죽었다. 죽은 뒤에 방석을 들추어 보니까 이런 시구가 나왔다.

사 대 원 무 주　오 온 본 래 공
四 大 元 無 主　五 蘊 本 來 空
장 두 임 백 인　유 여 참 춘 풍
將 頭 臨 白 刃　猶 如 斬 春 風

"사대가 원래 주인 없고
　오온이 본래 비었어라.
　머리를 흰 칼에 내미니
　마치 봄바람 베임이네."

또한 우리나라 조선시대 단종복위(端宗復位)를 꾀하다가 죽음을 당하게 된 사육신(死六臣)의 한 사람인 성삼문(成三問, 忠文公 梅竹軒 1418~1456)은 형장으로 끌려가면서 지은 '절명시(絕命詩)'가 유명하다.

격 고 최 인 명　서 풍 일 욕 사
擊 鼓 催 人 命　西 風 日 欲 斜
황 천 무 객 점　금 야 숙 수 가
黃 泉 無 客 店　今 夜 宿 誰 家

"둥둥 북소리 목숨을 재촉하니
 서풍에 해는 저물어 가네.
 저승길에 여관이 없을텐데
 오늘 밤 누구의 집에서 잠잘까."

이런 경지에 이르면 죽음은 문제가 되지 않는다. 어떤 충신이나
장군처럼 장렬한 죽음으로 미화할 필요도 없고, 죽기 싫은데 사정이
그렇게 되어 억울하게 죽어가는 상황으로 비교할 수 없는 그냥 가는
것이요, 또 오게 되면 그냥 오는 것이지 시비나 논쟁의 대상을 삼을
필요가 전혀 없다.

송(宋)나라 때 소강절(邵康節)의 글에

구 명 소 일 모 선 성
求 名 少 日 慕 宣 聖

파 사 노 년 친 석 가
怕 死 老 年 親 釋 迦

"이름 구할 젊은 날엔 공자님만 사모하였고,
 죽음 두려운 늙으막엔 부처님을 친근하였네."

라고 하였다. 아무리 높은 벼슬을 가지고 또 부귀영화를 누리고 살았
다 할지라도 죽음이 두려운 것만은 피할 수 없는 사실이라 부처나 신
을 찾아 귀의하지만 자각과 수행의 심력(心力)을 쌓음이 없으면 유희
(遊戱)에 불과하다 할 수 있다.
어떤 스님은 제자들에게 묻기를,
"누워서 죽은 사람이 있느냐?" 제자들이 있다고 대답하였다.

“앉아서 죽은 사람이 있느냐?” 또한 있다고 대답하였다.

“거꾸로 서서 죽은 사람이 있느냐?” 그런 말은 못 들었다고 했다. 이 말을 들은 스님은 죽을 때에 거꾸로 서서 죽었다고 한다.

흔히 괴팍(乖愎)으로 알려져 있는 보화선사(普化禪師, ?-861)의 ‘전신탈거(全身脫去)’ 공안은 유명하다. 보화선사가 어느 날 길거리에 나가 보는 사람마다 장삼을 해달라고 하였다. 그런데 신심 깊은 단월(檀越;절이나 스님에게 재물을 보시하는 사람)들이 옷을 해줄 때마다 거절을 했다. 임제선사가 그 의미를 눈치 채고 원주를 시켜 나무 장삼, 즉 관을 사오도록 하고는 보화선사를 불렀다.

“내 그대를 위하여 나무 장삼을 마련해 두었네.”

그러자 보화선사는 그것을 짊어지고 온 거리를 돌면서 외쳐댔다.

“임제선사가 장삼을 만들어 주었다. 나는 이제 동문으로 가서 열반하리라.” 하니, 성 안의 사람들이 따라갔다.

선사는 말했다.

“오늘은 가지 않겠다. 내일 남문으로 가서 세상을 떠나리라.” 하였으나 남문에서도 죽지 않고, 또 그 다음 날은 서문으로, 사흘을 이렇게 하니 사람들은 아무도 그의 말을 믿지 않게 되었으며 따라서 아무도 좇아오지 않았다.

그러나 마지막 날 북문에서 혼자 성 밖으로 나가 관 속으로 들어가 길 가는 행인에게 뚜껑에 못을 쳐주도록 부탁하였다. 이 진기한 사건은 삽시간에 말이 퍼지면서 사람들이 구름처럼 모여들었다. 얼마 후 누군가가 관을 열어보니 몸은 이미 빠져나가 버렸고 공중에서는 요령소리만이 은은하게 울릴 뿐이었다.

이러한 일련의 사태가 좋게 생각하면 생사의 자유라고 할 수 있 겠지만 기괴한 현상으로 누구나 할 수 있는 상황은 아니기 때문에 권 장할 만하다고 볼 수는 없다.

그러므로 우리는 살아서 삶에 대한 애착이 없고, 죽음을 당해서 두려움이 없으면 되는 것(生無愛着 死無恐怖)이 아니겠는가?

윤회(輪回)라는 면도 생각해 볼 수 있다. 이야기일지는 몰라도 한 산(寒山)스님과 습득(拾得)스님에 얽힌 윤회의 이야기는 이렇다.

"중국의 어느 절에 한산과 습득이 그 스승을 모시고 살았다. 그 런데 어느 날 그 절의 신도인 거부장자가 아들을 결혼시키는데 음식 을 장만하는 요리사를 구할 수가 없어서 한산과 습득을 청하여 음식 을 만들게 되었다. 음식을 만들면서 신부를 보니 그 장자의 할머니 요, 두드리는 북을 보니 장자의 고모라, 고모가 소가 되어 살은 먹히 고, 가죽은 북이 되었다."는 이야기이다.

생사의 문제는 하루아침에 해결되는 문제가 아니기에 생사대사 (生死大事)라 하였으니 오랜 시간을 두고 수행의 적공을 쌓아야 한다.

| 음여일송(吟余一頌) | 나도 한 송 읊조리니,

본 성 비 리 자
本 性 非 離 者　　본래 성품을 여의지 않는 자

자 심 불 기 흔
自 心 不 起 痕　　자기 마음도 일어남 없어라.

생 사 무 소 굴
生 死 無 所 屈　　죽고 남에 굽히는 바 없고

佛 祖 弗 揮 煩　부처 조사에 휘둘려 번거롭지 않누나.

　본래 성품은 가고 옴이 없고, 죽고 남도 없으며 사라졌다 나타났다 함도 없다. 이렇게 없는 자리에서 보면 마음이라는 것도 흔적이 없어서 생사의 문제나 업장의 문제에 굽히는 바가 없이 자유자재를 이루게 될 것이며, 따라서 부처나 조사들이 이런저런 이야기를 하였다 할지라도 흔들리거나 끌림이 없이 자주(自主)를 지켜갈 수 있다. 정말 죽고 낳는 이치를 확철대오(確徹大悟)한다면 지금 죽은들 무슨 상관이 있으리요.

<h1 style="text-align:center">74</h1>

범부와 성인의 정념情念

범인 임명종시 약일호모 범성1) 정량 부진
凡人이 **臨命終時**에 **若一毫毛**라도 **凡聖**1) **情量**이 **不盡**하고

사려 미망 향여태마복리2) 탁질 니리3) 확탕4)
思慮를 **未忘**하면 **向驢胎馬腹**2) **裏**하야 **托質**하며 **泥犁**3) **鑊湯**4)

중 자잡 내지의전재위누의문맹
中에 **煮煠**하며 **乃至依前再爲螻蟻蚊虻**이니라.

무릇 사람이 명을 마칠 때를 다다름에 만약 한 털끝만큼이라도
범부라, 성인이라 하는 정의 헤아림을 다하지 않고 생각을 잊지 않으
면, 나귀 태반과 말의 뱃속을 향하여 바탕(몸)을 의탁하며 하층 지옥
의 끓는 가마 속에 끓이고 데쳐지며 내지 이전에 의해 다시 개미나
모기가 되나니라.

평왈　차이절　특개종사　무심합도문　　권차교중　염
評曰「此二節은 特開宗師의 無心合道門[5]하야 權遮敎中에 念

불구생문　연　근기　부동　지원　각이　각각
佛求生門[6]이나 然이나 根器[7]가 不同하고 志願이 各異하니 各各

여시양불상방　원제도자　평상수분　각자노력　최
如是兩不相妨이라. 願諸道者는 平常隨分하야 各自努力하야 最

후찰나　막생의회
後刹那에 莫生疑悔어다.」

백운　운　설사일호모　범성정념　정진　역미면입
白雲[8]이 云「設使一毫毛의 凡聖情念이 淨盡이라도 亦未免入

여태마복중　이견　성비　산입제취
驢胎馬腹中이라.」하시니 二見[9]이 星飛하면 散入諸趣[10]하리라.

열화　망망　보검　당문
烈火[11]茫茫[12]하고 寶劍이 當門이로다.

　　평해 가로되, "이 두 구절은 특히 종사의 무심하여 도에 합하는 문을 열어서 방편으로 교중에 염불로 (극락세계에) 나기를 구하는 문을 한때 막아 놓았으나, 그러나 근기와 그릇이 같지 않고 뜻과 원이 각각 다르니, 각각 이와 같이 둘이 서로 방해되지 않는 것이라. 원하건대, 모든 도를 닦는 사람은 평상에 분수를 따라 각자 노력하여 최후의 찰나에도 의심하거나 뉘우침을 내지 말지어다."

　　백운선사가 이르기를, "설사 한 털끝만큼이라도 범부다, 성인이다 하는 정념이 조촐하게 다했다 하더라도 또한 나귀의 태반이나 말의 뱃속에 들어감을 면하지 못하리라." 하시니, 두 소견이 번득이면 흩어져 여러 길에 달려 들어가리라.

맹렬히 타오르는 불 아득하고

보배 칼이 문에 당함이로다.

| 주석(註釋) |

1) 범성(凡聖): 범부와 성인. 깨치지 못한 자와 깨친 자. 중생과 부처. 생사윤회에 끌려 다니는 사람과 생사를 해탈한 사람. 육도윤회의 수레바퀴를 벗어나지 못한 사람과 육도윤회를 자유로 굴리는 사람. 자기 마음을 자기 마음대로 하지 못하는 사람과 자기 마음을 자기 마음대로 하는 사람 등등.

2) 여태마복(驢胎馬腹): ①나귀의 태, 말의 뱃속, 즉 나귀·말의 태 속으로 들어간다는 뜻으로, 죽어서 축생계에 떨어진다는 말. ②육도중생을 제도하기 위하여 육도만행(六度萬行)하는 것.

3) 니리(泥犁): 이승에서 죄를 지은 사람이 죽어서 간다고 하는 고통으로 가득 찬 사후의 세계. 지옥의 최하층을 말한다.

4) 확탕(鑊湯): 가마에 넣어서 삶아 죽이는 형벌을 이르던 말.

5) 무심합도문(無心合道門): 『전등록(傳燈錄)』 13, 동산화상의 소에 "道無心合人 人無心合道 欲識箇中意 一老一不老(도무심합인 인무심합도 욕식개중의 일로일불로)."라 하였다. 즉 "도는 마음이 없어서 사람에 합하고, 사람은 마음이 없어서 도에 합하네. 개중에 뜻을 알고자 할진대, 한번 늙고, 한번 늙지 않아야 하리."란 뜻이다.

이 뜻은 우주와 인생의 근본 진리인 도의 자리는 생각이나 분별이 끊어진 자리어서 무심의 경지에서라야 도와 사람이 합일하게 된다. 그러므로 도가 무심하여 사람과 합하고, 사람이 무심한 경지에 들어 도와 합한다고 하였으며, 그 가운데 숨은 뜻을 알고자 하거든 한 번 늙고, 한 번 늙지 않는 사생현상(死生現象)을 떠나지 않는 그 자리에 무심의 도가 있음을 알라고 한 것이다.

6) 염불구생문(念佛求生門):(1) **염불**(念佛)이란 ①아미타불의 명호(名號)를 일심으로 부르면서 부처님의 상호(相好)·공덕을 생각하는 것. 나무아미타불을 청정일심으로 외우는 것. ②천만 경계를 하나로 모으고 청정일심을 만드는 것. 만 가지 생각을 한 생각으로 만들고, 한 생각을 만년으로 이어가는 것. ③대개 염불이라고 할 때에는 정시 염불을 말한다. 일정한 시간, 일정한 장소에서 염불을 하는 것이다. 정시 염불을 할 때에는 1)항상 자세를 바르게 하고 기운을 안정하며 몸을 흔들거나 경거망동하지 않는다. 2)염불 소리는 너무 크지도 작지도 않고, 느리거나 빠르지도 않아서 기운에 알맞게 한다. 3)정신을 오직 염불 일성에 집중하여 마음과 염불 소리가 하나가 되게 한다. 4)텅 빈 마음과 무착(無着)·무의(無依)·무구(無求)의 생각으로 한다. 5)마음을 통일하기 위하여 염주를 세기도 하고, 목탁이나 북을 치며 운곡에 맞추기도 한다. 이러한 방법으로 염불을 계속하면 누구나 자심미타를 찾을 수 있게 된다.

(2) **염불구생문**(念佛求生門)이란 염불을 통해서 극락왕생을 구하는 것을 말한다.

7) 근기(根器):근(根)은 근성(根性), 중생은 그 근성에 따라 제각기 법을 받아들이므로 기(器)라 한다.

8) 백운(白雲, ?-1072):법명은 수단(守端), 속성은 갈(葛)씨. 양기 방회(楊岐方會) 선사의 법을 이었다. 여러 곳에서 교화하였으나 주로 서주(徐州) 백운산에 있었다. 송나라 희녕(熙寧) 5년에 입적하였다.

9) 이견(二見):경전에 따라 여러 가지로 말하였지만, 여기에서는 범부라 성현이라, 곧 중생이라 부처라. 다시 말하면, 생사(生死)라 열반(涅槃)이라 하는 두 가지 소견을 이름이다.

10) 제취(諸趣):중생들이 윤회(輪廻)하여 돌아다니는 천상(天上)·인간(人

間)·아수라(阿修羅)·축생(畜生)·아귀(餓鬼)·지옥(地獄)의 여섯 길(六道)뿐 아니라 정신상의 온갖 분별을 이름이다.
11) **열화**(烈火): 맹렬히 타오르는 불, 사나운 불길.
12) **망망**(茫茫): 아득하다, 한없이 넓다, 아물아물함, 종잡을 수 없음.

| 해의(解義) |

선가에 살불살조(殺佛殺祖)라는 말이 있다. "부처를 만나면 부처를 죽이고, 조사를 만나면 조사를 죽이라(遇佛殺佛 遇祖殺祖)."는 말이다. 내 마음 안에 있는 부처, 내 마음 안에 있는 조사를 죽이라는 말이다.

다시 말하면, 내 마음 안에 있는 생각의 부처, 생각의 조사를 죽이라는 말이다. 즉 관념적(觀念的)이고 사고적(思考的)인 부처와 조사를 쳐냄으로서 진정한 부처와 조사를 안에서 살려낼 수 있다. 그렇지 않고 부처가 자리를 잡고, 조사가 자리를 잡으면 날넘은 허식인(虛飾人)이 되기 쉽다.

이와 같이 살범살성(殺凡殺聖)이 되어야 한다. 범부를 만나면 범부를 죽이고, 성인을 만나면 성인을 죽여야 한다(遇凡殺凡 遇聖殺聖). 성인이니, 범부니 하는 그 정념(情念)과 사고를 죽이고 물리치지 않고는 범성(凡聖)이 개공(皆空)한 진체를 체득하기가 어렵다.

따라서 부처와 조사, 범부와 성인을 분수(分殊)하는 마음이나 생각, 공시(共視)하는 생각이나 마음을 버려야 한다. 곧 나누어 다르게 여기는 마음이나 생각, 하나로 보아버리는 생각이나 마음을 버려야 한다.

파불리수(波不離水)요, 수불리파(水不離波)이다. 물결은 물을 여의지 않았고, 물도 물결을 여의지 않은 동파동수(同波同水)지만 역시 이파이수(異波異水)이다. 물을 떠나 물결이 따로 있는 것이 아니요, 물결을 떠난 물도 있을 수 없다. 한 물이면서 다른 물이요, 다른 물결이면서 한 물결이다.

그러므로 부처와 조사, 범부와 중생을 한 포대에 담아 돌을 달아 저 태평양바다 한 가운데 던져버려야 참 부처, 참 성인이 다시 살아나게 된다.

임제의현(臨濟義玄禪) 선사가 웅이탑(熊耳塔)에 이르니, 탑주가 물었다.

"먼저 부처에게 예(절)를 할 것인가? 먼저 조사에게 예(절)를 할 것인가?(先禮佛 先禮祖)"

임제선사가 대답한다.

"조사든, 부처든 모두 예(절)하지 않겠다(祖佛俱不禮)."

탑주가 물었다.

"조사나 부처로 더불어 장로께서 원수 집안이라도 됩니까? 모두 예(절)하지 않겠다고 하니…(祖佛與長老有甚麽冤家 俱不禮)"

결국 남의 집안 부처와 조사도 죽여야 하지만 내 집안 부처나 조사도 보는 즉시 죽여야 한다. 만일에 남의 집안 부처나 조사를 죽이지 않으면 내 집으로 침범하여 들어오려 하고, 내 집안 부처나 조사를 죽이지 않으면 우쭐하여 자만이 생길 수 있기 때문에 만날 때마다 죽여야 한다.

통불교사상(通佛敎思想)이라는 말이 있다. 꿩을 잡는 것이 매요, 쥐를 잡는 것이 고양이이다. 매가 어떻게 생겼든, 고양이가 어떻게 생겼든 따질 것 없이 꿩을 잡고 쥐를 잡으면 된다.

도를 바로 깨쳐 극락을 가든, 염불을 해서 극락을 가든, 무슨 상관이겠는가? 즉 정토(淨土)가 되었든, 교문(敎門)이 되었든, 가릴 것 없이 융섭(融攝)하고 회통(會通)하면 된다. 선문(禪門)은 정토나 교문을 달리 생각하고, 정토는 선문과 교문을 달리 생각하며, 교문은 선문과 정토를 달리 생각할 필요가 없다.

| 음여일송(吟余一頌) | 나도 한 송 읊조리니,

불 조 원 래 멸
佛 祖 元 來 滅 부처와 조사가 원래 소멸하였고

성 범 본 시 무
聖 凡 本 始 無 성인과 범부가 본래부터 없었어라.

공 연 심 리 흥
空 然 心 裏 興 공연히 마음속에 일으켜서

능 소 투 상 수
能 所 鬪 相 殊 능과 소가 서로 다르다 싸우네.

마음이 일어나지 않고, 마음을 일으키지 않으면 부처니 중생이니, 범부니 성인이니 이분시(二分視)할 필요가 없다. 원초로부터 부처나 범부나, 성인이나 중생의 종자가 따로 있는 것이 아니라 오직 동종(同種)이요 동근(同根)인데, 공연히 한 마음을 일으켜서 이렇다저렇다 투쟁을 버리고 있는 꼴이 되고 말았다. 그러므로 부처든 조사든, 성인이든 범부든 간에 종자는 절대로 없고, 있다면 '미혹과 깨침(迷覺)' 뿐이다.

75

선학자의 병

| 원문(原文) |

禪學者가 本地風光[1]을 若未發明則孤峭玄關[2]을 擬從何
透리오. 往往[3]에 斷滅空으로 以爲禪하고 無記空[4]으로 以爲道하
며 一切俱無로 以爲高見하나니 此는 冥然頑空[5]이라 受病幽矣
니 今天下之言禪者가 多坐在此病이니라.

참선하는 사람이 본지의 풍광을 만일 발현하여 밝히지 못한다면,
곧 홀로 높은 현묘함을 헤아린들 어떻게 뚫으리요. 흔히 끊어 소멸한
빈 것으로써 참선을 삼기도 하고, 기억할 수 없는 빈 것으로써 도를
삼기도 하며, 일체가 다 없는 것으로써 높은 견해를 삼기도 하나니,
이런 것들은 캄캄하여 완고하게 빈 것이라 병증이 깊어짐을 얻게 되
나니, 지금 천하의 선을 말하는 자가 많이 앉는 것만으로 이런 병이

있느니라.

| 자해원문(自解原文) |

向上一關[6]은 措足無門[7]이라. 雲門[8]이 云「光不透脫[9]도 有兩

種病이요, 透過法身[10]도 亦有兩種病이니 須一一透得[11]하야사 始

得다.」하니라.

不行芳草[12]路하면 難至落花村이니라.

향상의 한 관문은 발붙이려 하지만 문이 없는 것이라. 운문선사가 이르기를, "빛을 꿰뚫지 못함도 두 가지 병이 있는 것이요, 법신을 꿰뚫었을지라도 또한 두 가지 병이 있으니 모름지기 낱낱이 꿰뚫어야 비로소 얻게 된다." 하니라.

우거진 꽃다운 풀길을 걷지 아니하면
꽃 떨어진 마을에 이르기 어려우리라.

| 주석(註釋) |

1) 본지풍광(本地風光):본래 면목과 같은 말. 자기의 본래 마음을 형용하는 선가(禪家)의 용어. 언어로써 형용할 수 없는 경지, 곧 언어도단의 입정처란 뜻의 부모미생전(父母未生前)·천지미분전(天地未分前)의 소식을 말한다. 또한 법성(法性)·실상(實相)·열반(涅槃)·보리(菩提)라고

하는 것도 같은 뜻이다.

2) 현관(玄關):①현(玄)이란, 인간의 감관으로써는 인식할 수 없는 존재를 가리킨다. 도교에서 진리 실상을 현이라 한다. ②불교에 들어가는 유현(幽玄)한 관문이라는 뜻이다. 옛날 중국의 선종사찰에서 선종의 성격을 내외에 널리 알리고, 수행자의 마음을 계발하기 위해 사찰의 입구에 현관(玄關)이라는 두 글자를 써서 현판으로 내어 걸었다.

3) 왕왕(往往):흔히. 이따금. 때때로. 시간 간격을 두고. 자주. 종종.

4) 무기공(無記空):①진공이 아닌 완공 무별(頑空 無別)의 상태. 적적성성하고 성성적적한 상태가 아니라 혼몽, 혼미한 상태. 좌선할 때 마음을 텅 비운다고 하다가 성성적적하지 못하면 자칫 무기공에 떨어지기 쉽다. ②선악·정사(正邪)를 분별하지 못하는 어리석음. 목적의식·사명의식·본분의식이 없이 무의미하게 살아가는 생활. 수행인이 유(有)에 집착하면 번뇌 망상에서 벗어나지 못하게 되고, 무(無)에 집착하면 무기공에 떨어지기 쉽다. 유에 집착하거나 무기공에 떨어지는 것은 둘다 도를 얻는데 방해가 된다.

5) 완공(頑空):편공(偏空)·무기공(無記空)이라고도 한다. 조견오온개공(照見五蘊皆空) 또는 일체 개공(一切 皆空)이라 하여 공견(空見)에만 집착하는 것. 진공묘유 또는 공적영지가 진리임을 모르고 묘유가 없는 진공에 집착하면 완공이 되고, 영지가 없는 공적에 집착하면 허무적멸이 된다. 형상 있는 것에 대한 집착에서도 벗어나고, 형상 없는 것에 대한 집착에서도 벗어나야만 비로소 중도의 이치, 곧 참 진리를 깨칠 수 있게 된다.

6) 향상일관(向上一關):향상일로(向上一路), 또는 향상사(向上事). 언어와 생각이 미치지 못하는 최상의 진리.

7) 무문(無門):진리를 깨치기 위해서는 특정한 방법이 따로 없다는 뜻. 우주 안의 모든 현상 그대로를 깨달음의 계기로 삼아서 참구(參究)해야

한다는 말.

8) 운문(雲門, ?-949): 법명은 문언(文偃), 속성은 장(張)씨. 절강성(浙江省)
가흥(嘉興)에서 났다. 어려서 출가하여 처음에는 율종(律宗)을 숭상하
였다. 목주(睦州)에 갔더니 진존숙(陳尊宿)이 그의 멱살을 잡고 "말해
라! 말해라!" 하는데 대답하지 못하므로 문밖으로 밀쳐서 내쫓고 문을
닫을 때 그의 발이 문틈에 끼어서 발가락이 끊어졌다. 그 바람에 깨쳤
다. 그 뒤에 설봉 의존(雪峰 義存) 화상에게 가서 더욱 크게 깨쳐 그의
법을 이었다. 운문산 광태 선원(光泰 禪院)에서 오래 교화하니, 입실(入
室)한 제자가 88인이나 있었다.

9) 투탈(透脫): 어떠한 것에도 구속받지 않고 완전한 해탈 자유를 얻는 것
을 말한다.

10) 법신(法身): [범]dharma-kāya는 '법 몸'이란 말인데, 실불(實佛)·법성
신(法性身)·진여불(眞如佛)·법계성(法界性) 같은 말들이 모두 한뜻이
며, 이 글 첫머리에 있는 '한 물건'이란 것도 이것이다. 진여의 본바
탕(眞如本體)을 이름이니, 중생에 있어서 부족할 것이 없고 부처님이
라고 더 특별할 것이 없어 본래 깨끗하고 빛나고 두렷하여 무한한 공
간과 무궁한 시간에 꽉 차 있으되, 네 가지 말로도 설명할 수 없고(離
四句) 백 가지 아닌 것으로도 옳게 가르칠 수 없으며(絶百非), 무엇으
로나 형용하여 도저히 볼 수가 없는 것을 이른다.

11) 투득(透得): 일이나 이치의 연구공부를 오래오래 계속하여 마침내 실
상의 진리를 밝고 확실하게 깨닫는 것. 여기서 득(得)은 다 마쳤다는
뜻이다.

12) 방초(芳草): 위로 뚫린 한 구멍에 비유한 것이니, 풀밭은 길을 찾기 어
려운 곳인데 길 없는 풀 속을 더듬지 않고는 '꽃 떨어진 마을', 곧
'법신'의 옛 고향에 이르기 어려운 것에 비유한 말이다.

선(禪)을 공부하는 사람들이 본지풍광(本地風光)이 되는 실상(實相)이나 법성(法性)이나 보리(菩提)나 열반(涅槃) 등을 발명하지 못하면 헛된 수도를 하였다고 보아야 한다. 가령 차를 운전하려는 사람이 열쇠가 없으면 차를 움직일 수 없고, 방에 들어가려는 사람이 열쇠가 없으면 문을 열 수 없으며, 금고를 열려는 사람이 열쇠가 없으면 보물을 꺼낼 수 없는 것과 마찬가지이기 때문에 선을 익히는 궁극은 실상의 진체에 귀착(歸着)하는데 있다.

그런데 선을 종국(終局)의 목적으로 삼아서는 안 된다. 선이라는 것이 어디까지나 실상자리를 찾아가는 하나의 수단이요 방법이며, 경로요 지남(指南)이지, 제일로(第一路)나 제일의(第一義)가 되는 것은 아니다. 가령 서울을 가는 경우 자동차를 타고 갈 수도 있고 기차를 타고 갈 수도 있으며, 비행기를 타고 갈 수도 있고 걸어서 갈 수도 있지만 서울에 도착하면 똑같은 서울에 있는 사람이 된다.

그러므로 염불을 통해서 실상에 들어갈 수도 있고, 간경(看經)을 통해서 실상에 들어갈 수도 있으며, 명상(瞑想)을 통해서 실상에 들어갈 수도 있는 것 등등 길이 다양한데 한 길만을 고집(固執)하고 국집(局執)하여 융통성이 없는 수행은 큰 도인을 만들지 못하고 조무래기를 양산해 낼 수가 있다.

수행의 목적은 안으로 자신의 본래 성품을 열고 밖으로 법신의 진체를 깨우치자는데 있는 것임을 분명히 알아서 자기를 향하여 수행을 해야지, 알려 하고 보여지려고 하는 수행은 소기의 목적을 달성하기가 어렵다.

『육조단경(六祖壇經)』의 「반야품(般若品)」에 보면 이런 법문이 있다.

"선지식아! 내가 말한 공에 문득 집착하여 듣지 말지니 제일로 공에 집착하지 말라, 만일 텅 빈 마음으로 고요히 앉아 있다면 곧 무기공에 집착함이라(善知識 莫聞吾說空便卽著空 第一莫著空 若空心靜坐 卽著無記空)."고 하였다.

그러므로 무조건 앉아 있는 것이 능사가 아니요, 성성적적(惺惺寂寂)이 균형을 이루어야 한다. 이렇게 보면 앉든지, 서든지, 일하든지 관계가 없이 적정(寂靜)을 체험하며 살게 된다.

운문문언 선사가 어느 날 설법하기를,

"빛을 꿰뚫지 못하는 데 두 가지 병이 있다. 온갖 곳에 밝지 못하고 눈앞에 무엇이 있는 것이 한 가지 병이고, 또는 온갖 법이 빈 이치를 뚫어 알았더라도 어렴풋이 무엇이 있는 듯한 것은 또한 완전히 빛을 꿰뚫은 것이 못된다. 법신을 뚫는데도 또한 두 가지 병이 있는데, 법신에 이르렀더라도 법에 대한 국집(法執)을 잊어버리지 못하고, '나'의 소견이 있는 것 같아서 법신의 가장자리에 앉음이 한 가지 병이고, 또는 법신을 넉넉히 꿰뚫어 나갔다 하더라도 놓는 것은 옳지 않으니 자세히 점검해 본다면 어떤 숨기운이 남아 있는 것이니 또한 이것이 병이니라(光不透脫, 有兩般病. 一切處不明, 面前有物是一, 又透得一切法空, 隱隱地似有箇物相似, 亦是光不透脫. 又法身亦有兩般病, 得到法身, 爲法執不忘, 己見猶存, 坐在法身邊是一, 直饒透得法身去, 放過卽不可, 子細點檢將來, 有甚麼 氣息, 亦是病.)."고 하였다.

그러므로 이 모든 병통을 떨어버려야 한다.

| **음여일송(吟余一頌)** | 나도 한 송 읊조리니,

선 시 선 이 이
禪 是 禪 而 已　선은 이에 선일 뿐이요

교 원 교 시 성
敎 爰 敎 啻 成　교도 이에 교를 이룰 뿐이며

공 환 공 이 이
空 還 空 爾 耳　공도 또한 공일 뿐이니

도 탈 득 심 명
都 脫 得 心 明　모두 벗어던져야 마음 밝음 얻으리라.

선은 선일 뿐이고, 교는 교일 뿐이다. 그러나 선이 바로 교이고, 교가 바로 선이다. 모두 불교의 진수(眞髓)인 공(空)에 근간을 두고 있기 때문이다. 그리하여 선을 수련하든, 교를 연마하든 관계가 없이 진공(眞空)의 실체를 증득하면 되는 것이니 그 사람의 근기에 맞추고 따라 우선 공부를 하면서 차차 높고 깊은 경지로 들어가면 된다. 그러므로 우열을 나누는 이분법에 떨어지지 말아야 할 것이니, 만일 여기에 떨어지면 얻어지고 이루어지는 바가 하나도 없게 된다.

76

종사의 병

| 원문(原文) |

宗師도 亦有多病하니 病在耳目者는 以瞠眉努目[1]과 側耳
點頭[2]로 爲禪하며 病在口舌者는 以顚言倒語라. 胡唱亂[3]喝[4]
로 爲禪하며 病在手足者는 以進前退後와 指東畵西로 爲禪하
며 病在心腹者는 以窮玄究妙[5]와 超情離見으로 爲禪하나니 據
實而論하면 無非是病이니라.

종사도 또한 병이 많이 있으니, 병이 귀와 눈에 있는 자는 눈썹을
쳐들고 눈을 부라림과 귀를 기울이고 머리를 끄덕이는 것으로써 선
을 삼으며, 병이 입과 혀에 있는 자는 말이 넘어지고 말이 거꾸러지
는 것이라. 어떤 말을 꺼내고 어지럽게 할 하는 것으로 선을 삼으며,

병이 손과 발에 있는 자는 나아가고 물러감과 동쪽을 가리키고 서쪽을 긋는 것으로 선을 삼으며, 병이 마음 뱃속에 있는 자는 현묘함을 궁구하고 오묘함을 연구하는 것과 인정을 뛰어넘고 소견을 여의는 것으로 선을 삼나니, 실지에 의거해서 논하자면 이에 병증 아님이 없나니라.

殺父母者는 佛前懺悔어니와 謗般若者는 懺悔無路니라.

空中撮影이 非爲妙라 物外追蹤[6]이 豈俊機[7]리오?

　부모를 죽인 사람은 부처님 앞에 참회하려니와 반야를 비방한 사람은 참회할 길이 없나니라.

　공중에서 그림자 붙잡는 것도 신묘한 것이 아닌데 물 밖을 따르는 것이 어찌 뛰어난 기틀이라 하리요?

1) 당미노목(瞠眉努目): 눈썹을 치켜세우고 꾸짖음. 선기(禪機)를 나타내는 법.

2) 측이점두(側耳點頭): 측이(側耳)는 귀를 기울이는 것이고, 점두(點頭)는 머리를 끄덕이는 것을 말한다.

3) 호란(胡亂): 호설난도(胡說亂道), 호설(胡說), 호도(胡道), 호참(胡參), 호찬

난당(胡鑽亂撞), 호란좌(胡亂座)라고도 한다. 확실하지 않은 일. 대충대
충. 적당히. 난잡한 것. 괴이한 것. 구차(苟且), 애매(曖昧), 괴아(怪訝)
의 뜻 등 다양한 뜻을 가지고 있는데 인신하여 멋대로 하는 수행을 지
칭하기도 한다.

4) 할(喝): 선승들 사이에서 쓰는 위엄 있게 꾸짖는 소리. 남을 꾸짖을 때,
또는 말로서 표현할 수 없는 경우에 이 소리를 질러서 학인의 칠통을
파하는 것. 즉 선종에서 스승이 참선하는 제자를 가르칠 때 질타하는
일종의 큰 고함소리. 말이나 글로써 표현할 수 없는 절대의 진리를 나
타내기 위하여 할을 사용한다. 할은 마조도일(馬祖道一) 때부터 시작된
것으로 보이고, 임제의현 때부터 많이 사용되었다. 방(棒)과 함께 선
가의 큰 특성으로 평가 받는다. 이 할은 우리나라에도 전래되어 선가
에서 흔히 쓴다.

5) 궁현구묘(窮玄究妙): 현묘한 진리의 당체 자리를 궁구하고 연구하여 알
고 깨우치는 것.

6) 추종(追蹤): ①(남의) 발자국을 따라감. ②미행(尾行).

7) 준기(俊機): 재주나 슬기가 뛰어난 근기. 크고 높은 근기의 사람.

| 해의(解義) |

종사(宗師)라고 하면 한 종파를 능히 세울만한 실력을 가진 사람
으로 많은 사람을 지도하고 따르도록 해서 앞길(前路)을 열어주고 마
음 길(心路)를 가르쳐주는 대단한 경지의 선지식이다.

그런데 후세로 내려오면서 '말 종사', '글 종사', '앵무새 종사',
'할 종사', '몽둥이 종사' 등으로 화려하게 변질이 되었다. 그래서
종사 자체가 병증을 가지고 있으면서 실지로는 그 병증을 알지 못하

고 오히려 남의 병증만 보고 찾아내어 방편(方便)이나 권도(權道)가 안 되는 방편을 쓰고 권도를 써서 비웃음의 대상이 되고 있으니 정말 안목(眼目)이 열린 대선식의 한탄이 없을 수 없다.

그리하여 흉내를 내고 폼을 잡고 고상(高床)에 틀고 앉아 주장자(拄杖子)를 두드리며 미묘구(微妙句)를 날리고 전거(典據)하여 아는 바를 세우려고 한다. 그러면서 하는 짓이 눈썹을 치켜뜨고 눈깜짝이를 하며 악! 소리를 지르고 선상(禪床)을 엎어버리며, 주먹을 허공에 올리고 손가락을 뻗으며 멱살을 잡고 가슴을 치고 몽둥이를 휘두르는 등 갖가지로 벌리고 있으니 기가 찰 노릇이 아닐 수 없다.

우리는 심력(心力)을 갖추고 혜안(慧眼)을 열었으며 자비를 가진 성렬(聖列)에 든 성자들의 도인개안(導人開眼)의 방법을 눈여겨 볼 필요가 있다.

공자(孔子)의 지도 방법을 들어보자.

『논어』에 크게 탄식하고 말했다.

"부자[공자를 지칭]의 도는 우러러볼수록 더욱 높고, 뚫을수록 더욱 견고하며, 바라봄에 앞에 있더니 홀연히 뒤에 있도다. 부자는 차근차근 잘 이끌어 주어 나를 학문으로써 넓혀주시고 나를 예법으로 단속하게 해 주시니, 그만두고자 해도 능히 할 수 없기에 이미 나의 재주를 다해도 우뚝 서 있는 것 같고, 비록 따르고자 해도 말미암을 수가 없다(仰之彌高, 鑽之彌堅, 瞻之在前, 忽焉在後. 夫子循循然善誘之, 博我以文, 約我以禮, 欲罷不能, 既竭吾才, 如有所立卓爾, 雖欲從之末由也已.)."고 하였다.

상수제자인 안연(顔淵)이 스승인 공자의 도에 대하여 이야기 한 것으로 우러러볼수록 더욱 높아 도저히 미칠 수 없으며, 뚫을수록 더욱 견고하여 도에 들어갈 수 없다는 것이며, 도가 앞에 있다가 홀연히 뒤에 있다는 것은 황홀하여 어떻게 형상할 수 없는 것이니, 이는 안연이 부자의 도가 무궁무진하고 또 방향과 형체가 없음을 깊이 알고 감탄한 것이다. 즉 스승의 가르침에 동화되고 스승의 덕화에 감화되어 자기도 모르는 사이에 공부가 익숙해가는 단면을 설파한 것이라 할 수 있다.

육조대사는 학인들을 제접함에 있어서 '몽둥이'나 '할'이나 '손가락'이나 '주먹'을 쓰지 않고 매우 자연스럽게 인격적으로 제자들을 인도하여 당장 그 자리에서 오묘한 진리를 체득하도록 하였음을 본다면 스승이 어떤 도력(道力)을 가진 사람이냐에 따라 교회(敎誨)의 방법도 다를 수 있고 뛰어나는 제자도 다를 수밖에 없다.

중국의 선사에 '임제할(臨濟喝)'과 '덕산방(德山棒)'이 유명하다. 임제의현의 가풍을 가장 잘 상징하는 말이 곧 할(喝)이다. 임제는 실제로 할을 많이 사용하였다.

덕산 선감(德山 宣鑑) 선사도 제자들을 지도할 때 자주 몽둥이 30대를 때렸다. 그 가풍(家風)을 일러 덕산방이라 한다. 덕산 선감은 제자들이 도를 물어올 때에도 몽둥이를 자주 들었다. 덕산 선감의 몽둥이는 지극히 엄격하면서도 자비스런 것이라고 정평(定評)이 나 있다.

설사 공중에서 그림자를 잡는다 해도 신기한 것이 아닌데 세상 바깥에서 남의 발자국이나 밟고 따라가는 것이 영리하다고 볼 수 없다. 스스로 도가 뛰어나다고 자인하면서 남들이 쓰다가 버린 도구를 주워다가 자기 것인 양 사용한다면 영리한 것이 아니니, 다른 것은 흉내 낼지 몰라도 도는 흉내 낼 수가 없음을 알아야 한다.

또한 부모를 죽인 사람이라도 부처님 앞에 참회를 할 수 있지만, 부처님과 조사들의 법이요 지혜인 '반야(般若)'를 비방한다면 참회할 길이 없다.

그래서 유능한 목수는 연장을 탓하지 않는 것이요, 유능한 석수장이는 정(釘)을 가리지 않는다.

| 음여일송(吟余一頌) | 나도 한 송 읊조리니,

　　선　비　횡　목　열
　禪 非 橫 目 裂　선은 횡적으로 눈을 찢는 것 아니요

　　역　비　점　두　긍
　亦 匪 點 頭 矜　또한 머리 끄덕여 긍정함도 아니네.

　　일　할　건　곤　파
　一 喝 乾 坤 破　한 번의 꽥 소리에 하늘땅 부서지고

　　재　호　우　주　붕
　再 嘷 宇 宙 崩　두 번 고함소리에 우주가 무너졌네.

선의 본질은 소리에 있지 않고 점두에도 있지 않으며, 문자에도 있지 않고 몽둥이에도 없다. 없는 것을 자기가 알고 깨달은 것처럼 착각하여 일러준다는 명목으로 별짓을 다하는데 모두 쓸데없는 짓이다. 그러므로 한 번의 꽥 소리에 하늘땅이 부서져 없어지고 다시 소리침에 우주까지도 무너져서 티끌처럼 사라져버리니, 과연 그 자리는 어디이며 어떤 경지일까? 또한 한 번의 몽둥이질에 오장육부가 터져 나오고, 두 번의 몽둥이질에 일백골절이 부서져 연기처럼 사라져버리니, 과연 그 자리는 어디이며 어떤 경지일까?

77

선사의 말 없음

| 원문(原文) |

本分宗師의 全提[1] 此句는 如木人[2] 唱拍하며 紅爐點雪[3]이요, 亦如石火電光[4]이니 學者實不可擬議也니라. 故로 古人이 知師恩[5]曰「不重先師道德[6]이요, 只重先師不爲我說破[7]라.」

하시니라.

    본분 종사가 이 구를 온전히 들어 보임은 마치 장승이 노래하고 손뼉 치며 붉은 화로에 눈이 떨어지는 것과 같은 것이요, 또한 부싯불과 번갯빛 같은 것이니, 배우는 자가 참으로 가히 헤아리거나 의론하지 못하니라. 그러므로 옛사람이 스승의 은혜를 알고 말하기를, "스님의 도덕을 중하게 여기는 것이 아니요, 다만 스님이 나를 위해 설파하지 않음을 중하게 여긴다."고 하시니라.

不道不道하라, 恐上紙墨이로다.

箭穿江月影하니 須是射鵰人[8]이니라.

말하지 마라, 말하지 마라,

종이와 붓 끝에 오를까 저어되노라!

화살이 강에 잠긴 달그림자를 꿰뚫으니

모름지기 이가 독수리를 잡는 사람이구나.

| 주석(註釋) |

1) 전제(全提): 조사의 으뜸가는 뜻이라고 주장함.

2) 목인(木人): 나무로 만든 인형. 선가(禪家)에서는 목인(木人)·석녀(石女)·석호(石虎)·목마(木馬)·목계(木鷄) 등을 화두로 많이 사용하고 있다. 언설(言說)로써는 어떻게 나타낼 수 없는 본래 마음을 이러한 말로 비유해서 나타내고 있다.

3) 홍로점설(紅爐點雪): ①빨갛게 달아오른 화로 위에 눈을 조금 뿌린 것과 같다는 뜻으로, 큰일을 하는 데 있어 작은 힘으로는 아무 도움이 되지 않음을 이르는 말. ②사욕이나 의혹이 일시에 꺼져 없어짐을 비유적으로 이르는 말.

4) 석화전광(石火電光): 부싯돌이 부딪치거나 번개가 칠 때의 번쩍이는 빛이라는 뜻으로, 매우 짧은 시간이나 매우 재빠른 동작을 비유적으로 이르는 말.

5) 고인지사은(古人知師恩): 동산양개(洞山良价, 807-869) 화상이 그 법사 되는 운암선사(雲巖禪師)가 임종에 말한 법문을 한 후에 강을 건너 가 다가 비로소 크게 깨쳤는데 스승의 재(齋)를 올리면서 한 말이다. 동산 양개는 중국 당나라 시대의 선승. 조동종의 개조. 속성은 유(兪)씨, 시 호는 오본선사(悟本禪師), 탑호는 혜각(慧覺). 운암담성(雲岩曇晟)으로부 터 무정(無情)이 설법한다는 말을 듣고 크게 깨달았다. 그를 종조로 하 는 조동종은 오늘날 일본에서 크게 융성하고 있다.

6) 도덕(道德): 오늘날에는 윤리라는 말과 같은 뜻으로 쓰인다. 영어의 'morality'는 그리스어의 'ethos', 라틴어의 'mores'에서 유래한 것이 다. 에토스라는 말에는 첫째, 익숙한 장소, 사는 곳, 고향 등의 뜻이 있고, 둘째, 집단의 관습이나 관행을 의미하며, 셋째, 그러한 관습이 나 관행에 의해 육성된 개인의 도덕의식, 도덕적 심정, 태도, 성격 또 는 도덕성 그 자체를 의미한다. 현대에서 도덕이라는 말을 쓸 때는 셋 째의 뜻이 가장 강하게 반영된다.

한편 영국의 철학자 J. 로크는 행위의 도덕적 측면을 강조해 어떤 행위 가 법에 따른 것인가, 아닌가를 결정하는 데에는 신(神)의 법, 시민법, 풍습의 법 등 3가지가 있다고 주장했다. 신의 법을 위반하면 내세에서 신의 단죄를 받고, 시민법을 위반하면 현세에서 법적 처벌을 받으며, 풍습법을 위반하면 여론의 비난을 받는다고 주장하면서 통상적으로 말하는 도덕은 풍습의 법에 해당되며 시민법과는 구별된다고 했다.

도덕은 인간존재가 개인적이면서 동시에 공동적인 존재임을 감안할 때 종교·법·경제 등과 밀접한 관계를 갖게 된다. 개개인의 인간은 특히 양심의 가책이라는 현상에 비추어 자기 자신의 행위와 인격의 선악을 구별하게 된다. 모든 민족의 문화생활에 있어서도 도덕적 명 령과 법, 행위규범, 도덕적 가치기준 등이 존재하며 이에 따라 모든 행위와 제도, 나아가 인간의 태도와 언동 등을 평가한다.

7) 설파(說破):①사물의 내용을 밝혀 말함. ②자신의 논리로 다른 사람의
이론이나 주장 등을 깨뜨림.

8) 사조인(射鵰人):『한서열전(漢書列傳)』「이광전(李廣傳)」에 흉노들이 싸움
하는 것을 보고 이광이 말하기를, "반드시 독수리를 활 쏘아 잡을 만
하다" 하였는바 "독수리는 크고 사나워서 활을 아주 잘 쏘는 사람이
라야 된다"고 하였다. 독수리는 매우 높이 날고 힘센 새로써 쏘아 떨
어뜨리기 어렵다. 그러므로 가장 잘 쏘는 활솜씨를 '독수리 쏘는 솜
씨' 라고 한다.

| 해의(解義) |

한 소식을 체득한 선사들이 후학들에게 화두(話頭) 드는 방법을
가르칠 때에 대체적으로 두 가지를 쓰나니, 하나는 전제(全提)요, 또
하나는 파병(破病)이다.

전제라는 것은 화두에 대하여 의심을 일으켜서 전념(專念)을 하는
것을 말한다. 예를 들자면,

"이 뭣고" 하는 시심마(是甚麽),

또는 "뜰 앞의 잣나무(庭前栢樹子)."

또는 "개에게는 불성이 없다(狗子無佛性)."

또는 "조사가 서쪽에서 온 뜻이 무엇인가?(祖師西來意)"

또는 "삼 서근(麻三斤)"

또는 "마른 똥 막대기(乾屎橛)" 등의 화두를 드는 경우에 온 마음
이나 생각이 그 화두 하나에 집중이 되고 뭉쳐져서 다른 데로 마음이
나 생각이 나가고 흩어질 겨를이 없는 상태가 되어 결국에는 말 길

(語路)과 뜻 길(意路)이 용납될 수 없도록 화두를 드는 것이 전제이다.

또 파병이라는 것은 전제의 방법으로 화두를 들어 마음을 깨우쳐 나가는데 있어서 병증(病症), 곧 병통이 되는 바를 바로잡기 위해서 어떤 방편을 보이는 것을 말하는데, 이것은 진리를 깨달은 선사로서 후학을 지도하는 대단히 중요한 방법이다.

예를 들면, 동산양개화상(洞山良价和尙)이 남전선사(南泉禪師)를 찾아 갔다. 이에 남전선사가 묻기를,

"운암선사(雲巖禪師)를 위하여 어떤 뜻으로 재(齋)를 올렸는가?" 하자 동산이 대답하기를,

"나는 운암선사의 도덕이나 부처님 법을 소중하게 여기는 것이 아니고, 다만 선사가 나를 위해 말해주지 않음을 소중하게 여긴다(我不重先師 道德佛法 只重他不爲我說破)."고 하였다.

사실 화두나 의두(疑頭), 또는 선법(禪法)은 그 도리를 스스로 깨우치고 체득하게 하는 것이 정말 중요한 비결이 되는 것이요, 말이나 글로 다 이야기해 버리면 날이 넘어 큰 못 쓰는 칼이 되고 만다.

그래서 동산은 운암선사가 자기를 위해서 다 일러주지 않고, 다 가르쳐주지 않고, 다 보여주지 않음으로써 스스로 깨닫도록 호념(護念)을 해줌이 정말로 고맙고 감사하다는 뜻이다.

선종은 '불립문자(不立文字)'요, '이심전심(以心傳心)'이다. 즉 "문자를 세우지 않고 마음으로 마음에 전한다"는 뜻인데, 만일 스승과 제자 사이에 이 경로(經路)가 깨진다면 선의 생명이 사라져서 진정한 깨달음을 이룰 수가 없다.

| **음여일송(吟余一頌)** | 나도 한 송 읊조리니,

재 신 심 야 자
在 身 心 也 者　몸 안에 있는 마음이란 것이

불 식 제 선 원
不 識 諸 禪 源　모든 선의 근원임을 알지 못하면

방 할 허 공 판
棒 喝 虛 空 判　방과 할로 허공을 짜갤지라도

난 제 소 영 흔
難 除 少 影 痕　조그만 그림자 흔적 제거하기 어려우리.

마음이 모든 부처든 조사든, 선이든 교든 간에 근원이 된다. 마음이 없으면 선이나 교나, 부처나 조사가 있을 수 없고 이뤄질 수도 없으니 모든 면에서 마음 같이 중요한 것이 없다. 몽둥이나 꽥 소리로 허공을 가를지라도 마음을 투득하지 못하면 조그만 그림자의 흔적도 뜻대로 지울 수가 없다는 것을 알아서 마음을 제일로 중요시하여야 한다.

78

마조선사의 일할

大抵學者는 先須詳辨宗途[1]니 昔에 馬祖[2] 一喝也에 百丈[3]
은 耳聾하시고 黃檗[4]은 吐舌하시니 這一喝은 便是拈花消息이며
亦是達磨[5] 初來底面目이라. 吁라! 此臨濟宗之淵源[6]이니라.

대저 배우는 자는 먼저 모름지기 종파의 갈래부터 자상하게 할지
니, 옛날에 마조스님이 한번 '할' 함에 백장스님은 귀가 먹고, 황벽
스님은 혀를 토하시니, 이 한 '할' 은 문득 이것이 꽃을 드신 소식이
며, 또한 달마대사의 처음 오신 면목이라. 아! 이것이 임제종의 연원
이니라.

識法者懼라. 和聲便打니라. 杖子一枝無節目을 慇懃分付夜行
人이로다. 昔에 馬祖一喝也에 百丈은 得大機[7]하고 黃蘗은 得大
用[8]하니 大機者는 圓應으로 爲義하고 大用者는 直截로 爲義하니
事見傳燈錄[9]이니라.

법을 아는 이가 두렵다. 소리에 응하여 곧 치리라. 주장자 한 가
지 마디가 없는데 은근히 밤길 가는 나그네에게 분부하네.

옛날 마조스님의 한번 '할'에 백장스님은 대기를 얻으시고, 황벽
스님은 대용을 얻으시니, 대기란 원만하게 두루 응하는 것으로 대의
를 삼고, 대용이란 바로 끊는 것으로 대의를 삼는다. 그 사연이 『전
등록』에 실려 있다.

| 주석(註釋) |

1) 종도(宗途): 종파의 갈래 길. 선종종파의 갈래.
2) 마조(馬祖, 709-788): 법명은 도일(道一), 속성은 마(馬)씨. 사천성(四川
省) 성도부(成都府) 시방(什放)에서 나서 어려서 출가하였다. 남악(南嶽)
에 가서 좌선(坐禪)하고 있는데 회양선사(懷讓禪師)가 묻기를, "무엇하
고 있는가?", "좌선합니다", "좌선은 해서 무엇하려는가?", "부처 되
려고 좌선하지요" 그 이튿날 회양선사가 도일의 앞에 가서 벽돌을 돌
에 갈고 있었다. 도일이 묻기를, "스님, 벽돌은 갈아서 무엇하렵니

까?”, “거울을 만들려네”, “벽돌을 갈아서 어떻게 거울을 만들 수 있
겠습니까?”, “앉아 있어서 부처가 될 줄 아는가?”, “…그러면 어찌하
오리까?”, “우차(牛車)가 가지 않을 때에 수레를 때려야 되겠는가, 소
를 때려야 되겠는가? 선은 앉거나 눕는 데 상관없는 것이며, 부처는
가만히 있는 것이 아니다. 집착이 없고 취사(取捨)가 없는 것이 선이
다!” 하는 말끝에 크게 깨쳤다. 그의 법을 받아 가지고 강서성 남강(南
康)의 공공산(龔公山)과 강서성 남창부(南昌府) 종릉(鍾陵) 개원사(開元
寺)에서 교화하니, 그의 법을 받은 제자가 135인이나 되었다. 그의 제
자 남전 보원(南泉 普願)에게서 신라의 도균(道均)선사와 철감(哲鑑)국사
가 나왔고, 염관 제안(鹽官 齊安)에게서 범일(梵日)·진감(眞鑑)의 두 국
사가, 귀종 지상(歸宗 知常)에게서 대모(大茅) 화상이, 대매 법상(大梅 法
常)에게서 가지(迦智)선사와 충언(忠彦)선사가, 마곡 보철(麻谷 寶徹)에
게서 무염(無染)국사가, 서당 지장(西堂 智藏)에게서 도의(道義)국사와
혜철(惠哲)국사와 홍척(洪陟)선사가, 장경 회운(章敬 懷暉)에게서 현욱
(玄昱)국사와 각체(覺體)선사 같은 신라의 큰 스님들이 나왔었다. 당나
라 덕종(德宗) 정원(貞元) 4년에 80세로써 입적하였다.

3) 백장(百丈, 720-814): 법명은 회해(懷海), 속성은 왕(王)씨. 복건성(福建
省) 민후현(閩候縣), 곧 옛날의 장락현(長樂縣)에서 났다. 어려서 출가하
여 대장경을 열람하였고, 뒤에 마조의 시자(侍者)가 되어 모시고 어디
로 가는데, 물오리 떼가 울고 가는 것을 보고 마조가 묻기를, “저게 무
슨 소리냐?” “물오리 소립니다” 한참 있다가 다시 묻기를, “아까 그
소리가 어디 있느냐?” “날아가 버렸습니다” 이에 마조는 돌아서면서
백장의 코를 잡아 비틀었다. 그는 아픔을 못 이기어 소리 질렀다. 그
때에 마조는 “그래도 날아갔다고 말할 터이냐?” 하는 데서 처음 깨치
고, 그 다음 마조가 ‘할’ 하는 데서 크게 깨쳤다. 마조가 입적한 뒤에
그 탑을 석문(石門)에 쌓고 십 년 동안 모시고 지내면서 마조의 법석을

계승하다가 홍주(洪州)의 대웅산(大雄山), 곧 지금의 남창부(南昌府) 봉신현(奉新縣)에 있는 백장산에 들어가서 교화하였다. 그때까지의 서원은 모두 율종(律宗)의 제도를 그대로 써 왔던 것이므로, 선종의 독특한 제도를 창설하여 선원의 모든 규칙을 자세히 만들고 더구나 경제적인 기초를 세워 놓았다. 그리하여 『백장청규(百丈淸規)』는 지금까지 중국·한국·일본 할 것 없이 불교 교단의 기본 법칙이 되고 있다. 또한 공부하는 이는 물론 누구나 반드시 노동할 것을 가르쳐 "하루 일하지 않으면 하루 먹지 말라(一日不作一日不食)." 하여 죽을 때까지 날마다 몸소 일하였다. 제자들이 보기에 하도 딱해서 하루는 일하는 연장을 감추었더니 그날은 굶었다고 한다. 95세로써 입적하였다.

4) **황벽**(黃檗, ?-850): 법명은 희운(希運), 복건성(福建省) 복주부(福州府) 민현(閩縣)에서 났다. 어려서 신동이라고 불리더니 강서성 서주부 황벽산에 가서 출가하였다가 백장에게서 마조의 할에 백장이 깨치던 사연을 듣고, 그 자리에서 크게 깨치고 나서 백장의 법을 이었다. 그 뒤에 배휴(裴休)의 청을 받아 여러 곳에서 교화하였으나, 가는 곳마다 그 산 이름을 처음 출가하던 산 이름 그대로 황벽산이라 하였다. 그가 염관사(鹽官寺)에 있어 예불하는 자리에서 뒷날의 선종(宣宗)이 그에게 법문을 묻는데, 그가 세 번이나 뺨을 때린 일이 있었다. 뒤에 선종이 즉위하여 그에게 '추행사문(麤行沙門)' 곧 행실이 거친 중이란 법호를 주려고 하자, 배휴가 간하기를, "황벽 선사가 폐하에게 세 번 손질한 것은 폐하의 삼제(三際, 곧 三世) 윤회를 끊는 뜻입니다." 하여 단제선사(斷際禪師)의 호를 내리게 되었다.

5) **달마**(達磨, ?-528): 보리달마(菩提達磨) Bodhidharma. 중국 선종의 초조(初祖). 서천 28조의 제28. 남인도 향지국왕의 셋째 아들. 본명은 보리다라였으나, 뒤에 보리달마로 고쳤다. 처음 반야다라에게 도를 배우며 40년 동안 섬기다가 반야다라가 죽은 뒤에 본국에서 크게 교화하

여 당시 성행하던 소승선관(小乘禪觀)의 6종(宗)을 굴복시킴에 이름이
인도에 퍼졌다. 뒤에 그의 조카 이견왕을 교화하였다. 배를 타고 중국
으로 향하여 520년(양나라 보통 1) 9월에 광주 남해군에 이르렀다. 10월
에 광주 자사 소앙의 소개로 금릉(金陵)에 가서 궁중에서 무제(武帝)와
문답하다가 기연이 맞지 아니하였다. 낙양으로 가서 숭산 소림사에
있으면서 매일 벽을 향하여 좌선만 하였다. 그래서 세상이 벽관 바라
문(壁觀婆羅門)이라 부른다. 이락(伊落)에 있던 신광(神光)이 달마의 풍
성을 사모하고 찾아와 밤새도록 눈을 맞고 밖에 섰다가 팔을 끊어 구
도(求道)의 정성을 표하매, 드디어 곁에서 시봉하도록 허락하고 혜가
(慧可)라 이름을 지어 주다. 효명제가 달마의 이적(異蹟)을 듣고 크게
경앙하여 마랍의가사(摩衲衣袈裟) 2벌 · 금발(金鉢) · 은병(銀瓶) · 비단
등을 보냈다. 소림사에서 9년 동안 있다가 혜가에게 깊고 비밀한 종
취와 가사 불발(佛鉢) 『능가경』을 전하고, 우문(禹門)의 천성사로 갔다
가 영안 1년 10월 5일에 죽었다. 당나라 대종(代宗)이 원각대사(圓覺大
師)라고 시호(諡號)하였다.

6) **연원**(淵源): 처음 종교를 신앙할 때 이끌어 주는 사람을 연원이라 한다.
입교의 근원이 된 사람을 입교연원, 출가수행의 길로 이끌어 준 사람
을 출가연원, 성불의 길로 이끌어 준 사람을 성불연원이라 한다.

7) **대기**(大機): ①뛰어난 근기. 기(機)는 소질 · 능력이라는 뜻. 대도 정법
을 수행할 능력이 뛰어난 사람. ②선승(禪僧)의 훌륭한 지도방편이나
일상생활의 언동. ③우주의 운행, 우주의 작용, 조화.

8) **대용**(大用): ①천지가 운행하는 작용. ②대각도인의 마음작용, 활살자
재하는 큰 능력. 대기 대용의 준말.

9) **『전등록**(傳燈錄)**』**: 『경덕전등록(景德傳燈錄)』의 준말. 30권. 송나라 도원
(道源) 지음(1006). 과거 7불로부터 역대의 선종 조사들, 5가(家) 52세
(世)에 이르기까지 전등(傳燈)한 법계(法系)의 차례를 기록한 책. 처음

26권에는 7불을 비롯하여 마하가섭에서 청원(靑原) 아래로 제11세의 장수 법제(長壽 法齊)에 이르는 1,712인을 기록. 그중 954인은 어록(語錄)이 있고, 다른 758인은 이름만 있다. 제27권에는 보지(寶誌) · 선혜(善慧) · 혜사(慧思) · 지의(智顗) · 승가(僧伽) · 법운(法雲) · 풍간(豊干) · 한산(寒山) · 습득(拾得) · 포대(布袋)의 10인과 제방(諸方)에서 잡거(雜擧) · 징(徵) · 염(拈) · 대(代) · 별(別)한 말을, 제28권에는 남양 혜충(南陽 慧忠)에서 법안 문익(法眼 文益)까지 12인의 광어(廣語)를 싣고, 제29권에는 찬(讚) · 송(頌) · 게(偈) · 시(詩), 제30권에는 명(銘) · 기(記) · 잠(箴) · 가(歌)를 싣다.

| 해의(解義) |

선을 배우는 사람들은 먼저 선종의 갈래를 알아야 한다. 중국에는 오종칠가(五宗七家)가 있다. 즉 다섯 종파와 일곱 갈래가 있다는 말이다. 그 가운데 임제종의 근원을 찾아본다면 6조 혜능대사의 법손(法孫)인 마조대사가 한 번 "아~악" 하는 소리에 출발을 하였다. 그 연원은 이러하다.

백장스님이 마조선사를 모시고 섰는데, 마조선사가 법상 한쪽에 걸어둔 총채를 보고 있자 백장이 묻는다.

"이것을 가지고 쓰겠습니까? 이것을 여의고 쓰겠습니까?"

마조는 대답한다.

"네가 다음에 남을 위하여 입을 연다면, 어떻게 할 것이냐?"

백장이 총채를 잡아 곧추세워 보이었다. 마조가,

"이것을 가지고 쓰겠느냐? 이것을 여의고 쓰겠느냐?"함에 백장은 총채를 도로 본처에 걸어놓았다. 그때 마조는 위엄 있게 "아~악" 하는 한 마디를 외쳤다. 백장은 절을 하였다.

그 후 백장이 대웅산(大熊山＝百丈山)에 있을 때에 황벽화상이 그 윗자리에 있게 되었다. 어느 날 백장이 대중에게 이르기를,

"불법이란 작은 일이 아니다. 노승이 일찍이 마조대사의 한번 '아~악' 하는 소리에 사흘을 귀가 먹었느니라." 하는 이야기를 들은 황벽은,

"얼떨결에 혀를 빼물었습니다."라고 하였다.

이것은 무엇을 말하는 것인가? 이것이 마조와 백장의 큰 기틀·큰 쓰임(大機 大用)을 그대로 이음이다.

이 "아~악" 한 소리는 온갖 감각이나 지각이나 사량이나 분별을 쳐부수는 금강철퇴(金剛鐵槌)요, 금강보검(金剛寶劍)이다. 알음알이와 분별 망상을 쳐부수고 본연의 진면을 비추어 보게 한다.

이 "아~악" 소리는 부처님이 영산회상에서 꽃을 들어 보인 소식이요, 달마대사가 동쪽으로 온 참뜻도 된다.

이 "아~악" 한 소리는 백장은 큰 기틀(大機)을 얻었고, 황벽은 큰 쓰임(大用)을 얻었다.

물론 이 대기대용으로 종풍(宗風)을 세우기는 하였으나 사실 "아~악" 소리는 부질없는 소리이요, 또 대기는 체(體)요, 대용은 용(用)이라고 하지만 이것도 또한 쓸데가 없는 가정에 지나지 않는다.

| **음여일송(吟余一頌)** | 나도 한 송 읊조리니,

마 조 홍 성 할
馬 祖 鴻 聲 喝　마조대사의 큰 소리 할에

양 승 이 설 무
兩 僧 耳 舌 無　두 스님 귀와 혀가 없어졌네.

대 기 겸 대 용
大 機 兼 大 用　대기와 아울러 대용이

임 제 파 종 도
臨 濟 派 宗 途　임제파 종통의 길이어라.

마조가 건곤을 짜개는 큰 소리 '할'에 백장은 귀가 먹어버리고, 황벽은 혀가 빠져버렸으니 아! 불쌍하도다. 그러나 두 스님이 만일 대기와 대용을 얻지 못하였다면 천추의 한을 품고 허공을 떠돌아다니련만 심연(深緣)의 큰 스승으로 인하여 천고의 일득(一得)을 이루었으니 삼계를 일장(一場)삼아 대무(大舞)를 추었으리라.

79

선종의 다섯 갈래

| 원문(原文) |

大凡祖師宗途_{대범조사종도}가 有五_{유오}하니 日臨濟宗¹⁾_{왈임제종} 日曹洞宗²⁾_{왈조동종} 日雲_{왈운}
門宗³⁾_{문종} 日潙仰宗⁴⁾_{왈위앙종} 日法眼宗⁵⁾_{왈법안종}이니라.

무릇 조사의 종파에 다섯 갈래가 있으니, 즉 임제종 · 조동종 · 운문종 · 위앙종 · 법안종이니라.

| 주석(註釋) |

1) 임제종(臨濟宗):중국불교의 선종에서 당나라 때 선사 임제의현(臨濟義玄, ?-867)을 개조로 하는 일파로서 5가 7종 중의 하나이다. 임제는 마조도일(馬祖道一, 707-786)이 대성한 남종선의 전통을 더욱 철저히 하여 '무위(無位)의 진인(眞人)'이라는 절대 주체를 세우는 도(道)를 확립했다. 즉 '무위의 진인'이라는 이상적 상태야말로 선(禪)의 경지라고

하여 간명하고도 직각적으로 분별하는 말로써 그것을 설했다. 아울러 스승인 황벽희운(黃檗希運, ?-850)의 선풍을 받아들여 독자적인 선사상과 준엄한 선풍을 확립함으로써 임제종을 형성했다. 이후 송나라 (960-1279) 때는 두 파로 갈리면서 크게 번영하여 중국불교의 주류를 이루게 된다. 즉 석상초원(石霜楚圓)의 제자로 황룡혜남(黃龍慧南, 1002-1069)과 양기방회(楊岐方會, 992-1049)가 배출되어 이들로부터 각각 황룡파와 양기파가 성립했다. 임제종의 사상적 특질은 온갖 속박을 벗어난 자유로운 '무위의 진인' 또는 '무의(無依)의 도인'을 추구하는 인간관에 있다. 눈앞의 구체적인 현실에서 지금 살고 있는 인간을 문제 삼아 인간의 진정한 자유란 무엇인가를 추구했다. 자유로운 절대 주체의 생활방식을 행동을 통해 파악하려 했던 것이다. 인간의 적나라한 삶을 긍정하면서 진정한 견해를 얻는 자유인을 추구한다. 이리하여 마조로부터 비롯되는 홍주종(洪州宗)은 임제에 이르러 생기가 넘치며 활동하는 선, 즉 대기대용(大機大用)의 선으로 총괄되어 임제종의 전통을 형성한다. 송대 이후 임제종은 수행자의 견성(見性)을 위한 수단으로 선사의 언행록인 공안(公案)을 사용하는 공안선 또는 간화선(看話禪)을 고취했다. 이 간화선은 공안을 통해 본래 지닌 불성을 자각하여 지혜에 의한 깨달음을 얻고자 하는 선이지만, 좌선을 경시하여 선 본래의 방식으로부터 벗어났다는 비난을 받았다.

2) **조동종**(曹洞宗): 청원행사(青原行思, ?-740)의 계통에서 동산양개(洞山良介, 807-869)를 개조로 하여 갈라져 나온 일파이다. 명칭에 대해 2가지 설이 있는데, 하나는 조동종 제2조 조산(曹山)과 제1조 동산(洞山)의 이름을 합하여 '조동'이라 했다는 설이고, 다른 하나는 선종의 제6조 혜능(慧能)이 조계(曹溪)에 있으면서 법을 전하고 그의 6세손 양개가 동산에 있으면서 도를 넓혔으므로 '조동'이라 했다는 설이다. 전자는 중국에서 널리 유력한 설이고, 후자는 일본에서 유력하다.

종풍의 특색은 세상에 나서길 꺼려하며, 고목중(枯木衆)이라 불릴 정도로 마치 고목처럼 오로지 좌선에 전념하는 것이다. 이런 수행법을 묵조선(默照禪)이라 한다. 동산과 조산의 오위사상(五位思想)도 조동종의 큰 특색이다. 동산은 불교의 근본 문제에 대한 선적 파악을 통해 그 자신의 주체적 세계를 확립하고자 했는데, 그가 도달한 세계와 거기에 이르는 길은 그의 2가지 오위송(五位頌)에 의해 이론적으로 총괄된 것이라 간주된다. 편정오위송(偏正五位頌)에서의 5위는 선을 통해 도달하는 진실의 세계를 중층적으로 묘사한다. ①평등한 세계가 도리어 차별의 세계이다(正位却偏). ②차별의 세계가 도리어 진실의 세계이다(偏位却正). ③평등한 세계에서 나타난다(正位中來). 곧 평등의 진리가 차별의 세계에 들어온다. ④차별의 세계에서 나타난다(偏位中來), 곧 차별의 세계 그 자체에서 평등의 진리가 드러난다. ⑤두 세계를 동시에 갖추어 나타난다(相兼帶來), 곧 차별의 세계와 평등의 세계 전체에서 조화로운 상호작용이 이루어진다. 그의 제자 조산은 의미상의 큰 차이가 없이 이를 다른 말로 개편했다. 다음 공훈오위송(功勳五位頌)에서의 5위는 수행의 5단계이다. 즉 ①향하는 단계, ②받드는 단계, ③깨달음을 얻는 단계, ④깨달음을 함께하는 단계, ⑤깨달음이 극에 달하는 단계이다. 결국 이런 실천적 입장을 기반으로 하여 전개해간 것이 묵조선이다. 조동종은 송대(宋代) 이후 임제종과 함께 중국 선종을 주도했으며, 임제종이 공안을 수단으로 내세워 고취한 간화선(看話禪)에 대립했다. 그러나 묵조선은 논리성과 지성을 결여한 것으로서 오직 앉아 있는 것만을 선으로 삼는다는 비난을 받았다. 중국 조동종은 일본에 전래되어 크게 유행했으며, 일본 선종의 3파에 속한다.

3) 운문종(雲門宗): 운문문언(雲門文偃, 864-949)을 종조로 한다. 설봉의존(雪峰義存, 822-908)으로부터 이어받았다. 문언은 923년에 운문산(雲門

山, 廣東省韶關市)에 선찰(禪刹 ; 參禪을 주장하는 절)을 건립, 선풍(禪風)을 크게 떨치며 많은 제자를 육성하여 큰 집단을 형성하였다. 『소주운문 광진선사광록(韶州雲門匡眞禪師廣錄)』에 정리된 문언의 설법은 청정법 신(淸淨法身)이란 무엇이냐는 질문에 〈화약란(花藥欄)〉, 부처란 무엇이 냐의 물음엔 〈건시궐〉, 초불월조(超佛越祖)라는 질문에 〈호병〉이라고 대답하는 것처럼 간결한 표현으로 선지(禪旨)를 나타낸 것으로서, 종 풍은 〈개구견담(開口見膽 ; 말로써 자기 뱃속까지 헤쳐 보임, 말로써 자기 역량을 남에게 보인다는 뜻)〉이라는 평을 받았다. 북송(北宋) 때 설두중현(雪竇重 顯, 980-1052)이 중흥하여 임제종(臨濟宗)과 함께 융성했지만 그 뒤 법 맥이 끊어졌다.

4) 위앙종(潙仰宗): 선종종단 분파의 최초 집단이다. 당(唐)나라 때 남악회 양계(南岳懷讓系)의 위산영우(潙山靈祐, 771-853)와 그 제자인 앙산혜적 (仰山慧寂, 803-887)이 개조(開祖)이다. 위산과 앙산은 모두 산 이름으로 서 위산은 후난성[湖南省(호남성)], 앙산은 장시성[江西省(강서성)]에 있 는데 영우는 806~820년에 위산에서, 혜적은 879년에 앙산에 들어가 활약했다. 위앙종의 특색은 교도에서는 준엄한 반면, 남양(南陽)의 종 풍인 96종의 원상(圓相) 등을 사용하여 영해(領解 ; 글과 뜻을 분명히 아는 것)를 용이하게 한 면에 있다. 영우는 『위산경책』을 택(편찬)하여 수행 자를 엄하게 지도했다. 위산이 시작한 이후 150여 년까지는 융성했지 만, 곧 임제종(臨濟宗) 안에서 발전 해소되면서 송(宋)나라 때에 이르러 쇠퇴하였다.

5) 법안종(法眼宗): 당나라 때에 크게 발전한 선종은 제6조(祖) 혜능(慧能) 의 남종(南宗) 계통에서 오가칠종(五家七宗)이 성립되었는데, 법안종은 송(宋)나라 초기 성저우[昇州 : 江蘇省]의 청량원(淸凉院)에 머물며 오월 왕(吳越王) 전씨(錢氏) 일족의 귀의를 받아 크게 선풍을 불러일으킨 법 안선사인 문익(文益)에 의하여 개창되었다. 그의 문하에서 덕소(德

韶)·도항(道恒)·의유(義柔) 등 많은 선승이 배출되어 저장[浙江]·푸젠[福建]을 중심으로 크게 번창하였다.『경덕전등록(景德傳燈錄)』에 의하면, 법안종은 공안염롱(公案拈弄)을 특색으로 하는 것으로 기록되어 있다. 특히 제2조 덕소는 천태(天台)의 교학과 선을 융합하였으며, 제3조 연수(延壽)는 염불정토(念佛淨土)사상과 선의 일치를 주장하고『종경록(宗鏡錄)』을 지어 제종을 체계화하였다. 강남(江南) 지방에서 화려하게 전개되었던 법안종도 북송(北宋) 때에 이르러 운문종(雲門宗)의 대두와 그 융합적 성격으로 급격히 쇠퇴하였으나, 그들의 특징인 공안염롱은 운문종, 나아가 임제종(臨濟宗)에 의하여 계승되었다.

| 해의(解義) |

중국의 선종(禪宗)은 초조(初祖) 보리달마(菩提達磨: Bodhidharma)로부터 제2조 혜가(慧可), 제3조 승찬(僧璨), 제4조 도신(道信), 제5조 홍인(弘忍)을 거쳐 신수(神秀)의 북종선(北宗禪)과 혜능(慧能)의 남종선(南宗禪)으로 나누어졌는데, 남종선은 중기 이후 점차 번영하였다.

특히 제6조 혜능의 제자인 남악회양(南嶽懷讓)과 청원행사(靑原行思)의 계통이 당의 말기 이후 선종의 주류가 되었으며, 후에 그 계통이 5가 7종으로 분파하여 각자 특이한 종풍(宗風)을 선양하였다.

당말(唐末) 회양의 제자 백장회해(百丈懷海)의 선을 이은 위산영우(潙山靈祐) 및 그 제자 앙산혜적(仰山慧寂)의 위앙종(潙仰宗)이 번영하였다. 또한 백장의 제자인 황벽희운(黃檗希運)의 제자 임제의현(臨濟義玄)에 의하여 대기대용(大機大用)을 선풍으로 하는 임제종(臨濟宗)이 성립하였으며, 후에 자명초원(慈明楚圓) 문하의 황룡혜남(黃龍慧南)과 양기

방회(楊岐方會)에 의하여 각각 황룡파·양기파가 성립되었다.

『마조사가록(馬祖四家錄)』, 『황룡사가록(黃龍四家錄)』 등으로 대표되는 북송(北宋) 선어록(禪語錄)의 성립에는 황룡파 사람들의 활약에 힘입은 바 컸으나 이 파는 일찍이 쇠퇴하였다. 한편 양기파는 북송 사대부층의 귀의를 받은 사람이 많았으며, 명나라 말기와 청나라 초기에 이르기까지 크게 번영하였다.

청원계통으로서는 그의 손제자 약산유엄(藥山惟儼) 계통의 조동종(曹洞宗)과 천황도오(天皇道悟) 계통의 운문종(雲門宗)·법안종(法眼宗)이 성립하였다. 약산의 손제자인 동산양개(洞山良价) 및 그의 제자 조산본적(曹山本寂)의 조동종은 올좌(兀坐:움직이지 않고 앉음)와 오위(五位:동상의 모습에 따라 법의 실태를 5종으로 분류한 것)를 선풍으로 하였으나 임제종과 같이 번창하지는 못하였다.

법안문익(法眼文益)에 의한 법안종은 송(宋)의 초기 공안염롱집단으로서 『조당집(祖堂集)』, 『전등록(傳燈錄)』을 만들어낼 정도로 융성하였다. 문익이 그의 저서 『종문십규론(宗門十規論)』에서 다른 4가의 특색을 기술한 것이 5가의 구별을 제시한 최초의 것이라 한다. 운문(雲門) 문언(文偃)의 운문종은 광둥[廣東] 지방을 거점으로 하여, 후에는 법안종의 뒤를 이어 강남지방에서 발전하였지만 북송 말기에는 쇠퇴하였다.

이러한 오가의 상위는 종풍의 상위이지 종지(宗旨)의 상위는 아니다. 임제종 계통의 황룡파와 양기파를 합하여 7종으로 부른다.

| **음여일송(吟余一頌)** | 나도 한 송 읊조리니,

오 가 존 립 후
五 家 存 立 後 오가가 존립한 뒤에

수 각 칠 종 성
隨 覺 七 宗 成 깨달음을 따라 칠종을 이루었네.

불 법 원 래 일
佛 法 原 來 一 부처님 법은 원래 하나인데

자 능 보 이 정
自 能 步 異 程 스스로 능하여 다른 길 걸었어라.

여기에 둥글게 지붕으로부터 아래까지 둘러막은 맑은 샘이 하나 있다. 그런데 그 둘러막은 샘에 돌아가면서 구멍이 일곱 개가 뚫려 있다. 사람들은 날마다 물을 길어 가는데 뚫린 구멍에서 퍼서 나오는 물은 똑같은 물이다. 이와 같이 부처님의 법은 한 법인데 자기들의 능함을 따라 이런저런 말을 하고 또 상황에 따라 집을 달리 세우고 이름을 붙였지만 종극에 이르러서는 같다. 즉 만법이 본래 하나였는데 하나는 어디로 돌아갈 것인가?(萬法本一 一歸何處)

(1) 오종(五宗)의 법통(法統)

❶ 임제종(臨濟宗)

본 사 석 가 불　　지 삼 십 삼 세　육 조 혜 능 대 사 하 직 전　　왈 남 악
本師釋迦佛로 **至三十三世**[1)]**六祖慧能大師下直傳**하니 **曰南嶽**

회 양　　왈 마 조 도 일　왈 백 장 회 해　왈 황 벽 희 운　왈 임 제 의 현　왈 홍
懷讓[2)] **曰馬祖道一** **曰百丈懷海** **曰黃檗希運** **曰臨濟義玄** **曰興**

化存獎³⁾ 日南院道顒⁴⁾ 日風穴延沼⁵⁾ 日首山省念⁶⁾ 日汾陽善
昭⁷⁾ 日慈明楚圓⁸⁾ 日楊岐方會⁹⁾ 日白雲守端 日五祖法演¹⁰⁾ 日
圓悟克勤¹¹⁾ 日徑山宗杲¹²⁾禪師等이라.

본사 석가모니 부처님으로부터 삼십삼 세 되는 육조 혜능대사의 밑에서 곧게 전하여 내려가니, 남악회양 · 마조도일 · 백장회해 · 황벽희운 · 임제의현 · 흥화존장 · 남원도옹 · 풍혈연소 · 수산성념 · 분양선소 · 자명초원 · 양기방회 · 백운수단 · 오조법연 · 원오극근 · 경산종고 선사 등이다.

| 주석(註釋) |

1) **삼십삼세**(三十三世) : 1. 마하가섭존자(摩訶迦葉尊者) 2. 아난존자(阿難尊者) 3. 상나화수존자(商那和修尊者) 4. 우바국다존자(優婆麴多尊者) 5. 제다가존자(提多迦尊者) 6. 미차가존자(彌遮迦尊者) 7. 바수밀존자(婆須密尊者) 8. 불타난제존자(佛陀難提尊者) 9. 복타밀다존자(伏馱密多尊者) 10. 협존자(脇尊者) 11. 부나야사존자(富那夜奢尊者) 12. 마명존자(馬鳴尊者) 13. 가비마라존자(迦毘摩羅尊者) 14. 용수존자(龍樹尊者) 15. 가나제바존자(迦那提婆尊者) 16. 나후라다존자(羅睺羅多尊者) 17. 승가난제존자(僧迦難提尊者) 18. 가야사다존자(伽耶舍多尊者) 19. 구마라다존자(鳩摩羅多尊者) 20. 사야다존자(闍夜多尊者) 21. 바수반두존자(婆修盤頭尊者) 22. 마나라존자(摩拏羅尊者) 23. 학륵나존자(鶴勒那尊子) 24. 사자존자(師子尊者) 25. 바사사다존자(婆舍斯多尊者) 26. 불여밀다존자(不如密多尊者) 27. 반야다라존자(般

若多羅尊者) 28. 보리달마존자(菩提達磨尊者) 29. 태조혜가대사(太祖慧可大師) 30. 감지승찬대사(鑑智僧璨大師) 31. 대의도신대사(大醫道信大師) 32. 대만홍인대사(大滿弘忍大師) 33. 대감혜능대사(大鑑慧能大師).

2) **남악회양**(南嶽懷讓, 677~744): 선사는 육조 혜능스님의 사법제자 10인 가운데 가장 먼저 거론되는 중요한 인물이며 남종선(南宗禪)의 거봉이다. 스님은 속성을 두(杜)씨라 하고, 출생지는 금주(金州) 안강현(安康縣)이다. 15세에 형주(荊州) 옥천사(玉泉寺)에서 홍경(弘景)율사에 의하여 스님이 되었다. 이후 스승의 밑에서 8년간 정진하며 율장(律藏)을 익히다가 하루는 혼잣말로 "출가한 이는 무위(無爲)의 법을 배워야 하는데!"라고 깊이 탄식하였다. 스님이 탄식하는 것을 본 탄연(坦然)이란 도반이 숭산(嵩山)의 혜안(慧安)스님에게 갈 것을 넌지시 권고하였다. 이 말을 들은 스님은 그 길로 남쪽으로 향했다.

스님을 본 혜안스님은 그 그릇의 크기에 놀라서 육조 혜능스님의 도력이 높음을 넌지시 일깨워주었다. 이에 스님은 다시 조계산으로 가서 육조 스님께 참배하였다. 혜능스님이 물었다.

"그대는 어디서 왔는고?"

회양 선사가 대답했다.

"숭산에서 왔습니다."

혜능스님이 다시 물었다.

"무슨 물건이 이렇게 왔는가?"

스님은 여기에서 그냥 말문이 막혀버렸다.

그래서 8년 동안 육조 스님의 질문을 가지고 씨름을 했다. 마침내 8년 만에 깨닫고는 다시 육조 스님을 찾아갔다.

"제가 8년 전에 스님 앞에 왔을 때 스님이 '무슨 물건이 이렇게 왔는고?' 하셨는데, 이제서야 그걸 알았습니다."

"그래? 어떻게 알았느냐?"

"설사 한 물건이라 할지라도 안 맞습니다."

"그러면 닦아 증득하는 법은 어떻게 생각하느냐?"

"닦아서 증득한 것은 없지 않지마는, 물들여 더럽히지 않습니다."

이 말을 들은 육조 스님은

"네가 지금 말하는 물들여 더럽힐 수 없다는 그것이 모든 부처님의 살림살이이다. 너도 그러하고 나도 또한 그러하니 잘 두호(斗護)하여라"

하고, 바로 인가를 해주었다.

그런 다음에 "네 밑에 망아지가 한 마리 나서 천하 사람을 밟아 죽일 것이다."라고 잘 알아듣지 못할 말씀을 하셨다. 옆에 있었던 다른 사람들은 그 말씀이 무엇을 의미하는지 모르고 궁금해 하였으나 오직 회양스님만이 알아듣고 빙그레 웃었다.

3) **흥화존장**(興化存獎, 830~925):흥화는 선사가 있던 절의 이름이며, 법명은 존장이다. 임제스님 밑에서 시자로 살다가 뒤에 삼성(三聖)스님의 회상에서 수좌가 되었다.

그는 항상 "남방으로 아무리 돌아다녀도 주장자 끝에 불법을 아는 놈이 하나도 걸리지 않는군" 하고 큰소리를 쳤다. 그러다 대각(大覺) 스님의 회상에서 원주(院主)를 맡아볼 때 법문을 듣고 비로소 크게 깨쳤다.

고향에 있는 흥화사에서 설법을 시작할 때 향을 피워들고 말하기를, "삼성스님은 나에게 너무 무정했고, 대각스님은 너무 사정을 봐주었다. 그러므로 돌아가신 임제스님께 공양한다." 하고, 임제스님의 법을 이었다. 후당(後唐)의 장종(莊宗)이 깊이 귀의하였기에 그의 왕사가 되었다.

4) **남원도옹**(南院道顒, 860~952):흥화존장의 법을 잇고 보응선원(寶應禪院) 남원(南院)에서 가르침을 베풀다 뒤에 풍혈연소(風穴延沼) 스님에게 법을 전했다.

일찍이 연소스님이 그의 회상에서 채소를 가꾸는 일을 맡아볼 때였다. 혜옹스님이 "남방의 한 방망이를 자네는 어떻게 생각하는가?"라고 묻자, 연소스님은 "기특하다고 생각합니다. 그런데 이곳 방망이는 어떻습니까?"라고 되물었다.

혜옹스님이 주장자를 비껴들고 "방망이 아래의 무생법인은 어떤 상황에 처해도 스승을 보지 않는다(棒下無生忍 臨機不見師)."고 하니, 그 자리에서 연소스님이 크게 깨쳤다고 한다.

5) 풍혈연소(風穴延沼, 896-973): 풍혈스님은 어려서부터 고기와 파, 마늘을 먹지 않았다. 처음에는 유학에 힘썼고, 출가하여 천태지관(天台止觀)을 닦다가 혜옹스님을 만나 그의 법을 이었다. 연소스님이 여주 풍혈사에서 오랫동안 가르침을 폈지만 한 사람도 깨치는 이가 없었다.

하루는 그가 대성통곡을 하므로 그 까닭을 물었다. 그가 "임제의 법이 내게 와서 끊어질 줄 어찌 알았으랴?" 하면서 통탄하자, 성념스님이 "저 같은 것도 스님의 법을 받을 수 있겠습니까?" 하고 물었다. "자네는 아깝게도 『법화경(法華經)』에 걸려있네", "『법화경』만 버리면 되겠습니다", "그러면야 될 수 있다 뿐인가" 그 뒤로 성념스님은 참선에만 전력하여 마침내 깨치게 되었다.

6) 수산성념(首山省念, 926-993): 속성은 적(狄)씨. 어려서 출가하여 항상 『법화경』만을 열심히 독송하기 때문에 염법화(念法華)라고도 불렀다.

풍혈의 회상에 가서 아무 문답도 없이 지내는데 하루는 풍혈이 상당 설법에서 "세존께서 푸른 눈으로 가섭을 돌아보신 것을 어떻게 생각하느냐? 만약 말씀 없이 말씀하신 것으로만 본다면 그것은 부처님을 매장하는 것이다." 하는 데서 크게 깨치고는 설법이 채 끝나기도 전에 아무 말 없이 법당에서 나왔다.

풍혈의 법을 이어가지고 여주(汝州)의 수산(首山)에서 개당(開堂)하자 그 명성이 천하에 떨쳤다. 찾아오는 납자들을 낱낱이, 자세히 점검하므로 모여 있는 대중들은 어느 때나 20여 명 밖에 안 되었다. 그러나 그의 법을 받은 제자는 16명이 되었다. 송나라 태종(太宗) 순화(淳化) 4년 68세로 입적하였다.

7) 분양선소(汾陽善昭, 947-1024): 태원(太原) 유(兪)씨의 집에서 출생하였다. 출가하여 71원(員)의 선지식을 찾아 다녔으나 크게 얻은 바가 없었다. 수산(首山)에 가서 서염(省念)선사가 상당(上堂) 설법할 때 "코끼리 가는 곳에 여우의 발자취 끊어진다(象王行處絕狐踪)."란 말을 듣고 크게 깨쳤다. 산서성 분주(汾州) 태평사(太平寺) 태자원(太子院)에서 크게 교화하였다. 저서로는 「분주무덕선사어록(汾州無德禪師語錄)」 3권이 남아 있다.

8) 자명초원(慈明楚圓, 987-1040): 속성은 이(李)씨. 광서성(廣西省) 주림부(桂林府) 전주(全州)에서 출생하였다. 22세에 출가하여 멀리 분양선소(汾陽善昭) 선사의 회상에 갔었다. 분양(汾陽)은 욕설과 세속의 더러운 말만 할뿐 법을 일러주는 일이 없었다.

하루는 정성을 다하여 간하였더니 크게 화를 내며 "네가 나를 비방하느냐?" 하고 내쫓았다. 초원(楚圓)이 무어라 변명을 하려는데, 분양이 손으로 그의 입을 틀어막았다. 그 바람에 크게 깨쳤다.

뒤에 석상산(石霜山) 숭승사(崇勝寺)와 담주(潭州) 화흥사(化興寺) 등에서 교화하여 그의 법을 받은 제자가 50인이나 되었다. 자명(慈明)은 54세로 입적한 뒤의 시호(諡號)이며, 그를 석상(石霜)화상이라고도 한다.

9) 양기방회(楊岐方會, 992-1049): 선사는 중국 북송(北宋)시대 스님이다. 속성(俗姓)은 냉씨(冷氏)이며 강서성의 의춘(宜春)이라는 곳의 출신이다. 선불교의 오가칠종(五家七宗) 중에서 임제종(臨濟宗) 양기파(楊岐派)의 시조이기도 하다. 남원산(南源山)에서 자명초원(慈明楚圓)에게 수계한 뒤 깨달음을 얻어 그의 법을 이었다.

강서성 원주(袁州) 양기산의 보통원(普通院)에서 종풍(宗風)을 진흥시켜 오가칠종의 일파로 꼽히게 되었다. 1046년 호남성 담주(潭州) 운개산(雲蓋山) 해회사(海會寺)에 머물렀는데 제자에 백운수단(白雲守端) 선사와 보령인용(保寧仁勇) 선사가 유명하다.

10) 오조법연(五祖法演, 1024-1104): 송대 임제종 양기파, 금주(綿州)사람, 성은 등(鄧)씨. 35세에 출가수구(出家受具)하여 성도(成都)에 가서 유식(唯識)을 배우다. 뒤에 남방으로 유행(遊行)하여 원조종본(圓照宗本 1014-1099)을 참예하고 부산법원(浮山法遠)에 의지해 공부하다가 후에 백운수단(白雲守端)의 지도를 받고 깨달음을 얻어 법을 잇다.

처음에는 안경(安慶) 사면산(四面山)에 주하다가 만년에 오조산(五祖山)에서 크게 종풍을 드날렸다. 제자에 원오극근(圓悟克勤), 태평혜근(太平慧懃), 불안청원(佛眼淸遠 ; 三佛), 개복도영(開福道寧), 대수원정(大隨元靜) 등의 뛰어난 제자를 배출하다. 송숭령(宋崇寧) 3년 80여 세로 시적(示寂)하다.

11) 원오극근(圓悟克勤, 1063-1135): 송대 임제종, 팽주숭령(彭州崇寧) 사람. 성은 낙(駱)씨, 이름은 극근, 자는 무착(無着). 어려서 묘적원(妙寂院) 자성(自省)에게 출가하여 문희민행(文熙敏行)을 따라 경론(經論)을 연구하다가 뒤에 오조법연(五祖法演)의 법을 잇다. 불안(佛眼), 불감(佛鑑)과 함께 '오조문하삼불(五祖門下三佛)'이라 칭하다.

성도 소각사(昭覺寺)에 있다가 남쪽으로 가서 장무진(張無盡) 거사를 만나고 협산벽암(夾山碧巖)에서 지내다. 학도를 위하여 설두(雪竇)의 송고백칙(頌古百則)을 제창(提唱), 이를 엮어 벽암록(碧巖錄)을 만들다. 뒤에 안사부(安沙府) 도림사(道林寺)에서 불과(佛果) 선사의 호를 받고, 금릉장산(金陵蔣山)에서 원오(圓悟) 선사라는 호를 받다.

만년에 소각사(昭覺寺)에 돌아가 소흥(紹興) 5년 73세로 입적하였는데 유게(遺偈)에 "이미 공이 없음을 뚫었는데 게송을 남길 필요 없네, 왜 오라지 인연에 응할 뿐이니 몸을 소중히 보중하라(已徹無功 不必留頌

聊爾應緣 珍重珍重)."하다.

12) 경산종고(徑山宗杲, 1089-1163): 법명은 종고(宗杲), 자는 대혜(大慧), 법
호는 호선(好善)이다. 열일곱에 출가하여 선주 명교(明敎) 선사에게서
깨쳤다. 조동종의 장로들을 많이 찾아다니다가 변경(卞京: 北宋의 서울
; 현재의 하남성 개봉[河南省 開封])의 천녕사(天寧寺)에서 원오선사(園梧禪
師)의 법을 받아 가지고 경산의 능인사(能仁寺)에서 크게 교화하였다.
그때 나라의 정사를 비판했다는 혐의로 귀향을 갔다가 17년 만에 석
방되었다. 75세로 입적하였다.

저술로는 『오법안세(五法眼歲)』6권, 『대혜어록(大慧語錄)』30권, 『법
어(法語)』3권, 『대혜보각선사보설(大慧普覺禪師普說)』5권, 『종문무고
(宗門武庫)』1권, 『서장(書狀)』2권 등이 있고, 법을 이은 제자가 90여
명이나 되었다. 교화한 가운데 특히 애쓴 것은 천동정각(天童正覺)이
주장한 묵조선(默照禪)을 격파하고 활구선(活句禪)을 강조한 것이다.

❷ 조동종(曹洞宗)

육조하방전　　　　　왈청원행사　　　　왈석두희천　　　　왈약산유엄
六祖下傍傳[1]이니　日靑原行思[2]　日石頭希遷[3]　日藥山惟儼[4]

왈운암담성　　　왈동산양개　　　왈조산탐장　　　왈운거도응 선사등
日雲巖曇晟[5]　日洞山良价[6]　日曹山耽章[7]　日雲居道膺[8]禪師等

이니라.

육조의 아래에서 곁갈래로 청원행사·석두희천·약산유엄·운
암담성·동산양개·조산탐장·운거도응 선사 등이니라.

1) 육조방전(六祖傍傳): 부처님 이후 삽삼조사(卅三祖師)가 대대로 전하여 오던 의발(衣鉢)을 육조가 폐지한 것은 불법을 대중화하기 위함이었다. 따라서 정통(正統)이니, 방전이니 하는 말이 있을 수 없다.

그러나 선종에 다섯 집이 벌어진 뒤에 임제종이 가장 흥왕하였으므로, 그 문도(門徒)들이 자기네 종파만을 내세우기 위하여 다른 종파를 방전(곁갈래)이라고 한 것이다. 더구나 청원행사(靑原行思)는 육조의 문하에서 법을 받기로 맨 처음이며, 나이로도 가장 높았고 그가 청원산으로 가기 전에는 상수(上首) 제자로 있었던 것이다. 그러므로 청원의 후예가 방전일 수 없다.

2) 청원행사(靑原行思, ?-740): 속성은 유(劉)씨. 길안부 노능현(吉安府 盧陵縣)에서 출생하였다. 어려서 출가하여 깨친바 있어 조계(曹溪)에 가서 육조의 인가를 받고 대중의 상수(上首)로 있었다.

그 후 고향인 길주(吉州) 청원산 정거사(靜居寺)에서 교화하였다. 육조 스님이 열반한 뒤에는 납자(衲子)들이 그곳에 많이 모였다. 당나라 현종 개원(玄宗 開元) 28년에 입적하였다.

3) 석두희천(石頭希遷, 700-790): 선사는 영남(領南)의 광동(光東) 고요현(高要縣) 사람이다. 속성은 진(陳)씨이며, 법명은 희천(希遷)이다. 석두 선사는 원래 육조 혜능(慧能) 선사의 문하에서 사미 시절을 보냈다. 혜능이 세상을 떠났을 때 석두는 겨우 14세였다. 개원(開元) 16년(728)에 구족계를 받은 후 청원행사(靑原行思) 선사의 법을 잇고 마침내 일대의 대선사가 되었다.

4) 약산유엄(藥山惟儼, 745-828): 당대 청원하(唐代 靑原下), 강주(絳州 ; 산서성) 사람. 성은 한(韓)씨, 석두희천(石頭希遷)의 제자. 17세에 조양(潮陽 ; 광동성) 서산(西山)의 혜조(慧照)에게 출가하여 대력(大曆, 8년 773) 29세에 수구(受具)하다.

후에 석두(石頭)에 참예하여 대오(大悟)하고 사법(嗣法)하다. 석두를 시봉하기 13년 뒤 예주(澧州;호남성) 작약산(芍藥山)에 주하다.

이때 낭주자사 이고(李翶)가 법문을 들으려 방문하여도 독경불고(讀經不顧)하거늘 이고가,

"얼굴 보는 것보다, 이름 듣는 것만 못하구나(見面不如聞名)."라 하였다.

때에 선사가 "태수(太守)는 어찌하여 귀는 귀하고, 눈은 천하다 하는가(何得貴耳賤目)." 하였다.

이고가 물었다. "무엇이 도입니까?(如何是道)"

선사가 손으로 위와 아래를 가리키며(以手指上下), "알겠는가?(會麽)"

"모르겠습니다(不會)."

선사가 말하기를, "구름은 푸른 하늘에 있고 물은 병에 있나니라(雲在靑天水在瓶)." 하니, 이에 기뻐하며 예를 하고 게를 지으니

수행을 익혀 모습은 학의 형상 같고
천 그루 소나무 아래 두 함의 경전이라.
내가 와서 도를 물은 남은 말이 없고
구름은 푸른 하늘에 있고 물은 병에 있다네.
(練得身形似鶴形 千株松下兩函經 我來問道無餘設 雲在靑天水在瓶)

이라 하였다.

태화(太和) 2년 84세로 시적(示寂)하다. 시호는 홍도대사(弘道大師). 제자에 운암담성(雲巖曇晟), 화정덕성(華亭德誠), 도오원지(道吾圓智), 이고(李翶) 등이 있다.

경론(經論)을 통하고 계율(戒律)을 엄수하며 일체를 모두 사량하지 말고(一切都莫思量) 일구(一句)를 오득함에 있다.

5) 운암담성(雲巖曇晟, 782-841):당나라 스님으로 강서성에서 태어나 16세에 출가하여 백장스님의 회상에서 20년 동안 시자로 지내다 그가 입

적한 후 약산스님에게 가서 크게 깨쳤다.

약산스님의 법을 이어 담주(潭州) 운암산(雲巖山)에서 가르침을 펴며 크게 선풍을 일으켰다. 그가 회창 1년 60세로 입적할 때 동산스님이 물었다.

"뒷날 누가 스님의 자취를 보자고 하면 어떻게 할까요?" 말없이 한참 고개를 숙이고 있던 운암스님이 말하기를,

"이 이치는 아주 자세히 생각해야 하네"라고 했다. 동산스님은 훗날 강을 건너다 운암스님의 참뜻을 깨치고 나서, 그때 법을 설파해주지 않았던 운암스님의 은혜에 크게 감격했다고 한다.

6) 동산양개(洞山良价, 807-869):속성은 유(俞)씨. 절강성 소흥부(紹興府) 회계(會稽)에서 났다. 어려서 출가하여『반야심경(般若心經)』을 배우다가 눈·귀·코가 없다(無眼耳鼻舌身意)는 뜻을 캐어물었더니, 그 은사가 대답하지 못하고 오예산(五洩山)의 영묵(靈墨)선사에게 인도하여 참선을 시작하게 되었다.

여러 스승을 찾아다니다가 운암에게 묻기를,

"혜충(慧忠) 국사의 말에 무정(無情:목숨 없는 것)이 설법한다 하였는데, 무정의 설법은 어떤 이가 듣습니까?"

"무정의 설법을 무정이 듣느니라."

"화상도 들으십니까?"

"내가 듣는다면, 너는 나의 설법을 듣지 못할 것이다." 하는 데서 깨친 바 있었고, 운암의 임종 법문에 대하여 물을 건너가다가 물에 비친 자기의 그림자를 보고 비로소 크게 깨쳐 운암의 참뜻을 알게 되었다. 그리고 게송을 짓기를,

절 기 종 타 멱　초 초 흥 아 소　아 금 독 자 왕　처 처 득 봉 거
切忌從他覓　迢迢與我疎　我今獨自往　處處得逢渠

거 금 정 시 아　아 금 불 시 거　응 수 임 마 회　방 득 계 여 여
渠今正是我　我今不是渠　應須恁麼會　方得契如如

아예 그를 따르지 말게, 더욱더욱 멀어가네.

내가 이제 홀로 가니, 간 곳마다 그를 보네.

그는 이제 바로 난데, 나는 지금 그 아닐세.

이와 같이 알고라야, 참 이치에 맞게 되리.

그 뒤에 강서성 여릉도(盧陵道) 고안현(高安縣)에 있는 동산의 보리원(普利院)에서 교화하여 법을 받은 제자가 스물여섯 분이 있었다. 그 가운데는 신라의 금장(金藏) 화상이 있었고, 동산의 제이세(第二世) 소산 광인(疎山匡仁)에게서 신라의 명조안(明照安)과 동진(洞眞)이 나왔다.

당나라 함통(咸通) 10년에 상당 설법하고 대중을 하직한 뒤 입적하였는데, 모두 통곡하므로 다시 깨어나서 이레 동안 설법하고 앉아서 갔다. 그때 나이 63세. 그를 종조(宗祖)로 삼는 조동종은 지금까지 중국과 일본에 융성하고 있다.

7) **조산탐장**(曹山耽章, 839-901): 법명은 본적(本寂)이며, 탐장은 자(字)라 하기도 하고, 이름이라 하기도 한다. 속성은 황(黃)씨. 복건성 복주부(福州府) 고전현(古田縣)에서 났다.

어려서 유학(儒學)에 정통하였고, 19세에 출가하여 깨친 바 있어 동산에 가서 그 법을 받고 무주(撫州)의 길수(吉水)에서 교화하였다.

조계의 육조를 사모하는 뜻으로 그 산 이름을 조산이라 고쳤고, 그 뒤 함통 8년 전후 도둑의 난을 만나 의황현(宜黃縣)의 하옥산(荷玉山)으로 옮겼다. 동산의 오위(五位) 법문은 그가 완성하여 총림의 표준을 만들고, 그 종지를 크게 떨쳤다.

그러나 그의 법계(法系)는 사대(四代)만에 끊어졌다. 당나라 소종(昭宗) 천복(天復) 1년에 63세로써 입적하였다. 저서로 『어록(語錄)』 1권이 있다.

8) **운거도응**(雲居道膺, ?-902): 속성 왕(王)씨. 하북성 진해도(津海道) 옥전현(玉田縣)에서 났다. 어려서 출가하여 계율을 숭상하였는데 하루는

탄식하기를,

"대장부가 어찌 구구하게 계율의 속박을 받고 있으랴!" 하고, 취미(翠微)의 회상에 가서 참선하였다. 남방에서 오는 이들이 동산의 법회를 매우 칭찬하므로 가서 얼마 안 되어 깨친바 있었다.

그리고 삼봉암(三峰庵)에서 혼자 있는데, 십여 일 동안 식당에 오지 않다가 하루는 방장실(方丈室)에 왔기에 물어보니, 천신(天神)이 늘 음식을 가져다준다고 하므로 동산이 이르기를, "바로 될 줄 알았더니 그런 소견을 가지고 있단 말이냐? 착한 것도 생각지 말고, 악한 것도 생각지 않을 때에 그 무엇인가?" 하는 데서 크게 깨치고는 삼봉암에 돌아가니 천신이 다시는 오지 않았다.

어떤 암주(庵主)에게 바지 한 벌을 보냈더니 "날 때에 어머니에게서 받은 것이 있노라."고 하며, 받지 않기에 묻기를, "나기 전에는 무엇을 입었던가?" 하였더니, 대답이 없었다.

그 뒤에 그 암주가 죽어서 사리(舍利, sarira)가 난 것을 가져왔기에 "나의 말 한 마디를 대답하지 못한 바에, 이까짓 것이 부처님같이 팔곡사두(八斛四斗)가 난들 무슨 소용이 있느냐?" 하였다.

그가 동산의 법을 이어 가지고 강서성 건창(建昌)의 운거산에서 교화한 지 30년 만에 입적하였다. 그의 제자 가운데는 신라의 운주(雲住)·경유(慶猷)·혜(慧)선사와 고려의 대경(大鏡)·진철(眞撤) 선사가 나왔으며, 뒷날 조동종의 법맥은 온전히 운거의 자손들뿐이다.

❸ 운문종(雲門宗)

馬祖傍傳[1]이니 日天王道悟[2] 日龍潭崇信[3] 日德山宣鑑[4] 日雪峰義存[5] 日雲門文偃 日雪竇重顯[6] 日天衣義懷[7]禪師等이니라.

마조의 곁갈래로 천왕도오·용담숭신·덕산선감·설봉의존·운문문언·설두중현·천의의회 선사 등이다.

| 주석(註釋) |

1) **마조방전**(馬祖傍傳): 부재(符載)가 지은 〈형주 성동 천왕사 도오선사 비문(荊州 城東 天王寺 道悟禪師 碑文)〉과 『송고승전(宋高僧傳)』에 모두 천왕 도오선사가 석두(石頭) 화상의 법을 이었고, 용담숭신(龍潭崇信)의 스승이라고 하였다.

그런데 천왕(天王) 도오가 마조의 제자이며, 용담의 스승이란 말을 처음 쓴 것은 임제종의 제7세 달관담영(達觀曇穎) 선사가 그 『오가종파(五家宗派)』에 구현소(丘玄素)가 썼다는 〈천왕 도오선사 비문〉을 인용하여 썼는데, 그것이 확실하다고 볼 수 없는 점이 많고, 그 뒤에 또 임제종의 각범 혜홍(覺範 慧洪)이 장상영 거사(長商英 居士)와 달관선사가 만나서 이견(異見)이 일치되었다고 하였는데, 장상영은 달관보다 백 년 뒤의 사람이다. 이것이 모두 임제종 문도들의 편견이란 말이 그럴듯한 것이다.

청(淸)나라 백암 도인(白岩 道人) 정부(情符) 선사가 지은 『법문서구(法問鋤究)』에 자세히 밝혀 놓았다. 따라서 운문종과 법안종은 마조의 갈래가 아니고 석두의 후예이다.

2) **천왕도오**(天王道悟, 784-807): 속성은 장(張)씨. 절강성 금화부(金華府) 동
양현(東陽縣)에서 났다. 14세 때에 출가하려 했으나 부모가 허락하지
않으므로 하루에 한 개씩 먹어서 몸이 극도로 여위어졌으므로 할 수
없이 허락하였다고 한다.

후에 항주(杭州) 경산(經山)의 굴일 도흠(道欽) 선사의 회상에 가서 다섯
해를 있는 동안 깨치고 나서 여요(餘姚)의 대매산(大梅山)에 4년 동안
숨어 있었다. 종릉에 가서 마조의 회상에서 2년 동안 있다가, 34살에
남악의 석두(石頭)에게 가서 비로소 크게 깨치고, 십 년 동안 있으면서
그의 법을 이었다.

석두가 입적하여 그 탑을 쌓은 뒤에 떠나서 여러 곳에 머물다가 나중
에 형주(荊州) 성동(城東) 천왕사(天王寺)의 옛터에 가서 절을 크게 중창
하였다. 그는 키가 칠 척이나 되고 풍신이 거룩하였으며, 존·비·
귀·천 없이 앉아서 대하였다.

당나라 헌종(憲宗) 원화(元和) 2년 4원에 얼마 동안 앓더니, 원주(院主)
를 불러서 큰소리로 묻기를, "아느냐?", "모르겠습니다" 하매, 목침을
땅바닥에 내던지고 입적하니, 그때 나이 60이었다.

3) **용담숭신**(龍潭崇信, 생몰미상): 속성은 알 수 없음. 어릴 때에 그의 부모
가 천왕사 곁에서 떡 장사를 하고 있었는데, 도오 화상이 그 절에 오
게 되자 그의 집에서 날마다 떡 열 개씩을 보내 드렸다. 화상은 날마
다 그중에서 한 개씩 남겨서 그에게 먹으라고 주었다.

그는 생각하기를, 내가 가져오는 떡을 나에게 도로 주는 것이 무슨 일
일까? 하고 그 뜻을 물었더니 대답하기를, "네가 가져온 것을 다시 너
에게 돌리는 것이 무슨 허물이냐?" 하는 데서 알아차린 바가 있어 출
가하였다.

얼마 지난 뒤에 하루는 화상에게 여쭙기를, "제가 스님을 모신 지 오
래 되었으나 마음공부의 요긴한 곳을 가르쳐주시지 않으므로 속이 탈

뿐입니다."고 애원하였더니 대답하기를, "내가 너에게 가르치지 않은 때가 없었는데 그 무슨 말이냐? 네가 밥이나 차를 가져오면 내가 너를 위하여 받았고, 네가 절하면 너를 위하여 머리를 숙이지 않더냐?" 하매, 그는 무엇을 생각하고 있었다. 화상이 다시 "깨치는 것은 말끝에 곧 깨치는 것이지, 생각하여 알려고 하면 틀어진다." 하는 데서 곧 깨치고 묻기를, "어떻게 지켜 가오리까?" 화상이 이르기를, "성품에 맡기어 소요하고, 연을 따라 놓아 비울지니라. 다만 범부의 분별심을 다할지언정 달리 성현의 견해가 없느니라(任性逍遙 隨緣放曠 但盡凡心 別無聖解)."라고 하는 데서 대장부의 큰일을 마치었다.

4) 덕산선감(德山宣鑑, 780-865): 속성은 주(周)씨. 호북성 시남부(施南府) 이천현(利川縣)에서 났다. 어려서 출가하여 계율을 숭상하고 모든 경에 밝았으나, 특히 『금강경』을 늘 강설하므로 '주금강(周金剛)'이라고 부르게 되었다.

하루는 도반들에게 말하기를, "보살이 육도만행(六度萬行)을 무량겁으로 닦아야 성불한다고 하였는데, 이제 남방의 외도들은 바로 마음을 가리켜서 단박 성불하게 한다(直指人心 見性成佛) 하니, 내가 그들을 소탕하여 버리겠다." 하고 떠나갔다.

중도에서 떡집에 들어가서 점심(點心)을 청하자, 떡을 파는 노파가 묻기를, "보따리에 싼 것이 무엇인가요?", "『금강경소(金剛經疏)』요." 묻기를, "『금강경』에 '지나간 마음도 얻어볼 수 없고, 현재의 마음도 찾아 볼 수 없고, 미래의 마음도 얻어볼 수 없다.' 고 하였는데, 스님은 점심하신다 하니, 어떤 마음에 점심하시겠습니까?" 하는데, 대답을 못하였다.

노파의 지시로 숭신 화상을 찾아 용담(龍潭)에 갔다. 용담사 법당에 들어가 그는 "용담의 소문을 들은 지 오래됐는데, 와서 보니 용도 없고 못도 안 보이는군!" 하매, 숭신은 "자네가 참으로 용담에 왔네." 하는

데서 또 말이 막혔다.

그곳에 머무는데, 방장(方丈)에 가서 늦도록 있다가 자기 처소로 가려 하니 바깥이 캄캄하였다. 도로 들어갔더니 용담이 초에 불을 켜서 덕산에게 내밀었다. 덕산이 받으려 할 때에 그 불을 훅 불어 꺼버렸다. 그 바람에 덕산은 크게 깨치고 절하였다.

"자네 무엇을 보았기에 절하는가?", "이제부터 다시는 천하 노하상들의 말씀을 의심하지 않겠습니다." 이리하여 용담의 법을 받고, 그 이튿날 『금강경소』를 불사르고 곧 떠났다.

당나라 무종(武宗) 때에 일어난 불법사태(불교를 파괴하라는 법령)를 독부산 석실(獨浮山 石室)에서 겪은 뒤에 낭주(朗州) 덕산에서 크게 교화하였다.

그 밖에도 여러 곳에 있었는데, 있는 곳마다 불전(佛殿)을 폐지하고 설법하는 법당만 두었고, 학자들 다루는 데 방망이를 많이 썼다.

의종(毅宗) 함통(咸通) 6년에 86세로써 입적하였다. 그의 삼세 백조지원(白兆志圓)에게서 신라의 혜운(惠雲) 선사가 나왔다.

5) **설봉의존**(雪峰義存, 822-908): 속성은 증(曾)씨. 복건성 천주부 남안현에서 여러 대로 불법을 진실하게 믿어오는 집에서 났다. 나면서부터 종소리를 듣거나 불전에서 쓰는 물건을 보게 되면, 곧 즐거워하는 표정이 나타났고 파, 마늘 냄새를 꺼리었다. 12살에 아버지를 따라 옥간사(玉澗寺)에 갔다가 그 길로 집에 오지 않고 중이 되었다.

참선을 시작한 뒤에 먼저 염관(鹽官)에 갔고, 투자(投子)에 세 번, 동산에 아홉 번 갔으나 얻은 바가 넉넉지 못하였는데, 덕산에게 법을 묻다가 한 방망이 맞고서 깨쳤으나 아직 훤칠하지 못하다가 그 사형 암두(巖頭)가 크게 꾸짖는 데서 비로소 크게 깨쳤다.

뒤에 복주(福州)의 상골산(象骨山)에 들어가서 그 이름을 설봉산으로 고치고 사십 년 가까이 교화하니, 모인 대중이 어느 때나 1,500명을 넘었고, 법을 이은 제가가 56인이 있었다.

그중에는 신라의 대무위(大無爲) 선사와 고려의 현눌(玄訥)과 영조(靈照) 선사가 있었고, 그 제자 장경 혜릉(長慶 慧綾)에게서 신라의 구산(龜山) 화상이 나왔다. 후량(後梁) 태조(太祖) 2년에 87세로 입적하였다.

6) **설두중현**(雪竇重顯, 980-1052) : 속성은 이(李)씨. 사천성 동천부(潼川府) 수녕현(遂寧縣)에서 났다. 스무 살에 부모상을 당하고, 곧 출가하여 수주 북탑(隨州 北塔)에 가서 지문 광조(智門 光祚 ; 운문 문언선사의 제자인 향림 징원(香林 澄遠)의 제자) 선사를 찾아가서 "한 생각도 일으키지 않더라도 허물이 크다고 함이 어떤 까닭입니까?" 하고 물었더니, 선사가 그를 가까이 오라고 하여 한번 때려 주었다. 그가 무슨 말을 하려고 하는 것을, 또다시 그 입을 때렸더니 그 바람에 크게 깨쳤다.

5년 동안 모시고 있으면서 그 법을 받은 뒤에 소주(蘇州) 취봉사(翠峰寺)에 있다가 나중에 설두산 자성사(資聖寺)로 옮겼다. 출세한 지 31년 만에 제자들에게 입적할 것을 선언하자, 한 제자가 유게(遺偈)를 원하였더니 "내가 평생에 너무 말을 많이 한 것이 걱정이다"라 하였다.

그 이튿날 행장을 모두 대중에게 나누어 주고, 그날 밤으로 목욕하고 입적하였다. 때는 송나라 인종 4년이고, 나이는 73이며, 그의 법을 받은 제가가 승·속을 합하여 150명이 있었다.

저술로는 『명각선사어록(明覺禪師語錄)』 6권, 『폭천집(瀑泉集)』, 『조영집(祖英集)』, 『동정어록(洞庭語綠)』, 『설두개당록(雪竇開堂綠)』, 『염고집(拈古集)』, 『설두후록(雪竇後綠)』, 『설두습유(雪竇拾遺)』 같은 것들이 있다.

7) **천의의회**(天衣義懷, 989-1060) : 속성은 진(陳)씨. 절강성 온주부(溫州府) 낙청현(樂淸縣) 어업가(漁業家)에서 났다. 어려서 아버지의 배를 타고 다니면서 산 고기는 강물에 넣어주니 그 아버지가 꾸짖고 때려도 늘 한 모양이었다.

출가한 뒤에 여러 선지식 회상으로 다니다가 취봉(翠峰)에 가서 중현 선사를 모시고 물을 긷고 나무를 하며, 온갖 고생을 다하면서 조금도 게을리 지내지 않았다.

한때는 선사가 이르기를, "이렇다고 할 수 없고 저렇다고도 할 수 없고, 이렇다저렇다 아니라고도 할 수 없다."라고 하시니, 그가 무슨 말을 하려고 할 때에 한바탕 때려서 내쫓았다.

이와 같이 네 번이나 쫓겨나더니, 어느 날 물을 긷다가 물지게가 부러지면서 크게 깨쳤다. 그 법을 받고 출세한 뒤에 법회를 다섯 군데 옮겼는데, 가는 곳마다 황폐된 절을 크게 이룩하였고 월주(越州)의 천의산(天衣山)에 많이 있었는데, 그의 법을 받은 제가가 팔십여 명이 되었다. 송나라 인종(仁宗) 가우(嘉祐) 5년에 72세로 입적하였다.

❹ 위앙종(潙仰宗)

百丈傍傳이니 日潙山靈祐 日仰山慧寂 日香嚴智閑¹⁾ 日南塔光湧²⁾ 日芭蕉慧淸³⁾ 日霍山景通⁴⁾ 日無着文喜⁵⁾禪師等이니라.

백장의 곁갈래로 위산영우·앙산혜적·향엄지한·남탑광용·파초혜청·곽산경통·무착문희 선사 등이다.

| 주석(註釋) |

1) 향엄지한(香嚴智閑): 청주(靑州)에서 났는데, 키가 7척이 되고 총명과 재

주가 비상하여 향당에서 관리되기를 권하였으나 마다하고 출가하였다.

위산(潙山)의 회상에 있었는데, 위산이 법기(法器)인 줄 알고 이르기를, "평생에 듣고 본 것을 떠나서, 네가 세상에 나오기 전 너의 본래 면목에 대하여 한 마디 말하여 보라." 하는데, 이리 생각하고 저리 따져서 몇 마디 대답하여 보았으나 모두 아니라고만 하는 것이다.

자기 방에 가서 가지고 다니던 여러 가지 책들을 내어 놓고 아무리 찾아보았으나, 듣고 본 것을 여의고는 말할 수가 없으므로 탄식하기를, "그림의 떡으로는 배를 불릴 수 없다" 하고, 다시 위산에게 가르쳐 주기를 원하였으나 "내가 말하는 것은 나의 소견이지, 너에게 무슨 소용이 있겠느냐?" 하기에 모든 서적을 다 불살라 버리고, 다시는 불법도 배우려 할 것 없이 되는 대로 지내기로 하고, 울면서 위산을 하직하여 남양(南陽)에 가서 혜충(慧忠)국사의 유적을 보고 거기에 있었다.

하루는 그 산중에서 큰 역사가 있어서 그도 같이 일하는데, 돌멩이를 주워 던진 것이 대숲에 맞아서 "딱" 하는 소리를 듣고 크게 깨치고 나서 목욕하고 향을 사르고 멀리 위산을 바라보면서 절하고 게송을 지었다.

"한 번 침에 아는 바를 잊었으니, 다시 닦고 다스림을 빌리지 않으리…(一擊忘所知 更不假修治…)." 그리고는 곧 위산에 가서 법을 받고는 등주(鄧州)의 향엄사에서 교화하였다. 그가 지은 게송이 이백여 수가 남아 있다.

2) **남탑광용**(南塔光湧): 풍성(豊城) 장(章)씨 집에서 났는데, 그가 날 때에 이상한 광명이 그 산실(産室)에서 넘쳐 나오므로 마구간에 있던 말이 놀라게까지 되었다. 그래서 '광용(光湧)'이라 이름 지으니 광명이 쏟아져 나온다는 뜻이다. 앙산에 가서 머리 깎고, 얼마 안 가서 깨쳐 그 법을 받고 남탑에서 교화하였다.

3) **파초혜청**(芭蕉慧淸): 신라(新羅)에서 나서 당나라에 들어가 18세에 남탑에 가서 광용선사가 상당 설법하는 것을 듣고 그 자리에서 깨쳐 그대로 5년 동안 그곳에 있다가 그의 법을 이어 가지고 파초산에서 교화하였다.

4) **곽산경통**(霍山景通): 앙산에게 등나무 주장자로 네 번 맞고 나서 "집운봉하사등조 천하대선불(集雲峰下四藤條 天下大禪佛)이로라." 하고 다녔다. 앙산의 법을 받고 곽산에서 교화하였다. 세상 떠날 때에 들 가운데 나무를 많이 쌓아 놓고는 신도들 집에 가서 어디 간다고 하직하고 와서 제 손으로 불을 붙이고 불속에 서서 마치었다. 이를 자화장(自火葬)이라 한다.

5) **무착문희**(無着文喜, 820-899): 가화(嘉禾)땅 주(朱)씨 집에서 나서 일곱 살에 출가하였다. 처음엔 계율을 숭상하였고, 그때 서울의 운화사(雲華社)에 가서 징관(澄觀)법사에게서 화엄(華嚴)의 교리를 배웠고, 그 다음으로 문수보살을 친견하러 오대산(五台山)에 들어갔는데, 보살의 화현(化現)이 여러 번 있었으나 알아보지 못하였다.

선지(禪旨)가 밝은 뒤에 죽 솥에서 보살이 나타나므로 "문수는 문수요, 무착은 무착이다. 무슨 상관 있느냐!" 하고 죽을 젓던 주걱으로 때려 주었다. 홍주(洪州) 관음원에서 앙산의 말 한 마디에 크게 깨치고 그의 법을 이었다.

당나라 소종(昭宗) 광화(光化) 2년에 84세로써 입적하였다. 무착이란 것은 나라에서 지어 드린 법호다.

❺ 법안종(法眼宗)

雪峰傍傳이니 曰玄沙師備[1] 曰地藏桂琛[2] 曰法眼文益[3] 曰天台德韶[4] 曰永明延壽 曰龍濟紹修[5] 曰南臺守安[6]禪師等이니라.

설봉의 곁갈래로 현사사비 · 지장계침 · 법안문익 · 천태덕소 · 영명연수 · 용제소수 · 남대수안 선사 등이다.

| 주석(註釋) |

1) 현사사비(玄沙師備, 835-908):속성은 사(謝)씨. 복건성 복주부(福州府) 민현(閩縣)에서 났다. 젊어서는 낚시질을 좋아하였는데, 30세에 출가하여 공부하는 길을 얻어 가지고는 고향에 돌아가서 음식을 겨우 목숨이 붙어 있을 만큼 먹어 가면서 바위 밑과 산꼭대기에서 늘 좌선(坐禪)하였다.

설봉화상이 그에게 선지식을 찾아보라고 권하였으나, 듣지 않고 혼자 공부하여 깨친바 있었고, 또 『능엄경(楞嚴經)』을 보다가 크게 깨쳤다. 설봉의 법을 이어 가지고 매계장(梅鷄場) 보응원(普應院)에서 교화하다가 얼마 안 가서 복주의 현사원에 옮기었다.

후량(後梁) 태조(太祖) 개평(開平) 2년에 74세로써 입적하였다. 그의 저술은 『현사어록(玄沙語錄)』 3권, 『현사광록(玄沙廣錄)』 3권이 있고, 그의 제자 천룡중기(天龍重機)에게서 고려의 설악영광(雪岳令光) 선사가 나왔다.

2) 지장계침(地藏桂琛, 867-928):속성은 이(李). 절강성 구주부(衢州府) 상산현(常山縣)에서 났다. 어려서부터 채식으로 하루 한 끼씩만 먹으며 늘

무엇을 생각하고 있었고, 그 말하는 것도 여느 아이들과 다른 바가 있었다.

스무 살에 마침내 출가하여 계율을 숭상하였는데, 몸을 구속하는 것이 해탈하는 길이 아니라 하고, 참선을 시작하여 설봉에 갔으나 얻은 바가 없었다.

현사의 사비 회상에 가서 곧 깨치고, 그 법을 받아 민성(閩城)의 지장원에 있은 지 열여덟 해 만에 장주(漳州)의 나한원(羅漢院)에 옮기어서 더욱 떨치었다. 그러므로 나한선사(羅漢禪師)라고도 한다. 그는 늘 논농사를 하여 친히 일하였다. 그가 모를 심을 때의 법문이 유명하다.

3) **법안문익**(法眼文益, 885-958): 속성은 노(魯)씨. 절강성 항주부(杭州府) 여항현(餘杭縣)에서 났다. 일곱 살에 출가하여 계율을 숭상하는 한편, 유교의 글을 공부하여 글(詩) 짓기에 능하였다.

복주에 가서 장경혜릉(長慶慧稜) 선사를 모셨으나 얻은 바가 없어서 호남(湖南)쪽으로 가려다가 비를 피하여 지장원에 들어갔더니, 계침 화상이 여러 가지로 묻는 바가 있었으나 등한히 생각하고 비가 멎자 다시 나오려 하였다.

화상이 뜰에 있는 돌 한 개를 가리키면서 묻기를, "삼계(三界)가 오직 마음이라 하니, 이 돌이 마음속에 있는가? 마음 밖에 있는가?", "마음 안에 있지요.", "행각(行脚)하는 사람이 가슴속에 돌멩이를 넣어 가지고 어떻게 다닌단 말인가?" 하는데, 대답하지 못하고 비로소 행장을 내려놓고 달포나 있으면서 여러 가지로 자기의 소견을 말하여 보았으나 지장은 언제나 "불법은 그런 것이 아니다."고만 말하는 것이었다. 그제야 "인제는 제가 할 말을 다하여 버리고 이치도 끊어졌습니다." 하므로, 지장은 "만약 불법을 말하려면 온갖 것이 다 제대로 이루어졌느니라." 하는 데서 크게 깨쳤다.

그의 법을 받아 가지고 임천(臨川)의 숭수원(崇壽院)과 금릉(金陵)의 보은선원(報恩禪院)과 청량사(清凉寺) 같은 여러 곳에서 크게 교화하여 그 법을 이은 제자가 63분이나 되었는데, 그 가운데는 고려의 도봉혜거(道峰慧炬) 국사와 영감(靈鑑) 선사가 있었다. 후주(後周)의 현덕(顯德) 5년에 74세로써 입적하였다. 시호(諡號)를 대법인(大法眼)이라 하였다.

4) 천태덕소(天台德韶, 891-972): 속성은 진(陳)씨. 절강성 처주부(處州府) 진운현(縉雲縣)에서 났다. 15세에 출가하고, 18세에 비구계를 받고는 투자(投子), 용아(龍牙), 소산(疎山) 같은 54분 선지식을 찾아다녔으나 얻은 바가 없었고, 임천(臨川)의 법안화상의 회상에 갔으나 법문을 문답하는 데 싫증이 나서 다만 대중을 따라다녔다.

하루는 화상의 상당 설법에 어떤 스님이 묻기를, "어떤 것이 조계 근원의 한 방울 물입니까?(曹溪一滴水)" 하는 데서 한쪽 구석에 앉아 듣고 있던 그가 크게 깨치고 법안의 법을 이었다.

그 뒤에 천태산에 올라가서 지자(智者)대사의 유적이 모두 황폐한 것을 다시 이룩한 것이 수십 개소가 되었고, 고려의 충의왕(忠懿王)에게 사람을 보내어 천태종의 서적을 빌어다가 다시 중국에 펼치기도 했었다. 957년에 후한(後漢) 은제(隱帝)의 국사가 되었고, 송나라 태조(太祖) 개보(開寶) 5년에 보문희변(普門希辯)에게서 고려의 혜홍(慧洪) 선사가 나왔다.

5) 용제소수(龍濟紹修, 생몰미상): 그가 남방으로부터 지장 계침(地藏 桂琛) 화상을 찾아갔더니 묻기를, "남방이 불법이 어떻던가? 우리가 여기에서 농사 지어 주먹밥 먹는 것과 어떻던가?", "그러나 삼계를 못 벗어나지 않았습니까?", "자네가 무엇을 가지고 삼계라 하는가?" 하는 데서 깨쳤다.

그 뒤에 법안과 같이 동행하여 어디로 가다가 도중에서 법안의 묻는 말에 의심이 생겨, 다시 지장에 가서 물어 비로소 훤칠하게 깨치고, 지장의 법을 이어 가지고 무주(撫州)의 용제산에서 교화하였다.

6)남대수안(南臺守安, 생몰미상): 지장 계침의 법을 이어 가지고 처음에 강
  주(江州)의 오공원(悟空院)에 있다가 나중에 형악(衡岳)의 남대사(南臺寺)
  에 있었다.

  다음의 게송이 전한다.

  南臺靜坐一鑪香　終日凝然萬慮亡

  不是息心除妄想　都緣無事可思量

  "남대의 고요히 향로가에 앉아서
  종일 집중해도 만 가지 생각 없네.
  마음 쉬거나 망상을 제거하지 않고
  모든 인연 가히 생각할 게 없어라."

(2) 오종(五宗)의 가풍(家風)

❶ 임제가풍(臨濟家風)[1]

赤手單刀[2]로 殺佛殺祖[3]로다. 辨古今於玄要하고 驗龍蛇[4]於主

賓이라. 操金剛寶劍[5]하야 掃除竹木精靈[6]하고 奮獅子全威[7]하야

震裂狐狸心膽이로다. 要識臨濟宗麼아? 靑天轟霹靂이요 平地起

波濤로다.

맨손에 단칼 들고 부처도 죽이고 조사도 죽임이로다. 예와 이제
를 삼현삼요로 분별하고, 용과 뱀을 빈주로 증험함이라. 금강의 보검
을 잡아 도깨비를 쓸어 제거하고 사자의 위엄을 떨쳐 여우와 너구리
의 심담을 울려 찢음이로다. 임제종을 알고자 하는가? 푸른 하늘에
벼락이 치고 평지에 파도가 일어남이로다.

| 주석(註釋) |

1) **임제가풍**(臨濟家風): ① 대기대용(大機大用)을 밝혔다. 임제의 가풍은 촉
목시도(觸目是道), 평상심시도(平常心是道), 체용일여(體用一如) 등의 말
이나 사할팔봉(思喝八棒), 사빈주(四賓主), 사료간(四料揀), 사조용(四照
用), 삼현삼요(三玄三要)에 그 종지가 잘 드러나 있다.
②가풍(家風): 종풍(宗風) 또는 문풍(門風)이라는 뜻이다. ㉮선림(禪林)
에서는 행위규범, 청규. 선종에서 가르침을 나타낼 경우 각자가 갖는
독자적인 방식, 또는 지도 방법을 말한다. ㉯그 종파에서만 사용하는
전통적인 가르침의 방식이다.

2) **적수단도**(赤手單刀): 맨손에 달랑 칼 한 자루. 다른 무기는 가진 것 없
이 오직 칼 하나를 가지고 모든 것을 해결해야 한다는 뜻이다.

3) **살불살조**(殺佛殺祖): 봉불살불 봉조살조(逢佛殺佛 逢祖殺祖)의 준말. 부처
를 만나면 부처를 죽이고, 조사를 만나면 조사를 죽이라는 뜻이다. 공
부하는 사람이 부처와 조사를 수행상의 한 지표로 정하여 의식하면서
도 거기에 집착하지 말라는 말. 불조를 초월한 경지를 이르는 말이다.

4) **용사**(龍蛇): 현우(賢愚), 이둔(利鈍). 용은 성인, 뱀은 범부를 상징한다.
용은 뛰어난 사람, 뱀은 저열한 사람을 이른다.

5) **금강보검**(金剛寶劍): '금강같이 단단하고 날카로운 칼' 또는 '금강신장

이 잡고 있는 칼' 또는 '반야의 지혜' 이 칼은 능히 '악마를 쳐버리기 때문이다' 라는 해석도 있지만 실제로 금강보검의 유래가 있다. 『의초입첩(義楚立帖)』에 '검호금강(劍號金剛)' 이라 하였고, 『삼매정의경(三昧定意經)』에는 '금강검을 가지고 금강산에 들어가면 그 자취를 볼 수 없다(持金剛劍 入金剛山 不見其跡).' 라 한 바 세상에서는 볼 수 없는 보검이라는 뜻이다.

6) 죽목정령(竹木精靈): 대나무와 나무의 도깨비. 범부의 정식(情識). 귀신.

7) 사자전위(獅子全威): 사자의 위엄. 『열반경(涅槃經)』에 사자가 큰 코끼리를 잡을 때에도 있는 전력을 다하고, 토끼를 잡을 때에도 힘을 다하듯이 부처님이 설법하는 데 보살을 위해서나, 어리석은 중생을 위해서나 꼭 같이 최선을 다한다고 하였다.

| 해의(解義) |

임제종의 가풍을 한 마디로 말하자면, 곧 '대기(大機)와 대용(大用)' 이다.

이 대기대용이 임제 선사가 출가해서 공부를 한 자취에서 잘 나타나 있다.

임제 스님은 20세에 황벽 선사의 문하에 들어가 참선수행을 하고 있었다. 그때 황벽 선사의 수제자는 목주도명(睦州道明)이었다. 그런데 어느 날 원주소임을 맡고 있던 목주 스님이 그를 불렀다.

"자네는 여기에 온 지 얼마나 됐는가?"

"3년 됩니다."

"방장 스님을 친견한 적이 있는가?"

“없습니다.”

“왜 친견하지 않는가?”

“무엇을 여쭈어 보아야 할지 모르기 때문입니다.”

그러자 목주 스님은 임제 스님에게, 방장 스님을 친견해서 “불교의 참뜻은 무엇인가?(如何是佛法大義)”라고 여쭈어 보라고 일러주었다.

임제 스님은 곧바로 황벽 선사에게 가서 목주 스님이 일러준 대로 질문을 했다.

“어떤 것이 불교의 참뜻입니까?”

그러나 그의 질문이 채 끝나기도 전에 황벽 선사는 그를 두들겨 패는 것이었다. 임제 스님이 황벽 선사로부터 물러나온 것을 보고, 목주 스님이 방장 스님과의 면담 결과에 대해서 물었다. 임제 스님은 억울한 듯이 말했다.

“스님이 말한 대로 방장 스님께 여쭈었더니, 내 말이 채 끝나기도 전에 무조건 저를 두들겨 패기만 하셨습니다.”

목주 스님은 임제 스님에게 용기를 잃지 말고 다시 방장 스님께 찾아가서 앞의 질문을 재차 여쭈어 보라고 타일렀다.

이렇게 해서 임제 스님은 황벽 선사에게 세 번을 거듭 찾아갔으나 갈 때마다 얻어맞았으며, 임제 스님이 아무것도 깨닫지 못했다. 마침내 임제는 다른 스승을 찾아 떠나는 것이 좋겠다는 생각을 목주 스님에게 이야기했다.

목주 스님은 “그러나 떠나기 전에 방장 스님에게 인사는 하고 가라.”고 권했다.

그래서 임제 스님은 황벽 선사에게 하직인사를 하러 가니, 황벽 선사는 임제에게 "대우 스님을 찾아가 보거라"고 말했다. 그래서 임제 스님은 대우 선사를 찾아갔다. 대우 선사는 임제 스님에게 물었다.

"어디서 왔는가?"

"황벽 스님의 문하에서 왔습니다."

"황벽 스님은 자네에게 무엇을 가르쳐주던가?"

"저는 황벽 스님을 세 번이나 면담하면서 '불교의 참뜻이 무엇입니까?' 하고 물었는데, 황벽 스님은 아무런 가르침은 주시지 않고 무턱대고 저를 두들겨 패기만 하셨습니다. 제가 그때 무슨 잘못을 저질렀는지 부디 가르쳐주십시오."

대우 선사가 말했다.

"황벽 스님이 자네를 위하여 그토록 간절한 가르침을 베풀어주었는데도, 자네는 그때 자네가 무슨 잘못을 범했는지에 대해서만 알고 싶어하는구나."

이렇게 대우 선사로부터 호된 꾸지람을 들은 임제 스님은 비로소 황벽 선사가 자신에게 보여주었던 거친 행동의 진정한 의미를 분명히 깨닫게 되었다.

임제 스님은 말했다.

"황벽 스님의 가르침이 별게 아니었구나!"

그러자 대우 선사는 갑자기 임제 스님의 멱살을 잡고 말했다.

"조금 전에는 네 입으로 도대체 알지 못하겠다고 해놓고, 지금 와서는 황벽 스님의 가르침이 별게 아니다 하고 하니, 네가 대체 무엇을 보았는지를 빨리 말해라! 빨리 말해!"

그러자 임제 스님은 한 마디 말도 하지 않고, 주먹으로 대우 선사의 옆구리를 서너 번 쥐어박았다. 그러자 대우 선사는 임제의 멱살을 풀어 주면서 이렇게 말했다.

"너의 스승은 황벽이다. 나는 너의 일과 아무런 상관이 없다."

임제 스님은 다시 황벽 선사에게 돌아왔다. 황벽 선사가 그에게 물었다.

"어찌된 일로 이렇게 빨리 돌아왔는가?"

"스님의 바다와 같은 자비 때문입니다."

이 말을 듣고 황벽 선사가 말했다.

"대우 늙은이가 말을 많이 한 것 같으니, 다음에 그를 만나면 한 방망이 먹여야겠구나?"

"기다리실 것도 없이 지금 치시면 됩니다."

이렇게 말하고 나서 임제 스님은 황벽 선사의 한 손바닥을 세게 쳤다. 노 선사는 껄껄거리며 크게 웃었다.

임제 선사는 세 번의 두들겨 맞음을 당했다. 황벽 선사가 불법에 대하여 자상히 일러 주어야 하는데 과정을 생략해 버렸다. 처음부터 개구말언(開口末言)으로 접한 게 아니라 이신선교(以身先教)를 하였고, 타인미접(他人未接)을 월기자접(越機自接)하게 하였다.

그래서 황벽의 '방(棒)'을 맞고, 임제의 '할(喝)'이 성립되었다고 보아도 된다. 무슨 언어가 필요하며, 행위가 필요하며, 서훈(書訓)이 필요하며, 예시(豫示)가 필요하겠는가? 방이나 할에서 개오(開悟)하면 그만이지 여타는 생각한다거나 본다거나 맛을 음미할 필요가 없다.

그리고 임제 스님은 "황벽 스님의 가르침이 별게 아니었구나!"라 하였다. 불교란 절대 어려운 것이 아니라 간단명료하다. 한마음 트이고, 한 이치 열리면 된다. 열리고 트인 자의 안목은 불교를 우주의 법으로 알고 일상의 행위로 알아서 위를 보고 아래를 밟아가며 살아간다.

우리가 글씨를 쓰는데 체본(體本)을 보고 쓴다. 당대(唐代) 서예가인 안진경(顔眞卿)의 글씨본을 보고 쓴 사람은 안진경처럼 쓰고, 한석봉(韓石峯)의 글씨본을 보고 쓴 사람은 한석봉처럼 글씨를 쓴다.

그 스승에 그 제자인 것처럼 황벽 선사의 가르침이 간단하면서도 명료하기 때문에 그 스승을 따라서 방과 할을 자유로 구사하여 후학들의 우안(愚眼)을 혜안(慧眼)으로 변모시켜 주었다.

『인천안목(人天眼目)』의 「임제문정(臨濟門庭)」에 실려 있는 글이 있다.

"임제종이란, 대기와 대용으로 우리를 벗어나고 상투적인 데서 나와 범처럼 뛰며 용처럼 달리고, 별이 가듯 번개가 쳐서 천관을 굴리고 지축을 돌리는 것이라. 하늘의 기운을 찌르는 듯한 의기이요, 격 밖에 솜씨를 쓰며, 거두고 펴고, 잡고 놓아줌과 죽이고 살리기를 자재함이라 ……임제의 종풍을 알고자 하는가? 맑은 하늘에 벽력이 치고 육지에 파도가 일어남이로다(臨濟宗者, 大機大用, 脫羅籠, 出窠臼, 虎驟龍奔, 星馳電激. 轉天關, 斡地軸. 負衝天意氣, 用格外提持, 卷舒縱擒, 殺活自在……要識臨濟麼? 靑天轟霹靂, 陸地起波濤.)."

| 음여일송(吟余一頌) | 나도 한 송 읊조리니,

방 격 건 곤 열
棒 擊 乾 坤 裂 몽둥이로 침에 하늘땅이 찢어지고

할 성 우 주 간
喝 聲 宇 宙 刊 할 소리에 우주가 짜개지누나.

대 기 겸 대 용
大 機 兼 大 用 대기와 아울러 대용에

불 조 출 장 간
佛 祖 出 戕 肝 부처와 조사가 죽어서 간이 나오네.

방과 할이 무섭다. 하늘도, 땅도, 우주도, 만물도 그 앞에 서면 쪼개지고, 무너지고, 찢어지고, 사라진다. 부처나 조사도 맥을 못추고 납작하게 엎드릴 수밖에 없다. 그렇지 않으면 당장 죽임을 당한다. 이것이 살인검(殺人劍)이다. 그러나 이렇게 무서운 방과 할을 잘 쓰면 중생이 바로 부처로 바뀌고, 범부가 바로 성인으로 전환하게 되니 이것이 활인검(活人劍)이다. 그러므로 살활자재(殺活自在)의 권능이 바로 할과 방에 있다.

❷ 조동가풍(曹洞家風)

권 개 오 위　　　선 접 삼 근　　　횡 추 보 검　　　참 제 견 주 림
權開五位[1]하야　善接三根[2]하며　橫抽寶劍하야　斬諸見稠林[3]하

묘 협 홍 통　　　절 만 기 천 착　　　위 음 나 반　　　만 목 연 광
며　妙協弘通하야　截萬機穿鑿이로다.　威音那畔[4]에　滿目煙光이

공 겁　이 전　　일 호 풍 월　　　요 식 조 동 종 마　　불 조 미 생
요,　空劫[5]已前에　一壺風月[6]이로다.　要識曹洞宗麼아?　佛祖未生

공 겁 외　　정 편　불 락 유 무 기
空劫外에　正偏[7]不落有無機로다.

권도로 오위를 열어서 세 가지 근기를 잘 접하며, 보검을 빼어들고 모든 사견의 숲을 베어 내며, 널리 통하는 길을 오묘하게 맞추어 모든 기틀의 천착을 끊음이로다. 위음왕 불이 나시기 전 눈에 가득한 풍경이요, 공겁 이전 오목한 자연이로다. 조동종을 알고자 하는가? 부처와 조사도 안 나온 공겁 밖에 바른 것과 치우침이 있는 것과 없는 것의 기틀에 떨어지지 아니함이로다.

| 주석(註釋) |

1) 오위(五位): 중생의 상·중·하의 여러 가지 기질에 맞추어 고루 교화하기 위하여 '바름(正)'과 '치우침(偏)'의 두 가지 도리를 서로 합치기도 하고 나누기도 하여 다섯 가지의 법 자리를 열어 보인 것이다.

'바름'이라 함은 음(陰)이라고도 하는데, 고요한 것(靜)·체(體)·빈 것(空)·이치(理)·평등·절대·본각(本覺)·진여(眞如) 같은 것들을 표시함이고, '치우침'이란 것은 양(陽)이라고도 하는데, 움직임(動)·용(用)·물질(物)·사(事)·차별·상대·생멸(生滅) 같은 것들을 표시함인데, 다섯 가지의 법 자리는 다음과 같다.

1) 바른 가운데 치우침(正中偏)이란 것은 체(體) 가운데 용(用)이 있고, 이치 가운데 사(事)가 갖추어 있는 것을 알아서 하는 것이 있는 공부(有爲功用)로써 닦아 가는 삼현(三賢)의 지위(地位)에 해당한다.

2) 치우친 가운데 바름(偏中正)이란 것은 사(事) 속에 이치가 있음을 알아서 사(事)로부터 이치에 들어가는 것이다.

3) 바른 가운데서 오는 것(正中來)이라 함은 이치대로 일을 닦고(如理修事) 성품에 어기지 않게 실행하여 가는 것이니, 보살의 초지(初地)로부터 칠지(七地)까지의 하는 것이 있는 닦음(有功用之修行)이다.

4) 치우친 가운데 이르렀다(偏中至) 함은 사(事)가 이치에 맞고 용이 체(體)에 어울리어 종일 닦되 닦는 바가 없고, 만날 쓰되 쓰는 것이 없는 경지이니, 곧 보살의 팔지(八地)로부터 십지(十地)까지의 하는 것이 없이 닦는(無功用之修行) 지위이다.

5) 겸하여 이르렀다(兼中到) 함은 사와 이치가 무르녹고 체(體)와 용이 하나가 되어 어디나 걸림이 없는 부처의 지위를 말함이다. 이것을 정편 오위라고도 한다.

2) 삼근(三根): 상근기(上根機)와 중근기(中根機)와 하근기(下根機)를 말한다.

3) 제견주림(諸見稠林): 제견은 무슨 사견을 가리키는데 모두 62견이 있다. 조림은 초목이 많고 무성한 숲으로 중생의 잘못된 견해 또는 번뇌가 무성한 것을 있는 그대로 나타낸 말이다. 즉 중생이 많은 사견을 가지고 분별과 번뇌의 숲에 들어간다는 뜻이다.

4) 위음나반(威音那畔): ① 위음나반은 위음이전(威音已前)과 같은 말. 위음왕불이 이 세상에 출현하기 이전이라는 뜻. 위음왕불은 무한 과거에 처음 이 세상이 출현한 부처이다. 그 이전이라고 하는 것은 세계 우주가 나타나기 이전, 즉 천지개벽 이전을 말한다. 일체의 사량 분별을 끊어 완전이 무(無)나 공(空)이 되어버린 것을 비유하는 말로서 부모미생전(父母未生前), 천지미분전(天地未分前), 본지풍광(本地風光) 등도 같은 말이다. ②『법화경』「상불경보살품(常不輕菩薩品)」에 실려 있다. 공겁(空劫) 때에 맨 처음 성불한 부처님이다. 그러므로 '무한히 먼 때' 또는 '맨 처음'이란 뜻으로 쓰고, 따라서 종문(宗門)에서는 본분(本分)·향상(向上)·실제(實際)·이지(理地)의 뜻을 표현하는 말로 쓴다. 그리하여 향하(向下)·사상(事相)은 위음왕불 이후라고 한다.

5) 공겁(空劫): 사겁(四劫)·성주괴공겁(成住壞空劫)의 하나. 괴겁 다음에 세계가 온전히 공무(空無)하였을 때부터 다시 성겁(成劫)에 이르기까지의

20중겁(中劫) 동안을 말한다. 일중겁이란 인수(人壽) 8만 4천 세로부터 백 년을 지날 적마다 1세씩 줄어서 10세 때에 이르고, 다시 백 년마다 1세씩 늘어서 인수 8만 4천 세에 이르는, 즉 한 번 늘고 한 번 주는 오랜 시간을 말한다.

6) **일호풍월**(一壺風月): 일호란 한 개의 병이나 표주박을 말한다.
풍월은 ① 청풍(淸風)과 명월(明月). 곧 아름다운 자연(自然). ② 바람과 달에 부쳐 시가(詩歌)를 짓는 것을 말한다.

7) **정편**(正偏): 정(正)은 이(理)요, 법성(法性)이요, 우주의 이치요, 진여(眞如)를 뜻하며, 편(偏)은 사(事)요, 제법(諸法)이요, 제현상(諸現象)을 뜻한다. 정위(正位)는 공계무물(空界無物)이요, 편위(偏位)는 색계만상(色界萬相)을 말한다. 동산양개(洞山良价)가 창설한 설로써 불교 교리의 대강을 다섯 항목으로 요약해서 설한 것이라 할 수 있다.

조동종은 종지(宗旨)를 이렇게 설명한다.
"석가세존의 자각각타(自覺覺他)하신 각행원만(覺行圓滿) 불립문자(不立文字) 직지인심(直指人心) 지관타좌(只管他坐) 즉심시불(卽心是佛) 견성성불(見性成佛) 전법도생(傳法度生)함을 종지로 한다."고 하였다.
조동종은 청원행사(靑原行思, ?-740)의 계통에서 동산양개(洞山良介, 807-869)를 개조로 하여 갈라져 나온 일파이다. 명칭에 대해 2가지 설이 있는데, 하나는 조동종 제2조 조산(曹山)과 제1조 동산(洞山)의 이름을 합하여 '조동'이라 했다는 설이고, 다른 하나는 선종의 제육조 혜능(慧能)이 조계(曹溪)에 있으면서 법을 전하고 그의 6세손 양개가 동산에 있으면서 도를 넓혔으므로 '조동'이라 했다는 설이다. 전자는 중국에서 널리 유력한 설이고, 후자는 일본에서 유력하다.

종풍의 특색은 세상에 나서길 꺼려하며 고목중(枯木衆)이라 불릴 정도로 마치 고목처럼 오로지 좌선에 전념하는 것이다. 이런 수행법을 묵조선(默照禪)이라 한다. 동산과 조산의 오위사상(五位思想)도 조동종의 큰 특색이다.

동산은 불교의 근본 문제에 대한 선적 파악을 통해 그 자신의 주체적 세계를 확립하고자 했는데, 그가 도달한 세계와 거기에 이르는 길은 그의 2가지 오위송(五位頌)에 의해 이론적으로 총괄된 것이라 간주된다.

편정오위송(偏正五位頌)에서의 5위는 선을 통해 도달하는 진실의 세계를 중층적으로 묘사한다.

① 평등한 세계가 도리어 차별의 세계이다(正位却偏).
② 차별의 세계가 도리어 진실의 세계이다(偏位却正).
③ 평등한 세계에서 나타난다(正位中來), 곧 평등의 진리가 차별의 세계에 들어온다.
④ 차별의 세계에서 나타난다(偏位中來), 곧 차별의 세계 그 자체에서 평등의 진리가 드러난다.
⑤ 두 세계를 동시에 갖추어 나타난다(相兼帶來), 곧 차별의 세계와 평등의 세계 전체에서 조화로운 상호작용이 이루어진다.
그의 제자 조산은 의미상의 큰 차이가 없이 이를 다른 말로 개편했다.

다음 공훈오위송(功勳五位頌)에서의 5위는 수행의 5단계이다.

① 향하는 단계

② 받드는 단계

③ 깨달음을 얻는 단계

④ 깨달음을 함께하는 단계

⑤ 깨달음이 극에 달하는 단계이다.

결국 이런 실천적 입장을 기반으로 하여 전개해 간 것이 묵조선이다.

조동종은 송대(宋代) 이후 임제종과 함께 중국 선종을 주도했으며, 임제종이 공안(公案)을 수단으로 내세워 고취한 간화선(看話禪)에 대립했다. 그러나 묵조선은 논리성과 지성을 결여한 것으로서 오직 앉아 있는 것만을 선으로 삼는다는 비난을 받았다. 중국 조동종은 일본에 전래되어 크게 유행했으며, 일본 선종의 3파에 속한다.

『인천안목(人天眼目)』의 「조동종조(曹洞宗條)」에 실려 있는 글이 있다.

어떤 중이 조산 오위의 군신지결을 물음으로 인해 동산이 말하기를, "정위는 곧 공계이니 본래 한 물건도 없고, 편위는 색계이니 만상의 형상이 있는 것이며, 정중편이란 이치를 등지고 현상에 나가는 것이요, 편중정이란 현상을 놓고 이치에 드는 것이며, 겸대란 가만히 뭇 인연에 응하지만 모든 있는데 떨어지지 아니하고 물들지도 않고, 조촐하지도 않으며 바름도 아니요 치우침도 아니라, 그러므로 허현한 큰 도이요 집착이 없는 참 종지이라(因有僧問五位君臣旨訣, 師曰, 正位卽空界, 本來無物, 偏位卽色界, 有萬象形, 正中偏者背理就事, 偏中正者舍事入理, 兼帶者冥應衆緣, 不墮諸有, 非染非淨, 非正非偏, 故曰虛玄大道, 無著眞宗.)."고 하였다.

또한 『인천안목(人天眼目)』의 「조동문정(曹洞門庭)」에 이런 글이
있다.

"조동종이란 가풍이 세밀하고 말과 행이 서로 응하여 기틀을 따
라 물을 이롭게 하고 말에 나가고 사람을 접하되 그 온 곳을 보아 홀
연히 편중에 정을 인증함이 있고, 홀연히 정중에 편을 인증함이 있으
며, 홀연히 겸대하고, 홀연히 같고, 홀연히 달리하여 편정오위와 사
빈주와 공훈오위와 군신오위와 왕자오위로 안과 밖을 잇는 일을 보
여주는 것이라. …… 크게 요약하면 조동종의 가풍은 체용과 편정과
빈주와 동떨어지지 않고 향상의 한 길을 밝힘이라. 조동종의 가풍을
보고자 하는가? 불조가 나기 전 공겁 밖에 정편이 유무의 기틀에 떨
어지지 않음이로다(曹洞宗者, 家風細密, 言行相應, 隨機利物, 就語接
人. 看他來處, 忽有偏中認正者, 忽有正中認偏者, 忽有兼帶, 忽同忽異,
示以偏正五位, 四賓主, 功勳五位, 君臣五位, 王子五位, 內外紹等
事. …… 大約曹洞家風 不過體用·偏正·賓主, 以明向上一路. 要見曹洞
麼? 佛祖未生空劫外, 正偏不落有無機.)." 하니라.

| 음여일송(吟余一頌) | 나도 한 송 읊조리니,

조 동 가 풍 자
曹洞家風者　조동의 가풍이란

불 과 체 용 동
不過體用同　체와 용이 같음과

무 원 분 편 정
無原分偏正　원래 나누어진 편과 정이 없음과

異　賓　主　相　通　빈과 주가 다르지만 서로 통하네.

조동종의 가풍은 체와 용이 둘이 아니요, 편과 정이 나뉜 게 아니며, 빈과 주가 다르지 않다는 면을 주장하여 향상의 한 길을 밝힌 것이라 할 수 있다. 결국 다른 법, 다른 길을 밝힌 것이 아니라 서가세존의 본법(本法)에 바탕을 두고 창종자(創宗者)가 깨달음을 얻어 시대와 신자들에 맞추었다고 할 수 있다.

❸ 운문가풍(雲門家風)

雲門宗은 劍鋒有路하고 鐵壁無門[1]이라. 掀飜[2] 露布[3] 葛藤[4]하고 剪却常情見解하니 迅電은 不及思量이요, 烈焰에 寧容湊泊[5]이리요. 要識雲門宗麼아? 拄杖子跋跳上天하고 盞子裏에 諸佛이 說法[6]이로다.

운문종은 칼날에는 길이 있고 철벽에는 문이 없음이라. 온 노포의 갈등을 치켜들어 엎어버리고 상정의 견해를 잘라버리니, 번쩍하는 번갯불은 사량으로 미칠 수 없는 것이요, 활활 타는 불꽃에 어찌 머물기를 용납하리요. 운문종을 알고자 하는가? 주장자가 하늘 위로 뛰고, 잔 속에 모든 부처가 법을 설함이로다.

1) 검봉유로 철벽무문(劍鋒有路 鐵壁無門): '칼날 위에 길이 있다' 는 것은 발을 붙일 수 없다는 뜻으로, 운문종의 종지는 사량분별을 딱 잘라버림을 밝혔다. 또 '철벽에는 문이 없다' 는 것은 범부의 정식(情識)과 분별로는 뚫고 들어갈 수 없다는 뜻이다.

2) 흔번(掀飜): 쳐 뒤집다. 치켜들어 엎어버리다.

3) 노포(露布): 제서(制書) 등이 대함(大緘)을 요하는 것에 반하여 봉함을 요하지 않고 널리 공중의 눈에 띄도록 하는 것을 말한다. 포고문, 군대의 승리의 소식, 격문, 일반에게 널리 퍼뜨림.

4) 갈등(葛藤): ①칡과 등나무라는 뜻으로, 일이나 사정이 서로 복잡하게 뒤얽혀 화합하지 못함의 비유. ②문자에 얽매이고 어구(語句)에 속박되는 것을 비유한다. ③서로 상치되는 견해(見解)·처지(處地)·이해(理解) 따위의 차이로 생기는 충돌. ④정신 내부에서 각기 틀린 방향의 힘과 힘이 충돌하는 상태. 정신분석에 있어 근본개념의 하나임.

5) 주박(湊泊): 배를 대다. 모이다. 선원에 참선자들이 수행을 위해 많이 모여드는 것을 말한다.

6) 주장자발도상천 잔자리제불설법(拄杖子跋跳上天 盞子裏諸佛說法): 운문종은 학인을 다루는데 있어서 온갖 정식(情識)과 분별, 사고 인식의 의식작용을 끊어버리는 수단으로서 절단(截斷)을 강조하였다. 주장자가 절로 뛰어 하늘 높이 올라가고 작은 잔 속에 모든 부처님이 법을 설하고 있으니 그것을 어찌 사람의 정식과 분별로 헤아릴 수 있겠는가?

※ **주장자(拄杖子)**: ㉮주장(拄杖)이라고도 한다. 수행승이 좌선할 때나 설법할 때에 갖고 있는 지팡이. 설법할 때에는 법상(法床)에 올라가 주장자를 세 번 내리친 후에 설법을 시작한다. ㉯선사들이 가지고 다니는 지팡이. 선의 극의(極意)를 상징하기도 한다.

운문종은 '끊어 버림(截斷)'을 밝혔다고 할 수 있다. 200여 년쯤 지속된 종파로 종지(宗旨)는 관념적인 사유 체계를 부수고 임제종과 유사하게 본성을 보고 마음을 밝히는 돈오(頓悟)의 방편을 세움에 있다. 따라서 사람을 접하는데 재빠르고 명쾌하여 정신을 가늠할 사이도 없이 번갯불처럼 지나가고 만다.

그러므로 이 '끊어 버림'이란 운문종의 삼구(三句) 가운데 원명선사(圓明禪師)가 세운 '절단중류(截斷衆流)·수파축랑(隨波逐浪)·함개건곤(函蓋乾坤)'의 삼구에 '절단'이라는 구절이 있다.

이는 본래 운문화상이 말한 삼구인 '함개건곤(函蓋乾坤)·목기수량(目機銖兩)·불섭춘연(不涉春緣)'으로 되어 있었으나 제3 '불섭춘연(不涉春緣)'의 구를 "절단중류(截斷衆流)"로 고쳐서 제시하였다.

'불섭춘연(不涉春緣)'은 곧 '봄 인연에 간섭하지 않는다'는 말이니, 봄이란 네 계절 가운데 으뜸으로 만물을 소생케 하므로 그것을 '봄 인연'이라 하는데, 이는 적연하여 움직임이 없는 절대의 경지를 가리킨다고 할 수 있다.

따라서 그 제자 되는 원명선사가 '절단중류'로 고친 것인데 그 다음 구의 '수파축랑(隨波逐浪)'에 반대가 되는 것으로 적연한 본체(本體)를 가리키기는 하지만 실상은 '절단'이라는 말은 목적을 지닌 동사로서, 운문종에서 이 '절단'을 중요시한다고 보면 학인을 다루는데 있어서 모든 정식(情識)과 분별, 그리고 사고인식(思考認識)의 의식작용을 야무지게 끊어 흔적조차 찾을 수 없는 수단을 '절단'이라 한다.

또한 '칼날 위에 길이 있다'고 함은 발을 붙일 수가 없다는 말이요, '철벽에 문이 없다' 함은 분별과 정식으로는 뚫고 들어갈 수가 없다는 것을 밝힘이다. 즉 세상에 펼쳐진 온갖 이론을 뒤엎어 쓸어버리고, 우리의 인식작용인 식견이나 주의나 주장을 다 잘라 버리며 아무리 빠른 생각이라도 거기에 도저히 미칠 수가 없다.

운문선사의 법조(法祖)가 되는 덕산선사(德山禪師)는 학인을 제접할 때에 방망이[棒]를 썼다. 그것은 사량 분별을 여의어 자기 안에서 자기의 참모습을 발견하라는 의미이다. 이를 이은 운문문언 선사 또한 언구의 정묘함과 기봉의 날카로움은 두말할 필요가 없다.

어느 날 한 스님이 운문선사에게 물었다.

"부처란 무엇입니까?"

그러자 운문선사는 마치 전광석화 같이 대답했다.

"간시궐(乾屎橛)"

이 '간시궐'은 일반적으로 '마른 똥 막대기'로 해석된다. 옛날 중국에서는 화장실에 팽이처럼 나무를 깎아 만든 막대기가 있었는데 대변을 본 뒤에 휴지 대신 이 막대기를 썼다고 하는 데서 기인한다.

운문의 가풍은 대체적으로 임제가풍과 유사한 면이 많다고 할 수 있다.

| 음여일송(吟余一頌) | 나도 한 송 읊조리니,

주 장 건 곤 타
挂杖乾坤打　주장자로 하늘땅을 두드리니

虛^허空^공法^법界^계飜^번　허공의 법계가 뒤집히누나.

若^약思^사心^심意^의識^식　만일 사량이나 마음을 의식하면

電^전斷^단不^불尋^심痕^흔　번개 치고 끊겨 흔적 찾지 못하리.

주장자 손에 들고 하늘을 두드리고 땅을 두드리니 우주와 허공 법계가 뒤집히더니 모두 가루가 되어 없어지고 만다. 만일 어떤 사량이나 마음을 조금이라도 의식하고 인식한다면 번개가 치듯 끊어버려서 흔적도 찾을 수가 없어야 할 것이니, 그러므로 객기를 부리지 말고 안으로 갈무려서 보이거나 드러나지 않아야 목숨을 보전하게 된다.

❹ 위앙가풍(潙仰家風)

潙仰家風은 師資唱和하고 父子一家[1]로다. 脇下書字[2]하니 頭角이 崢嶸이요, 室中驗人이 獅子腰折[3]이로라. 離四句絶百非[4]를 一搥粉碎하니 有兩口無一舌[5]이여 九曲珠通[6]이로다. 要識潙仰宗麼아? 斷碑는 橫古路하고 鐵牛는 眠少室[7]이로다.

스승과 제자가 부르면 화답하고, 아버지와 아들이 한집안이로다. 옆구리에 글자 쓰니 머리에 뿔이 뾰족하고요, 방 가운데 사람을 시험

하니 사자 허리 부러지도다. 사구를 여의고 백비를 끊어버려 한 망치
로 가루 내어 부수니 두 입은 있으나 한 혀는 없음이여, 아홉 구비 굽
은 구슬을 꿰뚫음이로다. 위앙종을 알려고 하는가? 부러진 비석은
옛길에 가로놓였고 무쇠 소는 작은 집에서 잠을 자도다.

| 주석(註釋) |

1) **사자창화 부자일가**(師資唱和 父子一家): 원오선사(圓悟禪師)가 위앙종을
   노래한 것 가운데 나오는 문구이다. 이는 스승과 제자나 아버지와 아
   들 사이같이 그 생리가 같고 잘 조화되는 것을 말한다. 곧 깨달음인
   기회(時節因緣)를 기다려 맞아떨어져야 한다. 병아리가 알을 까고 나올
   무렵 어미 닭이 껍질을 쪼아 깨는 때를 아는 것에 비유한 줄탁동시(啐
   啄同時)가 바로 그것이다.

2) **협하서자**(脇下書字): 위산화상(潙山和尙)이 설법하기를, "노승(老僧)이 죽
   어서 산 아래 단월(檀越)의 집에 가서 물소(水牯牛)로 태어나되, 왼쪽
   옆구리에 [위산승 영우(潙山僧 靈祐)]라고 씌어 있을 것이다. 그때에 소
   라고 부를 터이냐, 위산이라고 부를 터이냐, 필경 무엇이라고 부를 것
   이냐?" 하매, 앙산이 나와서 절하고 물러갔다.

3) **실중험인 사자요절**(室中驗人 獅子腰折): 위산(潙山)과 앙산(仰山)의 대화
   가운데 석천 태상좌(錫天 泰上座)의 묻는 말에 나온다. 위산이 소를 먹
   이는데 태상좌가,
   "한 터럭 끝에 사자가 나타난다면 묻지 않겠지만, 백억 터럭 끝에 백
   억 사자가 나타난다면 어떻게 하겠습니까?"라고 묻자, 위산은 곧 소
   를 타고 돌아가 버렸다. 앙산이 위산을 모시고 섰을 때 그 화제를 꺼
   내 말하는데, 마침 태상좌가 오는 것을 보고 위산은 "백억 터럭 사자

가 나타날 적에 터럭 앞에 나타나더냐? 터럭 뒤에 나타나더냐?"고 물으니, 태상좌는 "나타날 적에 앞뒤가 어디 있습니까?"라고 대답했다. 위산은 웃으면서 "사자의 허리가 꺾였도다(獅子折腰)." 하고 나가버렸다.

4) 이사구절백비(離四句絶百非): ① 사구(四句)는 존재에 관한 네 가지 판단의 범주니 사구분별(四句分別), 이것에 『구사론(俱舍論)』의 것과 『중론(中論)』의 것이 있는데, 이것은 『구사론』 쪽의 사구 분별이다. 존재에 대한 네 가지 분류법. 모든 존재를 네 가지 논리형식으로 고찰하는 방법.

  1) 유(有); 있다.

  2) 무(無); 없다.

  3) 역유역무(亦有亦無); 있기도 하고, 없기도 하다.

  4) 비유비무(非有非無); 있음도 아니요, 없음도 아니다.

② 사구백비(四句百非)란 사구(四句)의 분별(分別)과 백비(百非)를 말하는 것으로, 존재의 본질을 언어로 설명함에 아무리 철저히 하여도 온전히 설명할 수는 없다는 사상이다.

  1) 사구 분별이란, ㉮ A이다. ㉯ 비(非)A이다. ㉰ A이고, 또 비(非)A이다. ㉱ A도 아니고, 비(非)A도 아니다의 4가지이다.

  2) 백비(百非)는 일(一)·이(異)·유(有)·무(無)의 각각에 사구 분별을 적용하여 16가지가 되고, 이것을 과거·현재·미래의 3세(世)에 적용하여 48가지가 되며, 여기에 이기(已起)와 미기(未起)를 적용하여 96가지가 되는데, 여기에 애초의 일(一)·이(異)·유(有)·무(無)를 더하여 100가지 논리적 표현으로 만든 것이다. 그러나 진제(眞諦)는 사구백비(四句百非)를 넘어선다(『대승현론(大乘玄論)』 권1)고 하여, 진리는 어떤 문장으로도 표현할 수 없음을 말하고 있어서 사구백비를 말하는 의의가 바로 여기에 있음을 알 수 있다.

5) 양구무일설(兩口無一舌):앙산의 법어. 두 낱 입은 대화할 수 있으나 한 낱 혀가 없으니 대화는 끊어졌다. 불법은 대화 밖에 있는 것이 아니지만 그렇다고 대화 속에 있는 것도 아니다.

6) 구곡주통(九曲珠通):아무리 뚫기 어려운 구부러진 구멍도 텅 빈 지혜의 바늘만은 모두 꿰뚫을 수 있다. 이 이야기는 송(宋)나라의 목암선경(睦庵善卿)이 편찬한 『조정사원(祖庭事苑)』에 나온다.

'공자천주(孔子穿珠)'라는 성어로 공자(孔子)가 진(陳)나라를 지나갈 때 이런 일이 있었다. 공자는 전에 어떤 사람에게 진기한 구슬을 얻었는데, 이 구슬의 구멍이 아홉 구비나 되었다. 그는 이것을 실로 꿰려고 여러 가지 방법을 다 써 보았지만 성공할 수 없었다. 문득 바느질을 하는 아낙네들이라면 어렵지 않게 꿸 수 있으리라는 생각에 이르게 되었다. 그래서 가까이 있던 뽕밭에서 뽕잎을 따고 있던 아낙네에게 그 방법을 물었다. 공자의 이야기를 듣고 난 그 아낙은 이렇게 말했다.

"찬찬히 꿀[蜜]을 두고 생각해 보세요(密爾思之 思之密爾)."

아낙의 말을 듣고 골똘히 생각하던 공자는 잠시 후 그녀의 말의 의미를 깨닫고 무릎을 치며 외쳤다.

"그렇구나."

그리고는 나무 아래에 왔다갔다 하는 개미를 한 마리 붙잡아 그 허리에 실을 묶고는 개미를 구슬의 한쪽 구멍에 밀어 넣고, 반대편 구멍에는 꿀을 발라 놓았다. 그 개미는 꿀 냄새를 맡고 이쪽 구멍에서 저쪽 구멍으로 나왔다. 이리하여 구슬에 실을 꿸 수 있게 되었다(『祖庭事苑』 世傳, 孔子厄於陳. 穿九曲珠. 遇桑間女子, 授之以訣云, 密爾思之, 思之密爾, 孔子遂曉, 乃以絲繫蟻. 引之以蜜而穿之.).

7) 단비횡고로 철우면소실(斷碑橫古路 鐵牛眠少室):글자가 쓰인 옛 비석은 분별망상이므로 그 비석의 글을 잊어야 도인이 되며, 무소 쇠가 잠자는 것은 바로 한도인(閑道人)의 모습이다. 어떤 승려가 위앙종의 물음

에 답했는데 여러 스승의 송(頌)에서 오조 연 선사(五祖云 斷碑橫古路)
와 설당 행 선사의 것(雪堂行云 鐵牛眠少室)을 취하였다.

위앙종은 선종 5가(家) 가운데 가장 먼저 성립된 불교의 종파이
다. 남악회양(南嶽懷讓)의 계보인 위산영우(潙山靈祐)와 그의 제자인
앙산혜적(仰山慧寂)이 개창하였는데 두 선사의 첫 글자를 따서 위앙종
(潙仰宗)이라고 하였다.

위앙종의 가풍은 본래 깨끗한 마음의 본바탕을 바로 보는 것으로
부질없는 분별망상이나 익숙한 버릇에 끌리지 않고 마치 가을의 연
못물처럼 맑고 깨끗하여 그대로 부처의 경지가 드러난 사람 또는 일
없는 사람이 되는 데 있다.

그래서 원상(圓相)으로 법(法)을 보였다. 여기서 원상(圓相)은 완전
무결한 깨달음의 경지인 진여(眞如)요, 불성(佛性)이며, 실상(實相)을
상징한다. 그러나 오래 가지는 못하고 일찍이 쇠락의 길을 걸어 150
여 년 후 송나라 때 임제종(臨濟宗)에 합병되었다.

따라서 운문종이 겉과 속이 모두 천재적이라면 위앙종은 평범 속
에서 천재성을 찾는 점이 다르다고 할 수 있다.

| 음여일송(吟余一頌) | 나도 한 송 읊조리니,

본 심 청 정 물
本 心 淸 瀞 物 본래 마음은 맑은 물건으로

자 고 불 매 진
自 古 不 埋 塵   예로부터 티끌에 묻히지 않았네.

지 리 원 상 현
至 理 圓 相 顯   지극한 이치 원상이 드러나니

무 비 불 조 인
無 非 佛 祖 人   부처 조사 아닌 사람은 없어라.

　원상(圓相)은 바로 우리의 청정한 마음이요 지극한 진리의 상징이다. 그러므로 이 원상의 의미만 깨우치면 바로 부처요 조사이다. 위앙종은 우리의 본래 마음이 티끌인 삼독이나 오욕, 사려망상에 묻혀 있다고 보지 않고 저 원상과 같은 원래 깨끗한 모습을 지니고 있다고 함으로 행주좌와(行住坐臥)의 자리마다 부처가 나투어지고 조사가 드러난다고 본다.

❺ 법안가풍(法眼家風)

법 안 가 풍　　　　 언 중 유 향　　　 구 리 장 봉　　　　　　촉 루　　　　 상 간 세 계
法眼家風[1]은 **言中有響**하고 **句裏藏鋒**이라. **髑髏**[2]는 **常干世界**하고

비 공　　　 마 촉 가 풍　　　　 풍 가 월 저　　　 현 로 진 심　　　　 취 죽 황
鼻孔[3]은 **磨髑家風**이라. **風柯月渚**는 **顯露眞心**[4]하고 **翠竹黃**

화　　 선 명 묘 법　　　　　　 요 식 법 안 종 마　　　 풍 송 단 운 귀 령 거
花는 **宣明妙法**[5]이로다. **要識法眼宗麼**아? **風送斷雲歸嶺去**하고

월 화 유 수 과 교 래
月花流水過橋來[6]로다.

　말 가운데 울림이 있고 글 속에 칼날이 숨었어라. 해골은 늘 세계를 간여하고 콧구멍은 해골을 갈아내는 가풍이라. 바람 부는 나뭇가

지와 달 비치는 물가에 참마음이 드러나고, 푸른 대와 누른 꽃은 묘한 법을 펼쳐 밝힘이로다. 법안종을 알고자 하는가? 바람은 조각구름을 보내 고개를 돌아가게 하고, 달은 흐르는 물에 꽃이 되어 다리를 지나옴이로다.

| 주석(註釋) |

1) 법안가풍(法眼家風): 당나라 때에 크게 발전한 선종은 제6조 혜능(慧能)의 남종(南宗) 계통에서 오가칠종(五家七宗)이 성립되었는데, 법안종은 송(宋)나라 초기 승주(昇州: 江蘇省)의 청량원(淸涼院)에 머물며 오월왕(吳越王) 전씨(錢氏) 일족의 귀의를 받아 크게 선풍을 불러일으킨 법안선사인 문익(文益)에 의하여 개창되었다.

법안종은 눈앞에 나타나는 삼라만상의 실체를 보는 것을 종지로 삼는다. 곧 유심(唯心)의 도리를 밝히는 것으로 법안문익은 실상과 현상, 곧 이사의 원융(圓融)을 주장하여 간명하기는 운문종과 비슷하고 명료하기는 조동종과 비슷하다. 100여 년 정도 지속하였다.

그의 문하에서 덕소(德韶)·도항(道恒)·의유(義柔) 등 많은 선승이 배출되어 절강(浙江)·복건(福建)을 중심으로 크게 번창하였다.

『경덕전등록(景德傳燈錄)』에 의하면, 법안종은 공안염롱(公案拈弄)을 특색으로 하는 것으로 기록되어 있다. 특히 제2조 덕소는 천태(天台)의 교학과 선을 융합하였으며, 제3조 연수(延壽)는 염불정토(念佛淨土)사상과 선의 일치를 주장하고 『종경록(宗鏡錄)』을 지어 제종을 체계화하였다.

2) 촉루(髑髏): 살이 다 썩어 없어지고 남은 송장의 뼈.

3) 비공(鼻孔): 태아가 어머니 뱃속에서 오장육부와 사지육신이 생길 때에

눈, 귀, 코, 입 등의 감각기관 가운데는 코가 제일 먼저 생긴다고 하는데, 불법을 공부하는 사람도 이와 같이 심성(心性), 본각(本覺)을 먼저 깨닫는 것을 제일의 본분으로 삼아야 한다는 뜻을 강조하여 비유한 말이다.

4) 풍가월저 현로진심(風柯月諸 顯露眞心): 이사원융(理事圓融)을 나타낸다. 자연법신(自然法身), 무정설법(無情說法)이라 한다. 『종경록(宗鏡錄)』에 "풍가월저(風柯月諸)가 현로전심(顯露傳心)하고 연도월림(烟島月林)이 함제묘지(咸提妙旨)라"함이 출처이다.

5) 취죽황화 선명묘법(翠竹黃花 宣明妙法): 현상계가 그대로 실상임을 나타내는 말이다. 대주혜해(大珠慧海)선사의 법어에 "법신무상(法身無象)이언만 응물현형(應物現形)할새, 축환청청취죽(逐喚靑靑翠竹)이 총시법신(總是法身)이요, 울울황화(鬱鬱黃花)가 무비반야(無非般若)로다."가 출처이다.

6) 풍송단운귀령거 월화유수과교래(風送斷雲歸嶺去 月花流水過橋來): 삼라만상의 현상이 그대로 진여의 실상인데 사람들이 분별심을 내어 나무라 하고 달이라 하여 구별을 한다.

법안종은 청원행사(靑原行思)에서 설봉의존(雪峰義存)을 거쳐 현사사비(玄沙師備), 나한계침(羅漢桂琛), 법안문익(法眼文益)으로 이어지는 역대 조사들의 대선풍이다. 법안문익이 승주(昇州) 청량원(淸凉院)에서 크게 종세를 일으키니 법안종이라 하였다. 선종 5가의 최후를 장식한 종파다. 문하에서 천태덕소(天台德韶), 보은법안(寶恩法眼) 등 많은 제자들이 쏟아져 나왔다.

법안종은 당말 오대(五代)의 선불교를 최후로 종합하고 있다. 그래서 선풍도 조사선의 사상을 집대성하고 있다. 법안이 깨달은 삼계유심(三界唯心)도 조사선에서 말하는 평상심(平常心)이다. 일체의 경계나 집착이 없는 무심(無心)의 본질이다. 이처럼 법안은 화엄철학을 선(禪)의 실천으로 구현시킨 선교융합(禪敎融合)의 종풍을 펼치고 있는 것이다.

법안문익은 유학을 공부한 사람으로 불교에 들어와 널리 경론을 섭렵하고 화엄교리에 깊은 조예가 있었다. 그리하여 실상과 현상 곧 '이(理)'와 '사(事)'의 원융(圓融)을 주장하여 "이는 사에 의하여 성립되고, 사는 이를 빌어 드러나게 된다." 그러므로 이사의 관계는 '눈과 발'이라 하여 본래 둘이 아니므로 이 경지에 이르는 것이 바로 원융의 걸림 없는 도리라고 하였다.

또한 법계관(法界觀)에 있어서도 "이(理)와 사(事)를 함께 말하여 색(色)이 곧 공(空)인 것을 밝히었다. 그러므로 끝없는 법계를 한 터럭 끝에 집어넣고 수미산이 크지만 겨자씨 속에 들어간다. 그것이 성인의 경계라서 그런 것이 아니라 법이 본래 그런 것이니, 신통변화도 아니며 다 마음의 조작이며, 부처와 중생이 평등하다."고 하였다.

또 하나 중요한 것은 덕소선사 밑에서 영명연수(永明延壽)와 같은 큰 학장(學匠)이며 진실한 행자가 나타나서 화엄(華嚴)의 원융사상(圓融思想)과 천태(天台)의 지관(止觀)과 선(禪)과 정토사상(淨土思想)을 한데 통합시켜 '조계선(曹溪禪)'의 순수성을 잃은 점도 있겠지만 하나의 융통성을 가진 불교로서 그 특색을 지니기도 하였다.

저 바람에 흔들리는 나뭇가지와 달빛이 꽂힌 시냇물, 그것이 곧 마음의 모습이요, 사철 푸른 대와 가을 서리에 향기 내는 누런 국화가 바로 미묘한 법을 연설한다. 삼라만상이 다 마음의 얼굴일진대, 실상묘법 아닌 것이 그 무엇이 있으랴!

자연이 그대로 법신(法身)이요, 무정(無情)이 큰 설법을 하는 것이라. 이는 누가 시켜서 그런 것이 아니라, 진리가 그렇고 법이 그대로 되어 있기 때문이다.

| 음여일송(吟余一頌) | 나도 한 송 읊조리니,

巖石如來像　바윗돌이 여래의 형상이요

溪聲奧妙言　시냇물 소리가 오묘한 말이네.

花花般若發　꽃마다 반야를 피워내고

草草法身源　풀마다 법신의 근원이어라.

삼라만상 허공법계가 어찌 법신이 아니며, 여래가 아니며, 반야가 아니며, 오설(奧說)이 아니겠는가? 눈을 뜨든 감든, 몸을 움직이든 고요하든, 일을 하든 잠을 자든 간에 그대로 이체(理體)요, 그대로 실상(實相)이니, 더 알게 없고, 더 찾을 게 없는 법신일장(法身一場)이요 이체일장(理體一場)이며, 실상일장(實相一場)이요 여래일장(如來一場)이다.

(3) 특별히 임제 종지를 밝히다(別明臨濟宗旨)

구(句)와 현(玄)과 요(要)

大凡一句中에 具三玄하고 一玄中에 具三要하니 一句는 無文綵印[1]이요, 三玄三要는 有文綵印이라. 權實은 玄이요, 照用은 要라.

대범 한 구 가운데 삼현이 갖추었고, 한 현묘 가운데 삼요가 갖추었으니 한 구는 글 무늬 없는 도장이요, 삼현과 삼요는 글 무늬 있는 도장이라. 권도와 실상은 현이요, 비침과 씀은 요니라.

| 주석(註釋) |

1) 무문채인(無文綵印) = 무문인(無文印): 선법(禪法)을 세 가지로 나누어 말하는 수가 있다. 첫째, 의리선(義理禪)이란 것은 말이나 글로 해석하고 설명하는 선을 이름이니, 마치 인장으로써 진흙에 찍으면(印泥) 인발이 분명하게 드러나 있는 것과 같다. 둘째, 여래선(如來禪)이란 것은 생각과 알음알이가 아주 끊어지지 않아서 말 자취가 있고, 이치의 길이 남아 있어서 마치 인장을 물에 찍은(印水) 것 같다. 셋째, 조사선(祖師禪)이란 것은 말 자취와 생각의 길이 함께 끊어져 이치나 일에 다 걸림 없는 것이 마치 인장을 허공에 찍은(印空) 것과 같은 것을 말한다.

위에서 5종의 가풍을 총괄하여 이야기하였지만 따로 임제 종지를 밝힌 것은 서산대사가 임제종의 간화선지(看話禪旨)를 『선가귀감』에서 취했을 뿐만 아니라 '임제종(臨濟宗)'을 계승하여 왔기 때문이다.

서산대사는 당시 불교계를 대표하는 분이지만 그 연원은 고려의 보조국사(普照國師)에 두어서 종풍(宗風)과 사상을 이어받아 '간화선(看話禪)'을 제창하였다고 볼 수 있다.

보조국사는 선교융합사상(禪敎融合思想)에서 화두(話頭)를 참구하여 본분종사가 살아날 길을 제시하였다. 이를 이어서 서산대사도 간화선을 주장할 뿐만 아니라 일생을 통해서 실지로 그 길을 걸어왔고, 또 후인을 지도하기 위해서 이 『선가귀감』을 저술하였다고 볼 수 있다.

그런데 이 간화선을 본격적으로 들고 나온 스님은 임제의 18세손인 경산대혜(徑山大慧) 선사였다. 우리나라에서는 보조국사가 받아들여 「간화결의론(看話決疑論)」을 지어 간화선의 특수성을 천명하였고 그 문손(門孫)들도 그대로 받아 행하였으니, 고려 말에 태고(太古)·나옹(懶翁)·백운(白雲) 화상 등이 중국에 들어가 임제계통의 간화선풍을 익히고 받아들였다.

조선조에 들어와 여러 종파를 통합하여 선교양종(禪敎兩宗)을 만들 때에 교에는 '화엄종(華嚴宗)'이 대표가 되고 선은 '조계종(曹溪宗)'으로 통칭하였다. 서산대사는 선종계통의 법을 이으면서 교학에 통달하여 화엄종 판사(判事=宗正)까지 지냈지만 정통은 간화선을 주장하는 임제종을 중심하였기 때문에 '임제종지'를 따로 천명하였다.

여기서 말하는 '삼구(三句)·삼현(三玄)·삼요(三要)'의 말은『임제록(臨濟錄)』에서 나왔다.

임제선사가 법상에 오르니 중이 물었다.

"무엇이 첫째 구입니까?"

스승이 일렀다.

"삼요(三要)의 인을 열고 붉은 인주점을 찍는 것이요, 헤아림을 수용할 수 없이 주인과 손이 분별 되느니라."라 하였다.

물었다.

"무엇이 둘째 구입니까?"

스승이 일렀다.

"묘해(문수보살)는 어찌 무착의 물음을 용납하겠으며, 방편(漚和)이 어찌 절류의 기(단번에 뛰어 깨닫는 기틀)를 져버리겠는가?"

물었다.

"무엇이 셋째 구입니까?"

스승이 일렀다.

"누각에 꼭두각시의 희롱을 보라, 밀고 끌어당김이 원래 속에 사람이 하는 것이니라."(上堂에 僧問「如何是第一句 師云「三要印開朱點窄 未容擬議主賓分」問「如何是第二句」師云「妙解豈容無著問 漚和爭負截流機」問「如何是第三句」師云「看取棚頭弄傀儡 抽牽都來裏有人」)하였다.

스승은 또 일렀다.

"한 구절의 말에 모름지기 삼현의 문을 갖추었고, 한 현의 문에

는 모름지기 삼요가 갖추었나니 방편도 있고 활용도 있음이라, 그대
들은 어떻게 알 것인가?" 하고 자리에서 내려왔다(師又云, 「一句語,
須具三玄門, 一玄門, 須具三要, 有權有用, 汝等諸人, 作麽生會?」下座.)
고 하였다.

| **음여일송(吟余一頌)** | 나도 한 송 읊조리니,

약 집 우 아 인
若 執 愚 兒 刃　만일 어리석은 아이 칼을 잡으면

무 불 중 인 상
無 不 衆 人 傷　뭇 사람 상하지 않음이 없으리.

장 자 지 비 검
丈 者 持 釾 劍　어른이 창과 칼을 가진다면

살 활 자 유 양
殺 活 自 由 揚　살리고 죽임을 자유로 드날리리.

　어리석은 아이가 날카로운 칼을 잡는다면 자신도 상함이
많으려니와 다른 사람에게도 상처를 입히게 된다. 반면에 철
이 든 어른이 창이나 칼을 가졌다면 통제할 수 있다. 이와 같
이 도를 갖춘 도인은 법도(法刀)와 법창(法槍)을 자유자재로 휘
둘러서 때와 장소에 맞게 살리기도 하고 죽이기도 하나니, 바
로 임제대사가 이렇게 하였다.

❶ 삼구(三句)

第一句^{제 일 구}는 喪身失命^{상 신 실 명}[1]이요, 第二句^{제 이 구}는 未開口錯^{미 개 구 착}이요, 第三句^{제 삼 구}는
糞箕掃箒^{분 기 소 추}[2]라.

첫째 구는 몸이 죽고 목숨도 잃는 것이요, 둘째 구는 입을 열기
전에 그르친 것이요, 셋째 구는 똥 삼태기와 쓰는 빗자루이니라.

| 주석(註釋) |

1) 실명(失命):①목숨을 잃음. ②명령(命令)에 위반하는 일.
2) 소추(掃箒):비, 또는 비로 쓸음. 비는 먼지나 쓰레기를 쓸어 내는 제
   구. 소추(掃帚).

| 해의(解義) |

첫째 구에서 깨달음을 얻게 된다면 부처와 조사가 될 것이요, 둘
째 구에서 깨달음을 얻게 된다면 사람과 하늘의 스승이 될 것이며,
셋째 구에서 깨달음을 얻게 된다면 자기 자신도 건지지 못하게 된다
는 데서 온 말이다.

달마조사 이후부터 학인(學人)을 제접(提接)하여 공부 정도를 알아
보는 차별의 방법이다.

어떤 승려가 임제(臨濟)에게 물었다.

"어떤 것이 진불(眞佛)이며, 진법(眞法)이며, 진도(眞道)인지 화상께서 일러 주소서."

임제가 답하기를,

"불은 심청정(心淸淨)이 그것이고, 법은 심광명(心光明)이 그것이고, 도는 처처무애정광(處處無礙淨光)이 그것이니라. 셋이 곧 하나이니 모두 이름뿐이고 참으로 있는 것이 아니다. 진정한 도인은 잠시도 마음이 간단(間斷)하지 않는 법이다. 달마대사가 서천에서 온 이래 오직 남의 유혹을 받지 않을 사람을 찾다가 나중에 이조(二祖)를 만났는데, 한 마디에 알아버리고 이전에 하던 공부가 쓸데없는 것인 줄을 알았다. 나의 오늘 소견은 부처님이나 조사와 다르지 않다. 제1구(句)에서 깨달으면 불조사(佛祖師)가 될 것이고, 제2구에서 깨달으면 인천사(人天師)가 될 것이고, 제3구에서 깨달으면 제 몸도 구제할 수 없으리라." 하였다.

승려가 다시 물었다.

"어떤 것이 제1구입니까?"

임제가 답하기를,

"삼요(三要)의 인을 열고 붉은 인주점을 찍는 것이요, 헤아림을 수용할 수 없이 주인과 손이 분별되느니라(三要印開朱點窄 未容擬議主賓分)." 하였다.

승려가 다시 물었다.

"어떤 것이 제2구입니까?"

임제가 답하기를,

"묘해(문수보살)는 어찌 무착의 물음을 용납하겠으며, 방편(漚和)

이 어찌 절류의 기(단번에 뛰어 깨닫는 기틀)를 져버리겠는가?(妙解豈
容無着問 漚和爭負截流機)” 하였다.

승려가 또 물었다.

“어떤 것이 제3구입니까?”

임제가 답하기를,

“누각에 꼭두각시의 희롱을 보라, 밀고 끌어당김이 원래 속에 사
람이 하는 것이니라(但看棚頭弄傀儡 抽牽元是裏頭人).”라고 하였다.

또 말하였다.

“종승(宗乘)을 말하는 데는 1구 가운데 3현문(玄門)을 구족하고, 1
문 가운데 3요(要)를 구족하여 권(權)도 있고, 실(實)도 있고, 조(照)도
있고, 용(用)도 있어야 하나니, 그대들은 어떻게 아는가?”

또 “어떤 때의 할(喝)은 금강왕보검(金剛王寶劒)과 같고, 어떤 할은
쭈그리고 앉은 사자와 같고, 어떤 할은 탐간영초(探竿影草)와 같고,
어떤 할은 할 하는 작용을 하지 않나니라.”라 하였다.

승려가 생각해 보려 하거늘, 임제가 문득 할을 하였다.

| 음여일송(吟余一頌) | 나도 한 송 읊조리니,

單番三句下   단번에 삼구를 내려놓으면

難得救拯臻   구증에 이름을 얻기 어려워도

佛祖原心在   부처 조사가 원래 마음에 있으니

비 수 각 교 인
非 隨 覺 敎 人　깨달음을 가르치는 사람 따르지 않으리.

깨달음이란 마음에 있다. 마음이 깨어나야 부처도 되고 조사도 된다. 바깥에서 이렇다저렇다 하는 것은 한번 들여다보는 것에 지나지 않는 것이지, 그것이 바로 깨달음으로 이어져 부처나 조사가 되는 것은 아니기 때문에 깨달음을 가르치려 드는 사람을 쫓아다녀서는 자기를 건지기도 대단히 어렵다.

❷ 삼요(三要)

一要는 照卽大機요, 二要는 照卽大用이요, 三要는 照用同時라.

　첫째, 요는 비침이 곧 큰 기틀이요, 둘째, 요는 비침이 곧 큰 씀이며, 셋째, 요는 비침과 씀이 동시이다.

| 해의(解義) |

　이 삼요(三要)는 임제선사가 학인을 제접(提接)하여 베푸는 방법으로 '비춤'과 '보임'을 밝힌 것이다. '비춤'과 '씀'이라고도 하는데 이를 『인천안목초』에 비춤은 시험함이고, 씀은 법으로 사람에게 보여줌이며, 비춤은 빼앗는 것(奪)이요, 보임은 주는 것(與)이니, 법으로 보여주는 것이라 하였다.

제1요는 "분별이나 조작되지 않는 언어로서 본질(體)을 말하는 것이요,"

제2요는 "있는 그대로 현요(玄要)에 들어가는 현상(相)을 말하는 것이며,"

제3요는 "언어를 떠난 작용(用)을 말한다(第一要爲言語中無分別造作, 第二要爲千聖直入玄奧, 第三要爲言語道斷.)."고 하였다.

또한 제1요는 "큰 기틀이 두루 응함이요(大機圓應)",

제2요는 "큰 작용이 전체에 드러남이며(大用全彰)",

제3요는 "기틀과 작용을 함께 베풂이라(機用齊施)."고 하였다.

이 삼요에 대해서 임제선사의 5세 법손이 되는 분양선소(汾陽善昭)선사의 의견을 들어보자.

어떤 중이 분양선사에게 물었다.

"어떤 것이 '첫째 요' 인가?"

선사가 대답하였다.

"말 가운데 아무런 꾸며댐이 없는 것이니라."

"어떤 것이 '둘째 요' 인가?"

"여러 성인이 현묘한 경지에 들어간 것이니라."

"어떤 것이 '셋째 요' 인가?"

"네 가지 문제(四句)와 백 가지 아닌 것(百非) 밖에서 한산의 길을 다 밟는 것이니라(四句百非外 盡踏寒山道)."고 하였다.

| **음여일송(吟余一頌)** | 나도 한 송 읊조리니,

차 시 삼 요 자
此 是 三 要 者　이 삼요라는 것은

대 용 대 기 언
大 用 大 機 言　대용과 대기를 말하는 것이나

진 실 원 래 위
眞 實 原 來 位　진실한 원래 자리는

불 인 입 성 문
不 認 入 醒 門　깨닫는 문에 듦을 인정하지 않네.

　참된 본래 자리는 언어나 문자를 용납하지 않고 조그만 티끌도 들고 날 수가 없는 공공적적(空空寂寂)한 자리이다. 그러하니 이 자리에서 무슨 대기대용(大機大用)을 말할 것이며, 비추고 씀이나 빼앗고 줌을 말할 수 있겠는가? 결국 모두 부질없는 것으로 어떤 이론도 성립되지 않는다.

❸ 삼현(三玄)

체 중 현　　삼 세 일 념 등　　　구 중 현　　경 절　언 구 등　　　현 중
體中玄은 三世一念等이요, 句中玄은 徑截[1]言口等이요, 玄中

현　양 구　방　할　등
玄은 良久[2]棒[3]喝[4]等이라.

　체 가운데 현은 삼세가 한 생각이라는 것들이요, 구 가운데 현은 지름길 말들이며, 현 가운데 현은 양구와 방망이와 할들이다.

1) 경절(徑截): '바로 질러간다' 는 뜻이다. 돌아가지 않고 곧장 지름길로 간다는 의미이다. 경절문(徑截門)이라는 말이 있다. 경절문이란 소위 일초직입여래지(一超直入如來地)의 단도직입적인 길을 말하는 것이니, 일체의 어로(語路), 의리(義理), 사량 분별의 길을 거치지 않고 직접 마음의 본체에 계합함을 일컫는다. 보조국사 지눌은 돈오점수를 일반적인 사람들을 위한 깨침과 닦음의 길로 제시하면서도 다시 경절문을 시설하여 특수한 근기의 사람들을 또한 포용하고 있다.

2) 양구(良久): 잠시 후, 한참 있다가, 얼마동안이라는 뜻. 대중 앞에서 큰 스님이 설법할 때 잠시 동안 침묵하고 나서 말을 계속할 때 침묵하는 상태를 양구라 한다.

3) 방(棒): 몽둥이, 또는 막대기 등. 덕산방(德山棒)이 유명하다. 덕산선감(德山宣鑑) 선사가 제자들을 지도할 때 자주 몽둥이 30대를 때렸다. 그 가풍(家風)을 일러 덕산방이라 한다. 덕산선감은 제자들이 도를 물어 올 때에도 몽둥이를 자주 들었다. 덕산선감의 몽둥이는 지극히 엄격하면서도 자비스런 것이라고 정평(定評)이 나 있다. 덕산봉은 임제할(臨濟喝)과 쌍벽을 이루어 널리 행해졌다. 덕산방은 사량 계교가 전혀 없어 불법교화의 진수(眞髓)였지만, 후세에 와서는 악용되어 도를 깨치지 못한 수행자도 함부로 몽둥이를 드는 폐단도 생겨났다.

4) 할(喝): ①선승들 사이에서 쓰는 위엄 있게 꾸짖는 소리. 남을 꾸짖을 때, 또는 말로서 표현할 수 없는 경우에 이 소리를 질러서 학인의 칠통을 타파하는 것. ②선종에서 스승이 참선하는 제자를 가르칠 때 질타하는 일종의 큰 고함소리. 말이나 글로써 표현할 수 없는 절대의 진리를 나타내기 위하여 할을 사용한다. 할은 마조도일 때부터 시작된 것으로 보이고, 임제 의현 때부터 많이 사용되었다. 방(棒)과 함께 선가의 큰 특성으로 평가 받는다. 이 할은 우리나라에도 전래되어 선가에서 흔히 쓴다.

첫째, 체중현(體中玄)은 우리가 몸의 행, 그 가운데 현묘함이 있다.

둘째, 구중현(句中玄)은 말 가운데에 현묘함이 있다. 무지한 사람과 지혜 있는 사람의 말이 다르다. 선가의 말은 법만 말하고, 직설법만 용납하고 돌려 말하는 것은 세우지 않는다.

셋째, 현중현(玄中玄)을 도중현(道中玄)이라고도 한다. 사실 우주의 진리는 현묘하여 그 뜻을 알기가 어렵다. 그러므로 그 현중현의 현묘함을 말로 나타내기 어려워 양구, 할, 몽둥이로 나타낸다. 끝없는 이치를 침묵으로 밖에 표현할 길이 없고, 마음 이전의 마음을 할이나 몽둥이로 밖에 나타낼 수 없는 것이다. 꾸미는 것을 용납하지 않는 것이 선가이다. 선가에서는 마음의 가식 없음을 제일로 삼는다.

임제스님이 이야기한다.

"한 구절의 말에 모름지기 삼현문을 갖추었고, 일현문에 모름지기 삼요가 갖추어서 방편도 있고 작용도 있으니, 그대들 모든 사람들은 이것을 어떻게 이해하는가?" 하고 법좌에서 내려오다(師云 "一句語에 須具三玄門 一玄門 須具三要 有權有用 汝等諸人 作麼生會" 下座).

삼현(三玄)에 대하여 더 풀이를 한다면,

'체중현'은 한 어구(語句)도 수식함이 없음을 가리키는 것으로 모든 사물의 진상(眞相)과 도리에 의거하여 그대로 표현하는 것을 말한다고 할 수 있고,

'구중현'은 분별이나 정식(情識)에 끌려다니지 않음을 가리키는 것으로 언어에 구애되지 않고 능히 현오(玄奧)를 깨닫는 것을 말하는 것이며,

'현중현'은, 곧 용중현(用中玄)으로 일체 상대적인 이론과 어구 등 모든 질곡(桎梏)을 여읜 현묘구(玄妙句)를 말한다.

제1현은 전기조응(全機照應)을 말하는 것이요,

제2현은 묘용종횡(妙用縱橫)을 말하는 것이며,

제3현은 기용제시(機用齊施)를 말하는 것이다.

『인천안목』에 분양선사와 스님의 문답이 실려 있다.

스님이 물었다.

"어떤 것이 제1현입니까?"

선사가 대답하였다.

"친히 음광 앞에서 부촉하셨다(親囑飮光前)."

"어떤 것이 제2현입니까?"

"형상 끊어지고 말로 설명함을 여의었다(絕相離言詮)."

"어떤 것이 제3현입니까?"

"밝은 거울을 비추어도 부처가 없다(明鏡照無佛)."

| 음여일송(吟余一頌) | 나도 한 송 읊조리니,

玄妙之眞理　현묘한 진리라도

不醒不用方　깨치지 않으면 쓰려 해도 방법이 없네.

能離相語說　능히 형상과 말의 설명 여의면

自現道源光　저절로 도의 근원 빛이 나타나리라.

아무리 현묘한 진리가 눈앞에 있다고 할지라도 깨침이 없다면 활용의 방도를 세울 수가 없다. 그러니 공부하는 사람은 어떤 형상이나 미사여구(美辭麗句)를 통해 알려 하고 찾으려 한다면 깨우치기가 어려울 것이니, 모든 문자나 말이나 형상을 놓아버리고 여의어서 내조(內照)로 파고들어야 도의 근원을 투득할 뿐만 아니라 그 빛을 머금어 온갖 조화를 나투게 된다.

❹ 사료간(四料簡)

奪人不奪境은 待下根이요, 奪境不奪人은 待中根이요, 人境兩
俱奪은 待上根이요, 人境俱不奪은 待出格[1]人이라.

사람을 빼앗고 경계를 빼앗지 않는 것은 하등 근기들을 접대하는 것이요, 경계를 빼앗고 사람을 빼앗지 않는 것은 중등 근기들을 접대하는 것이요, 사람과 경계를 함께 빼앗는 것은 상등 근기를 접대하는 것이요, 사람과 경계를 함께 빼앗지 않는 것은 격을 벗어난 사람들을 접대하는 것이니라.

| 주석(註釋) |

1) 출격(出格):일정한 격식(格式)을 벗어나 깨뜨림, 또는 그렇게 깨뜨린 격식, 별격(別格), 파격(破格).

요간(料簡)이란 깊은 뜻을 분석하고 간택하여 풀이한다는 뜻이
요, 또는 어떤 문답(問答)을 세워서 뜻을 가리고 풀어간다는 뜻이다.
또는 사량 분별하는 것, 나누어 구분하는 것, 분류 표준 또는 기준 등
의 뜻도 있다.

이는 참선 공부가 깊어지는 단계나 공부 속에서 주체와 환경을
지우기도 하고 살려내기도 하는 단계, 또는 수행자의 근기나 공부가
익은 경지에 맞추어 필요한 가르침을 주는 단계를 네 가지로 분류하
고 있다.

4료간이란 어떤 의미인가? 이 4료간에 있어서 '인(人)'은 어떤 의
미이고, '경(境)'은 어떤 의미이며, '탈(奪)'은 어떤 의미인가?

'인(人)'이란, 곧 나, 개인, 주체, 주관 등을 뜻하는 것이요,

'경(境)'은 나를 둘러싸고 있는 환경, 즉 대상으로서의 세상, 사
물, 객체, 객관, 우주만법 등을 뜻하는 것이며,

'탈(奪)'은 '빼앗는다. 제거(除去)한다. 부정(否定)한다'는 의미를
가지고 있다.

첫째, 탈인불탈경(奪人不奪境)은 곧 주관(主觀)을 빼앗고 객관(客觀)
은 둔다는 것으로, 만법(萬法) 밖에 자기를 인증하지 아니하여 사람을
대해 나의 아견(我見)의 집착을 파제(破除)하는 것을 말한다.

둘째, 탈경불탈인(奪境不奪人)은 곧 객관을 빼앗고 주관은 둔다는
것으로 세계가 나타남이 자기의 마음 가운데 있는 것이므로 법으로
써 실유(實有)의 관점을 파제하는 것을 말한다.

셋째, 인경양구탈(人境兩俱奪)은 곧 주관과 객관의 견해를 부정하

는 것으로 아집(我執)과 법집(法執)을 부셔버리는 것을 말한다.

넷째, 인경구불탈(人境俱不奪)은 곧 주관과 객관을 긍정하여 각각 존재하게 하는 것을 말한다.

같은 의미이겠지만 더 쉽게 말하자면 다음과 같다.

첫째, 탈인불탈경(奪人不奪境)은 자기 자신을 부정하고 대상에 몰입하는 것을 말한다.

둘째, 탈경불탈인(奪境不奪人)은 대상을 부정하고 자기 자신만을 주목하는 것을 말한다.

셋째, 인경양구탈(人境兩俱奪)은 자신과 대상을 모두 부정하는 것을 말한다.

넷째, 인경구불탈(人境俱不奪)은 자신과 대상을 모두 부정하지 않는 것을 말한다.

또한

'탈인불탈경'은 하품의 근기를 다루는 방법이요,

'탈경불탈인'은 중품의 근기를 다루는 방법이며,

'인경양구탈'은 테두리 밖의 근기를 다루는 방법이요,

'인경구불탈'은 상품의 근기를 다루는 방법이라고 할 수 있다.

| 음여일송(吟余一頌) | 나도 한 송 읊조리니,

於人無佛衆　사람에는 부처와 중생이 없고
어 인 무 불 중

于境絶淸塵　경계에는 맑음과 티끌이 끊겼네.
우 경 절 청 진

與^여奪^탈何^하誰^수做^주　주고 빼앗음을 어떤 누가 하는가

節^절風^풍易^역夏^하春^춘　계절 바람에 여름과 봄이 바뀌누나.

사람에게는 원래 부처와 중생이 없다. 스스로 중생이라고 저락(低落)하여 주심(主心)을 잃었을 때 중생이 된다. 경계도 맑고 더러움이 없다. 다만 경계에 끌려 다니다 제자리를 잃어서 티끌이 된다. 무엇을 주고 무엇을 빼앗는가? 줌이 없으면 빼앗을 것 없고, 빼앗음이 없으면 줌도 없다. 여름과 봄이 기승을 부릴지라도 계절의 바람 한번 불면 바뀔 수밖에 없듯이 중생이 부처로 바뀌는 것도 마찬가지이다.

❺ 사빈주(四賓主)

賓[1]中賓은 學人이 無鼻孔이니 有問有答이요, 賓中主[2]는 學人이 有鼻孔이니 有主有法이요, 主中賓은 師家無鼻孔이니 唯問在요, 主中主는 師家有鼻孔이니 不妨奇特[3]이라.

손님 가운데 손님은 배우는 사람이 콧구멍이 없는 것이니 물음이 있고 대답이 있는 것이요, 손님 가운데 주인은 배우는 사람이 콧구멍이 있는 것이니 주인도 있고 법도 있는 것이요, 주인 가운데 손님은

스승의 콧구멍이 없는 것이니 오직 묻는 것만 있는 것이요, 주인 가
운데 주인은 스승의 콧구멍이 있는 것이니 기특한 것도 방해되지 않
음이라.

주석(註釋)

1) 빈(賓):손. 손님. 객체(客體). 객관(客觀). 따르다.
2) 주(主):주인. 주체(主體). 주관(主觀). 조종(操縱)하다.
3) 기특(奇特):①기묘(奇妙)하다. ②기괴(奇怪)하다. ③특출(特出)하다.

해의(解義)

임제종에서 4료간(料簡)과 함께 학인을 교화하는데 쓰는 방법이
다. 여기서 '빈(賓)'은 학인(學人)을 말하고, '주(主)'는 사가(師家)를
말한다. 또한 학인은 배우고 따르는 사람이요, 주는 스승이요 종사
(宗師)로 가르치는 사람이요, 이끄는 사람이라고 할 수 있다.

때로는 스승과 학인이 문답할 때에 또는 스승의 견처(見處)가 학
인보다 우수할 수도 있고, 또는 학인의 견처가 스승보다 우수한 경우
도 있는데 이 관계를 네 가지로 나눈 것을 일러서 '사빈주(四賓主)'라
고 한다.

첫째, 빈중빈(賓中賓)은 학인이 어리석어서 스승의 교화를 받으면
서도 알아차릴 수 없는 경우를 말한다.

둘째, 빈중주(賓中主)는 학인의 견처(見處)가 스승보다 우수하여

스승이 학인에게 심경(心境)이 관파(觀破)되는 경우를 말한다.

셋째, 주중빈(主中賓)은 스승에게 학인을 교화할 만한 역량이 없는 경우를 말한다.

넷째, 주중주(主中主)는 스승이 스승으로서 갖출 역량을 제대로 구비한 경우를 말한다.

이 '사빈주'는 임제의현(臨濟義玄) 선사가 당대 선(禪)을 수행하는 학인들과의 사이에서 이루어진 일화에서 유래한 화두이다.

임제선사는 선을 지도하는 사람과 배우는 사람의 관계를 네 종류로 나누어서 말하고 있다.

배우는 자가 지도자를 꿰뚫어보는 것을 빈간주(賓看主)라 한다.

지도자가 배우는 자를 꿰뚫어보는 것을 주빈객(主賓客)이라 한다.

서로 깨달음의 눈을 갖추고 꿰뚫어보는 것을 주간주(主看主)라 한다.

서로 깨닫지 못한 상태로 꿰뚫어보는 것을 객간객(客看客)이라 하였다.

내역을 구체적으로 말하자면,

선객(禪客)이 물었다.

"어떤 것이 손님이 주인을 보는 것입니까?(如何是賓看主)"

임제선사가 대답한다.

"선지식을 방문하여 오는 기틀을 가려서 홀로 높고 홀로 행하니 벗이 없음이로다(訪問知識辨來機 獨尊獨行無伴侶)."

또 묻는다.

"어떤 것이 주인이 손님을 보는 것입니까?(如何是主看賓)"

대답한다.

"앉아서 구름이 일어나고, 구름이 멸함을 보다가 온전한 기틀과 큰 씀을 임의로 자재함이로다(坐觀雲起雲滅 全機大用任自在)."

또 묻는다.

"어떤 것이 주인이 주인을 보는 것입니까?(如何是主看主)"

대답한다.

"어전에 명을 빌지만 용서하지 아니함이로다(御殿乞命不容恕)."

또 묻는다.

"어떤 것이 손님 가운데 손님입니까?(如何是賓中賓)"

대답한다.

"한(韓)나라의 개가 흙덩이를 쫓아감이로다(韓獹逐塊)." 하고,

"산승의 문답공안(問答公案) 점검을 제방(諸方)에 일임(一任)하노라." 한 뒤에 주장자로 법상(法床)을 한번 치고 하좌(下座)하였다.

조동종(曹洞宗)에서도 이 4빈주를 쓰는 경우가 있으나 그 해석에 차이가 있다. 빈을 미(迷)에, 주를 오(悟)에 비유하여 미중미(迷中迷)·미중오(迷中悟)·오중미(悟中迷)·오중오(悟中悟)로 하기도 하며, 또 빈을 용(用)으로, 주를 체(體)로 하여 용중용(用中用)·용중체(用中體)·체중용(體中用)·체중체(體中體)로 한다.

| 음여일송(吟余一頌) | 나도 한 송 읊조리니,

대 각 진 심 득
大覺眞心得　크게 깨쳐 참마음을 얻으면

$$\underset{\text{실 상 재 장 중}}{實\ 相\ 在\ 掌\ 中}$$ 실상이 손바닥 가운데 있으리.

$$\underset{\text{주 빈 원 불 리}}{主\ 賓\ 原\ 不\ 異}$$ 주인과 손님이 원래 다르지 않으니

$$\underset{\text{악 수 무 화 궁}}{握\ 手\ 舞\ 華\ 宮}$$ 손잡고 화려한 집에서 춤추누나.

깨달음이 제일이다. 자기의 마음을 깨달음이 으뜸이다. 그러면 실상이 마음속에서 태양처럼 떠오른다. 그러면 우주가 마음이요 만유가 몸으로 나타난다. 주인이 누구인가, 또 손님은 누구인가 가르지 말자. 분별하여 피차(彼此)를 규정짓지 말자. 그러하면 너와 내가 손잡고 화려한 우주 궁전에서 발맞추어 춤을 출 수 있다.

❻ 사조용(四照用)

先照[1]後用[2]은 有人在요, 先用後照는 有法在요, 照用同時는 驅耕奪食이요, 照用不同時는 有問有答이라.

먼저 비치고 뒤에 씀은 사람이 있는 것이요, 먼저 쓰고 뒤에 비침은 법이 있는 것이요, 비침과 씀이 동시인 것은 밭 가는 소를 몰아내고 밥을 빼앗는 것이요, 비침과 씀이 동시가 아닌 것은 물음이 있고 대답이 있는 것이니라.

| **주석(註釋)** |

1) 조(照): ①비치다. 밝다. 환하다. 대조하다(對照--). 알리다. 빛. 증서(證書). 증거(證據). ②그 사람의 속을 비추어 본다. 속을 떠본다.

2) 용(用): ①쓰다. 부리다. 사역하다(使役--). 시행하다(施行--). 일하다. 행하다(行--). 작용(作用). 능력(能力). ②법을 쓴다. 법을 보여준다.

| **해의(解義)** |

임제종(臨濟宗)이 수행자를 지도하는 방편으로 세운 네 가지 방법이다. 조(照)는 상대방의 속을 비추어 들여다보는 것이라면, 용(用)은 수행자의 역량과 태도에 맞추어 지도하는 것을 말한다.

첫째, 선조후용(先照後用)이니, 이는 먼저 비추어보고 뒤에 쓰는 것으로 사람이 있는 것을 말한다.

둘째, 선용후조(先用後照)이니, 이는 먼저 쓰고 뒤에 비추어 보는 것으로 법이 있는 것을 말한다.

셋째, 조용동시(照用同時)이니, 이는 비침과 쓰임이 동시에 있는 것으로 밭을 가는 농부의 소를 빼앗고 주린 사람의 밥을 빼앗는 것을 말한다.

넷째, 조용부동시(照用不同時)이니, 이는 물음과 대답이 다 같이 있는 것을 말한다.

임제선사가 대중에게 말하였다.

"나는 어느 때는 먼저 (지혜로) 비춰보고 뒤에 작용을 하며, 어느 때는 먼저 작용을 하며 나중에 비춰보고, 어느 때는 비춤과 작용을

동시에 하며, 어느 때는 비춤과 작용이 동시가 아니기도 하나니라(我
有時先照後用 有時先用後照 有時照用同時 有時照用不同時)."하였다.

"먼저 (지혜로) 비추고 뒤에 작용하는 것은 사람이 있는 데 (해당
되는) 것이요, 먼저 작용을 하고 뒤에 비춰 보는 것은 법[대상]이 있는
데 (해당) 되나니라(先照後用은 有人在요 先用後照는 有法在니라)."

"비춤과 작용이 동시인 것은 밭 가는 농부의 소를 몰아내고 굶주
린 사람의 밥을 빼앗는 것이니, 뼈를 두들겨 골수를 취하고 아픈 데
다가 바늘과 송곳을 꽂는 것이니라(照用同時는 驅耕夫之牛하며 奪飢
人之食이니 敲骨取髓하고 痛下鍼錐니라)."

"비춤과 작용이 동시가 아닐 때는, 물음이 있으면 답이 있고 손
님[객관]도 세우고 주인[주관]도 세워서 물에 합하고 진흙에 화하여
근기에 맞춰서 물(사람들)을 제접하는 것이니, 만약 뛰어난 사람[過量
人]이라면 (법을) 거량하기 이전에 돋우고 일어나 훌쩍 가버리는 것이
라 오히려 조금 견주게 되나니라(照用不同時는 有問有答하며 立賓立
主하야 合水和泥하야 應機接物이니 若是過量人인댄 向未擧已前하야 撩
起便行이라 猶較些子니라)."고 하였다.

이 사조용(四照用)은 사람들을 대해서 깨우치고 법을 쓰는 네 가
지 방법이다. 스승이 사람들에게 최상의 지혜를 일깨워주려면 먼저
사람을 잘 관찰하는 지혜의 비춤이 있어야 하고, 그런 뒤에는 할(喝)
을 하던지 방(棒)을 휘두르던지 하는 행동이 뒤따르게 되는데 이런
경우를 사람이 있는데 해당되는 것이라 할 수 있다.

그 반대의 경우에 있어서 탈인(奪人)이나 탈경(奪境)은 대체적으로
부정했던 것이라면, 여기서는 긍정하는 방법을 드러낸 것으로 표현

은 비록 다르다 할지라도 뜻은 같다. '사람이 있다. 법이 있다.' 라는
것은 사람을 주체에 두었다면, 법은 경계며 대상으로 사람만 두기도
하고 법만 두기도 한다는 의미이다.

비춤과 작용이 동시인 경우에 문제가 된다고 할 수 있다. 밭을 가
는 농부의 소를 몰아내버린다면 어쩌자는 것인가? 또한 굶주린 사람
의 밥을 빼앗아 버린다면 어쩌자는 것인가? 따라서 뼈를 두들겨 골
수를 뽑아내 취하고, 그렇지 않아도 아픈 데다 바늘과 송곳을 침으로
꽂는 것은 또한 어쩌자는 것인가?

위와 같은 상황들은 조용(照用)을 동시에 당해 본 사람이라야 안
다. 사람을 정신 차릴 수 없게 흔든다. 자연 혼비백산(魂飛魄散)이 되
고 만다. 그러나 그 의미는 매우 가치가 있다.

이는 털끝만큼의 사정도 두지 않고 용납하지도 않는다. 오직 조
사의 법령을 통해서 사람들의 신명(身命)을 바꾸는 것이라 할 수 있
다.

비춤과 작용이 동시가 아닐 때라는 것은 물음이 있으면 답이 있
어서 매우 친절하고 접근하기가 쉽다. 마치 물에 빠진 사람을 건지기
위해 물로 뛰어드는 것과 같아서 그 사람의 근기를 따라서 제접하는
경우라 할 수 있다.

| **음여일송(吟余一頌)** | 나도 한 송 읊조리니,

구 자 사 부 자
具 慈 師 傳 者 자비를 갖춘 스승님이란

親切導愚人　친절히 어리석은 사람 인도하여

照用方途示　비추고 써서 방도를 보이지만

在於透覺身　뚫고 깨달음은 자신에게 있다네.

아무리 스승이 자비와 은혜와 사랑을 가지고 어리석은 제자를 꾸짖던지 아니면 달래어 인도를 하며, 조(照)와 용(用)으로 그 사람의 속을 훤히 꿰뚫어보고 법의 길을 보여준다 할지라도 수용하지 않고 밟지 않으면 소용이 없다. 오직 투득하고 깨달음은 자기 자신의 몫이요, 외부에서 이러저러 할 수가 없기 때문이다.

❼ 사대식(四大式)

正利[1]는 少林面壁[2]類요, 平常[3]은 禾山打鼓[4]類요, 本分[5]은 山僧不會[6]類요, 貢假[7]는 達磨不識[8]類라.

‘정리’라 함은 소림굴에서 면벽하고 있는 부류이요, ‘평상 도리’라 함은 화산의 ‘북을 친다’는 부류이요, ‘본분’이라 함은 ‘산승은 모르노라’한 부류이요, ‘거짓을 바친다’함은 달마대사가 ‘알지 못하노라’한 부류이니라.

1) **정리**(正利): 옳은 방법으로 얻은 이익. 정당한 이익. 『전국(戰國)』「연책(燕策)」에 "최상의 사귐을 존중하고 정당한 이익에 힘쓰는 것은 성왕의 사업이다(尊上交 務正利 聖王之事也)."고 하였다.

2) **소림면벽**(少林面壁): 달마대사가 인도에서 중국으로 건너와 불법을 펴려고 했으나 아직 때가 아님을 알고 숭산 소림사로 들어가 9년 동안 벽을 마주하고 앉아 참선했다는 고사(故事). 이때 2조 혜가(慧可)를 만나 법을 전해 주었다. 여기에 유래하여 어떤 큰일을 도모하기 위해 오랫동안 숨어서 준비하는 것을 구년면벽(九年面壁)이라고도 한다.

3) **평상**(平常): 여기서 평상이라 함은 종사가 학인을 제접하여 교화를 하는데 언제나 일정한 형식을 취하여 평상으로 풀어간다는 뜻이다.

4) **화산타고**(禾山打鼓): 『벽암록(碧巖錄)』 44칙에 나온다.

화산(禾山, 891 – 961) 스님이 법어를 했다.

"익히고 배우는 것을 들음(聞)이라 하고, 더 배울 것이 없는 것을 (도에) 가까움이라 한다." 이 두 가지를 초월해야 만이 참된 초월이라고 한다.

스님이 다가와서 물었다.

"어떤 것이 참된 초월입니까?", "(나는) 북을 칠 줄 알지."

"무엇이 참다운 이치(眞諦)입니까?", "북을 칠 줄 알지."

"마음이 바로 부처라는 것을 묻지 않겠습니다. 마음도 아니고 부처도 아니라는 것은 무엇입니까", "북을 칠 줄 알지."

"향상인(向上人)이 찾아오면 어떻게 하시렵니까?", "북을 칠 줄 알지."
라고 하였다.

이는 모든 법이 하나로 통한다는 뜻을 가리켜 '평상의 도리'를 보였다고 할 수 있다.

5) **본분**(本分): 본래의 분제(分際). 본래부터 타고난 모습. 태어나면서 불성(佛性)을 가지고 있다는 인간 본연의 모습. 미혹이나 깨달음의 경지에 관계가 없는 절대의 경지를 말한다.

6) **산승불회**(山僧不會): 산승이란 곧 선승(禪僧)을 말하는 것으로, 자신이 자신을 낮추고 겸손하게 이르는 말이다. 석두희천(石頭希遷) 선사에게 도오(道悟)가 "육조의 바른 법을 어떤 사람이 얻었습니까?"라고 묻자, 석두희천은 "불법을 안 사람이 얻었느니라."고 대답했다. 이어 "스님도 얻었습니까?"라는 물음에 "나는 불법을 모른다."고 하였다. 만일 안다고 하면 사량분별에 떨어지고 만다.

7) **공가**(貢假): '진가(眞假)'로 보는 것이 옳다. 진(眞)은 실(實)이요, 가(假)는 권(權)으로 실교(實敎)와 권교(權敎)를 가리킨다. 실교인 진(眞)에 깨쳐 들어가기 위한 과정으로 베푼 것이 권교라는 뜻이다.
「벽암록(碧巖錄)」 1칙에 나오는 말로 달마가 중국에 와서 양(梁)무제(武帝)와 나눈 대화 가운데 나온다. "양무제가 달마대사에게 '무엇이 근본 되는 가장 성스러운 진리입니까?' 라고 물었다. 달마는 '텅 비어 성스럽다 할 것도 없습니다.' 라고 했다. 양무제는 '나와 마주한 그대는 누구입니까?' 라고 하자, 달마는 '모르겠습니다.' 라고 대답하였다(梁武帝, 問達磨大師. 如何是聖諦第一義. 磨云, 廓然無聖. 帝曰, 對朕者誰. 磨云, 不識.)." 이는 말로 할 수 없는 것을 말로 하면 어긋난다. 이런 것을 진가(眞假)라 한다.

8) **달마불식**(達磨不識): "7) 공가(貢假)" 주석 참조.

임제종(臨濟宗)엔 학인에게 깨달음을 얻게 하는데 네 가지 격식

(格式)이 있다. 이것을 '사대식(四大式)'이라고 한다.

첫째, 올바른 방법을 일러주어 깨달음을 얻게 하는 격식으로 달마대사가 소림굴에서 벽을 마주하고 있는 것을 말한다.

둘째, 평상시의 도리로 깨달음을 얻게 하는 격식으로 화산(禾山)스님이 '북을 칠 줄 안다'는 것을 말한다.

셋째, 본분(本分)으로 깨달음을 얻게 하는 격식으로 '산승은 알지 못 한다'는 것을 말한다.

넷째, 방편으로 깨달음을 얻게 하는 것으로 달마가 '알지 못한다'는 것을 말한다.

이 '네 가지 큰 격식'은 『인천안목(人天眼目)』이나 다른 문헌에는 없는 것인데 영각선사(永覺禪師), 곧 명(明)나라 고산원현(鼓山元賢) 선사의 찬술이라고 하는 『종문현감도(宗門玄鑑圖)』에 '사대식'의 명목이 나와 있다.

다음에 나오는 방(棒)과 함께 옛적에 전하여 온 명목이다.

『종문현감』의 "사대식조"에 묻기를, "현·요 외에 다시 어떤 법이 있습니까?"

대답하기를, "네 가지의 큰 격식이 있다.

첫째, '정리대식(正利大式)'이니, 초조(初祖 ; 達磨)가 소림에 있던 것이 그것이다.

둘째, '평상대식(平常大式)'이니, 화산이 북을 치는 것이 그것이다.

셋째, '진가대식(眞假[貢假]大式)'이니, 앞의 두 가지 격식을 통한 것이다.

넷째, '본분대식(本分大式)'이니, 초조가 양무제를 볼 때에 '모른다(不識)' 라고 한 것이 그것이다."라고 하였다.

　이 '사대식'에 대해서는 '주석(註釋)'을 읽어보면 그 의미를 쉽게
파악할 수 있다.

| 음여일송(吟余一頌) | 나도 한 송 읊조리니,

　　備德宗師者　학덕을 갖춘 종사는

　　授通弟子心　제자의 마음을 트여주려고

　　設全方便路　온갖 방편의 길을 설정하여

　　終乃顯深沈　마침내 깊이 잠겼다가 드러내네.

　공부하는 사람이 스승을 만난다는 것은 절대 작은 일이 아
니다. 일생 내지 영생을 통해서 정안종사(正眼宗師)를 만나면
비록 조금 부족하더라도 그만큼 공부가 수월스럽지만 그렇지
않으면 터덕거릴 수밖에 없는 것이니, 스승을 찾고 만나 큰일
을 해결한다면 영생을 통하여 이보다 더 즐겁고 행복함이 없
으리라 생각한다.

❽ 사할(四喝)

金剛王寶劍[1]은 一刀에 揮斷一切情解[2]요, 踞地獅子[3]는 發言

吐氣에 衆魔腦裂이요, 探竿影草[4]는 探其有無承師鼻孔이요, 一喝不作一喝用[5]은 具上三玄四賓主等이라.

금강왕 보배 칼은 한 칼에 온갖 정식과 알음알이를 휘둘러 끊어 버리는 것이요, 땅에 웅크린 사자는 말을 발하거나 입김을 토함에 뭇 마군의 머리가 찢어지는 것이요, 탐지하는 댓가지와 그림자 보이는 풀 묶음은 그 상대자의 콧구멍이 있는가 없는가를 탐지하는 것이요, 한 할은 한 할만을 쓰지 않는다는 것은 위의 삼현과 사빈주 같은 것들을 다 갖추었나니라.

| 주석(註釋) |

1) 금강왕보검(金剛王寶劍): ① 금강왕의 보검. 반야지를 비유하는 말. 반야지는 견고한 금강석으로 만든 보검이 무엇이든지 깨부수는 것과 같이 일체의 번뇌를 물리치므로 이렇게 말한다. ② 『벽암록』 제73칙 「송(頌) 평창(評唱)」에 "석가께서 일대시교(一代時敎)를 말씀하시고 마지막에 오직 심인(心印)을 전수하셨는데, 이를 금강왕 보배칼, 또는 정위라고 한다."는 글이 있다.

2) 정해(情解): 정(情)은 '유정(有情), 인식기관, 마음, 생각, 정식(情識)' 등의 뜻이고, 해(解)는 '해탈, 깨닫다, 이해, 해석, 생각' 등의 뜻이다. 즉 인간이 갖는 온갖 생각과 알음알이를 말한다.

3) 거지사자(踞地獅子): 땅에 웅크리고 앉아 먹이를 노리는 사자. 『임제록(臨濟錄)』에는 금모사자(金毛獅子)로 되어 있는데 이 황금털은 늙은 사

자를 형용한다. 『벽암록』 제72칙 평창에 "사자가 동물을 낚아챌 때는 이빨과 발톱을 숨기고 땅에 웅크리고 앉아 있다가 잽싸게 돌려 던져 크고 작은 동물들을 가림 없이 언제든지 모든 위엄을 다하고 갖은 공을 다 드린다(獅子捉物 藏牙伏爪 踞地返擲 物無大小 皆以全威 要全其功)."라는 글이 있다. 아직 잽싸게 몸을 날리기 이전이지만 그 이상의 용맹스런 모습을 나타낸 말이다.

4) **탐간영초**(探竿影草): 어부가 고기를 잡을 때에는, 먼저 물의 깊고 얕음을 알아보기 위하여 막대기를 사용하는 것이고, 도둑이 남의 집에 들어가려 할 때에 먼저 불 꺼진 방안에 주인이 잠들었는지 알아보기 위하여 풀 묶음을 달빛에 흔들어서 그 창문에 비추어 보는 것이다. 도인들도 법을 문답할 때에 상대편을 여러 가지 방법으로 시험하게 된다.

5) **부작일할용**(不作一喝用): 사할(四喝) 가운데 어느 한 할의 작용에만 얽매이지 않는다는 말이다.

| 해의(解義) |

네 가지 할(喝)은 임제선사(臨濟禪師)가 학인을 교화하기 위해 제시한 교설이다. 할(喝)을 하는 것도 때와 장소, 그리고 학인의 근기에 따라 여러 가지 방편이 있음을 보여준 것이라 할 수 있다.

첫째, 금강왕(金剛王) 보검의 할(喝)은 한 칼에 온갖 행각(行脚)과 알음알이를 끊어버리는 것을 말한다.

둘째, 땅에 웅크리고 앉아있는 사자의 할(喝)은 말을 하거나 입김만 불어도 모든 마군이의 머리가 터지는 것을 말한다.

셋째, 탐지하는 낚싯대와 풀 묶음이란 상대방의 콧구멍이 있는가 또는 없는가를 탐지하는 것을 말한다.

넷째, 한 가지 할(喝)은 한 가지의 할로만 쓰이지 않고, 삼현(三玄)과 사빈주(四賓主) 같은 것들이 다 갖추어 있다는 것을 말한다.

흔히 선가에 전해오는 말에 '임제할 덕산방(臨濟喝 德山棒)'이 있다.

'임제할'이란 종문에서 법을 문답하는데 쓰는 한 법어인데, 큰소리로 '엑! 퓍!' 하고 꾸짖는 형세를 짓는 것을 말한다. '할'을 처음 쓴 것은 마조(馬祖)인데, 임제가 많이 써서 지금에 '임제할'이라고 한다.

'덕산방'이란 덕산선감(德山宣鑑) 선사가 제자들을 지도할 때 자주 몽둥이를 들어 30대를 때렸는데 그 가풍(家風)을 일러서 '덕산방'이라 한다. 덕산선감은 제자들이 도를 물어올 때 몽둥이를 자주 들었다고 한다. 이에 덕산선감의 몽둥이는 지극히 엄격하면서도 자비스런 것으로 정평(定評)이 나 있다.

덕산의 몽둥이는 사량계교가 전혀 없는 불법교화의 진수(眞髓)였지만, 후세에 와서는 악용되어 도를 깨치지 못한 수행자도 함부로 몽둥이를 드는 폐단도 생겨났다.

여기서는 임제선사의 할을 말하는 것으로 이것이 '임제사할(臨濟四喝)'이다.

임제선사가 스님에게 묻기를, "어느 때 일 할은 금강왕의 보검과 같고, 어느 때 일 할은 땅에 웅크리고 앉아 있는 금모사자와 같으며, 어느 때 일 할은 탐간영초와 같고, 어느 때 일 할은 일 할의 씀을 짓지 아니하니, 너는 무엇을 알겠느냐?" 스님이 말을 하려고 하니, 임제가 문득 할을 하였다.

| **음여일송(吟余一頌)** | 나도 한 송 읊조리니,

개 심 임 제 할
開 心 臨 濟 喝　마음이 열림은 임제의 꾁 소리요

벽 리 덕 산 부
闢 理 德 山 棓　이치가 열림은 덕산의 몽둥이라.

본 시 장 영 성
本 始 藏 靈 性　본래부터 신령한 성품 갈무렸기에

혜 광 차 리 추
慧 光 此 裏 抽　지혜의 광명이 이 속에서 빼어나네.

　마음이 열리고 이치가 열리는 것은 스스로 할 수도 있지만 선지식의 도움을 받으면 쉽게 발현될 수가 있다. 마치 강을 건너는 사람이 헤엄을 치기도 하지만, 배를 타면 힘들이지 아니하고 저 언덕에 닿는 것과 같은 이치이다. 사람마다 본래 갈무린 영성(靈性)이 있기 때문에 꼭지만 따주면 부처님의 지혜 광명이 빼어나고 솟아나 우주를 덮고 삼천대천세계에 흘러가게 된다.

❾ 팔봉(八棒)

촉 령 반 현
觸令返玄[1]과　접 소 종 정
接掃從正과　고 현 상 정
靠玄傷正과　고 책
苦責은　벌 봉
罰棒이요,　순 종
順宗 지[2]
旨[2]는　상 봉
賞棒이요,　유 허 실
有虛實[3]은　변 봉
辨棒이요,　맹 가
盲枷는　할 봉
瞎棒이요,　소 제 범
掃除凡 성
聖은　정 봉
正棒이니라.

명령을 좇아 이치(玄)에 돌아가게 하는 것과, 닥치는 대로 쓸어버리고 바름을 따르는 것과, 이치도 내버리고 바른 것까지도 해치는 것과, 몹시 꾸짖는 것은 벌 주는 방망이요, 종지에 맞는 것은 상 주는 방망이요, 비게도 하고 차게도 하는 것은 가리어 보는 방망이요, 함부로 쓰는 것은 눈먼 방망이요, 범부와 성인을 쓸어 제거하는 것은 바른 방망이니라.

| 주석(註釋) |

1) 현(玄):①오묘(奧妙)하다. 심오(深奧)하다. 신묘(神妙)하다. 통달(通達)하다. ②이치(理致). 진리(眞理). 하늘. ③태고(太古)의 혼돈(混沌·渾沌)한 때.
2) 종지(宗旨):①한 경전에서 말하여 나타내는 뜻. 종치(宗致)·종교(宗敎)·종체(宗體) 등과 같음. ②또는 하나의 종파가 내세우는 취지. ③한 종교의 가장 근본 되고 중심이 되는 교의(敎義)와 취지(趣旨).
3) 허실(虛實):①텅 빈 것과 가득 찬 것. ②거짓과 진실. ③형식과 내용.

| 해의(解義) |

앞 장에서는 '네 가지 할'을 말하였고, 여기서는 '여덟 가지 몽둥이(방망이)'를 말하였다. 그런데 이 '팔방'에 대해서는 『인천안목』이나 『오가정총찬』 그 어디에도 밝혀진 바가 없는데 '명각선사'의 『종문현감』에 '팔방'을 밝힌 것이 있어서 소개한다.

학인을 다루고 법을 보여주는데 여덟 가지 몽둥이(방망이)가 있다

하였으니,

첫째, 촉령반현(觸令反玄)의 방망이이니, 예를 들면 덕산선사가 "오늘 밤으로 이 화제에 대답하지 아니하면 30방망이를 때리리라." 하자, 한 중이 나와서 예배를 하였는데 덕산선사는 방망이로 때렸다.

둘째, 접소종정(接掃從正)의 방망이이니, 어떤 중이 방망이를 맞고 "제가 아무 말도 묻지 않았는데 왜 때립니까?"라 하자,

"너는 어디서 온 사람이냐?"

"예! 신라에서 왔습니다."

"응, 뱃전(船側)을 밟지 않았으니(不踏船舷) 30방을 맞아야 한다." 라고 하였다.

셋째, 변기제정(辨機提正)의 방망이이니, 근기를 가려서 바로잡아 주는 것으로서 종사를 찾아보는데 그 거동이 단정하지 아니하고 예의가 태만하면 종사가 한 방망이를 갈긴다.

넷째, 고현상정(靠玄傷正)의 방망이이니, '대선불(大禪佛)'이란 서역 스님이 앙산화상 앞에 발뒤꿈치를 들고 서서 하는 말이,

"서천(西天:印度) 28조도 이러하고, 당나라 6조도 이러하고, 화상도 또한 이러하고, 또한 이러하오."라고 하자, 앙산이 네 번 때려 주었다.

다섯째, 인순종승(印順宗乘)의 방망이이니, 종사가 학인과 문답하는데 뜻이 서로 계합(契合)하였을 경우에 종사가 한 방망이 내리치는 것이 그것이다.

여섯째, 맹가할방(盲枷瞎棒), 곧 '소경방망이'이니, 어떤 장로가 학인을 때리는데 학인이 이르기를,

"아무 의미 없습니다."라고 하는데 그에 대한 아무런 수작이 없는 것을 '소경방망이'라고 한다.

일곱째, 고험허실(考驗虛實)의 방망이이니, 허실을 시험하는 방망이로 종사가 되묻자, 학인의 대답이 어떤 극칙(極則: 難關)에 이르렀을 때에 종사가 한 방망이 때리는 따위로 '고책우치(苦責愚癡)의 방망이'라고도 한다. 학인이 종사에게 참문(參問)할 적에 종사가 갖가지로 일러주어도 학인이 전혀 알아듣지 못할 때에 한 방망이 때리는 것이 그것이다.

설봉화상(雪峰和尙)이 등에 등나무를 한 묶음 지고 가다가 길에서 한 스님을 만나 그 등나무를 벗어버리자, 그 스님이 그 등나무를 집어가지려 할 때에 설봉화상이 밟아 거꾸러뜨린 것이 그것이다.

여덟째, 소제범성(掃除凡聖)의 방망이이니, 예를 들면 "바로 한 마디 이르더라도 한 방망이요, 알지 못하더라도 한 방망이 때린다는 것은 비로소 바른 방망이이다."라고 하였다.

이 『종문현감』에는 셋째의 '변기제정(辨機提正)'이 더 있고, 여기의 넷째 '고책(苦責)'과 여섯째 '허실(虛實)'을 한데 합쳤다.

여기에서 '첫째·둘째·셋째·넷째'의 네 가지 방망이는 벌 주는 방망이요, '다섯째'는 상 주는 방망이이며, '여섯째'는 참과 거짓을 가려내는 방망이이요, '일곱째'는 소경방망이이고, '여덟째'는 참으로 바른 법을 드러내는 방망이이다.

방망이질을 하는 데는 대체로 몇 가지 성질이 있다.

벌(罰)로 때리는 것이 있고, 상(賞)으로 때리는 것도 있다. 사람이 미워서 때리기도 하고, 귀여워서 때리기도 한다. 또한 거짓과 진실을

가려내기 위함도 있고 손버릇처럼 휘젓는 소경의 방망이도 있지만,
사실 '바른 법 방망이'는 모래에서 바늘 찾는 것처럼(沙中索針) 어렵다.

| **음여일송(吟余一頌)** | 나도 한 송 읊조리니,

古今修道者　예나 지금 도를 닦는 자가

欲覺佛心源　부처 마음 근원을 깨우고자 할진대

棒下眞醒在　몽둥이 아래 참 깨달음이 있으니

打躬莫做諠　몸을 때리더라도 떠들어대지 말지라.

수도를 한다는 것은 그 목적이 부처와 조사를 이루는데 있다고 보아야 한다. 만일 도를 닦는 사람이 불조(佛祖)를 이루겠다는 뚜렷한 목표가 없이 시간을 보낸다면 끝의 소득도 없게 된다. 그러므로 종사(宗師)들이 자기를 깨우쳐주기 위해 어떤 방편을 쓰더라도 따를 것이요, 반항하거나 떠들거나 성질을 부려서 가르치려는 마음이 물러나도록 하여서는 절대로 안 된다.

❿ 결어(結語)

此等法은 非特臨濟宗風[1]이라, 上自諸佛로 下至衆生히 皆分

上²⁾事니 若離此說法하면 皆是妄語³⁾니라.

이와 같은 법들은 다만 임제종의 가풍만 될 뿐 아니라 위로 모든 부처님으로부터, 아래로는 중생에게 이르기까지 다 분수의 일이니, 만일 이것을 여의고 법을 설한다면 모두 망령된 말이니라.

| 주석(註釋) |

1) 종풍(宗風): ①한 종파의 독특한 특징. 다른 종파와는 서로 다른 독특한 풍속. 가풍(家風)이라고도 한다. ②선사(禪師)의 독특한 지도방법. 교설(敎說).

2) 분상(分上): 입장. 처지. 위치.

3) 망어(妄語): 망설(妄說)·망언(妄言)·망발(妄發)이라고도 한다. 입으로 짓는 악업의 하나. 진실하지 못하고 허망한 말. 사실이 아니고 거짓된 말. 망령되고 떳떳하지 못한 말. 책임감이 없이 때와 곳을 가리지 않고 함부로 하는 말.

| 해의(解義) |

맺는말에 있어서 위에서 여러 가지로 '임제종'의 요지를 밝혔다. '삼구·삼현·삼요·사료간·사빈주·사조용·사대식·사할·팔방' 등이 무엇이라는 것을 소상히 말하였다.

이는 오직 '임제종'에만 있어야 하고, 또 적용되는 것이 아니라 '임제종'에 종사하는 사람들이 먼저 체득하여 깨닫고, 또한 중생들도 체득하고 깨닫도록 길을 열어준 법이니, 이 법이 부처님이나 중생 밖에 따로 있는 법이 아니요, 중생이든 부처든 본래 선천적으로 갖추어있는 본원(本源)을 드러내기 위해 활용되는 법이라, 이런 법을 여의고 다른 법을 말하는 것은 톱니바퀴가 서로 어긋나서 기계를 돌리지 못하고 망가지게 하는 것과 다름없다고 할 수 있다.

서산대사는 선문(禪門)의 오종(五宗) 가운데 '임제종'을 불조(佛祖)의 정통(正統)으로 보았기 때문에 따로 '임제종지(臨濟宗旨)'를 떼어 설명함과 동시에 이렇게 결론을 내린 것이라고 볼 수 있다.

| 음여일송(吟余一頌) | 나도 한 송 읊조리니,

臨 濟 宗 風 者   임제의 종풍이라는 것은

五 分 第 一 成   다섯 나눔 가운데 으뜸을 이뤘으니

末 初 惟 此 法   끝이나 처음이 오직 이 법이요

他 敎 妄 言 聲   다른 가르침은 망령의 말이요 소리네.

선종(禪宗)의 분파에 "임제종(臨濟宗) · 조동종(曹洞宗) · 운문종(雲門宗) · 위앙종(潙仰宗) · 법안종(法眼宗)"이 있다. 이 다섯 종파 가운데 지금까지 활발하게 전하여지는 종은 '임제종'이 으뜸이라고 할 수 있다. 종파마다 자기 종이 제일이라고 하겠지만 '임제종'의 분상에서는 선종의 정통으로 자리매김하여 당당하게 전하여졌고, 그 나머지 가르침은 망령된 말이요 소리라고 치부하고 있다.

80

임제의 "할"과 덕산의 "방"

| 원문(原文) |

임제할　덕산방
臨濟喝과 德山棒[1]이 皆徹證無生[2]하야 透頂透底하야 大
之機大用이 自在無方하야 全身出沒하며 全身擔荷하야 退守
文殊普賢大人境界나 然이나 據實而論컨대 此二師도 亦不
免偸心鬼子[3]니라.

임제의 '할'과 덕산의 '방'이 다 무생의 도리를 철저히 증득하여 정상을 꿰뚫고 밑바닥 꿰뚫어서 큰 기틀과 큰 작용이 자재하고 방소(方所)가 없이 전신으로 출몰하며, 전신으로 짊어지되 물러나 문수와 보현의 대인 경계를 지키지만 그러나 실상대로 말한다면, 이 두 분 스승(임제와 덕산)도 또한 마음을 훔치는 귀신(도깨비)이 됨을 면하지 못함이로다.

┃자해원문(自解原文)┃

凜凜[4]吹毛[5]여 不犯鋒鋩[6]이로다.

燦燦[7]寒光[8]珠媚水[9]하고 寥寥[10]雲散月行天이로다.

의젓하고 당당한 털을 붊이여!

시퍼런 칼날을 범하지 말라.

번쩍하는 차가운 빛은 구슬 잠긴 아름다운 물이고

쓸쓸히 구름 흩어져 달이 지나가는 하늘이로다.

┃주석(註釋)┃

1) 임제할 덕산방(臨濟喝 德山棒): '임제할'은 '임제의현(臨濟義玄)' 선사의 가풍(家風)을 가장 잘 상징하는 '할(喝)'을 말하고, '덕산방'은 '덕산선감(德山宣鑑)' 선사가 제자들을 지도할 때 자주 몽둥이를 들어 30대를 때린 가풍의 '방'을 말한다. 이 '할'과 '방'은 선가에서 가장 많이 사용되어 쌍벽을 이루고 있다.

2) 무생(無生): 무(無)는 부정이 아니라 무위(無爲)의 뜻이며 의식 이전의 절대 사실을 말한다. 생기거나 없어지는 변화가 생기지 않는 세계이다. 모든 것은 공(空)이며 그 자체로 고유한 성질을 가지지 않는다. 본래 생멸(生滅)이 없음을 말한다. 일체만물이 생멸하여 무상(無常)이라고 인식하는 소승(小乘)에 대해서 대승(大乘)의 공관(空觀)에서는 인간의 잘못된 분별에 지나지 않는다고 한다. 생멸변화를 초월한다는 점에서 열반(涅槃), 법성(法性), 여래장(如來藏) 등을 무생이라 한다.

3) 투심귀자(偸心鬼子): '임제의 할'과 '덕산의 방'이 좋다고 그것을 붙잡
   고 있으면 귀신(도깨비)에게 걸려 그의 노예, 곧 머슴이 되고 만다는
   뜻이다.

4) 능름(凜凜): 의젓하고 당당(堂堂)하다. 위엄이 있다. 위풍이 있다.

5) 취모(吹毛): 취모는 원래 털을 불어 날리는 것처럼 쉽다는 뜻으로 가벼
   운 것을 비유하는 말이다. 여기서는 칼날 위에 털을 올려놓고 불면 그
   털이 잘릴 정도로 예리한 명검을 가리킨다. 사람들이 본래 갖추고 있
   는 심성 또는 부처의 지혜를 비유하여 하는 말이다.

6) 봉망(鋒鋩): 칼끝. 칼날. 날카로움 또는 날카로운 기세를 비유. 근소한
   것. 미세한 것이라는 의미.

7) 삭삭(爍爍): 빛나는 모양. 반짝반짝하는 모양. 반짝거리다.

8) 한광(寒光): 시퍼런 칼날을 비유한 것. 살풍경한 경색. 겨울의 경색. 겨
   울날의 빛.

9) 주미수(珠媚水): 맑은 물에 빛나는 구슬이 들어 있으니 더욱 맑고 아름
   답다는 뜻이다.

10) 요요(寥寥): 쓸쓸하고 고요한 모양. 공허한 모양. 수가 적은 모양.

| 해의(解義) |

부처님께서 일생을 마치려 생각하시고 말씀을 하셨다.

"내가 녹야원(鹿野苑)으로부터 발제하(跋提河)에 이르기까지 이 중
간에 일찍이 한 법도 설한 바가 없노라 하셨다." 한다.

이것이 유명한 '무일자가설(無一字可說)'이다. 곧 "한 글자(法)도
설함이 없다"는 뜻이다. 부처님이 8만 4천의 무량법문을 하셔서 경
전으로 편집이 되어 오늘날까지 전해지고 있는데 한 글자, 한 법도

설한 바가 없다고 하였다.

그렇다면 부처님의 말씀은 놓아두고라도 부처님 자신이 이 세상에 태어났다는 엄연한 사실도 부정하는 것이 아니겠는가?

그런데 훗날 선사(禪師)나 교학자(敎學者)들이 나와 무엇이나 알고 무엇을 깨달은 것처럼 포장하여 횡설수설하였으니 가관(可觀)이 아닐 수 없다.

그래서 서산대사는 문수(文殊)나 보현(普賢)의 경지를 지킨다고 할지라도 부질없는 것으로 평지풍파(平地風波)가 아닐 수 없으리니, 임제를 말하고 덕산을 말한들 무슨 소용이 있겠느냐고 반문을 하고 있다. 즉 임제나 덕산 자신도 부질없는 귀신이 나타난 것이요, 도깨비에 지나지 않는다는 의미이다.

『문선(文選)』 육사형(陸士衡)의 부(賦)에 "돌이 옥을 갈무리면 산이 빛나고, 물이 구슬을 품으면 시내가 아름답다(石韞玉而山輝 水懷珠而川媚)."는 시가 있다. 이는 사람마다 본래 천품(天稟)에 지닌 자기 불성(佛性)을 밝히고 맑힌다면 거기에서 발현하는 지혜광명이 건곤에 빛나고 우주에 뻗혀간다는 의미이다.

| 음여일송(吟余一頌) | 나도 한 송 읊조리니,

노 리 소 강 설
爐 裏 消 降 雪　　화로 속은 내리는 눈 사라지고

용 중 중 철 탄
鎔 中 衆 鐵 吞　　용광로 가운데는 뭇 쇠 삼키누나.

덕 산 임 제 투
德 山 臨 濟 透　　덕산과 임제가 뛰어났을지라도

집 영 사 심 근
執 影 似 尋 根 그림자 붙들고 뿌리 찾음 같으리.

화로 속에 눈이 떨어지면 바로 녹아 사라진다. 용광로는 새
빨간 입을 벌리고 아무리 많은 쇠도 삼켜버린다. 곧 한번 들
어가면 흔적을 찾을 수가 없다. 그러므로 덕산선사와 임제선
사가 아무리 뛰어났다 할지라도 사람 사람에게 진리를 찾아
주고, 부처를 찾아주며, 조사를 찾아주는 것은 그림자를 붙들
고 뿌리를 찾는 것과 같아서 절대 불가능한 일이라 오직 자
기가 자기의 부처와 조사를 찾고 깨워야 한다.

81

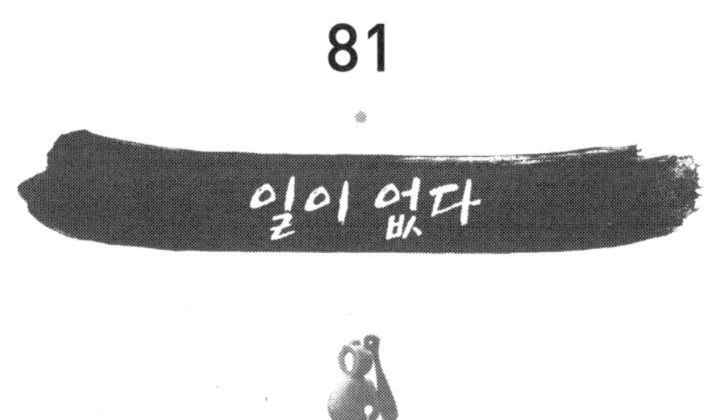

대 장 부　　　 견 불 견 조　　 여 원 가　　　　　　 약 착 불 구　　　　 피 불
大丈夫는 見佛見祖를 如冤家[1]라 하니 若着佛求하면 被佛

박　　　 약 착 조 구　　　 피 조 박　　　 유 구 개 고　　　 불 여 무 사
縛이요, 若着祖求하면 被祖縛이니 有求皆苦라. 不如無事[2]니라.

"대장부는 부처를 보고 조사 보기를 마치 원수와 같이 할지어다." 하니, 만약 부처 구하기에 집착하면 부처에게 얽매임을 입을 것이요, 만약 조사 구하기에 집착하면 조사에게 얽매임을 입을 것이라. 구함이 있으면 다 고통이라 일 없는 것만 같지 못하니라.

불 조 여 원 자　　　 결 상 무 풍 기 랑 야　　　　 유 구 개 고 자　　　 결 상 당 체 편
佛祖如冤者는 結上無風起浪也요, 有求皆苦者는 結上當體便

是也요, 不如無事者는 結上動念卽乖也라. 到此하야 坐斷天下
人舌頭하고 生死迅輪을 庶幾停息也라. 扶危定亂은 如丹霞燒
木佛[3]과 雲門喫狗子[4]와 老母不見佛[5]이라. 皆是摧邪顯正[6]底手
段이나 然이나 畢竟如何오.

常憶江南三月裏에 鷓鴣[7]啼處百花香이라.

부처와 조사도 원수와 같이 여기라 함은 첫머리의 "바람 없는데 물결 일어난다"를 맺는 것이요, 구하는 것이 있으면 다 고통이라 함은 첫머리 "당체가 다 그대로 옳다"를 맺은 것이요, 일 없는 것만 같지 못하다 함은 첫머리 "한 생각 일으키면 곧 어그러진다"를 맺는 것이라. 이에 이르러서 천하 사람의 혀끝을 앉아서 끊고 생사의 빠른 바퀴를 거의 멈추어 쉬게 함이라. 위험을 붙들고 어지러움을 평정함은 '단하선사'가 목불을 살라 버린 것과 '운문선사'가 개밥을 주는 것과 '노파가 부처를 보지 않는다'는 것과 같은 것이라. 모두 요사한 것을 꺾고 바른 것을 드러내는 수단이나 그러나 필경에 어떠한 것인고?

저 강남 삼월이 언제나 그리움에

자고새 우는 곳 온갖 꽃 향기로워라.

| 주석(註釋) |

1) 원가(冤家): 원수가 사는 집. 미운 사람이 사는 집. 보기 싫고 만나기

싫은 사람이 사는 집.

2) **무사**(無事): ①육근에 아무런 일이 없는 것. 육근 동작이 쉬어버리는 것. ②마음속에 사심잡념·분별시비·번뇌망상·삼독오욕·시기질투가 다 쉬어버리는 것. 우주의 진리와 하나가 되어버려 더 이상 구할 것이 없는 것. ③아무 탈이 없는 것. 괴로운 일이나 슬픈 일이나 잘못된 일이 없이 마음이 편안하고 한가한 것.

3) **단하소목불**(丹霞燒木佛): '단하분불(丹霞焚佛)'이라고도 한다. 중국 당나라 때의 단하천연(丹霞天然) 선사가 나무로 만든 부처님을 불태워 버렸다는 이야기이다.

단하천연 선사가 어느 날 낙양의 혜림사(慧林寺)를 찾아들었다. 하얀 눈이 휘날리고 차가운 바람이 휘몰아치는 추운 겨울이었다. 추위를 견디다 못한 단하천연은 생각하다 못해 불당에 모셔놓은 목불(木佛)을 가져다가 도끼로 쪼개어 불을 놓았다. 추위가 가셨다. 마침 이 광경을 본 원주(院主)스님이 깜짝 놀라 소리쳤다.

"아니! 세상에 이런 일이 어디 있소? 부처님을 쪼개어 불을 놓다니!"

그러나 단하천연은 천연덕스럽게 웃으며 말했다.

"스님, 뭘 그렇게 흥분하십니까? 부처님의 몸을 화장하여 많은 사리가 나왔다고 들었습니다. 그래서 나도 이 부처님에게서 사리를 얻을까 싶어서 이렇게 쪼개어 불을 놓은 것일 뿐입니다."

"세상에 이렇게 어리석은 사람이 또 있소. 그래 목불에서 무슨 사리가 나온다는 말씀이요?"

"아, 그래요. 사리가 나오지 않는다면 그것은 나무토막이지 무슨 부처님이요? 날씨가 추워서 나무토막을 좀 때었다고 그렇게 흥분해서 야단칠 것은 없지 않소?" 하였다 한다.

4) **운문끽구자**(雲門喫狗子): 석가모니 부처님이 정반왕의 아들로 태어날 때 "하늘 위, 하늘 아래에서 오직 나 홀로 존귀하다(天上天下唯我獨

尊)."라고 말했다. 이에 대하여 많은 사람들이 여러 가지 해석을 하며 이 말을 찬탄했는데 운문 선사는 이렇게 말하였다.

"내가 당시에 그 자리에 있었다면 그 아기를 몽둥이로 때려잡아 개밥으로나 던져 주어 세상을 태평케 했겠다."

이 말을 전해 들은 선지식들이

"아! 운문이야말로 나 홀로 존귀하다는 유아독존의 뜻을 잘 설명했구나. 과연 부처님의 제자답다"라고 칭찬하였다. 이것이 운문 스님이 부처를 때려잡아 개밥으로나 던져주겠다고 한 것인데 『선문염송(禪門拈頌)』1권에 실려 있는 이야기이다.

5) **노모불견불**(老母不見佛): 부처님이 사위성을 방문하셨을 때 사람들이 물밀듯이 몰려나왔으나 성 동쪽에 살고 있던 한 노파는 부처님을 보지 않으려고 문을 닫고 두 손으로 눈을 가렸다. 그러자 노파의 열 손가락 끝에서 부처님이 뚜렷이 나타났다고 한다. 이것이 문을 닫고 석가모니 부처님을 보지 않으려고 했다는 것으로, 노파의 손가락 끝에 나타난 부처님은 누구라도 저마다의 성품에 다 갖추어져 있는 '자성불(自性佛)'로서 참 부처님이다. 손가락 끝에서 부처님이 나타나는 까닭은 노파가 모든 집착을 벗어나 노파의 눈에 보이는 모든 경계가 참 부처 아닌 것이 없기 때문이다. 『오등회원(五燈會元)』1권에 나오는 이야기이다.

6) **최사현정**(摧邪顯正) = **파사현정**(破邪顯正): 불교에서 부처의 가르침에 어긋나는 사악(邪惡)한 도리(道理)를 깨뜨리고 바른 도리를 드러낸다는 뜻으로, 그릇된 생각을 버리고 올바른 도리를 행함을 비유해 이르는 말이다.

7) **자고**(鷓鴣): 꿩과에 딸린 새 모양은 메추라기와 비슷하나 조금 크다. 날개 길이는 수컷이 17cm, 암컷은 16cm 가량이고, 꽁지는 8-10cm이다. 날개는 감람의 녹색이고, 등·배와 꽁무니는 황갈색(黃褐色)이다.

목에서 눈에 걸쳐 까만 고리가 둘렸으며 부리와 다리는 붉다. 산·들에 살며 풀씨·곤충 따위를 먹는다. 수렵조(狩獵鳥)로서 고기는 맛이 좋다. 우리나라·만주·중국·유럽 동부 등지에 분포하고 있다.

계박(繫縛)이라는 말이 있다. 이 말은 몸과 마음을 얽어 묶고 속박하여 자유롭지 못하게 한다는 것이니 바로 번뇌(煩惱)이다. 이 번뇌는 우리의 몸과 마음을 속박하고 구속하기 때문에 풀려나올 수가 없다.

송아지가 아무리 뛰려 하여도 묶여 있으면 제 마음대로 할 수가 없다. 즉 끈이 닿는 데까지 뛰고 돌아다닐 뿐이다.

우리가 공부하면서 법에 묶이는 것을 법박(法縛)이라 한다. 즉 법이라는 고정관념에 집착하여 거기에 속박되어 교법을 듣고 경전을 보며 스승의 가르침을 받고도 진실한 뜻을 깨닫지 못하거나 실행하는데 도리어 부자유스럽게 매여 법을 자유자재로 활용하지 못하고, 법이라는 것 때문에 도리어 얽매이게 되는 것이니 석가모니불이 열반을 앞두고 "나는 한 법도 설하지 않았다"고 한 것은 법박에 얽매이지 말라는 뜻도 있다.

또한 불박(佛縛)이라는 말도 있는데, 이 뜻은 자기의 본래 성품이 바로 청정한 본원부처인 줄을 모르고 부처와 중생을 구별해서 부처를 자기 마음 안에서 구하지 않고 밖에서 찾아 자유롭지 못한 것으로 도리어 부처에 얽매인 것을 말한다.

열반박(涅槃縛)이라는 말도 있다. 이 말은 열반의 경지에 집착한다는 뜻으로 자신은 항상 열반의 경지에 머물러만 있고 고통에 헤매는 중생을 교화하는데 노력하지 않는 것이니, 이 열반박은 곧 법박이요 소승의 경지라고 할 수 있다.

우리가 흔히 자승자박(自繩自縛)이라는 말을 많이 한다. 이는 자기 마음으로 스스로 번뇌 망상을 일으켜 괴로워하는 것이다. 이는 법에 묶이어 부자유스러운 상태로 제 줄로 제 몸을 묶는 것과 같은 것이니, 제가 쓴 마음씨나 언행으로 말미암아 제 자신의 행동이 자유스럽지 못하게 된다. 흔히 "제 손으로 제 눈 찌른다" "제 재주에 제가 넘어간다"는 말과 같은 뜻이라 할 수 있다.

중국 당(唐)나라 때 무명의 비구니가 지은 오도송(悟道頌)의 한 구절이 생각난다. 이는 송(宋)나라 때 나대경(羅大經)이 지은 『학림옥로(鶴林玉露)』에 무명의 비구니가 지었다고 하는 '오도송(悟道頌)'이 실려 있다.

盡日尋春不得春　芒鞋踏遍隴頭雲
還來適過梅花下　春在枝頭已十分

"종일 봄을 찾았으나 봄을 얻지 못하고
 짚신 끌고 언덕 위의 구름 속을 서성였네.
 돌아오다 마침 매실나무 꽃 핀 밑을 지는데
 봄은 가지 끝에 벌써 무르녹아 있어라."

여기서 '춘재지두이십분'은 봄이 이미 자기 주변에서 한창 무르익고 있건만 다른 곳에서 봄의 정취를 찾아 헤매는 것과 마찬가지로 진리나 부처나 조사는 가까운 곳에 있어서, 곧 깨닫고 드러나는 때가 무르익어 절정에 이르렀음을 뜻하는 것이라 할 수 있다.

또 소동파(蘇東坡) 시 한 수를 감상해 보자.

여 산 연 우 절 강 조　　미 도 천 반 한 불 소
廬 山 煙 雨 浙 江 潮　未 到 千 般 恨 不 消

도 득 환 래 별 무 사　　여 산 연 우 절 강 조
到 得 還 來 別 無 事　廬 山 煙 雨 浙 江 潮

"여산의 실안개 비 절강의 물결이여
　와보지 못했을 땐 온갖 한이 남더니만
　이르러 돌아봐도 별것 없고서
　여산의 실안개 비 절강의 물결이네."

여산은 중국 강서성 남강부에 있는 유명한 산이다. 동진시대부터 불교와 깊은 관계를 맺고 있던 지역으로 동림사(東林寺), 서림사(西林寺)를 위시해서 70여 개의 사찰이 있어 강남불교의 중심지가 되었던 곳이다.

수려한 산봉우리와 산성의 경치가 아름답기로 이름나 역대의 문인 명사들이 이곳을 찾아 글을 짓거나 그림을 그렸다.

소동파가 지은 이 시는 여산의 안개비 내리는 풍경과 절강의 물을 읊은 시인데 오도송이라 할 만큼 품격 높은 선시로 평가 받는다. 선을 참구하여 체험한 도의 경지를 비유적으로 표현했는데 가보고 싶어할 땐 가보지 못한 것을 탄식했는데 막상 보고 나니 별것 아니더라는 내용이다.

우리가 위의 두 시에서 알 수 있듯이 부처가 되었든, 조사가 되었든 자기 안에 있고, 또 자기 마음속에 있기 때문에 밖으로 찾아 헤매지 말라는 뜻이다.

| 음여일송(吟余一頌) | 나도 한 송 읊조리니,

佛遇前門閉　　부처를 만나거든 앞문을 닫고

祖遭後垣高　　조사를 만나거든 뒷담을 높일지라.

冤家無所益　　원수 집은 이익 되는 바 없으리니

速避碧天遊　　빨리 피하여 푸른 하늘 노니르리.

부처가 되었든 조사가 되었든 간에 자신의 불성(佛性)을 깨우고, 자기의 불심(佛心)을 세우는 것은 자기이지 부처나 조사가 아니다. 그러므로 부처나 조사 멀리 하고 피하기를 원수의 집같이 하여 빨려 들어가지 않아야 한다. 사실 이익되는 바가 없다. 그러니 남의 부처, 남의 조사 다 내던지고 더 나아가 내 부처마저 내던지고 저 푸른 하늘에 노닐어야 한다.

82

신령한 광명

神光[1]이 不昧하여 萬古徽猷[2]로다. 入此門來에 莫存知解[3]어다.

신령한 광명이 어둡지 아니하여 만고에 밝음이로다. 이 문 안에 들어오매 알음알이를 두지 말지어다.

| 자해원문(自解原文) |

神光不昧者는 結上昭昭靈靈也요, 萬古徽猷者는 結上本不生滅也요, 莫存知解者는 結上不可守名生解也요, 門者는 有凡聖出入義하니 如荷澤[4]의 所謂知之一字가 衆妙之門[5]也라. 吁라!

起於名相不得하야 結於莫存知解하니 一篇葛藤[6]을 一句都破也
로다. 然이나 始終一解[7]요, 中擧萬行하니 如世典之三義[8]也라.

知解二字는 佛法之大害[9]故로 特擧而終之하니 荷澤神會禪師가
不得爲曹溪嫡子者는 以此也라.

因而頌曰

如斯擧唱明宗旨인댄

笑殺西來碧眼僧[10]하리라.

然이나 畢竟如何오 咄[11]!

孤輪[12]이 獨照江山靜하니

自笑一聲에 天地驚이로다.

거룩한 빛이 어둡지 않다 함은 첫머리의 '밝고 신령하다'는 것을
맺는 것이요, 만고에 밝다 함은 첫머리의 '본래부터 나지도 죽지도
않는다'는 것을 맺는 것이요, 알음알이를 두지 말라 함은 첫머리에
'이름에 얽매여서 알음알이를 내지 말라'하는 것을 맺는 것이요,
'문'이란 범부와 성인이 드나든다는 뜻이 있으니, 마치 하택신회선
사가 이른바 '알지(知) 자'한 자가 온갖 묘한 이치의 문이라고 한 것
과 같음이라. 아! '이름 모양을 얻을 수 없다'는 데서 일으켜서 '알음

알이를 두지 말라' 는 것으로 맺었으니, 이 한 권에 얽힌 넌출을 한 마디 말로 모두 부셔버린 것이로다. 그러나 처음과 끝을 일해(一解)로써 하고, 중간에는 온갖 행동을 들었으니 마치 세상 경전(유교경전)의 삼의와 같음이라. 지해(知解)라는 두 글자는 불법에 큰 해독이 되므로 특별히 들어서 맺음을 하니 하택 신회선사가 조계의 적자가 못 되었음은 이런 때문이다.

인하여 송(頌)하였다.

이와 같이 들어 제창하여 종지를 밝히니

서쪽에서 온 눈 푸른 스님 웃어 죽었으리.

그러나 필경에는 어떠하겠는가? 아서라!

외로운 둥근 달 홀로 비추고 강산은 고요한데

저절로 웃는 한 소리에 하늘땅이 놀라리로다.

| 주석(註釋) |

1) 신광(神光): ① 위신광(威神光). 영묘부사의(靈妙不思議)한 부처님의 광명. ② 심오하고 미묘하여 헤아릴 수 없는 부처의 광명을 이르는 말. ③ 신불(神佛)의 몸에서 발하는 빛. ④ 선종에서는 자기 본래의 광명을 일컬어 신광이라 한다(禪宗稱自己本來之光明爲神光).

2) 휘유(徽猷): 아름다운 도(道). 임금의 좋은 꾀나 계략을 비유함. 유사어로 가모(嘉謨). 양책(良策). 영유(英猷).

3) 지해(知解): ① 알음알이. ② 상식이나 지식. ③ 생각을 통해 아는 것.

4) 하택(荷澤): 신회(神會, 685-760), 당나라 낙양 하택사 스님. 14세에 출가하고 6조 조계(曹溪)에게서 수년을 있으면서 그 뜻을 잘 받음. 뒤에 서경에 가서 구족계(具足戒)를 받고 경룡(景龍) 때 조계산에 돌아옴. 6조

가 죽은 뒤 20년간 조계의 돈지(頓旨)가 침몰되고, 숭악(嵩嶽)의 점문
(漸門)이 낙양성에 성행하였을 때에 서울에 들어가 742년(천보 4) 남북
돈점(南北頓漸)의 양종(兩宗)을 정하여 『현종기(顯宗記)』를 지음. 숙종
상원 1년에 나이 75세로 입적함.

5) **중묘지문**(衆妙之門): ① 만물이 들고나는 문. ② 이치가 들고나는 문. ③
범부와 성인이 드나드는 문.

6) **갈등**(葛藤): ① 칡과 등나무라는 뜻으로, 칡과 등나무가 서로 복잡하게
얽히는 것과 같이 개인이나 집단 사이에 의지나 처지, 이해관계 따위
가 달라 서로 적대시하거나 충돌을 일으킴을 이르는 말. ② 서로 이해
관계가 달라 대립하거나 충돌을 일으키다.

7) **일해**(一解): 일물(一物) 또는 일리(一理)의 뜻.

8) **세전지삼의**(世典之三義): ① 세간경서(儒敎經典)의 구성이 시(始)·중
(中)·말(末)로 되어 있음을 가리켜서 말함이다. ② 자정자가 말씀하기
를, "편벽되지 않음을 중이라 이르고, 바뀌지 않음을 용이라 이르니,
중은 천하의 정도요, 용은 천하의 정리이다. 이 편은 이에 공자 문정에
서 전수하는 심법인데 자사가 그것이 오래되어 차이가 생길까 두렵게
여겼다. 그러므로 맹자에게 전수하기 위하여 책으로 썼다. 그 책이 처
음에는 일리를 말하였고, 중간에는 흩어져 만사가 되었고, 끝에는 다시
합해져 일리가 되었다(子程子曰, 不偏之謂中, 不易之謂庸, 中者天下之正
道, 庸者天下之定理. 此篇, 乃孔門傳授心法, 子思恐其久而差也. 故必之於
書以授孟子, 其書始言一理. 中散爲萬事, 末復合爲一理.)."고 하였다.

9) **불법지대해**(佛法之大害): 알음알이는 분별을 야기하기 때문에 자성을
밝히는데 큰 장애가 되고, 불법을 깨닫는데 큰 해가 된다는 것이다.

10) **벽안승**(碧眼僧): 벽안호승(碧眼胡僧)을 말하는 것으로, 달마대사(達磨大
師)의 딴 이름이다.

11) **돌**(咄): 꾸짖을 돌. 꾸짖다. 혀를 차다. 괴이쩍어 놀라는 소리. 크게 부

르는 소리.

12) 고륜(孤輪): 외로운 둥근 달을 말한다.

천태(天台)의 평전보안(平田普岸) 선사는 홍주(洪州) 사람으로 백장 문하(百丈門下)에서 깨달음을 얻었다. 뒤에 천태가 수승하여 성현이 있다는 말을 듣고 찾아들어 초암(草庵)을 짓고 수도를 하는데 사방에 서 알아보고 모여들므로 정람(精藍)을 짓고 평전선원(平田禪院)이라 불 렀다.

하루는 대중에게 이르기를, "신령한 광명이 어둡지 아니하여 만 고에 밝음이로다. 이 문 안에 들어오매 알음알이를 두지 말지어다(神 光不昧 萬古徽猷 入此門來 莫存知解)."라 하였다.

신령한 광명이란, 곧 '자기 본래의 광명(自己本來之光明)'으로 부 처나 중생의 본래 면목이다. 이 면목은 가장 밝고 신령하여 그 바탕 은 하늘과 땅이 생겨나기 이전부터 그러하였고 설사 하늘과 땅이 없 어진다고 할지라도 그러할 뿐이니, 이것이 바로 만고에 어둡지 않는 밝은 진리요 자성이라, 만일에 생각을 일으키고 알음알이를 낸다면 어그러지고 어두워진다.

그러므로 이 문에 들어와서는 의식적으로 분별하는 알음알이를 떼어 버려야 한다.

이 글은 '명상(名相)을 지을 수 없다'에서 시작하여 '지해(知解)를 가지지 말라'에서 끝을 맺었다. 이 중간에 갈등(葛藤)이라는 말을 투입하여 부질없는 잔말을 '알음알이를 두지 말라'는 한 마디로 부셔 버렸다.

사실 '알음알이'란 불법의 해독물(害毒物)이다. 신회선사가 육조 대사의 물음에 나섰다가 맏아들이 되지 못한 것도 이 때문이다.

육조대사와 신회선사의 이야기 발단은 이렇다.

하루는 육조대사가 중에게 고하여 이르되,

"내가 한 물건이 있으되, 머리도 없고 꼬리도 없으며, 이름도 없고 글자도 없으며, 등도 없고 낯도 없으니 모든 사람은 도리어 아느냐 모르느냐?"

신회가 나와 이르되, "이는 제불의 본원이요, 신회의 불성이니이다."

대사가 이르되, "너를 향하여 이름도 없고 글자도 없다 일렀거늘, 네가 문득 본원 불성이라 불러 지으니 네가 향하여 가서 띠를 잡아 머리를 덮음이 있더라도(일방에 종사가 되어 중생을 교화함) 또한 다만 한낱 지해종도를 이룰지로다(一日에 師가 告衆日 "吾有一物호대 無頭無尾하며 無名無字하며 無背無面하니 諸人은 還識否아" 神會가 出日 "是諸佛之本源이오 神會之佛性이니이다." 師日 "向汝道無名無字어늘 汝便喚作本源佛性하니 汝向去하야 有把茆蓋頭라도 也只成箇知解宗徒리라)." 하였다.

신회선사의 대답이 틀린 것은 아니다. 다만 육조대사의 교감(交感)에 조금 시간과 거리를 두어야 했는데 너무 앞서서 토로를 하였기 때문에 적자(嫡子)에서 방계(傍系)가 되고 말았다. 그러나 육조대사의 사상을 전파하는데 지대한 공헌을 하였다.

이렇게 횡설수설 종지를 밝혔다고 하지만 서역에서 온 눈 푸른 달마대사는 우스워 죽었으리라.

필경 어떻게 할 것인가?

『임제행록(臨濟行錄)』에 이런 이야기가 있다.

孤輪獨照江山靜　自笑一聲天地驚

외로운 둥근 달 홀로 비추고 강산은 고요한데
저절로 웃는 한 소리에 하늘땅이 놀라리로다.

임제선사가 봉림에 가다가 길에서 한 늙은이를 만났는데 노파가 물었다.

"어디 갑니까?"

임제가 대답한다.

"봉림에 갑니다."

노파가 말한다.

"꼭 가더라도 봉림은 없을 겁니다."

임제가 말한다.

"어디 갔습니까?"

노파가 문득 때렸다. 임제가 노파를 부르니, 노파가 머리를 돌리거늘 임제가 행하여 봉림에 이르렀다.

봉림이 물었다.

"어떤 사항을 물어보려는데 괜찮은가?"

임제가 말한다.

“어찌 살을 깎아 부스럼을 만듭니까?”

봉림이 말한다.

“바다 달이 맑아 그림자 없거늘, 노니는 고기가 홀로 스스로 미혹함이로다.”

임제가 말한다.

“바다 달이 이미 그림자 없는데, 노니는 고기가 어찌 미혹하리요?”

봉림이 말한다.

“바람을 보고 물결 일어날 줄 알고 물 구경하자 거칠게 돛대 나부끼네.”

임제가 말한다.

“외로운 둥근 달 홀로 비추고 강산은 고요한데 저절로 웃는 한 소리에 하늘땅이 놀라리로다(往鳳林 路逢一婆 婆問「甚處去?」師云「鳳林去」婆云「恰值鳳林不在」師云「甚處去?」婆便打 師乃喚「婆」婆回頭 師便行 到鳳林 林問「有事相借問得麽?」師云「何得剜肉作瘡?」林云「海月澄無影 遊魚獨自迷」師云「海月旣無影 遊魚何得迷?」林云「觀風知浪起 翫水野帆飄」師云「孤輪獨照江山靜 自笑一聲天地驚」).”

여기에서 “외로운 둥근 달 홀로 비추고 강산은 고요하다.”고 한 것은 본래 그렇게 되어 있는 경계를 말한 것이요, “저절로 웃는 한 소리에 하늘땅이 놀라리로다.”고 한 것은 그런 경계를 활용하는 것은 결국 사람이라는 것이다. 사람은 본래 맑고 고요한 대우주의 생명을 자신의 인품에 부합시켜서 움직여 가고 있다.

외로운 둥근 달이 홀로 비추는 것은 나의 본래 면목 그대로의 모습이요, 저절로 웃음을 지음은 면목이 살아서 움직이고 있다는 증거이다.

또한 강산은 법신(法身)이 펼쳐 나타난 모양으로 고요하건만 영원한 생명의 파장은 삼라만상을 관통하여 영원하다.

| 음여일송(吟余一頌) | 나도 한 송 읊조리니,

욕 입 개 문 내
欲入開門內　문을 열고 안으로 들고자 한다면

막 지 해 식 상
莫持解識商　알음알이를 가지고 헤아리려 말라.

건 곤 사 우 주
乾坤斯宇宙　하늘과 땅, 이 우주에

양 독 로 신 광
亮獨露神光　홀로 드러난 신령한 빛만 밝누나.

불문(佛門)이든 성문(性門)이든 여는 것은 자기이요, 들어가는 것도 자기이다. 다만 지식이나 알음알이를 가지고 헤아려서 절대 자기 것인양 간직해서는 안 된다. 그러므로 이 하늘 땅이 넓고 또 우주가 무한하다고 할지라도 손바닥 안의 한 구슬에 지나지 않는 것이니, 오직 각자가 선천적으로 간직한 신령한 광명이 밝혀져서 홀로 드러나야 우리의 공부가 끝맺음을 잘 하였다고 할 수 있다.

| 발(跋)[1] |

右編은 乃曹溪老和尙-退隱師翁所著也라. 噫라! 二百年來에

師法이 益喪하야 禪敎之徒가 各生異見하니 宗敎者는 唯耽糟粕[2]

하야 徒自算沙하고 不知五敎[3]之上에 有直指人心[4]하야 使自悟

入之門이요, 宗禪者는 自恃天眞[5]하야 撥無修證[6]하고 不知頓悟[7]

後에 始卽發心[8]하야 修習[9]萬行[10]之意하니 禪敎混濫하야 沙金을

罔分이라. 圓覺[11]에 所謂聞說本來成佛하고 謂本無迷悟라 하야

撥置因果則便成邪見이요, 又聞修習無明하고 謂眞能生妄이라 하

야 失眞常性則亦成邪見者가 是也라. 嗚呼殆哉라! 斯道不傳이

何若是其甚也오? 綿綿涓涓[12]이 如一髮이 引千鈞하야 幾乎落地

無從矣러니 賴我師翁이 住西山一十年하야 鞭牛有暇에 覽五十

本經論語錄타가 間有日用中에 絫決要切之語句則輒錄之하야

時與室中二三子로 詢詢[13]然誨之하니 一如牧羊之法하야 過者는

抑之하고 後者는 鞭之하야 驅入於大覺之門하니 老婆心得徹困이

若是其切也언마는 奈二三子鈍根[14]也리요, 返以法門之高峻으로

爲病焉하니 師翁이 愍其迷夢하사 各就語句下하야 入註而解之하

며 編次而釋之하니 鉤鎖連環하고 血脈相通이라. 萬藏之要와 五

宗之源이 極備於此하니 言言見諦요 句句朝宗이라, 向之偏者는

圓之하고 滯者는 通之하니 可謂禪敎之龜鑑이요, 解行之良藥也로

다. 然이나 師翁이 常與論這般事하되 雖一言半句라도 如弄劍刃

上事하야 恐上紙墨하니 豈欲以此流通方外[15]하야 誇衒己能也哉

아. 門人白雲禪子普願이 寫之하고 門人碧泉禪德義天이 校之하

니 門人大禪師淨源과 門人大禪師太常과 門人靑霞道人法融等

이 稽首再拜曰 未曾有也라 하고 遂與同志六七人으로 傾鉢囊中

所儲[16]하야 入梓[17]流通하야 以報師翁訓蒙之恩也라. 大機龍藏이

汪洋하야 渺若淵海하니 雖言探龍珠采珊瑚者라도 孰從而求之리

오, 非入海如陸之手段이면 頗不免望涯之歎이로다. 然則撮要之

功과 發蒙之惠가 如山之高와 若海之深이라. 設若碎萬骨粉千命

이라도 如何報得一毫哉아? 千里之外에 有見之聞之하야 不驚不疑

하고 敬之讀之하야 以爲寶玩則眞所謂千歲之下一子雲[18]耳로다.

時 萬曆己卯 春

曹溪宗遺 四溟鍾峰 惟政은 拜手口訣하고 因爲謹跋하노라.

위의 엮은 글은 조계노화상 퇴은 큰스님께서 지으신 것이라.

슬프다! 이백 년 세월을 내려오면서 부처님의 법이 더욱 상실되어 선과 교의 무리들이 각각 다른 견해를 내었으니, 교를 으뜸으로 하는 사람들은 오직 찌꺼기에만 맛을 붙여 다만 스스로 모래만 세고 다섯 교문 위에 바로 사람의 마음을 가리켜 스스로 깨쳐 들어가는 문을 알지 못하는 것이요, 선을 으뜸으로 하는 사람들은 스스로 천진을 믿어서 일으켜 닦아 증득함이 없고, 단박 깨친 뒤에 비로소 곧 발심하여 온갖 행을 닦고 익히는 뜻을 알지 못하니 선과 교가 뒤섞이고 넘쳐 모래와 금을 분간하지 못하는 것이라.

『원각경』에 이른바 "본래 성불하였다"는 말을 듣고 본래 미혹한 것도 깨친 것도 없다 말하여 인과를 세움이 없어서 문득 삿된 소견을 이루는 것이요, 또한 무명을 닦고 익혀야 함을 듣고 참으로 능히 망

령을 내는 것이라 일러서 참되고 떳떳한 성품을 잃어버리면 또한 삿된 소견을 이루는 것이 이것이라.

아! 위태하여라. 부처님의 도가 전하지 못하는 것이 어찌 이때 같이 심하리요? 이을락 말락 한 하나의 머리카락으로 천근을 끄는 것과 같아서 거의 땅에 떨어져 좇을 수가 없더니, 우리 큰스님께서 서산에 머문 지 10년을 힘입어 채찍질하는 여가에 50여 권의 경론과 어록을 보시다가 틈틈이 일상 쓰는 가운데 공부해야 할 요긴하고 간절한 말이 있으면, 곧 기록하여 때때로 두셋 제자들에게 차근차근 가르치니 한결 양을 기르는 법과 같아서 지나치는 사람은 누르고 뒤떨어진 자는 채찍질하여 크게 깨치는 문 안으로 몰아 들어가게 하시니, 노파심이 철저한 까닭으로 이와 같이 간절하였건마는 어찌 두셋 제자들의 노둔한 근기로 도리어 법문이 높음으로 병이 되었으니 큰스님께서 그 미혹하고 어두움을 가련하게 여겨 각각 어구 아래에 주해를 들어 풀이하고 차례로 엮어 해석하시니 갈고리로 이어 돌고 피와 맥이 서로 통함이라.

팔만대장경의 요긴함과 다섯 종파의 근원이 다 여기에 갖추어지니 말씀마다 이치가 나타나고 구절구절이 종지가 시작됨이라, 치우침으로 향하는 것은 원만하고 막혔던 것은 소통하니, 가히 선과 교의 거울이요, 깨닫고 행함에 좋은 약이라 이르리로다.

그러나 큰스님께서 항상 이 일을 논하시되 비록 한 말씀 반 구절이라도 마치 칼날 위에서 일을 다루듯 하여 종이에 오를까 저어하였으니, 어찌 이것을 유통시켜 당신의 재능을 자랑하고 팔려 하였을 것인가.

문인 백운선사 보원이 정서하고, 문인 벽천선덕 의천이 교정하니, 문인 대선사 태상과 문인 청하도인 법융 등이 머리를 조아려 두 번 절하고 말하기를, "아직까지 없었던 일이라" 하고, 드디어 동지여~일곱 사람으로 더불어 바랑 가운데 쌓인 바를 기우리고 판각에 들어 유통시켜서 큰스님의 가르침 입은 은혜를 갚기로 함이라.

큰 기틀의 장경이 넘쳐서 바다와 같이 아득하니, 비록 여의주를 찾고 산호를 캔다 말할지라도 누구를 좇아 구하리요, 바다에 들어가기를 육지와 같이 하는 수단이 아니면, 다만 물가를 바라보며 탄식함을 면하지 못하리로다.

그런즉, 요지를 가려낸 공로와 미몽을 발현시킨 은혜가 산같이 높고 바다같이 깊은지라. 설사 만 번 뼈를 부수고 천 번 목숨이 가루될지라도 어떻게 털끝만큼이라도 갚겠는가?

천 리 밖에서 듣고 보아도 놀라거나 의심하지 않고 공경하고 읽어서 보배로 여겨 가지고 논다면 이른바 천 년 후에 한 자운이 되리로다.

만력 기묘 봄에
조계종 유손 사명종봉 유정은 구결에 절하고 인하여 삼가 발문을 쓰다.

| 주석(註釋) |

1) 발(跋 ; 跋文):책의 끝에 본문 내용의 대강(大綱)이나 간행과 관련된 사항 등을 짧게 적은 글.

2) 조박(糟粕):학문이나 서화 등에서 옛사람이 다 밝혀서 새로운 의의가

없음을 비유적으로 이르는 말.

3) 오교(五敎):여러 경전의 설해진 형식·순서·의미·내용 등에 따라 교설(敎說)을 5종류로 분류한 체계. 소승교(小乘敎)·대승시교(大乘始敎)·대승종교(大乘終敎)·돈교(頓敎)·원교(圓敎).

4) 직지인심(直指人心):교리를 생각하거나 모든 계행(戒行)을 닦지 아니하고 직접 사람의 마음을 지도하여 불과(佛果)를 이루게 하는 것. 교학(敎學)을 설하지 않고 바로 심성을 명시하고 그것을 철견(徹見)하여 부처가 된다는 뜻. 직접 사람의 마음을 교화하여 불과를 이루게 하는 것.

5) 천진(天眞):작위(作爲)를 부리지 않고 본래 그대로인 것. 천성. 본래 면목. 불교에서는 저마다 각각 마음속에 불성(佛性)을 가지고 있다고 본다.

6) 수증(修證):수행하여 이치나 자성을 증득하는 것.

7) 돈오(頓悟):수행의 단계를 거치지 않고 바로 깨닫는 것. 선종에서는 특히 남종선(南宗禪)에서 강조함.

8) 발심(發心):①발보리심(發菩提心)의 약칭. 위 없는 보리를 얻고자 구하는 마음을 내는 것. ②불도의 깨달음을 얻고 중생을 제도하려는 마음을 일으키는 일. ③뒤에는 변하여 세속에서 수승한 마음을 내는 것도 발심이라 함.

9) 수습(修習):생략해서 수(修), 또는 습(習)이라고도 함. 같은 것을 여러 번 되풀이해서 익힘으로써 목적을 달성하고자 하는 것.
『구사론(俱舍論)』에서 사수(四修)가 있다고 하는데,
첫째, 장시수(長時修)이니 오랜 기간에 걸쳐 하는 수행.
둘째, 무간수(無間修)이니 쉴 새 없이 노력하는 수행.
셋째, 공경수(恭敬修)이니 공경하는 마음으로 하는 수행.
넷째, 무여수(無餘修)이니 남김없이 완전히 하는 수행.

10) 만행(萬行):안거(安居) 기간의 수행을 마친 선승이 한 곳에 머물지 않

고 자유롭게 돌아다니며 제각기 수행하는 것. 모든 선한 행위. 염불에 대하여 그 외의 모든 행(行)을 이름.

11) 원각(圓覺):『원각경(圓覺經)』으로 1권이다. 자세히는『대방광원각수다라요의경(大方廣圓覺修多羅了義經)』. 당나라 때 불타다라 번역. 대승(大乘) 원돈(圓頓)의 교리를 말함. 주로 관행(觀行)을 말함. 주석서는 종밀의『대소』12권,『대초』13권,『약소』5권,『약초』12권.

12) 면면연연(綿綿涓涓):실처럼 가늘게 이어짐을 의미함. 연이어 끊이지 않는 모양. 오래 계속하여 끊이지 않는 모양. 세밀한 모양.

13) 순순(詢詢):묻다. 조사하다. 하나하나 조사(정리)해 가며.

14) 둔근(鈍根):재능이나 성질이 우둔한 사람. 이근(利根)에 대하여 말함.

15) 방외(方外):바깥세상. 세속(世俗).

16) 경발낭중소저(傾鉢囊中所儲):'걸망 안에 쌓아둔 것을 모두 털어서', 즉 가진 재물을 다 털어서라는 뜻.

17) 입재(入梓):재는 가래나무의 판목을 가리키는 것인데 전각(篆刻)한다는 의미로, 지금 말로 인쇄에 들어감을 말한다.

18) 자운(子雲):사천성(四川省) 건위현(犍爲縣) 남쪽에 있는 산 이름. 한대(漢代)의 양웅(揚雄)이 이곳에 은거하며 이곳 이름으로 자(字)를 삼았다. 태현경(太玄經)을 지었으나 세상에 알아주는 사람이 없었다. 그러나 그는 슬퍼하기보다 나중에 반드시 제2의 양자운이 나와서 이 글을 알아주고, 그 뜻을 펼 것이라고 했는데 과연 그렇게 되었다.

[발시삼수(跋詩三首)]

1

불 타 법 맥 주 중 화　　보 양 도 량 작 일 가
佛 陀 法 脈 住 中 華　　普 養 道 樑 作 一 家

무 수 선 현 현 상 실　　영 산 회 상 부 개 가
無 數 禪 賢 懸 橡 實　　靈 山 會 上 復 開 嘉

부처님의 정법 맥이 중국에 머물러
널리 도의 들보 길러 한 집씩 지었어라.
셀 수 없는 선 어진이 상수리열매처럼 달려
영산의 회상이 다시 열린 듯 아름다웠네.

2

금 수 강 산 일 모 흠　　동 방 아 국 불 연 심
錦 繡 江 山 日 母 欽　　東 方 我 國 佛 緣 深

금 강 법 기 홍 보 살　　상 주 생 령 각 혹 심
金 剛 法 起 鴻 菩 薩　　常 住 生 靈 覺 惑 心

비단 수놓은 강과 산에 태양을 흠앙한
동방의 우리나라에 부처님 인연 깊어라.
금강산에 법기의 크신 보살님이
항상 머물러 생령의 미혹한 마음 깨우치네.

3

자 심 불 조 막 요 구　　일 물 이 원 물 원 유
自 心 佛 祖 莫 遙 求　　一 物 理 源 勿 遠 猷

천 출 서 산 방 난 정　　선 가 귀 감 도 인 유
天 出 西 山 邦 亂 靖　　禪 家 龜 鑑 道 人 遊

자기 마음이 부처 조사니 멀리 구하지 말고
한 물건이 진리 근원이니 멀리 꾀하려 말라.
하늘이 서산대사 내어 나라 어지러움 평정하고
선가의 귀감으로 도인들을 노닐게 하였누나.

1 오종체계도(五宗體系圖)

초조보리달마 이조혜가 삼조승찬 사조도신 오조홍인 육조혜능 염관제안
初祖菩提達摩－二祖慧可－三祖僧璨－四祖道信－五祖弘忍－六祖慧能－鹽官齊安

혜능
慧能

남악회양 마조도일
南嶽懷讓－馬祖道一

백장회해
百丈懷海

황벽희운 임제의현 임제종
黃檗希運－臨濟義玄(臨濟宗)

위산영우 앙산혜적 위앙종
潙山靈祐－仰山慧寂(潙仰宗)

서당지장
西堂智藏

반산보적 진주보화
盤山寶積－鎭州普化

방거사
龐居士

불광여만 백낙천
佛光如滿－白樂天

영가현각
永嘉玄覺

남전보원
南泉普願

조주종심
趙州從諗

장사경잠
長沙景岑

대매법상
大梅法常

마곡보철
麻谷寶徹

남양혜충
南陽慧忠

청원행사 석두희천
青原行思－石頭希遷

단하천연 취미무학 투자대동
丹霞川然－翠微無學－投子大同

약산유엄
藥山惟儼

운암담성 동산양개 조동종
雲巖曇晟－洞山良价(曹洞宗)

도오원지 석상경제
道吾圓智－石霜慶諸

조주대전 삼평의충
潮州大顚－三平義忠

천황도오 용담숭신 덕산선감
天皇道悟－龍潭崇信－德山宣鑑

암두전활
巖頭全豁

설봉의존
雪峰義存

운문문언 운문종
雲門文偃(雲門宗)

장경혜릉
長慶慧稜

취암영참
翠巖令參

현사사비 나한계침 법안
玄沙師備－羅漢桂琛 法眼

문익 법안종
文益(法眼宗)

하택신회
荷澤神會

서기	중국연호	기 사
516	북위(北魏) 희평(熙平) 1년	달마(達摩) 낙양(洛陽)에 도착, 이후 20년(年) 홍법(弘法), 그 제자 담림(曇林)이 『이입사행론(二入四行論)』을 정리하고 서문(序文)을 더했다.
534	동위(東魏) 천평(天平) 1년	이조(二祖)인 혜가(惠可)가 동위(東魏)의 업도(鄴都)에서 홍법(弘法)을 개시하였다.
547	동위(東魏) 무정(武定) 5년	양현지(楊衒之)가 『낙양가람기(洛陽伽藍記)』를 지었는데 「영녕사(永寧寺)」 관계 조항에 달마의 사적이 처음으로 기록되었다.
550	북제(北齊) 천보(天保) 1년	삼조(三祖) 승찬(僧粲)이 혜가(惠可)를 향해 도를 물었다.
574	북주(北周) 건덕(建德) 3년	조령(詔令)으로 불교(佛敎)와 도교(道敎)를 폐하였으니 「삼무법난(三武法難)」의 하나이다.
580	북주(北周) 대상(大象) 2년	사조(四祖) 도신(道信, 580-651)이 탄생하였다.
601	수(隋) 인수(仁壽) 1년	오조(五祖) 홍인(弘忍, 601-674)이 탄생하였다.
620	당(唐) 약무덕(約武德) 3년	도신(道信)이 황매(黃梅) 쌍봉산(雙峰山)으로 선(禪)의 터전을 넓혀 들어감에 선승(禪僧)들이 유동하여 정거(定居)를 옮겼다.
638	당(唐) 정관(貞觀) 12년	육조(六祖) 혜능(慧能, 638-713)이 탄생하였다.
643	당(唐) 정관(貞觀) 17년	법융(法融)이 금릉(金陵) 우두산(牛頭山)에 선실(禪室)을 세우니 우두선(牛頭禪)의 시조가 되었다.
645	당(唐) 정관(貞觀) 19년	현장(玄奘, 600-664)이 인도(印度)에서 장안(長安)으로 돌아왔다. 도선(道宣, 596-667)이 『속고승전(續高僧傳)』을 초록하였다.
651	당(唐) 영휘(永徽) 2년	신수(神秀)가 쌍봉산(雙峰山)에 돌아가 홍인(弘忍)에게 의지하였다가 6년 뒤에 떠났다.

657	당(唐) 현경(顯慶) 2년	법융(法融)이 열반하였다.
661	당(唐) 룡삭(龍朔) 1년	혜능(慧能)의 나이 24세(歲)에 홍인(弘忍)을 참문하였다.
667	당(唐) 건봉(乾封) 2년	도선(道宣)이 최후로 『속고승전(續高僧傳)』을 수정하였다.
670	당(唐) 함형(咸亨) 1년	신회(神會, 670-762)가 탄생하였다.
676	당(唐) 의봉(儀鳳) 1년	혜능(慧能)이 광주(廣州) 법성사(法性寺)에서 낙발(落髮)하고 스님이 되었다. 이 절 스님인 법재(法才)가 〈예발탑기(瘞髮塔記)〉를 썼는데 『전당문(全唐文)』에 실려 있다.
686	대주(大周) 수공(垂拱) 2년	법여(法如)가 소림사(少林寺)에서 선법(禪法)을 개시(開示)하니 처음으로 선종종보(禪宗宗譜)가 확립되었다.
701	대주(大周) 대족(大足) 1년	신수(神秀, 606-706)가 무후(武后)의 부름에 응하여 입궁(入宮)해서 낙양(洛陽)과 장안(長安)에서 선종(禪宗)을 홍양(弘揚)하였다.
708	당(唐) 경룡(景龍) 2년	홍인(弘忍) 제자 현색(玄賾)이 부름을 받아 서울에 들어가 『능가인법지(楞伽人法志)』를 찬술하고 그 제자 정각(淨覺)이 『능가사자기(楞伽師資記)』를 저술하여 「능가종(楞伽宗)」 최후의 대표인물이 되었다.
709	당(唐) 경룡(景龍) 3년	마조도일(馬祖道一, 709-788)이 탄생하였다.
713	당(唐) 개원(開元) 1년	혜능(慧能)의 제자로 「일숙각(一宿覺)」인 현각(玄覺)이 열반하였다. 후인이 『영가집(永嘉集)』을 편집하였다.
713-716	당(唐) 개원(開元) 1-4년	『전법보기(傳法寶紀)』와 『능가사자기(楞伽師資記)』가 완성되니 초기 선종(禪宗)의 사서(史書)로써 명성이 드러났다.

732	당(唐) 개원(開元) 20년	신회(神會)가 활대(滑臺) 대운사(大雲寺)에서 북종선(北宗禪)을 공격하였다. 그 제자인 독고패(獨孤沛)가 이 일을 기록하였다. 아울러 『보리달마남종정시비론(菩提達摩南宗定是非論)』을 편집하였는데 뒤에 「하택종(荷澤宗)」으로 전해지게 되었다.
742	당(唐) 천보(天寶) 1년	희천(希遷, 742-790)이 형악(衡嶽)의 남사(南寺) 동쪽 석대(石台) 위에 암자를 짓고 머무니 호를 석두화상(石頭和尙)이라 하였다. 「석두종(石頭宗)」으로 전해졌다.
752	당(唐) 천보(天寶) 11년	현소(玄素, 668-752)가 열반하였다. 우두선(牛頭禪)이 현소(玄素)에 이르러 대성(大盛)하였다.
755-763		안사(安史)의 난(亂)이 일어나 경파(京派)의 선사(禪師)들이 타격을 받았다. 지방의 선종(禪宗)이 흥기(興起)하여 남능북수(南能北秀)의 국면이 형성되기 시작하였다.
757	당(唐) 지덕(至德) 2년	무주(無住)가 성도(成都) 정천사(淨泉寺)에 이르러 무상(無相)을 보았다. 766년 성도(成都) 보당사(保唐寺)에서 정천보당계(淨泉保唐系)가 형성되었다. 무상(無相)이 홍인(弘忍)의 제자에게 다시 전했다.
780	당(唐) 건중(建中) 1년	북종파(北宗派)의 마가연(摩訶衍)이 서장(西藏) 납살(拉薩)에서 선(禪)의 돈(頓)·점(漸)을 강의하고 인도(印度)의 스님과 변론했는데 그 제자 왕석(王錫)이 이 일을 기록하여 돈황(敦煌)의 『돈오대승정리결(頓悟大乘正理決)』을 편찬하였다. 이를 전후하여 초기의 선(禪)이 돈황(敦煌)의 육속(陸續)에 의해 기록되어 여러 번 장문(藏文)으로 번역이 이루어졌다.

781	당(唐) 건중(建中) 2년	조계(曹溪)에서 『조계대사전(曹溪大師傳)』을 완성하였다. 돈황본(敦煌本) 『육조단경(六祖壇經)』은 800년 경에 이르러 완성되었다.
788	당(唐) 정원(貞元) 4년	마조도일(馬祖道一)이 열반하였는데 「홍주종(洪州宗)」으로 전해져 중당(中唐)에 가장 성행한 선(禪)의 계열이 되었다.
804	당(唐) 정원(貞元) 20년	우두(牛頭)의 법문(法門)이 성행하여 그 계통 선승(禪僧)이 『무심론(無心論)』을 완성하였는데 달마(達摩)가 지은 초기선종(初期禪宗)의 전적(典籍)을 가탁한 일본(一本)이다.
814	당(唐) 원화(元和) 9년	백장회해(百丈懷海, 749-814)가 열반하였다. 그 제자가 『백장광록(百丈廣錄)』과 『백장청규(百丈淸規)』를 편찬하였다.
816	당(唐) 원화(元和) 11년	혜능(慧能)을 「대감선사(大鑑禪師)」라고 시호하였고 류종원(柳宗元)이 비문(碑文)을 지었다.
828	당(唐) 태화(太和) 8년	약산유엄(藥山惟儼, 745-828)이 열반하였다.
834	당(唐) 태화(太和) 9년	남전보원(南泉普願, 748-834)이 열반하였는데 생전에 어록(語錄)이 저술되었다.
841	당(唐) 회창(會昌) 1년	규봉종밀(圭峰宗密, 780-841)이 열반하여 배휴(裴休)가 비문(碑文)을 썼는데 『전당문(全唐文)』에 실려 있다. 종밀(宗密)이 『선원제전집(禪源諸詮集)』을 편찬하여 선(禪)·교(敎)를 조화(調和)하게 하였고, 『화엄원인론(華嚴原人論)』을 편찬하여 유(儒)·석(釋)을 조화시켰다. 운암담성(雲巖曇晟, 780-841)이 열반하였다.
845	당(唐) 회창(會昌) 5년	칙령으로 폐불(廢佛)을 하였다.
850	당(唐) 대중(大中) 4년	황벽희운(黃檗希運, ?-850)이 열반하였다. 배휴(裴休)가 그 말을 정리하여 서문을 써서 『전심법요(傳心法要)』를 편찬하였다.

853	당(唐) 대중(大中) 7년	위산영우(潙山靈祐, 771-853)가 열반하였다. 전거(典據)하면 문도(門徒)의 승려가 1,500여 명에 이르렀고 「위앙종(潙仰宗)」이 창립되었다.
865	당(唐) 함통(咸通) 6년	덕산선감(德山宣鑑, 782-865)이 열반하였다. 덕산(德山)의 「방(棒)」과 임제(臨濟)의 「할(喝)」이 제명(齊名)하였다.
867	당(唐) 함통(咸通) 7년	임제의현(臨濟義玄, ?-867)이 열반하였다. 「임제종(臨濟宗)」이 전해진다.
869	당(唐) 함통(咸通) 10년	동산양개(洞山良价, 807-869)가 열반하였다. 「조동종(曹洞宗)」이 전해진다.
887	당(唐) 중화(中和) 3년	앙산혜적(仰山惠寂, 803-887)이 열반하였다.
897	당(唐) 건녕(乾寧) 4년	조주종심(趙州從諗, 778-897)이 열반하였다. 전거(典據)하면 120세(歲)까지 살았으며 어록(語錄)이 세상에 전한다.
901	당(唐) 천부(天復) 1년	조산본적(曹山本寂, 840-901)이 열반하였다.
908	양(梁) 개평(開平) 2년	설봉의존(雪峰義存, 822-908)이 열반하였다. 전거(典據)하면 문하(門下)에 1,700여 명이 있었으며 어록(語錄)이 세상에 전한다.
949	남한(南漢) 건화(乾和) 7년	운문문언(雲門文偃, 864-949)이 열반하였다. 어록(語錄)이 세상에 전해지고 「운문종(雲門宗)」이 전해진다.
952	남당(南唐) 보대(保大) 10년	정(靜)·균(筠) 두 선사(禪師)가 천주(泉州)에서 『조당집(祖堂集)』을 편찬하였다.
958	후주(後周) 현덕(顯德) 5년	법안문익(法眼文益, 885-958)이 열반하였다. 『종문십규론(宗門十規論)』을 지었다. 「법안종(法眼宗)」이 전해진다.
960	후주(後周) 현덕(顯德) 7년	영명연수(永明延壽)가 항주(杭州)에 이르렀다. 연수(延壽)가 『종경록(宗鏡錄)』과 『만선동귀집(萬善同歸集)』을 저술하였다.

980	송(宋) 태평흥국(太平興國) 5년	설두중현(雪竇重顯, 980-1052)이 탄생하였다. 『송고백칙(頌古百則)』을 지었는데 세상에 전해진다. 뒤에 원오(圓悟)가 지은 『벽암록(碧巖錄)』의 남본(藍本)이 되었다.
988	송(宋) 단공(端拱) 1년	찬영(贊寧, 921-1002)이 조칙을 받아 『송고승전(宋高僧傳)』을 완성하였다. 당(唐) 선승(禪僧)의 전기(傳記)가 대체로 절반 가량 편입(編入)되었다.
1004	송(宋) 경덕(景德) 1년	도원(道原)이 『전등록』을 편찬하였다. 아울러 조칙을 내려 양억(楊億)으로 하여금 『대장경』에 편입시켰으니, 곧 『경덕전등록』이다.
1036	송(宋) 경우(景祐) 3년	이준욱(李遵勗)이 『전등록』을 증보하여 『광등록(廣燈錄)』이 되었는데, 곧 『천성광등록(天聖廣燈錄)』이다.
1049	송(宋) 황우(皇祐) 1년	양기방회(楊岐方會, 992-1049)가 열반하였다. 어록이 세상에 전해진다.
1069	송(宋) 희녕(熙寧) 2년	황룡혜남(黃龍慧南, 1002-1069)이 열반하였다. 어록이 세상에 전해진다.
1085	송(宋) 원풍(元豐) 8년	양걸(楊傑)이 『마조백장황벽림제사가록(馬祖百丈黃檗臨濟四家錄)』에 서문을 더하였다.
1101	송(宋) 건중정국(建中靖國) 1년	불국유백(佛國惟白)이 『속등록(續燈錄)』을 편찬하니, 곧 『건중정국속등록(建中靖國續燈錄)』이다. 이때 복주(福州) 등각선원(等覺禪院)과 개원사(開元寺)에서 서로 이어 『대장경』을 조판하였다.
1135	송(宋) 소흥(紹興) 6년	임제(臨濟) 양기파(楊岐派)의 불과선사(佛果禪師) 원오극근(圓悟克勤, 1063-1135)이 열반하였다. 『원오어록(圓悟語錄)』과 『벽암록(碧巖錄)』을 저술하여 세상에 전해진다.

1144	송(宋) 소흥(紹興) 14년	복주(福州) 고산(鼓山)에서 『고존숙어요(古尊宿語要)』를 출판하였다.
1163	송(宋) 륭흥(隆興) 1년	임제양기(臨濟楊岐)의 후인(後人)으로 간화선을 집대성한 대혜종고(大慧宗杲, 1089-1163)가 열반하였다. 어록이 세상에 전해진다.
1229	송(宋) 소정(紹定) 2년	무문혜개(無門慧開, 1183-1260)가 48칙의 공안을 제창하였고, 인하여 『무문관(無門關)』을 지어 제상에 전해진다.
1252	송(宋) 순우(淳祐) 12년	『오등회원(五燈會元)』을 편성(編成)하였다.
1336 – 1343	원(元) 후지원(後至元) 2 – 지정(至正) 3년	칙서를 받들어 『백장청규(百丈淸規)』를 중편(重編)하였다.
1630	명(明) 숭정(崇禎) 3년	어풍원신(語風圓信) 및 제자인 곽응지(郭凝之)가 공동으로 『오가어록(五家語錄)』을 중편(重編)하여 출판하였다.

마음달 법계에 솟고
국역 『선가귀감 禪家龜鑑』

초판 인쇄 ‖ 2013년 3월 20일
초판 발행 ‖ 2013년 3월 25일

지   음 ‖ 서산 휴정
역해·송 ‖ 오광익
디자인 ‖ 이명숙 · 양철민
발행자 ‖ 김동구
발행처 ‖ 명문당(1923. 10. 1 창립)
주   소 ‖ 서울시 종로구 윤보선길 61(안국동)
　　　　　우체국 010579-01-000682
전   화 ‖ 02)733-3039, 734-4798(영), 733-4748(편)
팩   스 ‖ 02)734-9209
Homepage ‖ www.myungmundang.net
E—mail ‖ mmdbook1@hanmail.net
등   록 ‖ 1977. 11. 19. 제1~148호

ISBN 978-89-7270-158-3 (93220)
정가 ‖ 25,000원